통전적 신앙과 생애주기별 기독교교육
아동기에서 노년기까지

통전적 신앙과 생애주기별 기독교교육
아동기에서 노년기까지

초판 1쇄 인쇄 | 2019년 4월 29일
초판 1쇄 발행 | 2019년 5월 7일

지은이 장신근
펴낸이 임성빈
펴낸곳 장로회신학대학교 출판부

등록 제1979-2호
주소 04965 서울시 광진구 광장로5길 25-1(광장동 353)
전화 02-450-0795
팩스 02-450-0797
이메일 ptpress@puts.ac.kr
홈페이지 http://www.puts.ac.kr

값 19,000원
ISBN 978-89-7369-444-0 93230

＊이 도서의 국립중앙도서관 출판예정도서목록(CIP)은
  서지정보유통지원시스템 홈페이지(http://seoji.nl.go.kr)와
  국가자료공동목록시스템(http://www.nl.go.kr/kolisnet)에서
  이용하실 수 있습니다. (CIP제어번호 : CIP2019015712)

평생 믿음, 소망, 사랑의 삶을 사셨던
장인어른 故 심성원 집사님(1938-2019)과
장모님 故 박을순 권사님(1938-2005)께
사랑과 감사의 마음을 담아
삼가 이 책을 바칩니다.

통전적 신앙과
생애주기별 기독교교육

아동기에서 노년기까지

장신근

장로회신학대학교출판부

머리말

"그러므로 하늘에 계신 너희 아버지의 온전하심과 같이 너희도 온전하라" (마 5:48)

이 책에서 저자는 포스트모던, 포스트휴먼, 디지털 시대의 맥락에서 다음의 비판적 삼자대화(trialogue)를 시도한다. 즉, 첫째, 인간발달 이해에 대한 최근 연구, 둘째, 생애주기별 기독교교육의 주요 주제들, 셋째, 공공신학적 관점 사이의 학제적 대화를 통하여 통전적 신앙양육을 목표로 아동기에서 노년기에 이르는 생애주기별 기독교교육을 제안한다. 통전적 신앙은 무엇보다 개인주의화되고, 사사화된, 그리고 기복주의적 신앙과 실천에 매몰되어 있는 오늘의 한국교회와 그리스도인들이 회복하고 지향해야 할 신앙의 본래적 모습이다. 마태복음 5장 48절에서 "너희는 온전하라"고 하신 예수님의 말씀은 바로 통전적 신앙의 근본 원리를 지칭한다고 할 수 있다. 산상수훈의 결론에 해당하는 이 말씀에 나오는 "온전함"이란 단어의 뜻은 히브리어에서 원래 "무엇에 마음을 다 바치는 것, 분열되지 않은 마음으로 무엇을 하는 것 또는 어떤 일을 완전하게 처리하는 것" 등을 뜻한다.[1] 그런데 여기에서 온전함이란 "흠 잡힐 데 없이 완벽함을 뜻하는 것이 아니라 하나님과 이웃을 위하여 '전적으로' 개방하는 것"을 지칭한다(참고 마 19:21).[2] 이러한 맥락에서 통전적 신앙은 먼저 개인적·실존적 차원에서 삼위일체 하나님과의 친밀하고 신실한 관계를 전제한다. 그리고 이와 더불어 공동체적, 공적, 생태적 차원에서는 삼위일체 하나님의 정의와 평화를 함께 실천해 나가는, 양자를 포괄하는, 온전한 의미의 신앙이다. 이 책에서 공적 신앙의 양육을 강조하는 것도 이러한 맥락에서이다.

삼자대화의 첫 번째 파트너는 "인간발달 이해에 대한 최근 연구"이다. 종합 학문적 성격을 지닌 기독교교육학 분야에서 인간발달 이론과의 대화는 필수적인 과제이다. 신체적, 인지적, 사회적, 도덕적, 신앙적 발달 단계에 대한 여러 인간발달 이론들이 기독교교육학 이론과 실천 현장에서 다양하게 활용되고 있으나 여전히 근대적인 패러다임 혹은 관점에 기초한 이론들이 중심을 이루고 있다. 따라서 최근 인간발달 이론 분야에서 발표되고 있는 여러 새로운 연구들을 이론과 실천 현장에서 제대로 활용하지 못하고 있는 실정이다. 이러한 맥락에서 이 책에서는 최근 인간발달 이론 연구의 새로운 결과들과의 비판적 대화에 기초하여 통전적 신앙양육을 지향하는 연령별 기독교교육을 제안한다.[3]

---

1 『독일성서공회해설, 관주·해설 성경전서: 개역개정판』(서울: 대한성서공회, 2004).

2 위의 책.

3 최근 국내외의 인간발달에 대한 연구는 다학제적 차원에서 이루어지고 있으며, 해마다 수많은 연구결과들이 해당분야에서 쏟아져 나오고 있다. 그 가운데 기독교교육과 연관하여 이 책에서 관심을 가지는 최근 인간발달연구의 새로운 연구경향들을 다음 6가지로 정리할 수 있다. 첫째, 인간발달 단계 구분의 새로운 변화이다. 둘째, 인간발달과정에 대한 생태학적 접근이다. 셋째, 인간발달에 대한 비선형적, 다이내믹 시스템 관점의 출현이다. 넷째, "문화 속의 발달"로서의 인간발달 이해이다. 다섯째, 인간발달 이해에 대한 최근 뇌과학(발달신경과학)의 공헌이다. 여섯째, 신앙발달에 있어서 최근 어린이 영성에 대한 새로운 발견이다.

통전적 신앙과 생애주기별 기독교교육: 아동기에서 노년기까지

두 번째 파트너는 "생애주기별 기독교교육의 주요 주제들"이다. 이 책에서는 통전적 신앙을 양육하는 기독교교육을 지향하면서 아동기, 청소년기, 신생성인기, 중년기, 노년기에 초점을 맞추어서 생애주기별 기독교교육 모델을 제안한다. 연구의 범위를 아동기부터 시작한 것은 이 시기부터 공적신앙에 대한 명시적 교육이 효과적이라고 보았기 때문이다. 아동기 이전도 중요하지만 그 시기는 공적신앙을 위한 기초 덕목을 교육하는 단계라는 맥락에서 이 책에서는 제외하였다. 이 책에서는 아동기의 "격대관계", 청소년기의 "정체성 형성", 신생성인기의 "갈등과 화해", 중년기의 "생산성", 노년기의 "죽음" 등과 같은 생애주기별 기독교교육의 주요 주제에 초점을 맞추어서 이에 상응하는 교육모델을 제안한다. 통전적 신앙의 양육은 어느 한 순간에 완성되는 것이 아니라 인간발달단계의 전 생애를 통하여 긴 여정 가운데서 이루어지는 성화의 과정이라는 맥락에서 장기적이고 체계적인 생애주기별 교육은 필수적이다.

세 번째 파트너는 "공공신학적 관점"이다. 통전적 기독교교육은 최근의 인간발달 이론과 생애주기별 기독교교육의 주요 주제와 더불어 최근 신학분야에서 진행되고 있는 신학의 통전성에 대한 다양한 논의들과의 대화도 진행한다. 이 책에서 가장 많은 대화를 시도한 신학적 파트너는 "공공신학"(public theology)이다. 통전적 기독교교육은 이러한 통전적 신학과의 대화를 통하여 대안적 기독교교육 모델을 모색해 나간다. 공공신학의 경우, 그리스도인들의 신앙과 실천의 개인주의화와 사사화의 문제점을 비판적으로 성찰하도록 도와주고 신앙이 지닌 공적 차원과 공적 공동체로서의 교회를 강조함으로써 기독교교육에서 지향하는 신앙의 온전성에 대한 신학적 기초를 제공한다.

이 책에서는 주로 관련 주제에 대하여 문헌연구 방법을 사용하였지만 필요에 따라서 설문조사를 통한 양적 연구를 병행하였다. 예를 들어 제2장의 아동기 격대 신앙교육에서는 한국인 조부모와 이스라엘에 거주하는 유대인 조부모들을 대상으로 설문조사를 실시하고 그 결과를 비교, 분석하였다. 이 책의 가장 큰 방법론적 특징 중의 하나는 발달심리학, 기독교교육학, 신학 등과 같은 여러 학문분야들 사이의 다 학제적이며 융합적 대화이다. 그리고 리처드 오스머(Richard Osmer)가 제안한 1) 기술적-경험적 차원, 2) 해석적 차원, 3) 규범적 차원, 4) 실용적 차원 사이의 대화적 관계에 기초한 실천신학적 방법을 원용하였다.[4]

이 책은 다음과 같은 내용으로 구성되어 있다. 제1장 "인간발달 이해의 새로운 지평과 기독교교육"에서는 위에서 제시한 최근 인간발달 이해에서의 새로운 연구결과들을 통전적 기독교교육의 모색이라는 관점에서 6가지로 정리하여 제시한다. 물론 이러한 6가지는 최근 인간발달 이해의 모든 변화를 다 포괄하는 것은 아니며, 한국 교회와 사회의 맥락에서 수행되고 있는 오늘의 기독교교육과의 연관성 속에서 선별한 것이다.

제2장 "통전적 신앙양육을 위한 가정-교회연계 격대(隔代)교육: 아동기를 중심으로"에서는 기독교교육 분야에서 그동안 거의 다루어지지 않았던 격대교육을 신앙교육의 관점에서 다루고 있다. 격대교육의 대상은 아동기나 조부모들이 노년기에 해당하므로 이 두 세대사이의 대화를 시도하는 교육이라고 할 수 있다. 일반 격대교육의 경우 인성교육에 많은 강조점을 둔다. 반면, 이 책에서 지향하는 가정-교회 연계 격

---

4   Richard Osmer, *Practical Theology: An Introduction*, 김현애, 김정형 공역, 『실천신학의 네 가지 중심과제』 (서울: 예배와설교 아카데미, 2012).

대교육은 인성교육의 차원도 포괄하지만 통전적 신앙의 양육에 강조점을 두고 조부모와 손자녀 두 세대가 함께 온전한 신앙을 구비해 나가도록 지원하는 대화적 교육의 성격을 많이 강조한다. 여기에서 다루는 내용은 격대교육의 재발견과 기독교 격대교육의 필요성, 전통사회에서의 격대교육과 그 함의, 한국인과 유대인의 격대 신앙교육 비교연구, 기독교 격대교육을 위한 이론적 기초, 통전적 신앙양육을 지향하는 가정-교회 연계 기독교 아동격대교육 모델 등이다.

제3장 "구약의 정경모델에 기초한 통전적 청소년 교회교육"에서는 먼저 청소년들의 통전적 신앙양육을 위하여 월터 브루그만(Walter Brueggemann)이 제시한 구약의 세 가지 형태의 정경(오경, 예언서, 지혜문학)과 시편에서 신앙교육의 원리를 탐색한다. 이를 통하여 "오경적 정체성 형성교육", "예언자적 비판교육", "지혜문학적 분별교육"과 이들을 수렴하는 "시편의 하나님 순종교육" 등으로 구성된 대안적 청소년교육을 모색하고, 이에 터하여 고대-미래(ancient-future)의 관점에서 청소년 교회교육의 목적과 과제를 제안한다.

제4장 "통전적 청년 화해교육의 모색: 신생성인기(Emerging Adulthood)를 중심으로"에서는 최근 인간발달 단계에서 새로운 단계로 떠오르고 있는 "신생성인기"를 염두에 두고 한국교회의 신생성인들이 직면한 여러 갈등현상에 초점을 맞춘다.[5] 그리고 이들의 화해교육을 위한 성서적, 신학적 기초를 고찰하고 기독교교육의 지평에서 화해교육의 2가지 양극화된 모델과 이에 대한 대안으로서 통전성을 지향하는 화해

---

[5] emerging adulthood는 제프리 아네트(Jeffery Arnett)가 미국의 18-29세 사이의 청년들에 대한 경험 연구를 바탕으로 붙인 이름이다. "성인모색기," "성인진입기," "성인입문기," "성인이행기," "신흥성인기" 등으로 번역되는 이 시기는 대략 20대에 해당하며, postadolescence라는 용어처럼 청소년 시기와 초기 성인기(young adulthood) 사이의 시기를 지칭한다.

교육모델을 제안한다.

제5장 "오늘의 기독교 중년교육의 과제연구: 생산성과 공적신앙의 대화를 중심으로"에서는 중년교육에서의 실증연구 부족, 근대적 발달 이해에 기초한 중년교육, 가부장적 남성성에 기초한 중년교육, 중년에 대한 최근의 과학적 발견(뇌과학, 생물학, 인류학 등), 성인성의 핵심인 생산성(generativity)에 대한 협소한 이해 등을 염두에 두면서 대안적 중년교육을 모색한다. 먼저, 최근 다양한 분야에서 이루어진 중년 연구, 한국의 중년에 대한 기술적-경험적, 사회학적 연구, 한국교회의 남성 담론과 아버지 담론 등에 나타난 오늘의 중년에 대한 새로운 이해를 시도한다. 그리고 여기에서 드러난 특징적인 주제들을 제시하고, 중년 성인성의 핵심인 생산성에 대한 다양한 이해에 기초하여 이를 공적신앙(public faith)과의 대화를 통하여 재개념화한다. 마지막으로, 이에 터하여 오늘의 기독교 중년교육의 과제를 자아, 가정, 직장, 교회, 시민사회, 생태계 등으로 세분화하여 제안한다.

제6장 "호모 헌드레드 시대의 노년을 위한 죽음교육: *Fin-Telos* 모델"에서는 기독교교육에서 노년기의 가장 핵심 교육인 죽음교육의 부재를 반성하면서 이들을 위한 생명교육으로서의 죽음교육을 모색한다. 호모 헌드레드 시대의 교회 노년교육과 죽음교육, 죽음교육의 의미와 국내외 사례, 죽음에 대한 다양한 이해와 죽음의 과정, 죽음에 대한 성서적, 신학적 이해, 죽음교육을 위한 노인 이해 등을 다학제적 관점에서 비판적으로 고찰한다. 그리고 이에 기초하여 "*Fin-Telos* 모델"을 생명교육으로서의 기독교 노년 죽음교육으로 제안한다.

제7장 "개인의 신앙성숙과 공공성을 아우르는 온전한 기독교교육의 모색"에서는 앞에서 생애주기별로 따로 논의된 내용들을 종합하여

개인적 차원의 신앙성숙과 공공성을 아우르는 동시에 전 세대를 포괄하는 온전한 기독교교육의 과제를 제안한다. 이를 위하여 먼저 한국 기독교교육에 있어서 개인의 신앙성숙과 공공성의 분리로 인하여 야기된 여러 문제들을 고찰한다. 그리고 한국교회의 기독교교육을 이끌어온 교육신학적 관점에 대한 비판적 분석을 시도하고 대안으로 공공신학과 공적신앙에 대한 이해를 시도한다. 이러한 논의에 기초하여 개인의 신앙성숙과 공공성을 아우르는 온전한 기독교교육의 과제를 1) 하나님 나라 백성의 신앙정체성 형성, 2) 하나님 나라의 복음 선포를 위한 소명의식 형성과 은사개발, 3) 삼위일체적 공동체 형성, 4) 예언자적 변혁, 5) 지혜문학적 소통, 6) 변모적 찬미 등으로 제시한다.

"에필로그: 통전적 신앙양육을 위한 기독교교육의 미래과제"에서는 종교개혁 500주년을 맞이한 한국교회가 통전적 신앙 형성을 통하여 올바른 개혁으로 나아가기 위하여 기독교교육이 수행해야 할 주요 미래 과제들을 결론적으로 제시한다.

이 책은 지난 몇 년 동안 여러 학술지에 발표되었던 글들을 기초로 다시 상당부분 수정하고 확대한 결과물이다. 수정과 확대 과정을 통하여 상당히 많은 내용들이 추가되었으며, 각 장의 출처는 마지막 부분에 밝혀두었다. 종교개혁 500주년을 보내면서 한국교회의 개혁을 위한 다양한 방안들이 제시되고 있지만 무엇보다 종교개혁자들이 목소리 높여 외쳤던 신앙의 본질 회복을 위한 기독교교육이 더욱 절실하게 요청되고 있다. 이 책이 이러한 신앙의 본질을 회복해 나가는 과정에 작은 부분이라고 기여하기를 바라는 마음 간절하다.

이 책을 출판하면서, 먼저 저자가 기독교 교육함을 통하여 부족하지만 하나님의 나라를 섬길 수 있는 통로를 허락하신 삼위일체 하나님의 은혜와 사랑에 감사드리며 모든 영광을 돌린다. 이 책의 출판을 위하여 여러 분들의 격려와 사랑과 수고가 있었다. 장로회신학대학교 임성빈 총장님, 기독교교육과 동료 교수님들, 연구지원처의 김문경 교수님, 김정형 교수님, 김윤섭 실장님께 감사의 말씀을 드린다. 또한 수업시간에 이 책의 많은 부분들을 함께 토론하면서 현장과의 연계를 위해 함께 고민했던 대학원의 "기독교 성인교육", "기독교 가정교육", "기독교교육과 신학" 과목의 수강생들, 저자가 교육지도 목사로 섬기고 있는 덕수교회의 목회자들과 성도님들, 그리고 교정을 위해 많이 수고한 이세형 전도사님과 구희정 목사님에게도 고마운 마음을 전한다. 이 책의 2장 가정-교회연계 격대교육 연구는 한국연구재단의 지원으로 이루어졌는데, 이를 통하여 이스라엘 현지에서의 격대교육 비교연구도 가능하였다. 재단의 지원과 설문을 통계 처리하는데 도움을 주신 교수학습개발원의 김효숙 교수님께도 감사를 표한다. 마지막으로 항상 저자를 위해 기도와 사랑으로 응원해 주고 힘을 실어 주는 아내 심미경, 딸 규은, 아들 규민에게 마음속으로부터 우러나는 감사의 마음을 전한다.

2019년, 삼일절 100주년을 맞이하면서
광나루 연구실에서 장 신 근

차 례

제1장

인간발달 이해의 새로운 지평과 기독교교육

들어가는 말

　머리말에서 밝힌 바와 같이, 이 책에서는 포스트모던, 포스트휴먼, 디지털 시대의 맥락에서 1) 인간발달 이해에 관한 최근 연구, 2) 생애주기별 기독교교육의 주요 주제, 3) 공공신학적 관점 사이의 비판적 삼자대화(trialogue)에 기초한 생애주기별 기독교교육을 다룬다. 이를 위하여 먼저 인간발달 이론의 새로운 경향에 대하여 살펴본다. 지난 30년간 눈부신 발전을 이룩해 온 사회과학 특히 심리학 분야에서의 인간발달 관련이론을 제한된 지면에서 모두 다루는 것은 불가능하므로 통전적 신앙의 양육과의 연관성 속에서 아동기, 청소년기, 신생성인기, 중년기, 노년기 등과 관련된 핵심적 내용들을 중심으로 고찰한다. 그리고 인간발달이론을 인지적, 심리적, 사회적, 문화적 차원에서만이 아니라 신앙발달이라는 차원과 함께 고려하면서 최근 인간발달 이해의 새로운 경향을 1) 발달 단계 (생애주기) 구분의 새로운 양상, 2) 생태학적 접근, 3) 비선형적, 다이내믹 시스템의 관점, 4) 문화 속의 발달, 5) 최근 뇌과학 (발달신경과학)의 공헌, 6) 어린이 영성 연구 등 6가지로 정리하고 기독교교육과의 관련성을 논하려고 한다.

Ⅰ. 발달 단계(생애주기) 구분의 새로운 양상

근대적 의미의 인간발달 이해에서는 "영아기", "유아기", "아동기", "청소년기", "성년기 초기(청년기)", "성년기 중기(중년기)", "성년기 후기(노년기)" 등의 구분이 표준적인 것으로 간주되어 왔다. 비록 사소한 차이는 있지만 대부분의 인간발달 이론은 이러한 연령 구분을 고수해 왔으며, 일반교육이나 기독교교육에서도 역시 이러한 발달 단계를 기초로 교육이론, 모델, 커리큘럼, 프로그램, 방법론 등이 개발되어 왔다. 그러나 인간 수명의 연장(호모 헌드레드 시대), 저출산, 성 평등, 가족구조의 변화, 지구-지역적 차원에서의 정치, 경제, 사회, 문화적 변화 등으로 인하여 최근에는 각 단계 안에서 세분화가 일어나기도 하고, 각 단계가 단축되거나, 연장되기도 하며, 또한 새로운 단계들이 설정되기도 한다.

예를 들어, 최근에는 산업화된 선진 국가들을 중심으로 청소년기가 과거보다 연장됨으로써 성인기와 청소년기 사이에 새로운 단계 설정이 필요하다는 주장이 힘을 얻고 있다. 사회의 급속한 변화와 더불어 과거의 발달이론으로는 잘 이해가 되지 않는 새로운 현상들이 초기 성인기에 많이 나타나고 있다는 것이다. 이로 인하여 제프리 아네트(Jeffrey Arnett)와 같은 학자는 청소년과 성인초기 사이에 해당하는 "emerging adulthood"(신생성인기)라는 새로운 인간발달 단계를 제안하고 있다.[1] 도널드 캡스(Donald Capps) 같은 목회상담 학자는 인간발달 단계를 10

---

[1] Jeffrey Arnett, *Emerging Adulthood: The Winding Road from the Late Teens Through the Twenties*, 2nd ed. (Oxford: Oxford University Press, 2015); Jeffrey Arnett, "9장: 성인진입기," *Human Development: A Cultural Approach*, 정영숙 외 4인 역, 『인간발달: 문화적 접근』 제2판 (서울: 시그마프레스, 2018), 321-64.

년 단위(decade)로 10단계로 구분하여 각 단계별 발달과제를 제시하고 있다.[2] 이는 그동안 성인기를, 대략 20-30년 정도로 나누어서 전기, 중기, 후기로 구분한 것과는 상당한 차이를 보인다. 이러한 구분은 호모 헌드레드(homo hundred) 시대에 진입하면서 100세까지 인간발달 단계가 연장되어가는 현실을 반영한 것이라 할 수 있다. 또한 노년기의 진입 시기도 과거에는 55-60세 정도로 보았으나, 최근에는 70세를 노년의 시작으로 보는 경우가 많아지고 있다. 이처럼 주로 인간 수명의 연장이라는 큰 변화로 인하여 전통적인 인간발달의 연령구분이 점차 그 의미를 잃어가고 있으며 새로운 구분이 요청되고 있는 상황이다.

인간발달 단계의 구분과 연관하여, 지금까지 서구 학자들의 이론에 너무 지나치게 의존해 온 것을 반성하면서, 한국적 상황에서 세대별 생애주기에 대한 여러 분화 유형들을 살펴볼 필요가 있다. 그동안 많은 인간발달 연구들이 서구의 중산층 백인 남성들을 대상으로 이루어진 경우가 대부분이므로 이러한 이론들을 우리 상황에 무비판적으로 그대로 도입하여 적용할 경우 상당한 어려움이 수반된다. 따라서 한국사회의 독특한 정치, 경제, 문화적 상황에서 이루어진 인간발달 연구와 논의들이 반드시 고려되어야 하는데, 특히 현실성 있는 생애주기별 기독교교육을 모색해 나가기 위해서는 필수적인 과제라고 할 수 있다.

최근 30여 년 동안 우리나라에서는 주로 상업적 목적을 가진 기업들과 대중 매체들에 의하여 구분된 X세대, Y세대, I세대, P세대, H세대 Wine세대, G세대, 틴세대, N세대 등과 같은 다양한 명칭의 세대가 등장하였다. 가장 최근에는 15세에서 25세 사이의 native digital 세대를

---

2   Donald Capps, *The Decades of Life: A Guide to Human Development* (Louisville: Westminster John Knox Press, 2008).

뜻하는 "Z세대"까지 등장하였다. 그러나 이러한 명칭들은 학문적 근거에 의한 것이라기보다는 주로 기업들의 마케팅을 위한 전략으로 혹은 언론 매체들이 대중적인 견해에 기초하여 만들어진 것들이 대부분이다. 따라서 흥미로운 구분이기는 하나 학문적으로 사용할 때는 보다 엄밀한 경험적 연구와 비판적 성찰을 요구한다.

그렇다면 학자들에 의한 세대 구분은 어떻게 이루어져 왔는가? 그동안 한국사회의 세대 구분에 대하여 여러 학자들이 제시한 다양한 유형들이 있지만 1) 근대화/산업화 세대, 2) 386(운동권)/민주화 세대, 3) 정보화/디지털(N) 세대 등으로 구분하는 것에 대하여 일반적으로 많이 동의하고 있다고 본다. 한국 사회에서 이들 각 세대의 생애주기와 역사적 경험 그리고 가치관 비교는 함인희 교수가 제시한 다음의 표에서 잘 드러난다.[3]

〈표 1〉 세대별 생애주기와 역사적 경험

세대 구분 / 생애주기	근대화/ 산업화 세대	386(운동권)/ 민주화 세대	정보화/ 디지털(N) 세대
유년기	* 군부독재 * 후진국 * 경제개발계획 시작	* 민주화 * 고도성장기 * 중진국 진입	* 세계화 * 고도 소비사회 진입 * OECD 국가로 진입

---

3   함인희, "세대갈등의 현주소와 세대통합의 전망," 『한국정책학회 기획세미나(한국정책학회 프로시딩)』, 2013년 1호, 54-55.

청소년기 (중·고등학교 시기)	* 새마을 운동 * 과밀학급, 교련 * 명문고 · 고교 평준화 세대 공존	* 고교평준화 정착 * 학력고사 세대 * 대학 입학정원 증원	* 하향 평준화 논란 * 특목고 등장 * "수능" 세대 * "독방" 세대
취업 및 외환위기 영향	* 고도성장기 취업 * 외환위기시 사오정 * 상시적 은퇴압력	* 고실업사회 진입 * 구조조정·정리해 고 일상화 * 고용 불안	* 청년실업의 피해 * 선진화의 꿈
성년기	* 보편혼 * 제도가족	* 우애가족	* 만혼 및 저출산 * 이혼율 증가
의미 있는 역사적 경험	* 6·25, 4·19, 5·16 등 대사건 체험 * 유신시대	* 5·18 광주, 1987 민주화 투쟁 * 2002년 대통령 선거로 부상	* 경제 발전과 민주화 결실 향유 * 인터넷 혁명

〈표 2〉 세대별 가치관 비교

세대 구분 / 가치관	근대화/ 산업화 세대	386(운동권)/ 민주화 세대	정보화/ 디지털(N) 세대
정치적 가치	* 현실주의 * 성장주의와 민주주의 갈등 * 유신의 그림자 * 진보주의의 좌절 * 친미반북 성향	* 관념적 민중주의 * 민주화의 주역 * 진보의 기수 * "세대 비약"달성 * 친북반미 성향	* 탈정치적 문화주의 * 실용적 보수주의 * 문화적 반미주의
사회적 가치	* 가족 국가 위해 헌신 * 우리(We) 의식 * 권위 상실	* 한국적 특수성과 세계적 보편성 추구 * 개인적 욕구와 공동체적 욕구 간 갈등	* 문화코드로 동질감 확보 * 한국적 가치보다 세계적 규준 중시

가족 가치	* 가족보다 일이 중요 * 가장 이데올로기 고수	* 가족 일, 모두 중요 * 가장 이데올로기 위기	* 일보다 가족이 중요 * 가장이데올로기 실종(맞벌이 부부 규범화)
고령화 대비	* 대비 매우 취약	* 국민연금 위기	* 삶의 질 향상 추구
자녀교육	* 사교육 투자	* 사교육 과잉 * 기러기 부부	* 출산파업 (DINK족 선호)
정보화 대비	* 정보화 세계화 적응력 취약	* 뉴미디어 활용 사회활동	* 첨단 정보 통신기기 활용
소비의식	* 대량생산 대량소비 * 소비 취향 없음 * (강제) 저축 * 노동하는 세대	* 다품종 소량생산 * 소비 취향 생성 * 신용카드 세대 * 소유하는 세대	* 주문형(맞춤형) 생산 * 소비=정체성 및 지위 상징 * 소비>소득 세대 * 소유의 종말(접속)

발달 단계(생애주기) 구분의 새로운 양상은 기독교교육에도 직간접적으로 많은 시사점을 준다. 먼저 생애주기별 기독교교육을 구성해 나감에 있어서 기존의 발달 단계에는 없는 신생성인기 같은 새로운 단계에 대한 이해를 통하여 대안적인 형태의 기독교교육 모델을 모색해 나갈 수 있다. 그리고 이러한 새로운 양상은 전 생애를 대상으로 하는 기독교 평생교육 커리큘럼을 디자인하는데 있어서도 새로운 시각을 제공한다. 특히 수명의 연장으로 인한 성인기의 세분화는 기독교 성인교육에서도 성인기를 보다 다양한 단계로 구분해야만 더욱 현실성 있는 교육이 될 수 있다는 사실을 제시해 준다. 이에 더하여, 함인희 교수가 제시한 1) 근대화/산업화 세대(노년세대), 2) 386(운동권)/민주화 세대(중년

세대), 3) 정보화/디지털(N) 세대(청년세대) 등의 세대 구분은 오늘을 살아가는 한국인들의 역사적 경험과 가치관을 잘 분석하여 제시하고 있다고 할 수 있다. 따라서 한국적 상황에 기초하여 이루어진 이러한 세대 구분은, 서구인 중심의 인간발달 이해에서 벗어나서, 인간발달 이해에 대한 매우 현실적이며 상황적인 접근을 가능하게 해 주며, 동시에 한국인을 위한 생애주기별 기독교교육의 이론과 실천에도 중요한 통찰력을 제시한다고 할 수 있다.

II. 생태학적 접근

인간발달 이론에 대한 근대적 혹은 전통적 접근에서도 유전과 환경 사이의 상호작용이 중요하다는 사실은 계속 인식되어 왔으나 여기에서 환경이라고 하는 요인이 가정, 학교, 교회 등과 같이 상당히 좁은 의미로 사용되었다. 그러나 1970년대 이후 변증법적 사고의 영향으로 인간의 발달은 진공에서 일어나는 것이 아니라 지속적으로 사회적 체계의 영향 (혹은 사회적 영향력)을 받게 되며, 그동안 아동중심의 발달이해에서 노년기까지 전 생애를 포괄하는 관점이 나타나고, 동시에 전 생애에 걸쳐서 발달에 영향을 끼치는 역사적, 사회적 맥락을 포괄하는 총체적 발달이해를 강조하는 "생태학적 접근"(ecological approach)이 등장하였다. 이러한 맥락에서 유리 브론펜브레너(Urie Bronfenbrenner)는 미시체계, 중간체계, 외체계, 거시체계, 시간체계(연대체계) 등으로 이루어진 인간발달의 생태학적 체계이론을 주장하였다.

최근에는 "발달과학"이라는 맥락에서 실용적이고 현실적인 차원이 많이 중요하게 간주되면서 "발달에는 가정, 학교와 같은 직접적인 사회만 영향을 끼치는 것이 아니라 의료체계, 교육체계, 직장, 공동체, 정부, 미디어 등 원격 사회 시스템"도 중요한 영향을 끼치는 것으로 간주되고 있다.[4] 이러한 맥락에서 최근의 인간발달 연구는 인간의 삶에 영향을 끼치는 사회적 변화의 영향에 주목하게 되었다. 그 결과 빈부 격차에 따른 상이한 발달 패턴연구, 여성취업 증가로 인한 탁아문제, 증가하는 이혼에 따른 발달문제, 증가하는 10대 임신문제, 아동 학대 및 성폭력에 관한 아동 진술 문제 등에도 관심을 가진다.[5]

최근 인간발달 이해에서의 생태학적 접근은 기독교교육에도 매우 중요한 통찰력을 제공한다.[6] 특히 한국에서의 기독교교육이 개인주의와 사사화의 위기에 직면하게 된 주요 원인 가운데 하나가 신앙교육의 생태계가 긍정적으로 제대로 작용하지 못하고 분리되거나, 교회 혹은 가정만으로 제한된 결과라는 사실을 인식하고 반성하는데 있어서 이러한 생태학적 접근은 결정적인 단서를 제공해 주었다.[7] 이런 맥락에서 기독교교육에서는 일차적으로 가정과 교회 사이의 연계를 강조하는 교육모델들이 많이 제시되고 있으며, 더 나아가 가정, 교회, 학교, 지역사

---

4 김태련 외, 『발달심리학』 (서울: 학지사, 2004), 38.

5 위의 책.

6 Urie Bronfenbrenner and Ann C. Crouter, "Evolution of Environmental Models in Developmental Research," in *Handbook of Child Psychology: Formerly Carmichael's Manual of Child Psychology*, ed. P. H. Mussen and W. Kessen (New York: Willey, 1983). 357-414.

7 온전한 혹은 통전적인 신앙양육을 위한 기독교교육 생태계 회복의 중요성에 대해서는 다음의 내용을 참고할 것. 장신근, "기독교교육 생태계 회복을 통한 교회의 온전한 신앙양육," 장신근, 『창조적 교회교육 내비게이션』, 개정증보판 (서울: 예영커뮤니케이션, 2016), 63-80.

통전적 신앙과 생애주기별 기독교교육: 아동기에서 노년기까지

회, 시민사회 등의 유기적 연계를 통한 통전적 신앙양육이 강조되고 있다. 그리고 가정, 교회, 학교, 시민사회 등과 같은 직접적 사회만이 아니라 의료체계, 교육체계, 직장, 공동체, 정부, 미디어 등과 같은 원격 사회 시스템도 기독교교육에 중요한 영향력을 발휘한다는 사실이 점차 인식되고 있다. 그 결과 기독교교육 이론과 실천에 있어서 원격 사회 시스템으로부터 유래하는 긍정적, 부정적 영향 혹은 도전들을 어떻게 대처할 것인가에 대한 관심이 높아지고 있다.

III. 비선형적, 다이내믹 시스템 관점

전통적인 인간발달이 인간의 행동과 발달 과정을 정형화, 규칙화하려는 경향을 통하여 발달에 대한 선형적 접근을 주로 시도하였다면 최근의 인간발달 이론에서는 비선형적이고 다이내믹한 시스템 관점에 기초한 접근을 많이 시도한다. 먼저 인간발달에 대한 "발달 정신병리적 접근"에서는 인간발달에서 나타나는 정상발달과 이상발달을 이분화하여 서로 고립시키지 않고 이러한 이분화된 발달 경로를 통합해 나간다. 그리하여 발달의 단선성을 가정하는 기존 관점과는 차이를 보인다.[8]

---

8   위의 책, 35. "발달정신병리에 따르면, 정상 발달과 이상 발달은 여러 요인에 의해서 결정되며 (multidetermism), 이 요인은 크게 보호요인과 위험요인으로 나누어진다. 그러나 요인의 특성과는 별도로 발달은 개인적 취약성(vulnerability)과 탄력성(resilience)에 의해 발달 경로가 달라진다. 또한 각기 다른 경로를 거쳐 동일한 발달 상태에 이를 수도 있으며(equifinality) 동일한 특성이 각기 다른 결과(multifinality)를 초래할 수도 있다. 이와 같은 가정은 발달의 단선성을 가정하는 기존의 관점과는 명확히 구별된다."

또한 "다이내믹 시스템 접근"에서는 기존의 과학적 패러다임 안에서 발달 현상을 분해하고 여러 요소를 자세하게 나누어서 이해하는 것을 "요소주의"라고 비판하면서, 이러한 접근은 인간의 전체발달 현상을 이해하는데 어려움을 준다고 본다. 이들은 인간발달 과정을 시간이 경과함에 따라서 복잡성과 조직화가 증가하는, 비선형(nonlinear)이며 자기조직화(self-organization)의 특성을 지닌, 불평형의 열린 시스템이라고 본다.[9]

> 다이내믹 시스템 접근은 인간발달의 모습을 전체의 시각에서 조망하고자 하는 시도이다. 다이내믹 시스템 접근은 새로운 행동의 기원 및 발달 패턴에 대한 문제 등 복잡하고 무질서하여 전통적 관점에서 다루지 못했던 부분을 이론 안에 포함시키고, 선형적 발달에 포함되지 못했던 비선형적 발달 패턴을 수용함으로써 발달을 보다 포괄적이고 전체적으로 바라볼 수 있는 토대를 제시하고 있다.[10]

비선형적, 다이내믹 시스템 관점과 관련하여 특히 요소주의에 대한 비판은 기독교교육에 중요한 함의를 제시한다. 첫째, 요소주의에 대한 비판은 기독교교육이 일반 발달이론에 신앙적, 초월적 관점을 제시하여 포괄적이며 전인적 인간발달 이해에 기여할 수 있도록 해 준다. 인간의 발달 현상을 과학적 패러다임 안에서 지나치게 분해하여 여러 요소로 자세하게 나누어서 이해하는 요소주의를 비판하면서 인간의 전체

---

9   위의 책, 36.
10   위의 책, 37.

발달 현상을 이해하려는 이러한 경향은 인간발달에 있어서 신앙이 결코 간과되어서는 안되는 핵심 요소라는 사실을 간접적으로 확인시켜 주는 것이라 할 수 있다. 인간의 종교적 혹은 영성적 관심에 대한 내용을 간과한 인간이해는 결코 총체적인 인간발달 이해라고 할 수 없기 때문이다.

둘째, 요소주의에 대한 비판은 기독교교육으로 하여금 신앙의 총체성 혹은 온전성을 추구하게 해 준다. 기독교교육의 목적이 온전한 신앙양육이라고 한다면, 신앙을 인지적, 심리적, 도덕적, 사회적, 영성적 차원으로 서로 분리하여 한 가지 요소로만 제한할 수 없는 것이다. 오히려 신앙은 인간발달의 이러한 다양한 차원들을 모두 포괄하는 것으로 이해해야 한다. 이들이 분리되어 파편화되어 버리면, 신앙은 개인주의, 심리주의, 행동주의, 혹은 초월주의 등으로 환원되어 버릴 수가 있는 것이다.

IV. 문화 속의 발달

과거에는 발달 심리학에서 문화에 대한 관심이 상대적으로 크지 않았던 것이 사실이다. 문화적 요소들은 인간발달의 보편성에 반대되는 것으로 무시되는 경우가 많이 있었다. 즉, 인간발달의 과정에서 문화적으로 특수한 요소보다는 보편적인 특성이 무엇인가에 대한 관심이 주를 이루었다. 그런데 이러한 보편성은 사실 서구문화에 기초한 경우가 대부분이었다. 많은 발달이론들이 앞에서 지적한 것처럼 서구 중심의, 특히 백인 중산층 남성 중심의 관점이라는 한계성을 가지고 인간을 이해함으로 자신들의 기준을 보편적 기준으로 간주하는 오류를 많이 범하였다.[11] 지금도 여전히 그러한 이론들이 많이 통용되고 있는 것이 사실이다. 그리고 문화의 문제를 고려하는 경우에도 "이들은 모두 생물학적 측면[내부요인]과 환경 측면[외부요인]을 비중을 달리하거나 혹은 둘을 병치함으로써 발달을 설명한다."[12]

그러나 최근의 인간발달에서는 이러한 두 가지의 측면이 직접적으로 상호작용하는 것이라기보다는 "문화를 통해서 매개"되는 것으로 보고 인간발달은 "생물-사회-문화적 변화 과정"이라고 주장한다. 기존에는 "문화를 잠재성 실현에 대한 제약조건 또는 촉진 조건으로 파악하지만 [최근의]문화심리학에서는 문화의 습득과 이용은 인간발달의 근원이며 더 나아가 인간의 생물학적 한계조건을 초월하게 하는 기능을 하는 것으로 파악하고 있다. 마음속에 문화가 있고 문화 속에 마음이 있는 것으로 본다."[13]

이처럼 문화의 중요성을 강조하는 최근의 인간발달 이해는 기독교

---

11 Lawrence Kohlberg의 유명한 도덕발달 단계이론에 대한 Carol Gilligan의 여성주의적 도덕발달 연구는 이러한 중산층의 백인 남성 중심의 관점에 대한 비판적 연구라고 할 수 있다. Kohlberg는 구조주의적 도덕발달 단계 이론에서 보편적으로 상위 단계로 갈수록 정의와 독립성이 강해진다는 주장을 하였는데, Gilligan은 여성주의적 입장에서 "돌봄"과 "관계"와 같은 도덕적 덕목(virtue)을 대안으로 제시하였다. Carol Gilligan, *In a Different Voice*, 허란주 역, 『다른 목소리로』 (서울: 동녘, 1997). 기독교교육 분야에서는 Carol Hess의 여성신학적 연구를 실례로 들 수 있다. Carol Hess, *Caretakers of Our Common House: Women's Development in Communities of Faith* (Nashville: Abingdon Press, 1997). Yuval Harari도 지난 100년간의 심리학 분야에서는 그 연구 대상이 대부분 서구의, 많이 배우고, 산업화되고 부유하고, 민주적인 사회에 사는 사람들(WEIRD, Western, Educated, Industrialized, Rich, Democratic)이었다고 비판한다. Yuval Harari, *Homo Deus*, 김병주 역, 『호모 데우스: 미래의 역사』 (서울: 김영사, 2017), 483-92.

12 김태련 외, 『발달심리학』, 39.

13 위의 책, 39.

교육에도 큰 함의를 지닌다. 즉, 기독교교육도 인간발달을 이해함에 있어서 그동안 상황적 측면과 생물학적 측면을 이원론적으로 따로 분리하거나 한 쪽만을 일방적으로 강조하는 경우가 많았음을 반성하고 동시에 양자를 매개하는 문화의 강력한 힘을 새롭게 인식하도록 도전을 준다. 그리하여 신앙공동체 이론과 같이 신앙과 공동체의 문화 사이의 불가분의 관계가 신앙교육에서 필수적임을 인식하게 해 주었다. 그러나 동시에 (신앙공동체) 문화의 중요성에 대한 강조는 역으로 기독교교육으로 하여금 문화를 비판적으로 바라보도록 하는 과제를 제시한다. 즉, 기독교교육은 성령 하나님의 변형적 힘에 의하여 문화(혹은 문화화)의 한계를 넘어설 수 있는 초월적 가능성을 열어 놓아야만 일반 교육과의 차별성이 드러난다는 것이다.

V. 최근 뇌과학(발달신경과학)의 공헌

최근의 신경과학 혹은 뇌과학의 혁명적인 발전과 더불어 인간의 뇌 발달에 대한 다양한 지식들이 급속하게 증가되고 있고, 이로 인하여 뇌 발달이 행동의 변화와 매우 밀접하게 연관되어 있다는 사실이 계속 입증되고 있다. 초기의 뇌 발달 연구에서는 유전적인 요소가 많이 강조되었으나 최근에는 이런 것으로만 설명되지 않는 많은 가소성이 있다는 사실이 밝혀지고 있다. 그리고 뇌과학의 발달로 인하여 그동안 인간발달 단계에서 주장되어온 발달적 특징들을 새롭게 수정해야 할 부분들이 나타나게 되었다. 예를 들어, 강력한 뇌 스캐너 덕분에 그동안 청소년의 뇌는 완성된 것으로 알려졌으나, 아직 완성되지 않고, 특히 전두엽의 경우, 가소성을 지니고 있는 것으로 드러났다. 판단력을 관장하는 전두엽이 완전히 발달되지 못한 결과 청소년들은 이성적인 판단보다는 감성에 치우치고 충동적인 행동과 건망증이 쉽게 일어나며 절제가 힘든 경우가 많다.[14] 따라서 성인들은 다양한 지원을 통하여 청소년들이 올바른 판단을 할 수 있도록 이들의 미성숙한 전두엽을 보충해 줄 필요가 있다는 것이다.

중년기와 노년기의 뇌에 대해서도 지금까지는 새로운 것에 익숙하지 못하고, 순발력이 떨어지고, 기억력이 감퇴하는 등 쇠퇴의 측면만을 강조해 왔으나, 새로운 뇌과학 연구의 결과로 이 시기에 중년과 노년의 뇌가 이전과는 다른 방식으로 새롭게 작동한다는 긍정적인 사실을 새롭게 알게 되었다. 이로 인하여 중년기에는 판단력과 종합력이 뛰어나고, 노년기에는 자제력과 통찰력이 뛰어난 뇌가 된다는 것이다.[15]

하워드 가드너(Howard Gardner)의 다중지능이론 역시 최근의 뇌과학 발견에 기초하여 인간발달의 인지적 차원에서 핵심적 개념인 지능에 대한 새로운 다중적 접근을 시도한다. 가드너는 뇌손상의 파괴정도에 따른 행동의 변화에 대한 신경심리학의 연구에 참여하면서 전통적 지능이해에 의문을 제기하게 된다. 그리고 뇌손상과 관련된 예술적 능력에 대하여 연구하는 과정에서 지능의 분리성과 다양한 인지능력의

---

14 Barbara Strauch, *The Primal Teen*, 강수정 역, 『십대들의 뇌에서는 무슨 일이 벌어지고 있나?』 (서울: 해나무, 2004); Frances Jensen and Amy Nutt, *The Teenage Brain*, 김성훈 역, 『10대의 뇌: 인간의 뇌는 어떻게 성장하는가?』 (서울: 웅진지식하우스, 2018).

15 Barbara Strauch, *The Secret Life of the Grown-up Brain*, 김미선 역, 『가장 뛰어난 중년의 뇌』 (서울: 해나무, 2010).

발달을 이해하게 되고 다중지능 이론을 제안하게 된다. 그리하여 다중지능 성립의 가장 중요한 준거 중의 하나로 (뇌손상에 의한 지능의 분리가능성에 기초하여) 지능은 "두뇌의 어떤 특정 부위에 위치하고 있다는 것이 증명되어야 한다."라는 기준을 제시한다.[16]

　이상과 같은 뇌과학의 새로운 발견들은 그동안 생애주기별 기독교교육에서 전제해 온 많은 것들을 새롭게 보도록 요구하고 있고, 동시에 창의적인 새로운 신앙교육 방법을 위한 풍부한 단서를 제공하고 있다. 청소년, 중년, 노년들의 뇌에 대한 새로운 발견들은 각 발달 단계에 대한 보다 정밀하고 확장된 이해를 제공하여 생애주기별 기독교교육을 보다 더 새롭게 구성해 나가는 데 많은 도움을 준다. 예를 들어, 중년의 뇌에 대한 최근의 이론은 중년을 위기와 갈등의 어두운 시기로 인식해 왔던 과거의 이론에 의문을 제기하고 중년기가 다양한 측면에서 긍정적인 차원을 가지고 있음을 보여주는데, 이러한 연구는 기독교 중년교육의 방향과 과제를 재설정 하도록 요청한다.

　더 나아가 지능에 대한 다중적 접근은 다양한 신앙교육 방법을 위한 인식론적 기초를 제공해 준다. 전통적으로 신앙교육에서 사용된 방법은 주로 언어적 지능에 기초한 일방적 내용 전달식이었다. 그러나 언어를 비롯하여 신체-운동, 공간, 시각, 대인, 자기이해, 음악 등 지능의 다중성을 고려할 경우, 보다 다양하고 창조적인 방법들을 기독교교육에서 활용할 수 있다. 동시에 학습자들의 유형을 다중지능에 기초하여

16　Howard Gardner, *Intelligence Reframed*, 문용린 역, 『다중지능: 인간지능의 새로운 이해』 (서울: 김영사, 2001), 48-54; Howard Gardner, *The Frames of Mind: The Theory of Multiple Intelligences*, 이경희 역, 『마음의 틀』 (서울: 문음사, 1993), 90-95; Thomas Armstrong, *Multiple Intelligences in the Classroom*, 전윤식 역, 『복합지능과 교육』 (서울: 중앙적성출판사, 1999); Howard Gardner, Mindy Kornhaber, and Warren Wake, *Intelligence: Multiple Perspectives*, 김정휘 역, 『지능심리학: 다양한 관점에서 지능연구하기』 (서울: 시그마프레스, 2006).

구분함으로써 이들에게 맞는 맞춤형의 교육방법들을 찾아낼 수 있다.

VI. 어린이 영성 연구

인간발달 연구에 있어서 제임스 파울러(James Fowler)의 신앙발달 이론은 종교의 영역에서 자체적으로 이루어진 매우 중요한 연구이다. 파울러는 에릭슨, 피아제, 셀만, 콜버그 등에 의하여 연구된 다양한 인간발달 이론과의 대화를 통하여 신앙의 발달 단계를 구조주의적 관점에서 제시하여 실천신학뿐 아니라 신학과 일반 인간발달 분야에도 큰 공헌을 하였다. 신앙발달 이론은 지금도 다양한 현장에서 신앙단계별 특성을 보편적으로 이해하고 실천하는데 있어서 중요한 역할을 하고 있지만, 기독교 영성이 지닌 독특성과 회심과 같은 급격하고 질적인 변화에서 나타나는 불연속성에 대한 설명 부족 등으로 인하여 비판을 받고 있는 것도 사실이다. 이러한 맥락에서 최근의 어린이 신학에 기초한 어린이 영성 연구는 구조주의적 발달연구의 부족한 점들을 채워 나가는 대안적 방향을 제시한다.

어린이 영성에 대한 최근의 연구는 과거에 어린이를 영적으로 미성숙한 존재로 보아 온 것을 비판하면서 이들을 생물학적, 생득적 차원에서 영적존재로 인정하고 이들이 지닌 독특한 영성경험 현상과 영성형성에 관심을 가진다. 에드워드 로빈슨(Edward Robinson)은 성인들의 영성과는 구별되지만 관계가 있는 어린이 영성을 "원초적 비전"(original vision)에 기초하여 설명한다. 로빈슨은 자신이 예상했던 것보다 더 많은 성인들이 이미 유아기에 하나님, 죽음, 탄생, 죄책감 같은 실존적 질문을 제시하면서 종교적 체험을 하였음을 발견하였는데, 이러한 것이 바로 유아들이 성인이 될 때까지 세상을 바라보는 기본적인 안목의 뿌리인 원초적 비전이 된다는 것이다. 그런데 로빈슨에 의하면 이러한 종교적 경험은 주로 자연, 예술, 예전의 맥락에서 가장 많이 이루어진다.[17]

한편 로버트 코울즈(Robert Coles)는 500여명의 어린이를 면담한 내용을 기초로 이루어진 어린이의 영적 삶에 대한 연구에서 다음 3가지를 주장한다. 첫째, "어린이들에게도 분명 영적 삶(spiritual life)이 확인된다." 종교적, 비종교적 환경에서 자라난 어린이 모두가 영적 탐색 과정에 있다는 것이다. 둘째, "종교는 어린이에게도 필수적이다." 어린이들은 자신이 속한 종교적 환경에서 자신들의 신관을 형성한다. 셋째, 어린이들은 "부모의 신앙, 가치, 종교적 삶으로부터 엄청난 영향을 받지만, 동시에 이들의 영혼 안에는 부모의 영향 이상의 어떤 일이 일어나고 있다."[18] 부모의 영향 없이도 어린이들은 영적 경험을 하는 경우가 많다.

데이빗 헤이(David Hay)와 레베카 나이(Rebecca Nye)의 경우도 어린이 영성의 생물학적, 생득적 차원을 인정하면서 이들의 영성을 "특별한 의식"(unique consciousness)이라고 정의한다. 특별한 의식은 자각감(awareness sensing), 신비감(mystery sensing), 가치감(value sensing)

---

[17] Edward Robinson, *The Original Vision* (New York: Seabury Press, 1983); 양금희, 『기독교 유아 · 아동교육』 (서울: 대한기독교서회, 2011), 158-60.

[18] Robert Coles, *The Spiritual Life of Children* (Boston: Houghton Mifflin Co., 1990); 양금희, 『기독교 유아 · 아동교육』, 160-61.

등으로 구분된다. 자각감은 "어떤 것에 대하여 주의를 기울이거나 집중하는 감각"을 뜻한다. 신비감은 "경탄과 경이(wonder and awe), 그리고 상상(imagination)을 포함하는 의식"이다. 가치감은 "감성과 느낌과 연결되어 있는 감각으로 그것에는 기쁨과 절망, 궁극적 선에 대한 느낌, 그리고 의미(meaning)"가 포함된다.[19]

이상의 최근 어린이 영성에 대한 연구에서 나타나는 공통점은 다음과 같다. 1) 영성을 인간의 핵심적 요소로 간주한다. 2) 영성은 주로 감탄과 경이의 경험에 초점이 맞추어져 있다. 3) 영성과 종교는 반드시 일치하지는 않는다. 그러나 양자가 함께 갈 때 영성이 생명력을 얻게 된다. 4) 영성은 생득적, 생물학적 개념이지만 환경의 자극에 의해 촉진되거나 억제가 가능하다.[20]

최근의 어린이 영성에 대한 새로운 발견은 기독교 아동교육에 여러 가지 중요한 내용들을 제시한다. 먼저, 그동안 이루어져 온 내용전달 위주의 교육에서 경탄, 경이, 상상 등을 통하여 아동들의 생득적 영성을 일깨우는 아동교육을 지향하도록 도전을 준다는 것이다. 그리고 어린이 영성의 양육을 위하여 생물학적 차원이나 환경적 차원의 양자택일보다는 상호보완적 관계를 강조하는 아동교육을 모색하도록 요청한다. 마지막으로 어린이 영성이 생득적이라는 맥락에서, 아동들을 위한 영성교육 혹은 신앙교육은 선택이 아니라 아동들의 선천적 권리라는 사실을 인식하게 해 준다. 따라서 기독교 아동교육의 필연성에 대한 이유를 분명하게 제시해 준다.

---

19 David Hay and Rebecca Nye, *The Spirit of the Child*, 유명복 역, 『어린이 영적세계의 탐구: 어린이의 영성에 대한 경험연구 보고서』 (서울: 대서, 2011); 양금희, 『기독교 유아 · 아동교육』, 162-64.

20 양금희, 『기독교 유아 · 아동교육』, 164-66.

이 책에서는 이상에서 살펴본 것처럼 최근 인간발달 이해에서 나타나고 있는 새로운 6가지 경향들을 아동기에서부터 노년기까지의 생애주기별 기독교교육과 연계하기 위하여 지속적인 노력을 해 나갈 것이다. 물론 전통적인 근대적 인간발달 이해도 여전히 중요한 함의들을 많이 포함하고 있다는 사실도 기억할 필요가 있다. 가장 중요한 사실은 생애주기별 기독교교육에서는 이러한 최근의 인간발달 이해와 전통적인 인간발달 이해를 성서적·신학적 인간이해의 관점에서 상호 비판적이고 창조적으로 수용하는 과정이 반드시 필요하다는 것이다.

제2장

**통전적 신앙양육을 위한
가정–교회연계 격대(隔代)교육:**
아동기를 중심으로

들어가는 말

최근 서구사회와 우리나라에서의 격대교육에 대한 관심은 다양한 요인과 연계되어 있다. "격세(隔世)교육", "조손(祖孫)교육", "격대육아", "황혼육아", 혹은 영어로는 "grandparenting" 등으로 지칭되는 격대교육은 "조부모에 의한 손자녀교육"을 뜻한다.[1] 격대교육이 새로운 개념은 아니지만 최근 북미와 유럽에서 격대교육의 긍정적 효과에 대한 다양한 연구와 사례가 발표되면서 이에 대한 관심이 매우 고조되고 있다. 미국의 경우, 베이비부머들이 은퇴를 하고 조부모가 되는 시기에 접어들면서 20여년 전부터 이에 대한 관심이 높아지고 학문적, 실용적 자료들이 쏟아져 나오고 있다.

이와 더불어 한국사회에서는 다음과 같은 3가지의 상호 연계된 요인들로 인하여 기독교 가정교육의 관점에서 아동들의 통전적 신앙양육

---

[1] "격대육아" 혹은 "황혼육아"는 주로 학령기 이전의 손자녀를 대상으로 조부모가 신체적, 정서적인 차원에서 돌보는 것을 지칭한다. "격대교육"은 이러한 격대육아 혹은 황혼육아 양자를 포함하여 모든 연령의 손자녀들을 대상으로 이루어지는 포괄적 의미를 지닌 교육을 지칭한다. 격대교육은 "격세교육" 혹은 "조손교육"과 동일한 뜻을 지니고 있다. 본 장에서는 학령기에 해당하는 손자녀를 대상으로 하는 조부모의 기독교교육을 "기독교 아동격대교육"이라고 명한다. 기독교 아동격대교육은 신체적, 정서적 돌봄도 포함하지만 신앙적 차원의 가치관 형성에 더 많은 강조점을 둔다는 면에서 격대육아 혹은 황혼육아와 구별된다.

을 목표로 하는 가정-교회연계 격대교육이 더욱 요청되고 있다. 첫째, 핵가족이 다수를 차지하는 오늘의 상황에서 신앙교사로서 조부모의 중요성과 이에 대한 요청이다. 핵가족은 여러 가지 측면에서 약점이 많이 존재하는데, 특히 신앙교육의 측면에서 그 자체만으로는 한계가 있는 가족 체계이다. 조부모가 함께 개입하여 3대가 상호작용할 때 신앙교육이 제대로 이루어질 수 있다는 점에서 격대교육이 요청된다. 둘째, 한국교회, 그리스도인들(아동들을 포함하여)의 신앙의 개인주의화, 사사화에 대한 대안모색이다. 한국교회와 그리스도인들은 근대화를 경험하는 과정에서 번영신학에 기초한 성공지향의 신앙을 추구해 왔다. 이러한 상황에서 교회와 그리스도인들의 개혁을 위하여 아동기부터 통전적 신앙을 키워나가는 장기적이며 체계적인 교육이 요청된다. 그러나 여기에는 아동들뿐 아니라 조부모들의 통전적 신앙 형성에 대한 중요성도 전제한다. 셋째, 고령화 사회의 맥락에서 교회는 가정과 연계하여 경험과 전문성 등을 골고루 갖춘 많은 노년세대를 평생교육 차원에서 교육하여 활용할 필요가 있다. 격대교육은 풍부한 지식, 경험, 성숙한 신앙을 지닌 노년 자원을 긍정적으로 활용하고, 노년들은 동시에 노년기의 신앙과 정체성을 세워 나가도록 상호적으로 도움을 준다. 그리고 노년 세대를 사회적 자본뿐 아니라, 신앙교육적 차원에서 중요한 인적 자원으로 만들어 나간다.

본 장에는 이상의 내용을 염두에 두고 격대교육의 재발견과 기독교 격대교육의 필요성, 전통사회에서의 격대교육과 그 함의, 한국인과 유대인의 격대 신앙교육 비교연구, 기독교 격대교육을 위한 이론적 기초, 통전적 신앙양육을 지향하는 가정-교회 연계 기독교 아동격대교육 모델 등의 내용을 제안한다.

I. 격대교육의 재발견과 기독교 격대교육의 필요성

1. 격대교육의 재발견

최근 20년 사이에 격대교육에 대한 관심이 유럽과 북미 중심으로 증가하고 있다. 한국에서도 근래에 격대교육에 대한 관심이 고조되고 있는데, 지구적으로 격대교육에 대한 관심이 증가하는 배경에는 다음과 같은 사회적, 경제적, 문화적 상황의 변화들이 자리 잡고 있다.

첫째, 고령화와 저출산으로 인한 인구학적 변화이다. 오늘날 유럽과 북미를 비롯하여 소위 선진국들은 개발도상국들과 비교하여 상대적으로 고령화와 저출산의 현상이 오랫동안 지속되어 왔다. 한국의 경우도 주지하다시피 그 가운데서도 아주 심각한 속도로 고령화와 저출산이 가속화되어 가고 있다. 고령화 현상으로 인하여 선진국에서는 이미 80%의 노인인구가 조부모이다. 그리고 조부모가 되는 나이는 그동안 점차 하향화 현상을 보여 왔으나(영국의 경우 2000년경에 54세), 최근에는 만혼으로 인한 자녀출생의 지연으로 인하여 그 나이가 점차 상승하고 있다.[2] 고령화로 인하여, 손자녀들이 성인시기에 도달해서도 1-2명의 조부모가 생존해 있는 경우가 점차 흔해지고 있다. 한 연구에 의하면 미국의 30대들 경우 한 명 이상의 조부모가 생존해 있는 비율이 3분의 2나 되었다. 이처럼 조부모의 고령화와 저출산으로 인하여 과거보

---

[2]   Sara Arber and Virpi Timonen, "A New Look at Grandparenting," in *Contemporary Grand-parenting: Changing Family Relationships in Global Context,* eds. Sara Arber and Virpi Timonen (Bristol, UK: The Policy Press, 2012), 2.

다 적은 수의 손자녀가 예전보다 더 오랜 기간 동안 조부모와 조손관계를 형성할 수 있게 되었다. 과거보다 상대적으로 더욱 건강하고, 부유하며, 장수하는 오늘의 조부모들은 손자녀와 더욱 활발한 관계를 가질 수 있게 되었다는 것이다.[3]

둘째, 맞벌이 부모의 증가로 인한 육아의 필요성이다. 격대교육에 대한 최근의 관심은 맞벌이 부부의 증가와 연관되어 있다. 여성들이 노동시장에 활발하게 진출하여 결혼 후에도 직업을 가지는 경우가 점차 많아지면서 맞벌이 부부의 비율이 계속 증가하고 있다. 하지만 다른 한편으로 맞벌이 부부들을 위한 육아지원은 아직까지 매우 부족한 상황이다. 특히 공공 육아시설의 부족현상도 심각한 수준이다. 다양한 육아시설의 경우도 여러 가지 문제점들을 지니고 있는 경우가 많아서 부모들이 안심하고 자녀를 맡길 수 있는 시설이 제한적이다.

격대교육, 특히 격대육아에 대한 최근의 관심은 이처럼 증가하는 맞벌이 부부와 육아시설의 부족과 깊은 연관이 있다. 서구의 경우 조부모가 손자녀 양육을 담당하는 경우는 주로 성인자녀의 이혼, 혼전임신, 약물 중독 등으로 인한 경우가 많다. 하지만 한국의 조부모들의 경우 성인자녀들의 취업으로 인하여 손자녀를 양육하는 격대육아가 대부분이다. 이러한 경우 조모가 양육을 주로 담당하고 시어머니보다 친정 어머니가 손자녀 양육을 더 많이 담당한다.[4] 이처럼 우리나라의 초저출산 현상(2018년의 경우 2분기 합계 출산율은 0.97명)의 개선을 위하여 여성들의 육아부담을 덜어주고 지원해 주는데 있어서 격대교육(격대육아)은 매

---

3 위의 책.
4 장휘숙, 『성인발달 및 노화심리학』 (서울: 박영사, 2012), 230.

우 중요한 위치를 차지하고 있다.

셋째, 신가족주의 운동의 출현과 격대교육의 긍정적 효과에 대한 새로운 인식이다. "신가족주의 운동"는 핵가족화로 인하여 생겨난 자녀들의 정서적, 사회적 문제를 조부모의 멘토링을 통하여 보완하여 해결해 나가려는 운동을 뜻한다. 이창기는 전통적인 핵가족이 지닌 문제점을 다음과 같이 지적한다.[5] 첫째, 가족 구성원을 통제하기 힘들다. 둘째, 아버지는 직장과 일로 인하여 사람 사는 도리를 가르치기 힘든 상황에 처하게 되었다. 셋째, 어머니는 잔소리꾼이 되어 버렸다. 넷째, 갈등을 조정하는 장치가 빈약하다. 다섯째, 아동을 보호하고 노약자를 부양하기가 힘겹다. 여섯째, 정서적 안정을 제공하기 힘들다. 일곱째, 가족의식이 세속화된다. 여덟째, 가족 해체가 빠르게 진행된다.

신가족주의 운동에서는 핵가족이 지닌 이러한 문제점을 보완하기 위하여 격대교육이 지닌 다양한 긍정적 효과들이 새롭게 조명되고 있다. 격대교육과 관련된 최근의 연구들에 의하면 조부모와 손자녀의 친밀한 접촉과 관계가 많을수록 인지적, 정서적, 사회적 차원에서 부모와 다른 종류의 긍정적 영향력을 끼치게 되며 그러한 영향력은 유아기와 10대를 지나 사춘기 너머까지도 이어진다는 것이다.[6] 이러한 연구에 대해서는 후에 좀 더 자세하게 논할 것이다.

격대교육은 손자녀뿐 아니라 조부모에게도 긍정적인 영향을 끼친다. 뉴가턴과 와인스타인(Neugarten & Weinstein)에 의하면 조부모와

---

5   이창기, "제7장: 변화하는 가족 형태 조부모의 역할은 무엇인가?," 윤용섭 외 6인, 『노인이 스승이다: 왜 지금 격대교육인가?』 (서울: 글항아리, 2015), 289-94.

6   SBS 스페셜 〈격대교육〉 제작팀, 『격대 육아법의 비밀: 격대부모가 손자 손녀를 가르치는 '격대교육'이 답이다』 (서울: 경향미디어, 2013), 11-23.

손자녀 관계는 조부모들의 만족감에 크게 기여한다.[7] 특히 격대교육은 조부모에게 다음과 같은 긍정적 영향을 끼친다. 첫째 손자녀와의 접촉을 통해 젊음과 정열을 다시 느끼게 되는 생물학적 갱신감을 가진다. 둘째, 조부모로서의 새로운 정서적인 역할 내지 성취감을 가진다. 셋째, 손자녀에게 경험과 연륜에서 터득된 지혜와 지식을 가르치거나 인격성장 등을 지도하는 교사가 되어준다. 넷째, 손자녀를 통해 노인 자신이나 자기 자녀들이 이루지 못한 목표 성취감을 맛볼 수 있다.

이러한 측면들과 더불어 격대교육은 고령자를 사회자본화할 수 있도록 해 준다. 노인 여가 프로그램과의 관련성 속에서 격대교육은 "노인세대의 잠재적인 문화요인 가치의 전승 및 자아가치의 재인식과 함께 신체적 기능 저하에서 오는 사회적, 심리적 건강 상태를 예방하는 상호관련성"이 있다.[8] 이처럼 오늘날의 노년세대들은 앞에서 지적한 것처럼 과거보다 더욱 전문적인 지식과 능력, 건강을 소유하고 있으며 경제적인 차원에서도 상대적으로 더욱 윤택하다고 할 수 있다. 따라서 이러한 조부모세대들도 격대교육을 통하여 긍정적인 결과를 누리게 된다면 조부모와 손자녀세대는 상호 간에 유익한 기회가 될 수 있는 것이다.

격대교육이 긍정적인 차원만을 가진 것은 결코 아니다. 여러 연구결과에 따르면 손자녀 양육으로 인하여 신체적, 심리적, 정신적 차원에서 피로감과 우울증, 외로움, 사회적 고립감, 양육 스트레스, 결혼 만족도 저하, 성인자녀와의 관계 악화 등을 경험하는 경우가 많다.[9] 그리고 상당히 높은 비율의 조부모들이 신체적 어려움, 심리적 스트레스, 부모

---

7   홍숙자, 『노년학개론』 개정판 (서울: 하우, 2010), 168.
8   서문진희, "고령·초고령 교회의 사역 방향성에 대한 연구," 『한국기독교신학논총』 104 (2017), 324.
9   장휘숙, 『성인발달 및 노화심리학』, 231.

세대와의 갈등 등으로 인하여 격대육아를 특히 싫어하는 것으로 나타났다. 하지만 격대교육에는 이러한 부정적인 차원보다 긍정적인 차원이 훨씬 많이 존재하므로 격대교육에서 나타나는 다양한 어려움을 극복하기 위한 개인적 차원뿐 아니라 사회적 차원에서의 극복방안과 지원체계가 동시에 요청된다.

2. 기독교 격대교육의 필요성

격대교육에 대한 이러한 최근의 새로운 관심과 긍정적 효과와의 관련성 속에서 기독교 격대교육도 매우 절실함을 인식할 수 있다. 먼저 일반 격대교육과 기독교 격대교육은 그 필요성에 있어서 많은 부분 공통점을 지닌다. 특히 고령화와 저출산 현상은 기독교 공동체인 지역교회에서도 심각하게 나타나고 있으며, 고령화의 경우 사회보다 더욱 심각한 현상을 보이고 있다. 미국사회에서 고령화와 연관하여 회자되는 말이 있다. "20년 후의 미국의 미래를 보려면 플로리다로 가보라. 그리고 플로리다의 20년 후의 모습을 보려면 교회로 가보라."[10] 마찬가지로 한국교회는 한국사회 고령화의 미래 모습을 보여주고 있다고 할 정도로 고령화가 빨리 진행되고 있다. 그러나 긍정적인 차원에서 볼 때 교회에는 상대적으로 다양하고 전문적인 지식, 경력, 그리고 성숙한 신앙을 지닌 많은 노년들이 존재한다. 이들은 기독교 격대교육을 위하여 매

---

[10] Henry Simmons and Jane Wilson, *Soulful Aging: Ministry through the Stages of Adulthood* (Macon, GA: Smyth & Helwys Publishing, Inc., 2001), 1, 1985년 vs. 2014년의 개신교인 연령분포를 비교해 보면 교회 안의 고령화 현상이 일반 사회보다 더 심각해지고 있음을 잘 알 수 있다. 20대: 37.7% vs. 15.1%, 30대: 26.6% vs. 18.4%, 40대 16.6% vs. 20.6%, 50대 9.9% vs. 21.5%, 60세 이상: 9.2% vs. 24.6% 「국민일보」 2016. 6. 16. '그래픽 미션-개신교인 연령분포 현황.'

우 소중한 인적 자원인 것이다. 저출산의 문제도 교회학교 학생 수의 급속한 감소에서 드러나는 것처럼 사회와 마찬가지로 매우 심각한 수준에 도달하였다.[11] 또한 맞벌이 부부의 증가로 자녀양육에 대한 지원이 절실한 상황에서 조부모의 지원이 요청되는 것은 일반 사회와 동일하다고 할 수 있다. 고령화와 저출산은 한국교회가 직면한 가장 큰 도전중의 하나이며 사회와 연대하여 풀어 나가야 할 매우 절박한 과제이기도 하다.

그러나 기독교 격대교육은 근본적인 차원에서 신앙의 양육이라는 차원에서 일반 격대교육과 구별되는 점을 가지고 있다. 기독교 격대교육은 일반 격대교육에서 요청되는 신체적, 심리적, 사회적, 인격적 양육이라는 공통적인 차원을 지니지만 여기에서 더 나아가 신앙적이며 영적인 차원의 양육을 요청한다. 오늘의 핵가족 상황에서 신앙교육도 부모의 능력만으로는 다 해결할 수 없는 상황에 놓여 있다. 지금까지 한국교회의 가정교육은 부모역할 교육처럼 주로 부모만을 대상으로 하는 교육이었다.[12] 물론 부모를 대상으로 하는 교육이 일차적이고 중요한 교육이지만 위에서 살펴본 것처럼 핵가족이라는 것 자체가 매우 취약한 구조를 지니고 있기에 신앙양육 차원에서도 조부모의 지원이 반드시 이루어져야 하는 것이다. 기독교 격대교육이 요청되는 또 다른 이유는 이처럼 조부모와 부모가 연계되어 신앙교육을 해 나갈 수 있도록 지원해 주는 네트워크 시스템이 요청되기 때문이다.

---

[11] 저출산에 대한 목회상담적 대안에 관하여 다음을 참고할 것. 홍인종, "저출산 문제에 대한 목회(상담)적 대안," 박상진 편, 『종교개혁 500주년과 한국교회의 개혁과제: 제2회 장신신학강좌』 (서울: 장로회신학대학교출판부, 2017), 281-321.

[12] 최근 한국교회에서 실시되는 부모교육 프로그램의 경우 대부분이 부모와 자녀의 관계만을 다루고 있으며 격대교육의 관점을 제대로 반영한 프로그램은 찾아보기가 힘든 실정이다.

그런데 문제는 많은 경우에 조부모와 손자녀가 지리적으로 상당히 먼 곳에 거주하는 관계로 서로 자주 접촉할 수 있는 기회가 드물다는 것이다. 이처럼 한정된 시간과 공간에서 격대교육이 어떻게 이루어질 수 있는가 하는 것에 답을 제시하는 것이 본 장의 과제 중의 하나이다. 본 장에서는 지리적으로 손자녀와 근거리에 거주하는 조부모뿐 아니라 원거리에 거주하는 조부모들을 고려하는 가운데 격대 신앙교육을 위한 지원 방향과 방법을 모색하고자 한다.

특히 본 장은 기독교 격대교육이 가정에서 뿐 아니라 교회공동체와의 유기적 관계 속에서 이루어질 때 보다 효과적으로 이루어 질수 있다고 보고 가정-교회의 연계와 또한 혈연관계를 넘어선 신앙공동체 안에서의 조손관계 형성까지도 고려한다. 신앙공동체인 교회 내에는 조부모가 존재하지 않거나, 혼자 신앙생활을 하는 아동, 청소년들이 많이 있다. 교회는 이들을 대상으로 확대가족(extended family)의 역할을 하면서 신앙 안에서의 조손관계를 형성해 주고 신앙적, 인격적 관계를 발전시켜 나가도록 지원해 줄 필요가 있다. 조부모가 있는 경우도 신앙 안에서 조손관계를 형성하여 신앙적으로 성숙한 조부모들이 교회 안의 영적인 차원의 손자녀들에게 신앙교육을 할 필요가 있다. 교회 안에서 이루어지는 이 같은 조손교육은 오늘의 교회현장에서도 심각하게 나타나고 있는 세대차이 현상을 극복하고 올바른 신앙공동체 형성을 위한 유익한 방안이 될 수 있다.

Ⅱ. 전통사회에서의 격대교육과 그 함의

1. 전통사회에서의 격대교육

전통적으로 격대교육은 인류의 보편적인 현상 가운데 하나라고 할 수 있을 것이다. 크레익 밀러(Craig Miller)는 "장수와 조부모의 탄생이 우점종인 호모 사피엔스를 만들어 내는데 결정적인 역할을 했다"라고 주장했는데, 이는 인류의 초기 역사에 있어서 조부모의 역할이 얼마나 중요했는가를 잘 표현하는 말이라고 할 수 있다.[13] 그러나 조부모의 역할은 인류의 초기뿐 아니라 그 이후로도 지속적으로 중요한 역할을 해왔다. 우리나라의 경우도 예외가 아닌데 여기에서는 조선시대의 전통적인 조손교육에 대하여 살펴보기로 한다. 일반적으로 조선시대의 격대교육은 1) 안채의 무릎교육과 2) 사랑채의 견문교육으로 이루어져 있었다. 먼저, 무릎교육의 경우 전통사회는 다자녀사회였기에 아이가 돌을 지나 젖을 떼고 걸을 수 있게 되면 대개 조모에게 보내졌다. 조모는 6-7세까지 안채에서 손자녀를 모두 양육하였는데 이것을 흔히 "무릎교육"이라고 칭하였다.

> [이 시기에는] 할머니가 손자, 손녀의 배변습관에서 옷 입기, 밥 먹기, 말버릇, 놀이, 동요 등을 가르치는 교사노릇을 담당했다. 아이들이 할머니의 무릎 위에서 안기거나 그 둘레에 모여 앉아서 받는 이러한 교

---

[13] Craig Miller, *iKids: Parenting in the Digital Age*, 정성묵 역, 『아이키드』 (서울: 디모데, 2015), 55.

육을 무릎교육이라고 일컬었다.[14]

이 기간 동안 조모는 손자녀의 어머니를 대신하여 신체적 건강을 돌보는 의사의 역할, 이들의 심리적 불안감을 해소해 주는 심리치료사, 올바른 인격 형성을 도와주는 훈육자, 일상의 지식을 전하는 지식 정보자, 놀이, 동요, 옛 이야기 등을 담당하는 레크레이션 강사의 역할 등을 수행하였다.[15] 오늘날의 개념으로 말하자면 6-7세까지 안채에서 이루어지는 손자녀 양육은 "황혼육아" 혹은 "격대육아"에 해당한다고 할 수 있다.

이제 손자녀가 6-7세가 되면 격대육아의 단계를 지나서 본격적인 격대교육이 이루어졌다. 여아의 경우는 안채에 남아있고, 남아는 조부와 아버지가 있는 사랑채로 옮겨가서 교육을 받았다. 즉, 성별의 차이에 따라서 다른 환경에서 구별된 교육을 받았던 것이다. 여아는 안채에서 딸, 며느리, 어머니로서의 역할을 배웠다. 조모는 여아들에게 여성으로서의 덕목과 "요리, 길쌈, 바느질 같은 기능적 훈련(여공, 女工)을 비롯해, 일상적 범절과 시부모에게 효도하고 친족 간에 화목을 다지는 방법 등도" 가르쳤다.[16]

반면 남아는 여아들과는 달리 사랑채에서 조부와 함께 생활하면서 어른들의 일상을 보면서, 또한 여러 가지 시중을 들면서 교육을 받았다. 사랑채에서 이루어졌던 남아의 교육은 가족관계에 교육의 범위가 한정

---

14 정재걸, "제4장: 노인에게 가르침을 청하는 사회," 윤용섭 외 6인 저, 『노인이 스승이다: 왜 지금 격대교육인가?』(서울: 글항아리, 2015), 165.
15 김미영, "제2장: 조손관계, 그 친밀함의 오래된 전통," 윤용섭 외 6인 저, 『노인이 스승이다: 왜 지금 격대교육인가?』(서울: 글항아리, 2015), 97.
16 위의 책, 100.

된 여아의 교육과는 다르게 "군자로서의 역할 수행"에 궁극적 목적을 두었다. 남아들은 아들, 남편, 아버지로서의 역할을 수행하기 위한 기능적 교육도 받았지만 더 나아가 수기치인을 통하여 군자에 이르는 것에 목적을 둔 덕목 교육이 더욱 중요했다.[17] 일상적인 관계 형성을 위한 교육에서는 오륜에 기초한 체계적 가르침을 받았고, 이론보다는 사랑채 청소, 이부자리 정리, 요강비우기, 세숫물 떠오기 등 조부의 시중을 들면서, 또한 조부 앞에서 아버지의 말투와 행동을 지켜보면서, 손님 응대법 등 일상을 통하여, 즉 경험을 통하여 자율적으로, 자연스럽게 터득하였다. 이처럼 책과 이론이 아니라 사랑채에서의 일상의 삶을 통해서 배우는 것을 견문교육(見聞敎育)이라고 한다.[18]

견문교육과 더불어 이루어진 것이 "심부름 교육"이었다. 아이가 성장하면 집안 바깥으로 심부름을 보내어 사회적 관계에서 응대법을 익히도록 하고 책임감을 길러 주었다. 손님이 방문했을 때도 심부름을 통하여 손님을 대접하는 방법을 배우게 하였다. 손자가 글을 익히게 되면 대필(예를 들어 입춘 시 춘첩자를 써서 집안 이곳저곳에 붙이는 일 등)을 통하여 글자공부를 시켰다.[19]

김미영은 이와 같은 전통사회에서 이루어진 격대교육의 중요한 특징 가운데 손자녀를 향한 조부모의 절제된 혹은 객관적인 감정과 태도를 지적하는데 이는 오늘의 상황에서도 그대로 적용된다고 본다.

… 아버지는 자녀에 대한 높은 기대치로 인해 과도한 성취욕이 앞서기

---

17 위의 책, 103.
18 위의 책, 104.
19 위의 책, 105.

에 자녀의 실수를 너그럽게 타이르기보다는 곧바로 질책하고, 이로써 갈등이 초래될 우려가 있기 때문이다. 반면 조부모는 한 세대를 건너 뛰는 격대(隔代)관계에 놓이는 까닭에 조급한 대응이 아니라 좀 더 절제된 감정으로 손자를 가르칠 수 있다는 장점을 지니고 있다.[20]

조선시대에는 이상에서 서술한 형태의 격대교육이 일반적이었는데 이문건(1494-1567)의 『양아록(養兒錄)』이나 퇴계 이황(1501-1570)의 격대교육 관련 서신에서는 이러한 내용들이 아주 상세하게 기록되어 있다. 『양아록』에는 이문건이 자신의 손자를 출생에서부터 16세까지 양육한 기록이 상세히 기록되어 있다.[21] 여기에는 손자의 "발육, 안전, 건강 등 신체적 측면에서의 보호양육과 관련된 일체의 육아활동"인 보양(保養), "올바른 습관 형성"인 훈육(訓育), 글공부와 관련된 학습(學習) 등 3가지와 관련된 기록들이 골고루 포함되어 있는데, 애정을 기반으로 한 "혈연관계로서의 조손"과 "교사와 학생 관계로서의 조손"이라는 관계가 동시에 잘 드러나고 있다.[22]

퇴계의 격대교육은 그가 15년간 맏손자인 안도(安道)에게 보낸 편지에서 잘 나타난다. 퇴계는 안도가 5세 때부터 천자문을 시작으로 체계적으로 엄격하게 유학의 이상적인 인간상인 사람다운 사람 즉 성인(聖人)을 지향하는 가운데 유학을 가르쳤고 가학의 전통을 전수하였다.

---

20 위의 책, 100.

21 양진건, 김유리, 현은선, "유배양육일기 『양아록(養兒錄)』의 교육적 의미," 『교육사상연구』 27-1 (2013), 147-62; 장정호, "묵재(黙齋) 『양아록(養兒錄)』의 교육학적 이해: 전통유아의 교육적 의미를 중심으로," 『국학연구』 18 (2011), 101-28; 백혜리, "묵재일기(黙齋日記)에 나타난 조선 중기 아동의 생활," 『유아교육연구』 24-5 (2004), 63-100.

22 장정호, "손자를 위한 육아일기: 이문건의 『양아록』을 읽다," 윤용섭 외 6인 저, 『노인이 스승이다: 왜 지금 격대교육인가?』 (서울: 글항아리, 2015), 243-48, 257-59.

또한 손자와의 애정 깊은 인격적인 교류를 하면서 임종 시(퇴계 70세, 안도 30세)까지 격대교육을 지속하였다.[23] 그 결과 안도는 퇴계의 학문과 인격을 잘 이어받은 성숙한 학자로 성장하였다고 알려져 있다.

2015년에 인기리에 상영되었던 한국영화 『사도』는 격대교육의 관점에서 조선시대의 사도세자에 대한 새로운 해석의 가능성을 보여주었다. 이 영화는 여러 주요한 역사적 내용도 담고 있지만 사도세자에 대한 영조의 조기교육의 실패와 이와는 대조적으로 손자인 정조에 대한 성공적인 격대교육을 보여준다는 것이다. 어린 시절 매우 총명하던 사도세자가 자라면서 망나니가 된 것은 결국 조기교육의 폐해로, 공부만 강조하고, 그의 무인기질을 인정해 주지 않고, 칭찬이 없고 아들을 못마땅해 했던 차가운 아버지인 영조의 양육방식, 그리고 어릴 적 어머니(후궁)에 대한 애착형성에 실패한데 그 원인이 있다는 것이다.

이와는 대조적으로 정조는 어린 시절부터 할아버지인 영조의 무릎에서 귀여움을 독차지하고 칭찬과 격려를 받으며 성장하였다. 영조의 이러한 애정 어린 격대교육은 정조가 조선의 성군이 되는데 결정적인 역할을 하였다는 것이다. 자식교육에 실패한 영조는 격대교육에서 그것을 만회하려고 했는지도 모르겠지만 이러한 사실은 격대교육의 중요성에 대한 좋은 역사적 실례가 된다고 할 수 있다.[24]

외국의 경우 정통파 유대인들의 전통적인 3대 교육 역시 격대교육의 관점에서 이해할 수 있다. 미국 미시건대학의 로널드 잉글하트(Ron-

---

23 장윤수, "퇴계 손자에게 편지를 쓰다," 윤용섭 외 6인 저, 『노인이 스승이다: 왜 지금 격대교육인가?』 (서울: 글항아리, 2015), 109-62. 참고: 이인철, "퇴계의 자녀교육론: 畜安道孫을 중심으로," 『교육철학』 33 (2007. 12), 167-204; 김미영, "조손(祖孫) 관계의 전통과 격대(隔代)교육," 『실천민속학연구』 16, 55-84.

24 SBS 〈영재발굴단〉 2015. 10. 28 방영.

ald Inglehart) 교수의 연구에 따르면 연구대상 43개국 가운데 한국이 세대 간의 차이가 가장 큰 것으로 나타났다고 한다.[25] 세대 간의 가치관, 세계관, 문화 등에 대한 인식에 당연히 차이가 있겠지만 이것이 지나쳐서 세대 간의 단절 현상이 생겨나는 것은 심각한 문제이다. 한국과는 대조적으로 현용수에 의하면 정통파 유대인의 경우에는 3대간에 큰 차이가 존재하지 않는다고 한다.

> 유대인은 한 가정에 3대에 세대차이가 없다. 신본주의 사상, 생활방식, 언어, 음식 및 절기에 세대차이가 없다. 유대인은 가정의 3대를 중요시 여긴다. 아브라함과 이삭 및 야곱이 3대이다. 한 가정에서 3대 단위로 세대차이가 없으며 자자손손 세대차이를 막을 수 있다.[26]

신본주의 사상, 생활방식, 음식, 절기 등을 3대가 함께 공유하는 일상의 철저한 교육 과정을 통하여 세대차이 극복이 가능해 진다는 것이다. 그리고 3대가 세대차이를 극복하면 그 이후로는 이것이 계속 이어져서 자자손손 세대차를 극복할 수 있다고 한다.

특히 현용수는 이러한 정통파 유대인의 3대 교육은 "수평문화"보다는 "수직문화"를 어린 시절부터 교육하고 3세대가 함께 공유하는 것을 강조해 왔기에 가능하다고 강조한다. "수평문화"(horizontal culture)는 "인생의 재미를 찾는 문화"이며 1) 인간의 지식차원(IQ) (현대학문과 현대과학의 영역), 2) 인간의 기본 욕구 차원 (물질, 권력, 명예, 성, sex),

---

25   현용수,『유대인의 인성교육 노하우』1권 (서울: 도서출판쉐마, 2005), 188-89.

26   위의 책, 189.

3) 외형적인 표면의 차원(인간의 외형적 눈에 보이고 육을 자극하는 유행문화) 등과 같은 특징을 지닌다. 이와는 대조적으로 "수직문화"(vertical culture), "심연문화"(deep culture) 또는 "뿌리문화"(root culture)는 "인생의 의미를 찾는 문화"이며 1) 종교적 차원(신성, 전문 종교들 및 인간의 근원), 2) 철학적 차원(형이상학적인 영역, 인간과 우주의 본질(real)을 추구, 사상), 3) 심연의 가치 및 지혜의 차원(인간의 마음에 좋은 것들: 전통, 클래식, 뿌리, 역사) 등의 특징을 지닌다.[27] 유대인의 경우 유대교 신앙을 중심으로 수직적 문화를 3대가 공유하도록 부단히 노력해 왔기에 3대간의 세대차가 최소화된다는 것이다.

2. 기독교 격대교육을 위한 전통 격대교육의 함의

전통 격대교육은 오늘의 상황에서 볼 때 그대로 적용할 수 없는 부분들도 있지만, 오늘의 격대교육에 대하여 여러 가지 중요한 함의를 지닌다. 첫째는 조부모의 애정, 수용적 자세, 관용의 자제, 절제된 감정에 기초한 교육이다. 이러한 점에서 예나 지금이나 조부모는 손자녀에 대하여 부모와는 다른 형태의 사랑을 구현하는 존재이다.

둘째, 조부와 조모의 협력과 동시에 구별된 역할 교육이다. 오늘날의 경우 격대교육에서 조모의 참여가 조부보다 월등히 높지만 전통사회에서는 조부의 역할도 매우 중요하고 컸다. 특히 손자교육의 경우 조부와 조모 양쪽의 협력으로 이루어졌지만, 무릎교육은 조모가 담당하고 사랑채에서의 견문교육은 조부가 담당함으로써 역할을 구분하였다.

---

27 위의 책, 248-57.

이를 통하여 조모는 여성성을 조부는 남성성을 형성하는데 기여하였다고 할 수 있다. 이러한 것은 균형 잡힌 성정체성 형성에 기여했다고 볼수 있다.[28]

셋째, 손자녀는 조부모와 함께 살면서 생활 가운데서 자연스런 인성교육이 이루어졌다. 전통사회의 격대교육은 주입식 교육이 아니라, 물론 직접적이며 명시적 차원의 교육도 이루어졌지만, 조부모의 모델링, 멘토링, 일상에서의 심부름과 역할 부여 등을 통하여 자연스런 생활교육과 사회성 형성교육에 기초한 인성교육으로 이루어졌다.

넷째, 전통적인 유교적 가치공유를 통하여 세대 간의 상호소통이 이루어지는 교육이었다. 조부모와 손자녀는 물리적으로 같은 공간에서 늘 함께 생활하면서 상호소통이 원활하게 이루어졌다고 할 수 있다. 그러나 그보다 더 중요한 것은 유교적 가치관을 함께 공유함으로써 오늘날 우리 사회에서 발견되는 심각한 세대 간의 차이를 줄일 수 있었다. 유대인들이 성경적인 신앙적 가치관을 삼대가 공유하면서 세대차이를 극복하는 것과 유사하다고 할 수 있다.

다섯째, 인성 형성 중심의 학문교육이다. 전통사회에서의 조기교육은 인지적인 차원도 있었지만 올바른 인성형성을 목표로 삼았다. 우리나라의 경우 군자의 성품을 형성하는 것을 학문의 궁극적 목표로 지향했고 이를 격대교육에서부터 실시하였다. 따라서 격대교육에서의 학문교육은 학문 그 자체보다는 올바른 인성의 형성에 중점을 둔 교육이었다.

---

[28] 그러나 다른 한편으로 어린 시절부터 지나치게 엄격하게 성역할을 구분하여 교육했던 전통 격대교육을 성평등을 지향하는 오늘날의 맥락에서 성역할의 유연성을 고려하는 가운데 좀 더 비판적으로 수용할 필요가 있다고 할 수 있다. 즉 손자녀의 올바른 성정체성 형성과 양성평등 의식 형성이 잘 어우러진 격대교육이 요청된다.

여섯째, 덕목교육에서는 가정에서의 덕목과 사회적 덕목을 함께 교육하였다. "수신제가치국평천하"가 우리나라의 전통 격대교육에서 이루어진 덕목교육의 원리였다. 오늘날과 달리 전통 격대교육에서는 개인, 가정, 사회가 분리되지 않고 함께 유기적으로 연결되어 있었다는 것을 알 수 있다.

III. 격대 신앙교육 비교연구: 한국인과 유대인

여기에서는 현재 한국의 개신교인들과 이스라엘(예루살렘)에 거주하는 유대교인들(소수의 Messianic Jew 포함)의 아동대상 격대 신앙교육을 비교한 질적 연구 결과를 제시한다. 유대교인들을 비교 대상으로 삼은 이유는 이들의 가정교육에 대한 전통과 명성이 일반적으로 많이 알려져 있는바 격대교육의 경우는 어떠한지를 확인하고 양자의 비교를 통하여 오늘의 격대 신앙교육에 주는 함의를 찾기 위함이다.

1. 조사 참여자

격대 신앙교육에 대한 조사 참여자들은 초등학생을 손자녀로 둔 조부모들로 서울에 소재한 5개 교회(교회별로 10~17명)의 한국인 조부모 72명과 예루살렘에 거주하는 유대인 조부모 14명(3명은 메시아닉 쥬 교회, 11명은 유대교 교인), 총 86명이 참여하였다.

참여자들의 '성별'은 한국인과 유대인의 남녀 비율이 3:7 정도로 유사하였다. '연령'의 경우 한국인은 '만 66~70세'(24명, 34.8%)가 가장 많았으며, '만 65세 미만'부터 '만 81세 이상'까지 분포되어 있는 반면, 유대인들은 '만 65세 미만'(7명, 50.0%)이 가장 많았으며, '만 76세 이상'은 없는 것으로 나타났다. 또한 '학력'의 경우 한국인들은 '대학교 졸업'(35명, 49.3%)이, 유대인들은 '대학원 졸업'(6명, 42.9%)이 가장 많은 것으로 나타났다.

한편, '신앙생활 기간'에 대해 한국인은 '21~40년'(26명, 37.7%)이, 유대인은 '61년 이상'(8명, 57.1%)이 가장 많은 것으로 나타났다. 마지막으로 '황혼육아 경험'에 대해 한국인 중 24명(34.3%)이, 유대인 중 6명(46.2%)이 경험이 있다고 응답하였다.

2. 조사도구 및 방법

조사도구인 설문지는 손자녀의 분포(성별/학년(나이)/거주 형태), 손자녀와의 관계 형성(만남의 형태/빈도), 손자녀와의 친밀도(5개 문항, α=.901), 격대 신앙교육을 받아본 경험(3개 문항, α=.948), 격대교육에 참여해 본 경험(2개 문항, α=.632), 격대 신앙교육의 이해도(4개 문항, α=.850), 격대 신앙교육의 중요도(5개 문항, α=.799), 격대 신앙교육의 실행도(4개 문항, α=.837), 격대 신앙교육의 내용과 방법, 격대 신앙교육이 유익한 점 및 어려운 점, 인적 사항(성별/연령/학력/신앙생활 기간/황혼육아 경험) 등 총 40개 문항으로 제작하였다.

조사방법은 2017년 4월 1일에서 6월 30일까지 설문조사로 실시하였다.[29] 분석방법은 SPSS 18.0을 사용하여 빈도분석 및 기술통계량

을 구한 후 변인에 따라 다중응답분석, 독립표본 t검정, 일원배치분산
분석, 상관분석 등을 실시하였다.

3. 조사결과

(1) 손자녀의 분포

'초등학생 손자녀의 수'(다중응답)를 조사한 결과, 한국인은 1~2명
(53명, 80.3%)이 대부분이며, 유대인은 1~10명까지 다양했는데 3~5명
(7명, 49.9%)이 가장 많은 것으로 나타났다. '손자녀의 성별'은 한국인 및
유대인 모두 남녀 비율이 거의 유사하였으며, '손자녀의 학년' 또한 고
르게 분포되어 있는 것으로 나타났다.

'손자녀와의 거주 형태'(다중응답)를 조사한 결과, 한국인은 '같은 도
시'(37명, 50.0%)에, 유대인은 '타 도시'(10명, 58.8%)에 거주한다는 응답
이 가장 많았다. 카이제곱 검정을 실시한 결과, '같은 집'($x2=4.742$, p 〈
.05)에 거주하는 비율에서 두 집단 간에 유의한 차이가 있는 것으로 나
타났으며, '타 도시에 거주'하는 비율 또한 매우 유의한 차이가 있는 것
으로 나타났다($x2=20.023$, p 〈 .001).

(2) 손자녀와의 관계 형성
'손자녀와 만나는 형태'(다중응답)는 '면대면 만남'이 한국인 75.6%,

---

29 설문지 문항은 본서의 부록2 참고할 것. 유대인의 경우 한국인 대상 설문지와 동일한 내용을 영
어로 번역한 설문지를 사용하였으며 영어를 이해하지 못하는 경우 현지에서 25년 이상 거주하고
히브리어가 능통한 한인이 설문 작성 시 내용을 번역을 해 주었다.

유대인 25.0%로 나타났다. 그 외에 전화통화, SNS(카카오톡 등), 문자메시지를 주고받는 것으로 나타났다. '손자녀와 만나는 빈도'(다중응답)는 한국인 '주 1~2회'(34.2%), 유대인 '주 3회 이상' (55.6%)이 가장 많은 것으로 나타났다. 종합해 보면, 한국인은 주 1~2회 면대면 만남을 통해 손자녀들을 만나는 경향이 있으며, 유대인은 주 3회 이상 비면대면 만남의 시간을 가지는 경향이 있다고 볼 수 있다.

(3) 손자녀와의 친밀도

'손자녀와의 친밀도'(Likert 5점 척도형)를 분석한 결과, 손자녀들과의 만남이 즐겁지만, 손자녀들과 만나는 시간이 충분하지 않은 것으로 나타났다. 두 집단 간 평균을 비교한 결과, 유대인(M=4.06, SD=.79)이 손자녀들과 조금 더 친밀한 것으로 나타났으나, 통계적으로 유의한 차이는 나타나지 않았다(p 〉 .05).

〈표 3〉 손자녀와의 친밀도 문항별 평균

문항	한국인			유대인		
	n (빈도)	M (평균)	SD (표준편차)	n	M	SD
손자녀들의 관심사, 고민, 흥미, 특기, 기질 등을 알고 있음	70	3.76	1.00	13	4.31	.75
손자녀들의 신앙 상태에 대해 알고 있음	71	3.64	1.04	14	4.00	.78
손자녀들과의 관계가 친밀함	71	3.92	.97	14	4.00	1.30

문항	한국인			유대인		
	n	M	SD	n	M	SD
손자녀들과 만나는 시간이 충분함	72	3.56	1.14	14	3.36	1.60
계	72	3.84	.84	14	4.06	.79

집단 내 평균을 비교하면, 한국인의 경우 손자녀와의 친밀도는 '여성'(M=4.02, SD=.79)의 평균이 더 높았으며, 성별 간에 매우 유의한 차이가 있는 것으로 나타났다(p < .01). 또한 '61년 이상' 신앙생활한 조부모들이 손자녀와의 친밀도가 가장 높은 것으로 나타났으며, '20년 미만 vs. 61년 이상' 집단 간에 유의한 차이가 있는 것으로 나타났다(p < .05). 그 외 연령, 학력, 황혼육아 경험, 손자녀와의 거주 형태 및 만남 형태에 따른 집단 간 차이는 나타나지 않았다(p > .05).

유대인의 경우 손자녀와의 친밀도는 손자녀와 '면대면'(M=4.38, SD=.66)으로 만나는 경우가 더 높았으며, 집단 간에 유의한 차이가 있는 것으로 나타났다(p < .05), 그 외 성별, 연령, 학력, 신앙생활 기간, 황혼육아 경험, 손자녀와의 거주 형태에 따른 집단 간 차이는 나타나지 않았다(p > .05).

(4) 격대 신앙교육을 받아본 경험

'조부모로부터 격대 신앙교육을 받아본 경험'(Likert 5점 척도형)은
대체로 낮은 편이었으며, 두 집단 간 평균을 비교한 결과, 유대인
(M=3.50, SD=1.23)이 더 높았으며, 두 집단 간에 매우 유의한 차이가 있
는 것으로 나타났다(p < .01).

〈표 4〉 격대 신앙교육을 받아본 경험의 문항별 평균 및 표준편차

문항	한국인			유대인		
	n	M	SD	n	M	SD
조부모님으로부터 기독교 신앙교육을 받음	71	2.15	1.51	14	3.50	1.40
조부모님의 신앙은 나의 신앙 형성에 긍정적 영향을 미침	70	2.51	1.66	13	3.85	.90
조부모님의 삶을 통해 하나님을 더 깊이 알게 됨	69	2.30	1.55	13	3.54	1.27
계	71	2.32	1.50	14	3.50	1.23

집단 내 평균을 비교하면, 한국인의 경우, 조부모로부터 격대 신앙
교육을 받아본 경험은 '61년 이상' 신앙생활 한 집단이 가장 높았으며,
집단 간 평균의 차이를 검증한 결과는 '20년 미만 vs. 61년 이상,' '21~
40년 vs. 61년 이상' 집단 간(p < .001), '41~60년 vs. 61년 이상' 집단
간에 매우 유의한 차이가 있는 것으로 나타났다(p < .01). 또한 '황혼육
아 경험이 있는 집단'이 더 높았으며, 두 집단 간에 매우 유의한 차이가

있는 것으로 나타났다(p 〈 .01). 그 외의 변인에 따른 집단 간 차이는 나타나지 않았다(p 〉.05).

유대인의 경우, 조부모로부터 격대 신앙교육을 받아본 경험은 '황혼육아 경험이 있는 집단'이 더 높았으며, 두 집단 간에 유의한 차이가 있는 것으로 나타났다(p 〈 .05). 그 외의 변인에 따른 집단 간 차이는 나타나지 않았다(p 〉.05).

한편, '조부모 역할에 대해 교육받은 내용이나 교육받고 싶은 내용'을 조사한 결과, 한국인은 '세대이해 및 세대 간 친밀한 대화나 소통'(7명)이 가장 많았으며, '신앙전수 및 신앙의 명문가 잇기'(6명), 인성교육 및 성품교육'(6명), '눈높이 신앙교육'(5명), '가정예배'(4명), '주일예배의 중요성 및 주일성수'(3명), '하나님 사랑 및 말씀 순종'(3명), '신앙생활의 모범 및 관찰학습 기회 제공'(3명) 등으로 나타났다.

유대인은 '유대인이 되는 것'(1명)이나 '조부모가 종교적인 면에서 많은 기여를 할 수 있다는 것'(1명)에 대해 교육을 받았으며, '손자녀세대의 교육과 성장방식 이해'(1명)나 '손자녀세대의 흥미를 유발할 게임이나 이야기 같은 교육방법'(1명)에 대해 교육을 받고 싶다고 응답하였다.

(5) 격대교육에 참여해 본 경험

교회나 기관에서 개최하는 '격대교육에 참여해 본 경험'(Likert 5점 척도형)은 매우 낮은 편이었으며, 두 집단 간 평균을 비교한 결과, 한국인의 평균(M=2.03, SD=.79)이 더 높게 나타났으나 통계적으로 유의한 차이는 나타나지 않았다(p 〉.05).

〈표 5〉 격대교육에 참여해 본 경험의 문항별 평균 및 표준편차

문항	한국인			유대인		
	n	M	SD	n	M	SD
교회에서 조부모 역할(격대교육)에 대한 '교육'을 받은 적이 있음	71	2.21	1.15	13	2.00	1.47
교회 외 기관(시민단체, 공공기관 등)에서 조부모 역할에 대한 '교육'을 받은 적이 있음	70	1.80	.99	14	1.64	1.45
계	72	2.03	.95	14	1.93	1.45

집단 내 평균을 비교하면, 한국인의 경우, 교회나 기관에서 개최하는 '격대교육에 참여해 본 경험'은 '황혼육아 경험이 있는 집단'이 더 높았으며, 두 집단 간에 매우 유의한 차이가 있는 것으로 나타났다(p 〈 .01). 그 외의 변인에 따른 집단 간 차이는 나타나지 않았다(p 〉.05).

한편, 유대인의 경우, 교회나 기관에서 개최하는 '격대교육에 참여해 본 경험'은 모든 변인에 따른 집단 간 차이가 나타나지 않았다(p 〉 .05).

(6) 격대 신앙교육의 이해도

'격대 신앙교육의 이해도'(Likert 5점 척도형)는 한국인(M=3.17, SD=.98)이 더 높게 나타났으나 두 집단 간에 통계적으로 유의한 차이는 나타나지 않았다(p 〉.05).

<표 6> 격대 신앙교육 이해도의 문항별 평균 및 표준편차

문항	한국인			유대인		
	n	M	SD	n	M	SD
격대 신앙교육에 대해 들어 본 적이 있음	71	2.82	1.38	14	1.79	1.31
격대 신앙교육이라는 말을 들어본 적은 없으나 무엇인지 알 것 같음	70	3.60	1.22	13	3.08	1.44
격대 신앙교육이 어떤 내용으로 이루어지면 적절한지를 알고 있음	69	3.14	1.00	13	2.77	1.54
격대 신앙교육이 어떤 방법으로 이루어지면 적절한지를 알고 있음	70	3.16	1.07	14	3.14	1.51
계	71	3.17	.98	14	2.72	1.17

집단 내 평균을 비교하면, 한국인의 격대 신앙교육에 대한 이해도
는 '여성'(M=3.37, SD=1.04)이 더 높았으며, 성별 간에 매우 유의한 차이
가 있는 것으로 나타났다(p < .01). 또한 신앙생활을 '61년 이상'
(M=3.69, SD=.73)한 집단의 평균이 가장 높았으며, '20년 미만 vs. 61년
이상' 집단 간에 매우 유의한 차이가 있는 것으로 나타났다(p < .05). 마
지막으로 격대 신앙교육의 이해도는 '황혼육아 경험이 있는 집단'
(M=3.35, SD=1.04)이 더 높았으며, 두 집단 간에 유의한 차이가 있는 것
으로 나타났다(p < .05). 그 외의 변인에 따른 집단 간 차이는 나타나지
않았다(p > .05).

유대인의 경우도 마찬가지로 신앙교육에 대한 이해도는 '황혼육아

경험이 있는 집단'(M=3.39, SD=1.01)이 더 높았으며, 두 집단 간에 유의한 차이가 있는 것으로 나타났다(p 〈 .05). 그 외의 변인에 따른 집단 간 차이는 나타나지 않았다(p 〉 .05).

(7) 격대 신앙교육의 중요도

'격대 신앙교육의 중요도'(Likert 5점 척도형)는 한국인(M=4.05, SD=.73)이 더 높게 나타났으나 두 집단 간에 통계적으로 유의한 차이는 나타나지 않았다(p 〉 .05).

〈표 7〉 격대 신앙교육 중요도의 문항별 평균 및 표준편차

문항	한국인			유대인		
	n	M	SD	n	M	SD
격대 신앙교육이 중요하다고 생각함	72	4.42	.76	14	4.07	1.00
나의 자녀들은 격대 신앙교육을 중요하게 생각함	72	4.07	.88	14	3.79	1.19
나의 손자녀들은 격대 신앙교육을 중요하게 생각함	71	3.83	1.06	13	3.15	1.41
타인의 손자녀들에 대한 신앙교육도 중요하게 생각함	72	3.93	1.09	14	3.79	1.37
격대 신앙교육을 하는 것은 나의 신앙성숙에도 긍정적 영향을 미칠 것임	70	3.99	1.04	14	3.21	1.31
계	72	4.05	.73	14	3.60	1.00

집단 내 평균을 비교하면, 한국인의 격대 신앙교육에 대한 중요도는 '여성'(M=4.21, SD=.72)이 더 높았으며, 성별 간에 매우 유의한 차이가 있는 것으로 나타났다(p 〈 .01). 또한 '황혼육아 경험이 있는 집단'(M=4.17, SD=.78)이 더 높았으며, 두 집단 간에 유의한 차이가 있는 것으로 나타났다(p 〈 .05). 마지막으로 손자녀와 '면대면'(M=4.15, SD=.69)으로 만나는 경우가 더 높았으며, 집단 간에 유의한 차이가 있는 것으로 나타났다(p 〈 .05). 그 외의 변인에 따른 집단 간 차이는 나타나지 않았다(p 〉.05).

유대인의 경우도 격대 신앙교육에 대한 중요도는 '황혼육아 경험이 있는 집단'(M=4.43, SD=.75)이 더 높았으며, 두 집단 간에 매우 유의한 차이가 있는 것으로 나타났다(p 〈 .001). 또한 손자녀와 '면대면'(M=3.90, SD=1.01)으로 만나는 경우가 더 높았으며, 집단 간에 유의한 차이가 있는 것으로 나타났다(p 〈 .05). 그 외의 변인에 따른 집단 간 차이는 나타나지 않았다(p 〉.05).

(8) 격대 신앙교육의 실행도

'격대 신앙교육의 실행도'(Likert 5점 척도형)는 한국인(M=3.07, SD=.88)이 더 높게 나타났으나 두 집단 간에 유의한 차이는 나타나지 않았다(p 〉.05).

<표 8> 격대 신앙교육 실행도의 문항별 평균 및 표준편차

문항	한국인			유대인		
	n	M	SD	n	M	SD
격대 신앙교육을 하고 있음	71	3.23	1.08	14	3.14	1.66
앞으로 격대 신앙교육을 실행할 의향이 있음	67	3.75	1.12	14	2.71	1.54
타인의 손자녀들에 대한 신앙교육을 하고 있음	69	2.32	1.08	14	2.43	1.65
타인의 손자녀들에 대한 신앙교육을 할 의향이 있음	67	2.96	1.12	14	2.29	1.64
계	71	3.07	.88	14	2.64	1.40

집단 내 평균을 비교하면, 한국인의 격대 신앙교육 실행도는 '여성'(M=3.27, SD=.87)이 더 높았으며, 성별 간에 매우 유의한 차이가 있는 것으로 나타났다(p < .01). 또한 '황혼육아 경험이 있는 집단'(M=3.21, SD=.93)이 더 높았으며, 두 집단 간에 유의한 차이가 있는 것으로 나타났다(p < .05). 그 외의 변인에 따른 집단 간 차이는 나타나지 않았다(p > .05).

유대인의 경우도 격대 신앙교육 실행도는 '황혼육아 경험이 있는 집단'(M=3.88, SD=1.24)이 더 높았으며, 두 집단 간에 매우 유의한 차이가 있는 것으로 나타났다(p < .01). 그 외의 변인에 따른 집단 간 차이는 나타나지 않았다(p > .05).

(9) 격대 신앙교육의 내용

'현재 실행하고 있는 격대 신앙교육의 내용'(다중응답)에 대해 한국인들은 '주일성수의 중요성'(50명, 72.5%)과 '건강한 인성과 관련된 생활교육'(43명, 62.3%)을, 유대인은 '건강한 인성과 관련된 생활교육'(9명, 64.3%)과 '민족 및 역사의식교육'(8명, 57.1%)을 가장 중시하는 것으로 나타났다.

한편, '추후 실행할 격대 신앙교육의 내용'에 대해 한국인들은 '건강한 인성과 관련된 생활교육'(46명, 63.9%)과 '주일성수의 중요성'(42명, 58.3%)을 가장 희망하는 것으로 나타나 현재와 큰 차이가 없는 것으로 나타났다. 유대인들은 '민족 및 역사의식교육' 외에 '가정예배의 습관 형성'과 '기초 질서를 지키는 생활인으로서의 교육'(46명, 63.9%)을 희망해 현재와는 또 다른 교육을 희망하는 것으로 나타났다.

(10) 격대 신앙교육의 방법

'현재 실행하고 있는 격대 신앙교육의 방법'(다중응답)에 대해 조사한 결과, 한국인들은 '중요한 순간에 축복기도하기'(35명, 50.0%)를, '개입이 필요한 순간에 삶의 이야기 나누기'(31명, 44.2%)를 행하는 것으로 나타났다. 이에 대해 유대인들은 12명 중 71.4%인 10명이 '개입이 필요한 순간에 삶의 이야기 나누기,' '가정예배 드리기,' '함께 놀이에 참여하기,' '밥상에서 가르치기,' '본을 보이기' 등을 가장 많이 실행하는 것으로 나타났다.

한편, '추후 실행할 격대 신앙교육의 방법'(다중응답)에 대해 조사한 결과, 한국인들은 '가정예배 드리기'(38명, 55.1%), '본을 보이기'(38명, 55.1%)를 가장 중요하게 생각하는 것으로 나타났고, 유대인들은 '개입이 필요한 순간에 삶의 이야기 나누기'(11명, 78.6%), '가정예배 드리기,' '밥상에서 가르치기,' '중요한 순간에 축복기도하기' (9명, 64.3%) 등을 희망하는 것으로 나타났다.

(11) 격대 신앙교육이 유익한 점 및 어려운 점

한국인들은 격대 신앙교육이 유익한 점(서술형)에 대해 '조부모로서의 역할(신앙전수) 및 사명(신앙의 대잇기), 보람'(15명), '편안하고 자연스러운 분위기에서의 교육'(13명), '장기적이고 지속적, 미래지향적인 신앙교육'(10명), '가족관계의 회복, 가족의 화목 및 친밀, 행복'(9명) 등이라고 응답하였다. 유대인들 또한 신앙교육이 유익한 점은 '편안한 환경에서 가르침'(2명), '지속적이고 장기적인 신앙교육'(2명)이라고 응답하였다.

반면, 한국인들은 격대 신앙교육이 어려운 점(서술형)에 대해 '바쁜 일상 및 만남의 기회 부족'(30명), '(손자녀들이 느끼는) 세대차이 및 세대 이해의 부족'(19명), '자녀의 비협조적 태도 및 나약한 신앙'(6명), '손자녀의 비협조적, 산만(스마트폰, 인터넷 게임 등)한 태도'(5명), '대화의 어려움'(5명) 등이라고 응답하였다. 유대인들 또한 '만남의 기회 부족'(4명), '바쁜 생활'(2명), '손자녀 부모들의 태도 및 이견'(2명), '손자녀들의 비협조적 태도'(2명) 등을 꼽았다.

(12) 변수 간 상관분석

변수 간 상관관계를 분석한 결과, 한국인의 경우 '격대 신앙교육의 실행도'는 손자녀와의 친밀도($r=.598$), 격대교육 경험($r=.441$), 격대 신앙교육의 이해도($r=.624$) 및 중요도($r=.609$)와 매우 정적인 상관관계가 있는 것으로 나타났다($p < .01$). 이는 손자녀와의 친밀도가 높아질수록, 격대교육 경험이 있을수록, 격대 신앙교육을 이해할수록, 격대 신앙교육의 중요성을 인식할수록 격대 신앙교육을 더 적극적으로 실행하는 경향이 있음을 보여주는 결과다. 반면, 격대 신앙교육을 받아본 경험(사전경험)과 격대 신앙교육의 실행도 사이에는 상관관계가 없는 것으로 나타났다($p > .05$) 이는 격대 신앙교육을 받았다고 해서 격대 신앙교육을 실행하는 것은 아님을 보여주는 결과다.

한편, 유대인의 경우 '격대 신앙교육의 실행도'는 격대교육 경험($r=.672$), 격대 신앙교육의 이해도($r=.649$) 및 중요도($r=.903$)와 매우 정적인 상관관계가 있는 것으로 나타났다($p < .01$). 이는 격대교육 경험이 있을수록, 격대 신앙교육을 이해할수록, 격대 신앙교육의 중요성을 인식할수록 격대 신앙교육을 더 적극적으로 실행하는 경향이 있음을 보여주는 결과다.

4. 비교연구의 함의

이상 초등학생을 손자녀로 둔 한국의 개신교인 조부모와 현재 이스라엘에 거주하는 유대교인이거나 메시아닉 쥬 유대인 조부모 사이의 비교설문 조사를 통하여 다음과 같은 함의들을 발견할 수 있다. 첫째,

한국인과 유대인 조부모 모두 손자녀와의 친밀도가 높아질수록, 조부모로서 격대 신앙교육에 대한 교육을 받은 경험이 많을수록, 격대 신앙교육을 더 잘 이해할수록, 격대 신앙교육의 중요성을 더 잘 인식할수록 격대 신앙교육을 더 적극적으로 실행하는 경향이 있음을 보여준다. 따라서 지역교회는 조부모들이 격대 신앙교육의 경험을 공유할 수 있는 기회를 많이 제공해 주고, 이에 대한 중요성과 다양한 정보를 제시하여 강한 동기를 심어주고, 여러 교육 기회를 제시할 필요가 있다. 지역교회는 특히 "평생교육"의 일부분으로서 격대 신앙교육에 대한 중요성을 일깨우고 적극적으로 교육을 실시해야 할 것이다.

둘째, 격대 신앙교육의 중요성에 대한 인식은 한국인과 유대인 모두 상대적으로 높으나 방법에 대해서는 제대로 교육받지 못한 경우가 많음이 드러났다. 이는 보다 적극적이고 체계적이며 실제적인 격대 신앙교육이 필요함을 보여준다. 이론 위주의 교육보다는 일상의 삶 가운데서 구체적으로 어떤 방법으로 교육이 이루어져야 효과적인가에 대한 처방이 조부모의 개별적 상황을 고려하여 제시되어야 할 것이다.

셋째, 격대 신앙교육의 실행도는 한국인의 경우 조모가 높고 유대인의 경우 조부와 조모가 유사한 경향을 보인다. 따라서 조부들을 보다 적극적으로 교육하여 격대 신앙교육에 참여하도록 격려하고 동기를 제공할 필요성이 있다. 현재 초등학교 현장에서도 여교사의 비율이 압도적으로 높고, 교회학교에서도 여교사가 많고, 또한 가정에서 아버지들의 신앙교육 참여도가 현저히 낮은 현실을 고려할 때 격대 신앙교육에 조부들이 좀 더 적극적으로 참여함으로써 성비 불균형에 따른 여러 문제점들을 해소하는데 도움을 줄 필요가 있다. 특히 남아들의 건전한 남성성 형성을 위해서 조부들의 적극적인 참여가 요청된다.

넷째, 현재 실행되고 있는 격대 신앙교육의 내용에 대해 한국인은 '주일성수의 중요성'과 '건강한 인성과 관련된 생활교육'을, 유대인은 '건강한 인성과 관련된 생활교육'과 '민족 및 역사의식 교육'을 가장 중시하여 차이를 보인다. '추후 실행할 격대 신앙교육의 내용'에 대해 한국인들은 현재와 큰 차이가 없는 것으로 나타났으나 유대인은 '민족 및 역사의식 교육' 외에 '가정예배의 습관 형성'과 '기초 질서를 지키는 생활인으로서의 교육'을 희망했다. 따라서 격대 신앙교육에 유대인의 경우처럼 민족 및 역사의식교육과 기초 질서를 지키는 생활인으로서의 교육 혹은 민주시민교육이 보완되어야 통전적인 신앙을 양육하는 격대교육이 될 수 있을 것이다. 이는 오늘날 한국교회에 속한 그리스도인들의 신앙과 실천이 심각하게 사사화되어 가는 상황에서 어린 시절부터 균형 잡힌 신앙인을 형성한다는 차원에서 매우 시급한 과제이다.

다섯째, 현재 한국인과 유대인 모두가 가장 많이 실행중인 격대 신앙교육 방법들과 추후 양자가 실행하기 원하는 격대 신앙교육의 방법들의 경우 큰 차이 없이 '중요한 순간에 축복기도하기', '개입이 필요한 순간에 삶의 이야기 나누기', '가정예배 드리기', '함께 놀이에 참여하기', '밥상에서 가르치기', '본을 보이기' 등이다. 따라서 지역교회에서는 조부모들이 이러한 방법들을 보다 흥미롭고 창의적으로 수행할 수 있도록 다양한 도움을 줄 필요가 있으며, 동시에 민족 및 역사의식교육과 기초 질서를 지키는 생활인으로서의 교육 혹은 민주시민교육 방법들도 일방적인 전달식을 넘어서서 다채롭게 제시할 필요가 있다.

여섯째, 한국인과 유대인은 모두 격대교육의 가장 어려운 점으로 손자녀와의 만남의 기회가 적다는 것을 점을 지적하였다. 따라서 오프라인뿐 아니라 온라인을 통한 장거리 격대 신앙교육 방법들을 많이 개발하여 조부모들에게 제공해야 할 것이다. 오늘날 한국사회에서는 초등학생 때부터 입시 스트레스에 시달리며, 또한 전통사회와는 달리 조부모가 손자녀와 멀리 떨어져 거주하는 경우가 많으므로 효과적이며 창조적인 장거리 격대 교육방법들이 요청된다.

IV. 기독교 아동격대교육의 이론적 기초

1. 조부모 연구

글렌 엘더 주니어(Glen Elder Jr.)는 "아이오아 청소년 가족 프로젝트(Iowa Youth and Families Project)"를 통하여 격대교육이 지닌 긍정적 차원을 잘 보여준다. 미국 아이오아주의 경제적으로 어려운 농촌지역에 거주하는 중학교 2학년(7학년)에 재학중인 청소년과 아버지와 어머니로 구성된 451가족을 대상으로 실시된 이 프로젝트는 대상 청소년들의 "교육, 약물의존도, 결혼, 직업, 생의 만족도" 등을 추적하는 장기연구로 진행되었다.[30] 연구결과 청소년의 성장에 있어서 조부모는 매우 긍정적인 역할을 수행한다는 사실이 드러났다. 즉, 조부모의 "조건 없는 사랑과 무한한 지지"가 손자녀에게 매우 긍정적인 영향을 끼친다는 사실이다. 조부모와 오랜 기간 동안 청소년기에 이르기까지 멘토링, 절

---

[30] Glen Elder Jr. and Rand Conger, "Ch. 6: Wisdom of the Ages," in *Children of the Land: Adversity and Success in Rural America* (Chicago: University of Chicago Press, 2002), 127-50.

친한 친구관계(confidante), 가이드, 동반, 감정적 지지 등을 통하여 자주, 친밀하게 교류한 손자녀들은 고등학교 졸업률이 높고 알코올, 약물 의존도가 낮고 자신이 가진 학습능력을 외부의 영향과 관계없이 잘 발휘한 것으로 나타났다. 반면 여러 가지로 취약한 그룹에 속한 동급생들은 조부모와 잘 접촉하지 못한 경우가 많았다. 이들의 부모는 2가지 경우에 속했는데, 자신의 부모와 관계가 단절된 한 부모이거나 자신의 부모들과 친밀한 관계를 유지하지 못한 경우였다.

또 다른 연구들에 의하면 조부모와 손자녀 사이의 친밀한 관계는 손자녀들의 사회적인 관계에 있어서 매우 긍정적인 영향을 끼친다. 즉, 조부모와 여러 형태로 빈번하게 소통하고 친밀한 관계를 유지하고 있는, 즉 조부모와 애착관계가 잘 형성된 손자녀들은 함께 동거하지 않아도 친 사회행동(pro-social behavior)의 성향이 또래에 비해 높게 나타난다. 친 사회행동은 어떠한 보상이 없어도 이에 상관하지 않고 사회의 공익을 위하여 행동하는 것을 지칭하며 봉사와 기부 같은 형태로 나타난다. 이러한 연구결과는 대부분의 조부모와 손자녀가 함께 살지 않고 장거리에 따로 거주하고 있는 오늘의 현실에서도 효과적인 격대교육이 가능하다는 것을 보여준다.[31]

격대교육에서 조부모가 손자녀와 친밀한 관계를 형성해 나가는데 있어서 다양한 형태의 통로가 있지만 그 가운데 손자녀를 향한 조부모의 칭찬은 매우 중요한 역할을 한다. 그런데 조부모의 칭찬은 일반적으

---

[31] Chrystal Ramirez Barranti, "The Grandparent/Grandchildren Relationship: Family Resources in an Era of Voluntary Bonds," *Family Relations*, 34:3 (July 1985), 343-52; Marc Baranowski, "Grandparent-Adolescent Relations: Beyond the Nuclear Family," *Adolescence*, 17:67 (Fall 1982), 575-84; SBS 스페셜 〈격대교육〉 제작팀, 『격대 육아법의 비밀』, 21. 장거리 격대교육에 대해서는 다음을 참고할 것. Willma Gore, *Long-Distance Grandparenting: Connecting with Your Grandchildren from Afar* (Sanger, CA: Quill Driver Books, 2008).

로 "결과보다는 과정을 중시하는 칭찬"이라는 점에서 부모와 차이를 보인다. 캐롤 드웩(Carol Dweck)은 뉴욕시의 5학년생 400명을 대상으로 실험을 한 결과 지적능력에 대한 칭찬이 노력에 대하여 칭찬하는 것보다 부정적인 영향을 끼친다는 사실을 발견하였다. 드웩에 의하면 결과중시 칭찬은 지능과 같이 아동 자신이 바꿀 수 없는 조건을 칭찬하는 것이며, 과정중시 칭찬은 노력, 투자하는 시간, 집중도 등과 같이 이들이 바꿀 수 있는 조건을 칭찬하는 것이다. 따라서 과정중시 칭찬은 아동들로 하여금 결과를 장담할 수 없는 도전에 대하여 더욱 적극적인 자세를 가지도록 만들고, 결과중시 칭찬은 이들이 오히려 새로운 도전을 하지 않도록 만드는 역효과를 가져온다는 것이다.[32]

일반적으로 부모의 경우 결과중시 칭찬을 많이 하고 조부모는 과정중시 칭찬을 많이 하는 경향이 있다. 조부모들은 자신의 풍부한 인생경험을 통하여 과정중시 칭찬이 지닌 힘을 알게 되면서, 과거 자신의 자녀들에게 했던 결과중시 칭찬을 반성하면서, 손자녀들에게는 과정중시 칭찬을 하게 된다는 것이다. 그 결과 조부모의 과정중시 칭찬은 손자녀들에게 도전의식과 자신감을 심어주고 도파민의 분비를 촉진한다는 것이다. 격대교육에서 중시되는 손자녀를 향한 조부모의 격려와 칭찬에는 이러한 흥미로운 사실이 숨어있다. 다르게 이야기 하자면, 격대교육에서는 결과중시의 칭찬보다는 과정중시의 칭찬이 더욱 많이 활용되어야 한다는 것이다.

---

[32] Claudia Mueller and Carol Dweck, "Praise for Intelligence can undermine Children's Motivation and Performance," *Journal of Personality and Social Psychology*, 75:1 (1998), 33-52; EBS 〈학교란 무엇인가〉 제작팀, 『학교란 무엇인가 2』 (서울: 중앙북스, 2011), 40.

2. 노년 연구

최근 뇌과학자들과 정신의학자들의 다양한 연구에 의하면 노년이 되면 노화에 의하여 기억력을 관장하는 해마가 줄어들기에 뇌의 크기가 감소하면서 기억력이 줄어들지만 이와는 반대로 오히려 더 좋아지는 부분도 있다. 즉, "기본적인 감정에 대한 반응을 순화시켜주는" 노인들의 전 전두피질은 편도체와 서로 잘 작용함으로써 감정을 느낄 때, 혹은 극심한 스트레스를 느낄 때 회복이 더욱 빨라지고 그 결과 자신의 감정을 잘 조절하게 된다. 즉, 노년의 뇌는 노화와 더불어 이루어지는 이러한 특징으로 인하여 감정에 치우치지 않는 유연성을 가지게 된다는 것이다. 노년기에 도달하면 일반적으로 젊은 사람들과 비교할 때 감정적 기복이 심하지 않고 자신의 감정을 잘 조절하게 되는 이유가 이러한 노년기 뇌에서 나타나는 특징 때문이라는 것이다.[33] 또한 USCD 정신의학자 리사 엘러(Lisa Elyer)도 뇌가 기능하는데 있어서 노인과 젊은이들 사이에 큰 차이가 있다는 사실을 발견하였다. 특정한 과제 수행시 젊은 사람들의 뇌는 전전두피질의 앞부분이 주로 활성화되지만, 노인들은 전체가 활성화되는 모습을 보여준다. 즉 과제 해결 시 노년층이 젊은층보다 해결책을 찾는데 있어서 여러 가지 방법을 시도하는 것에 더욱 익숙하다.

지혜에 관한 최근의 연구에 의하면 지혜와 연령은 큰 상관관계가 없는 것으로 밝혀지고 있다.[34] 즉 나이가 들수록 일방적으로 지혜로워

---

33 Dilip Jeste, Colin Depp, and Ipsit Vahia, "Successful Cognitive and Emotional Aging," *World Psychiatry*, 9:2 (June, 2010), 78-84; SBS 스페셜 〈격대교육〉 제작팀, 『격대 육아법의 비밀』, 28-29.
34 장휘숙, 『성인발달 및 노화심리학』 (서울: 박영사, 2012), 168-73. 정옥분, 『발달심리학: 전생애 인간발달』 (서울: 학지사, 2014), 649-52. 김애순, 『장·노년 심리학』 (서울: 시그마프레스, 2012), 222-32.

진다고 할 수는 없다는 것이다. 그 이유는 나이에 따른 지혜는 다른 양상을 보이기 때문이다. 젊은 시절에는 "문제해결을 위한 인지적 역량이나 올바른 가치관을 가지고 미래의 비전과 계획을 세우는 지혜"가 필요한 반면, 나이가 들수록 "질병, 역할상실, 사별 등 불가항력적 생활사에 적응하기 위해서는 '균형과 절제'로 마음의 평정을 유지하고 공감적 이해를 통한 친밀한 인간관계를 유지하는 지혜"가 필요하다.[35]

따라서 이상과 같이 노인의 뇌가 스트레스에서 더 잘 회복되어 감정을 잘 조절하고 문제해결에 있어서 한 가지에 집착하지 않고 다양한 방법들을 시도하도록 작동된다는 최근 뇌과학 연구는 격대교육에 많은 시사점을 준다. 즉, 조부모들이 격대교육에 참여할 때, 자신의 자녀에게 조급한 태도를 보이는 부모와는 다르게, 감정적 유연성과 객관적 태도를 가지고, 또한 다양한 문제해결 방식을 동원한다. 그 결과 손자녀들은 조부모를 매우 편안하게 대할 수 있다. 또한 나이가 들수록 일방적으로 지혜로워지는 것은 아니지만 조부모들은 상대적으로 젊은 세대와 비교하여 위에서 언급한 두 가지 종류의 지혜를 동시에 소유할 가능성이 많다. 그리하여 격대교육에 있어서 조부모들은 두 가지의 지혜를 다양한 맥락과 상황에서 선택적으로 활용할 수가 있다는 것이다. 특히 균형과 절제의 자세로 마음의 평정을 유지하고 공감적 이해를 통하여 친밀한 인간관계를 유지하는 조부모의 이러한 지혜는 손자녀들의 인격교육과 신앙교육에 있어서 매우 중요하다.

---

[35] 김애순, 『장·노년 심리학』, 230.

3. 어린이 신학과 어린이 영성

　최근의 어린이 신학과 어린이 영성에 대한 연구는 통전적 신앙양육을 위한 가정-교회 연계 기독교 격대교육에 중요한 이론적 기초를 제공한다. 어린이 신학(the theology of childhood)은 성서와 여러 신학분야를 포괄하여 어린이와 관련하여 신학적 성찰을 하는 것을 지칭한다.[36] 예를 들어, 공관 복음서에 나타나는 어린이에 대한 예수님의 말씀과 태도에 기초하여, 어린이를 성인들에 대한 신앙의 모범으로 해석하고, 어린이를 매개로 기독교 신학의 중요한 주제들(하나님 나라, 창조론, 기독론, 인간론 등)을 해명하는 것에 초점을 맞춘다. 더 나아가 어린이를 영접하고, 필요를 채워주고, 사랑과 배려를 베푸는 실천적 자세를 함양하며, 스스로를 어린이처럼 낮추는 삶을 살도록 요청하는 신학이다. 이런 맥락에서 어린이 신학은 "어린이의 신학(어린이에 관한 신학)", "어린이와 함께 하는 신학(어린이들이 표현하고, 이해하고, 참여하는 신학)", "어린이를 위한 신학(어린이의 인권, 복지, 해방을 목적으로 하는 신학)"이다.[37] 어린이 신학은 어린이 자체를 신학적으로 성찰하면서, 어린이를 새롭게 이해할 수 있도록 해 줌으로써 기독교 아동교육에 큰 공헌을 하고 있다.

　어린이 영성에 대한 최근 연구는 과거에 어린이를 영적으로 미성숙한 존재로 간주했던 이론들과 또한 주로 인지적 접근에 기초한 어린이 신앙교육도 함께 비판하고 이에 대한 대안적 관점을 제시한다. 에드워드 로빈슨(Edward Robinson), 로버트 코울즈(Robert Coles), 데이빗 헤

36　양금희, 『어린이 영성교육』 (서울: 센싱더스토리, 2014), 42. 참고: 이신건, 『어린이 신학: 하나님을 어린이로 생각하기』 (서울: 한들출판사, 1998).

37　양금희, 『어린이 영성교육』, 37-40.

이(David Hay)와 레베카 나이(Rebecca Nye) 등은 어린이 영성에 대한 연구를 통하여 어린이들은 생물학적, 생득적 차원에서 영적존재이며 성인들과는 다른 독특한 영성경험을 한다고 주장하였다.[38] 이들의 공통된 주장은 첫째, 영성이란 인간의 핵심적 요소이다. 둘째, 영성은 주로 감탄과 경이의 경험이 핵심적이다. 셋째, 영성과 종교가 반드시 일치하지는 않지만 양자가 함께 갈 때 영성이 생명력을 얻게 된다. 넷째, 영성은 생득적, 생물학적 개념이긴 하지만 환경의 자극에 의해 촉진되거나 억제가 가능하다. 따라서 가정, 교회 등 신앙공동체의 역할이 결정적으로 매우 중요하다.[39]

통전적인 신앙을 지향하는 기독교 아동격대교육을 위해서는 어린이 영성에 대한 최근의 연구들을 기초로 어린이 영성교육의 가능성에 대하여 회의적 시각을 가졌던 전통적인 관점을 극복하고 조부모가 부모와 더불어 손자녀에게 적극적 영성교육을 실시할 수 있도록 지원해야 할 것이다. 이를 위하여 명시적 가르침, 모델링, 토의, 논리적 추론 등을 통하여 올바른 가치관 형성을 지향하는 도적·윤리적 차원의 신앙교육과 더불어, 감탄, 경이, 경험, 상상력 등 아동들의 다양한 감각들을 적극적으로 활용하는 영성교육을 지향해야 한다. 그리고 부모와 조부모들에게 교회와 가정은 아동들의 영성형성을 위한 핵심적 공동체로서로 유기적으로 연계되어야 한다는 사실을 자각시키고 부모교육과 조

---

38 최근의 어린이 영성연구에 대하여 다음을 참고할 것. Edward Robinson, *The Original Vision* (New York: Seabury Press, 1977); D. Hay, R. Nye, and R. Murphy, "Thinking about Childhood Spirituality: Review of Research and Current Directions," in *Research in Religious Education*, eds., L. J. Francis, W. K. Kay, and W. S. Campbell (Macon, GA: Smyth & Helwys Publishing, 1996), 47-71; Robert Coles, *The Spiritual Life of Children* (Boston: Houghton Mifflin Co., 1990).

39 양금희, 『기독교 유아·아동교육』 (서울: 대한기독교서회, 2011), 164-66.

부모 교육을 동시에 적극적으로 실시해야 한다.

4. 신앙교육 생태계와 신앙공동체 이론

통전적 신앙양육을 위한 가정-교회 연계 기독교 격대교육을 모색함에 있어서 또한 중요한 기독교교육 이론은 "신앙교육 생태계 이론"이다. 신앙교육 생태계란 "한 사람의 그리스도인을 신앙으로 양육하는데 있어서 긍정적 혹은 부정적으로 작용하는 상호 연계된 교육현장들의 유기적인 체계"를 뜻한다.[40] 신앙교육 생태계는 가장 기본 단위인 가정에서 교회, 학교, 지역사회, 시민사회, 글로벌 시민사회, 자연, 미디어까지를 포괄한다. 이러한 신앙교육 생태계 이론에 의하면 통전적 신앙양육을 지향하는 격대교육에서는 개별적 신앙교육 현장들의 고유한 긍정적 기능이 잘 발휘되어야 하고, 동시에 각 현장들이 따로 분리되어 파편화되지 않고 상호적, 유기적으로 연계되어야 한다.[41] 가정-교회 연계 기독교 격대교육은 일차적 교육현장인 개별 가정과 지역 교회가 각각 고유한 신앙교육적 역할을 잘 감당하며, 동시에 양자가 밀접한 파트너로서 격대교육을 위해 적극 협조하는 교육을 뜻한다. 특히 지역교회는 격대교육의 중요성과 내용, 방법 등을 각 가정에 제공하고, 반면에 각 가정은 이를 실천하고 교회현장을 통하여 함께 성찰하고 더 좋은 실천을 모색해 나가도록 지원해야 한다. 그러나 여기에서 더 나아가 가정-교회만의 연계를 넘어서서 지역학교, 지역사회, 시민사회 등과의 연계

---

[40] 장신근, 『창조적 교회교육 내비게이션』, 개정증보판 (서울: 예영커뮤니케이션, 2016), 64. 참고: 박상진, 『다음세대를 위한 기독교교육 생태계』 (서울: 예영커뮤니케이션, 2016).

[41] 위의 책, 66.

까지도 고려한 격대교육이 이루어질 때 통전적 교육이 가능해진다.

다음으로 "신앙공동체 이론"은 통전적 신앙양육을 위한 가정-교회 연계 기독교 격대교육에 또 다른 중요한 핵심적 원리를 제공해 준다. 신앙공동체 이론의 핵심은 학교식 혹은 정보전달식의 신앙교육에 대한 대안으로서 면대면의 인격적 관계가 가능한 공동체를 통한 신앙계승을 강조한다. "신앙문화화 접근"으로 불리는 신앙공동체 이론은 공유된 기억 혹은 전승(성서와 공동체 이야기), 공유된 삶에 대한 이해와 삶의 방식, 공유된 목적과 의지 등을 통한 살아있는 신앙전승을 모색한다. 신앙공동체는 모든 세대가 인격적으로 교통하고 상호작용이 가능한 300명 정도의 소규모를 지향하면서 그 가운데서 "기독교적인 삶의 스타일을 형성"하는 것을 목표로 삼는다.[42] 신앙공동체 이론의 주창자들은 이처럼 일찍이 핵가족이 지닌 여러 한계점을 예견하고 공동체 내에서 신앙전승과 양육에 있어서 조부모-부모-손자녀세대 등 3대의 상호작용을 비형식인 교육의 맥락에서 강조하였다. 핵가족에서 나타나는 부모-자녀만의 관계로는 통전적 신앙양육과 계승이 힘들다는 사실을 간파한 것이다.

신앙공동체 이론은 이러한 세대 간의 상호작용과, 이들의 삶에서 일어나는 다양한 사건들을 통한 신앙양육과 계승이라는 차원에서 격대교육을 위한 중요한 이론 중의 하나이다. 신앙공동체에서의 3세대(조부모세대는 과거, 부모세대는 현재, 손자녀세대는 미래를 대표)는 일방적으로 윗세대가 아래세대를 가르치는 것이 아니라 각 세대의 특성을 지니면서 서로가 서로에게 배우고 가르치는 상호성을 지닌다. 격대교육은 바

---

[42] John Westerhoff III, *Will Our Children have Faith?*, 정웅섭 역, 『교회의 신앙교육』 (서울: 대한기독교교육협회, 1985).

로 이러한 세대 간의 상호성이 뒷받침되어야 한다. 조손관계가 일방적이 아니라 상호적인 존중과 배움과 가르침의 관계가 되어야 한다는 것이다.

격대 신앙교육에서 신앙공동체 이론을 적용할 때에는 조부모와 손자녀가 같은 교회에 출석하는 경우와 그렇지 않은 경우를 모두 고려해야 할 것이다. 후자의 경우가 더 흔한 오늘의 상황에서는 확대가족(extended family)으로서의 신앙공동체라는 관점에서 혈연적 조손관계뿐 아니라 신앙 안에서의 조손관계를 자연스럽게 포괄할 수 있는 넓은 지평이 요청된다. 다시 말하자면, 작은 신앙공동체인 가정에서 이루어지는 격대 신앙교육은 주로 혈연적 관계가 중요시 되는 반면, 다른 차원의 신앙공동체인 교회에서의 격대 신앙교육은 혈연적 관계와 비혈연적 관계 모두가 중요시 된다.

V. 통전적 신앙양육을 지향하는 가정-교회 연계 기독교 아동격대교육 모델

지금까지 논의된 격대교육의 중요성에 대한 재발견, 전통 격대교육의 특징과 함의, 한국인과 유대인 조부모에 대한 비교연구, 아동기 격대교육을 위한 다양한 이론적 기초 등을 종합적으로 수렴하여 여기에서는 통전적 신앙양육을 지향하는 가정-교회 연계 기독교 아동격대교육 모델을 모색한다.

1. 교육목적

통전적 신앙양육을 위한 가정-교회 연계 기독교 아동격대교육(이하 "통전적 아동격대교육")의 목적은 정의, 평화, 생명, 사랑의 종말론적 하나님 나라를 지향하는 가운데 조부모와 손자녀인 아동이 가정-교회를 중심으로 여러 교육현장들과의 유기적인 지원과 협력관계에 기초하여, 인격적인 상호 관계에 기초한 다양한 교육방법을 통하여, 신념, 관계, 헌신, 신비 차원과 또한 개인적 공동체적(공적) 차원에서 균형을 이룬 온전한 신앙을 구비한 제자-시민으로 함께 성장하고 성숙하는 것이다.

2. 교육내용/과제

통전적 신앙을 양육하는 아동격대교육은 무엇보다 성서와 신학적 관점에 기초한 균형 잡힌 신앙을 추구한다. 오늘의 한국교회는 사사화된 개인주의적 신앙으로 인하여 공공성을 상실하고 영적인 활력도 상실해 가고 있다. 이러한 맥락에서 한국교회의 개혁을 염두에 두고 어린 시절부터 균형 잡힌 신앙 혹은 통전적 신앙을 양육하기 위한 노력을 기울여야 한다. 통전적 신앙이란 삼위일체 하나님에 대한 믿음에 기초한 온전한 신앙을 지칭하며 1) 개인적이고 실존적인 차원의 신앙, 2) 공적, 예언적, 사회 변혁적 신앙, 그리고 3) 생태적, 우주적 차원의 신앙이 통합된 상태를 뜻한다.[43] 이러한 통전적 신앙을 양육하는 아동격대교육의 핵심적인 교육내용/과제는 신념, 관계, 헌신, 신비 등과 같은 4가지 영

---

[43] 장신근, 『통전적 기독교교육의 이론과 실천현장』 (서울: 장로회신학대학교출판부, 2017), 150-51.

역으로 이루어진다.[44]

첫째, 신념의 영역은 신앙의 지적 차원으로 아동기에 구비해야 할 신앙의 기본적인 지식들을 지칭한다. 성서의 핵심 주제들, 사도신경, 주기도문, 십계명, 기타 기독교의 핵심교리 등을 아동들의 발달 단계에 맞추어서 가르쳐야 할 것이다. 이러한 내용들은 조부모가 모두 새로 구성하여 가르치기보다는 교회학교와 기독교학교 등에서 배운 내용을 복습하고 그 내용을 보충하거나 심화시켜 나가는 방법을 활용하면 좋을 것이다. 그러나 특히 필요하다고 생각되는 부분은 조부모가 스스로 준비하거나 혹은 교회에서 따로 준비하여 제공하면 큰 도움이 될 것이다. 통전적 신앙교육을 위해서는 성서의 내용만이 아니라 인문학적 내용을 기독교적 관점에서 해석하여 가르치는 교육도 동반되어야 한다.

둘째, 관계의 영역은 온전한 신앙이란 하나님과의 온전한 관계뿐 아니라, 타인과의 관계 속에서 구체화되고 열매로 나타난다는 것을 전제한다.[45] 따라서 관계 영역의 교육내용에는 아동들이 신앙공동체인 가정과 교회 그리고 학교에서의 인격적 "관계경험" 그리고 더 나아가 지역사회, 시민사회, 미디어 등을 통하여 공동체를 경험하고 "공동체 의식"을 가질 수 있도록 지원하는 내용이 포함되어야 한다. 격대교육의 경우 지적인 차원의 신념교육보다는 조부모와의 친밀한 애정의 관계를 통하여 신앙의 관계적 차원을 더욱 중시하고 이를 몸으로 체화하는 교육을 할 필요가 있다. 그리고 이러한 면대면의 인격적 관계와 더불어

---

44 신앙의 여러 가지 차원들에 대하여 다음을 참고할 것. Richard Osmer, *Teaching for Faith*, 사미자 역, 『신앙교육을 위한 교수방법』(서울: 한국장로교출판사, 1995).

45 Bushnell은 이러한 하나님과 인간과의 성숙한 관계를 중생과 성화에 기초한 복음적 인성이라고 칭한다. 이원일, "칼뱅주의에서 기독교인성교육: 호레이스 부쉬넬을 중심으로," 『장신논단』 49-2 (2017. 6), 358-71.

가정공동체에서도 사랑과 신뢰를 바탕으로 한 신앙공동체를 형성해 나가면서 다양한 공동체 경험을 할 수 있도록 해야 할 것이다.

더 나아가 하나님 나라의 정의와 평화에 기초한 공동선을 지향하는 가운데 교회, 학교, 사회, 가상현실, 자연 등의 교육현장에서도 공동체적, 공적, 생태적 신앙을 경험할 수 있도록 해야 한다. 특히 지구시민사회의 중요성이 더욱 중요해지는 오늘날 하나님의 백성이면서 동시에 책임 있는 세계시민으로 살아가도록 도와주는 기독교 세계시민교육이 가정의 격대교육에서부터 이루어질 필요가 있다.

셋째, 헌신의 영역은 신앙에 있어서 하나님을 향한 신앙적 헌신(충성), 즉, 예배, 기도, 찬양, 헌금, 봉사 등을 통하여 자신의 것을 드리는 교육이다. 여기에서 제일 중요한 것 중의 한 가지가 바로 주일을 안식일의 본래적 정신에 따라서 잘 지키는 것이다. 안식일은 쉼의 의미도 있지만 동시에 이 날을 예배를 통하여 하나님과 동행하고 그 분께 헌신하는 날이다. 안식일에 담긴 하나님께 대한 이러한 헌신의 영성이 격대교육에서도 지속적으로 조부모와 부모사이의 협력을 통하여 교육되어야 한다. 격대교육에서 헌신의 영역은 명시적인 가르침보다는 조부모와 부모의 일상의 삶의 모습을 통하여 자연스럽게 배울 수 있도록, 즉 이들이 모델이 되어서 암시적 교육이 이루어질 수 있도록 노력해야 할 것이다. 특히 하나님에 대한 헌신과 이웃에 대한 사랑과 봉사는 불가분의 관련 속에 있음을 기억하면서 섬김, 나눔, 포용, 연대 등의 덕목을 교육내용에 포함하여 지속적으로 가르쳐야 할 것이다.

넷째, 신비의 영역은 영성적 차원이며 하나님 경험을 뜻한다. 그동안 기독교 아동교육에서는 주로 발달이론 차원에서 아동을 이해하고, 또한 좌뇌 중심의 논리적, 합리적, 추론적 방법을 많이 강조해 왔다. 이러한 방법은 위에서 제시한 신념의 영역의 형성에는 유리하지만 이것만으로는 부족하다. 통전적 아동격대교육에서는 이와 더불어 앞에서 살펴본 것처럼 최근 어린이 영성연구에서 강조되는 있는 경외감, 감탄, 초월성, 상상력 등을 영성 형성을 위한 중요한 교육내용으로 간주한다. 조부모는 가정, 교회와의 협력하에 아동기의 손자녀들이 기도, 성경말씀, 이야기, 예전 등을 통하여 하나님과 경험적으로 만날 수 있도록 다양한 영적경험의 통로를 마련해 주어야 한다. 이와 더불어 장엄한 또는 경이로운 자연 경관 혹은 예술작품과의 만남을 통하여 이러한 경험을 할 수도 있다. 신비의 영역에는 이러한 영성원리에 기초하여 개인적으로 또한 공동체적으로 하나님의 뜻을 식별하도록 돕는 교육내용이 포함되어야 한다.

신비의 차원과 관련해서 아동기에 교육해야 할 중요한 주제가 바로 인생의 신비인 죽음이다. 프리드리히 슈바이쳐(Friedrich Schweitzer)에 의하면 아동기에는 이들이 지닌 중요한 질문에 대하여 답을 주어야 하는데 그 중 하나가 바로 "우리는 왜 죽어야 하는가?"라는 질문이다.[46] 통전적 아동격대교육에서는 죽음에 대한 아동기 손자녀들의 질문을 중요하게 생각하면서 이에 대한 신앙적 답변을 제시하고, 죽음의 현실에 대하여 그들의 눈높이에서 성찰하고 준비할 수 있도록 해 주어야 한다. 노년의 조부모들도 손자녀들과 죽음에 대하여 신앙적 관점에서 함께 대화하고 배워가는 과정에서 자신의 죽음을 더욱 잘 준비하는 시간을 가질 수 있을 것이다.

---

[46] Friedrich Schweitzer, *Das Recht des Kindes auf Religion,* 손성현 역, 『어린이의 다섯 가지 중대한 질문』(서울: 샨티, 2008), 54. Schweitzer에 의하면 "죽음과 관련된 어린이의 느낌과 생각과 경험을 어른이 존중하고 함께할 수 있을 때 어린이가 삶다운 삶을 살 수 있다."

3. 교육의 현장

"통전적 아동격대교육"은 일차적으로 가정의 중요성에 집중한다. 가정은 격대 신앙교육이 시작되고 지속적으로 이어지는 가장 중요한 신앙교육의 현장이다. 가정이 신앙적으로 올바로 서지 못하면 격대 신앙교육은 불가능하다. 그런데 격대교육의 관점에서 보면 먼저, 조부모, 부모, 손자녀 등 3대가 함께 생활하는 전통적인 형태의 확대가족이 존재한다. 확대가족은 적어도 형식상으로는 격대교육에 있어서 가장 유리한 형태이다. 조부모와 손자녀가 함께 생활하므로 일상의 삶 가운데서 자연스럽게 조손관계가 형성되고 가장 큰 효과를 발휘할 수 있다. 조부모와 근거리에 거주하는 손자녀의 경우도 접촉의 용이성으로 인하여 좋은 효과를 기대할 수 있다. 그러나 오늘날 이러한 확대가족은 점점 줄어들고 핵가족이 증가함에 따라 조부모와 손자녀가 따로 거주하는 경우가 보편적이 되었다. 따라서, 한국인과 유대인 사이의 격대 신앙교육 비교연구에서 나타난 것처럼, 지리적으로 멀리 거주하는 조부모와 손자녀 사이에 이루어지는 "장거리 격대교육"(long distance grandparenting)에 더 많은 관심을 가지고 지원해야 할 상황이 되었다. 이에 대해서는 교수-학습 방법에서 좀 더 자세히 논의하기로 한다.

교회가 가정과 유기적 관계를 유지하려면 이처럼 3대가 동거하는 전통적인 확대가족, 조부모와 손자녀가 근거리에 거주하는 경우, 혹은 양자가 장거리에 거주하는 경우, 핵가족 중에서도 한 부모 가족, 한 조부모 가족 등과 같은 여러 형태의 가족을 잘 고려하여 조부모들에게 다양한 형태의 맞춤형 교육을 실시하고 자원을 지원해야 할 것이다. 교회는 가정에서의 격대 신앙교육이 제대로 이루어지도록 비전과 동기를 제시하고 다양한 손자녀의 연령과 조부모의 상황에 적합한 교육과정과 교육프로그램을 마련하고 이를 평생교육의 관점에서 실행해야 한다.

이에 더하여 교회는 앞에서 지적한 바와 같이 자신이 신앙공동체로서 "확대가족"의 역할을 해야 한다. 교회 내에서 혈연적인 조손관계뿐 아니라 신앙 안에서 조손관계를 맺어서 서로가 신앙적 성장과 성숙을 이루어 나가도록 장을 마련해 주어야 할 것이다. 다양한 기회를 통하여 혈연은 아니지만 아동들을 믿음 안에서 성장할 수 있도록 지속적으로 지지하고, 격려하며, 지도할 영적 조부모관계를 형성시켜 줄 필요가 있다. 특히 교회 내에서 부모는 출석하지 않고 혼자 신앙 생활하는 아동과 청소년들의 경우 이러한 신앙 안에서의 조손관계가 매우 절실하다. 성인과의 의미 있는 관계가 장기간 지속될 때 후에 성인이 되어 교회를 떠나는 비율이 낮아진다는 연구결과를 잘 기억하면서 신앙 안에서의 조손관계를 통하여 이들을 잘 돌볼 필요가 있다. 확대 가족인 교회 안에서의 신앙적 조손관계는 특히 한국사회에서 뿌리 깊은 혈연적 가족주의 개념을 극복할 수 있도록 도움을 준다.

가정-교회 연계와 더불어 통전적 아동격대교육은 학교, 지역사회, 시민사회, 미디어 등이 건강한 교육생태계를 형성해 나갈 수 있도록 노력해야 한다. 아동격대교육은 가정-교회의 연계에 기초할 뿐 아니라 학교, 지역사회, 시민사회, 미디어 등과의 유기적 관계 속에서 이루어질 때 통전적이 될 수 있다. 통전적 격대교육을 위하여 가정과 교회가 지닌 인적, 물적, 시간적 자원이 한정되어 있으므로 학교, 지역사회, 시민사회, 미디어 등이 지닌 다양한 인프라와 자원들을 격대교육에 잘 활용할 필요가 있다. 지역사회의 공공복지 기관 같은 곳에서 제공되는 격대교육에 도움을 줄 수 있는 다양한 프로그램과 기회들을 활용할 필요가 있다. 격대교육에서 가정과 교회의 연계만 강조된다면 사회적 신앙, 공적신앙, 혹은 예언자적 신앙 형성에 어려움을 겪을 수도 있기에 교육현장의 지평을 더 넓혀가고 현장 사이의 네트워크의 중요성을 교육하고 실천해 나가는 노력이 요청된다.

4. 교사-학습자: 3세대 사이의 상호적인 배움과 돌봄의 관계

1) 손자녀세대

아동격대교육에서는 먼저 학습자인 아동들에 대한 발달적 차원의 이해가 선행되어야 할 것이다. 아동들은 피아제의 인지발달 단계 중 구체적 조작기와 형식적 조작기에 도달한다. 아동들은 먼저 구체적 조작기로 들어서면서 과거보다는 덜 자기중심적이 되며, 사물의 외양과 실제를 거의 혼동하지 않고 자신의 생각을 전환할 수 있는 능력도 소유하게 된다. 이들은 타인의 관점을 취할 수 있게 되고 질량보존에 대해서도 사고할 수 있게 된다. 초등학교 고학년이 되면 많은 아동들이 형식적 조작기에 진입하여 추상적 사고가 가능하고 연역적 추론을 할 수 있게 된다. 학습과 암기에 있어서는 단기적 차원의 저장인 작동기억에서 영구적 저장인 장기기억으로 전이하기 위하여 정보를 계속 반복하는 시연(rehearsal) 방법이나 조직화(organization)와 정교화(elaboration) 등과 같은 전략을 사용한다.[47]

사회성 발달의 경우, 아동들은 이전의 유아기와 마찬가지로 여전히 가정에 뿌리를 내리고 있지만, 초등학교 취학과 더불어 삶의 영역이 학교를 비롯하여 지역사회로 더욱 확장되고 인간관계가 부모와의 관계에서 친구들을 비롯하여 좀 더 넓은 관계망으로 확대된다. 아동들은 성장해 가면서 "특정한 또래의 친구들과 특별한 관계"를 맺는다. 학령전기 아동들의 우정은 공통의 관심사와 다른 아동들과 더 잘 어울리는 능력에 의하여 발달하는 특성을 보인다. 반면에 아동이 학령후기로 갈수록 충실성, 신뢰, 그리고 친밀감이 우정에 있어서 더욱 더 중요한 특징으로 자리잡게 된다.[48]

신앙 발달의 경우 아동들은 "신화적-문자적 단계"에 속한다. 이 단계에서는 성서의 내용들을 이야기로 구성할 수 있는 능력이 형성된다. 그리하여 성서를 비롯한 신앙공동체의 이야기의 인과관계를 이해하고 기억하고 재현할 수 있는 능력을 지니게 되며, 동시에 이를 통하여 신앙공동체의 신념, 의식, 관습, 세계관 등을 학습하게 된다. 아동기는 "귀속적 신앙" 단계라고도 한다. 이 시기에 가정과 교회는 아동들이 성서의 이야기를 체계적으로 배울 수 있도록 지원해 주어야 한다. 아동들이 추상적 교리와 신학, 그리고 상징의 심오한 측면을 이해할 수 있는 능력이 아직 준비되지 않았기에 지나치게 사변적인 교리는 피하고 기독교의 기본적인 교리를 쉽게 설명하거나 이야기와 연결하여 전달하면 더욱 효과적이다. 이 시기의 아동들은 사회인식의 테두리가 가정을 넘어서서 더 넓은 사회로 확대되므로 먼저 교회공동체에 잘 정착할 수 있도록 도와주고 학교를 비롯하여 지역사회 공동체, 기독교 단체 등에 참여할 수 있도록 다양한 기회를 제공해 주어야 한다. 더 나아가 이들이 제자로서 뿐만 아니라 장차 시민사회의 주역으로 살아갈 수 있도록 공

---

47 Robert Kail and John Cavanaugh, *Human Development: A Life-Span View*, 7th ed., 오상은 외 7인 역, 『인간 성장과 발달』 제7판 (서울: 정담미디어, 2017), 202-205.

48 위의 책, 264-67.

감, 연대, 경청, 존중, 환대, 개방성 등과 같은 민주시민의 기본적인 덕목과 공적신앙의 양육을 위해서 노력해야 한다.

통전적 신앙 형성을 위해서는 동시에 최근 어린이 영성에 관한 연구를 잘 참고할 필요가 있다.[49] 어린이 영성교육에서 강조되는 다음의 내용들이 격대 신앙교육에 잘 반영되어야 한다. 첫째, "어린이의 영적 경험을 인정하고 이를 후원하고 독려하는 방향으로 가야 한다." 둘째, "인지적으로 되기보다는 '감탄과 경이'를 불러일으키는 것이 되어야 한다." 셋째, "어린이의 영성이 실제적으로 구체화될 수 있는 기독교적으로 구체적인 통로를 제시할 필요가 있다." 넷째, "어린이 신앙교육은 환경에 의하여 이루어진다." 통전적 아동격대교육에서는 아동을 학습자로만 바라보는 일방향적인 시각을 지양하고 신앙공동체 안에서 여러 세대와 상호적인 관계 속에서 서로가 배우고 가르치며, 돌보고 돌봄을 받는 상호적 관계로 바라보도록 격려한다.

2) 부모세대

여기에서는 부모세대에 대한 발달적인 차원의 서술보다는 이들이 아동기 격대교육에서 아동과 조부모 사이에서 어떠한 역할을 해야 할 것인지에 초점을 맞추려고 한다. 부모세대는 자신의 자녀를 교육하는 데 있어서 주체적 역할을 감당하지만 격대교육에서 갈등을 줄이고 상호간의 유익을 위하여 조부모세대와의 상호보완적인 관계를 유지해야 한다. 부모의 적극적인 지지와 협력 없이는 통전적 신앙양육을 위한 아

---

[49] 양금희, 『기독교 유아·아동교육』, 167-68.

동격대교육이 불가능하다. 격대교육이 조부모와 부모에게 모두 유익이 되기 위해서는 첫째, 부모는 자신들의 양육방법만 너무 고집하지 말고 조부모의 교육방식과 이들이 손자녀들과 유지하는 독자적인 관계를 존중해야 하며, 둘째, 부모는 자신의 자식을 조부모에게 맡기려면 동시에 책임도 주어야 한다. 조부모는 손자녀에 대하여 부모보다 훨씬 객관적인 자세로 느긋하게 대할 수 있고, 부모보다 이들을 덜 통제한다.[50]

이상의 두 가지 사실을 인식하면서 부모들은 신뢰의 관계 속에서 조부모와 많은 대화를 통하여 서로를 이해하고 조부모가 지닌 많은 장점들을 잘 존중하여 자녀양육에서 나타나는 부모 자신들의 단점을 잘 보완할 수 있도록 해야 한다. 조부모도 자신의 자녀를 양육하면서 경험한 다양한 갈등, 어려움, 문제들을 격대교육 과정에서 성인자녀와 함께 대화를 나누고 상호돌봄의 관계를 유지해 나갈 필요가 있다. 과거 자녀와의 관계가 부정적이었다면 격대교육을 통하여 이를 극복할 수 있는 기회로 삼는 것도 좋을 것이다. 교회에서는 창조적 격대교육을 위한 이러한 부모의 올바른 역할을 부모교육에 포함시켜야 한다.

3) 조부모세대

아동을 손자녀로 둔 조부모세대는 인간발달 단계 가운데 후기 중년기 혹은 초기 노년기에 속한다. 이 시기의 두드러진 인간발달의 덕목은 생산성이다. 최근에는 관계적 생산성에 기초한 생산적 돌봄이라는 개념이 등장하였는데 이는 1) "상호적인 강점-발달을 활성화하는 행동

---

50 Anselm Grün and Jan-Uwe Rogge, *Kinder Fragen Nach Gott*, 장혜경 역, 『아이들이 신에 대해 묻다: 영성으로 이끄는 교육』 (서울: 로도스, 2012), 28-29.

들", 2) "실행되어야 할 하나의 동기(a motive)", 3) "개발되어야 할 심리학적 능력(capacity)", 4) "타인들을 향한 자아의 투입/집중(invest-ment)" 등의 특징을 지닌다.[51] 격대교육과 관련하여 후기 중년기 혹은 초기 노년기에는 이러한 생산성을 잘 발달시켜 나갈 필요가 있다. 생산성이 조부모와 손자녀 사이의 관계적인 차원에서 이루어지는 상호적 돌봄을 위한 동기와 능력이라면 격대교육에 참여하는 조부모가 반드시 갖추어 나가야 할 발달적 덕목인 것이다. 그리고 여기에서 돌봄은 일방적인 것이 아니라 상호적인 특징을 지닌다는 것도 중요하다. 이러한 생산성이라는 덕목은 연령에 따라서 그냥 주어지는 것이 아니라 스스로 열심히 개발해 나가야 할 덕목이다.

격대교육에서 조부모의 역할은 손자녀들에게 그들의 부모가 불완전하다는 사실을 깨닫게 해 주고 이를 통하여 손자녀들이 부모에게 전적으로 종속되어 있다는 느낌에서 벗어나도록 돕는 것이다. 조부모는 손자녀들에게 여러 가지로 아낌없이 지원하면서 손자녀들을 향한 부모의 전권을 제약하고, 부모를 인간적으로 보게 해 주고, 부모의 권좌를 상대화할 수 있다.[52] 격대교육에서 조부모가 지닌 또 다른 중요한 역할은 손자녀들로 하여금 자신들이 어디에서 왔는지를 깨닫게 해 주는 것이다. "부모는 물질적인 후원을 하고 안전을 보장하고 일상의 문제를 해결해 준다. 조부모는 전통과 역사를 몸으로 구현하고 인생이란 단절과 연속이 공존하여 끊임없이 부침이 계속되는 장임을 보여준다."[53]

---

51 위의 책, 170-74. 생산성에 대한 보다 자세한 논의는 이 책의 "제5장: 오늘의 기독교 중년교육의 과제연구: 생산성과 공적신앙의 대화를 중심으로"를 참고하라.

52 위의 책, 29.

53 위의 책, 30.

격대교육에서 조부모가 손자녀들의 통전적 신앙을 양육하기 위해서는 자신들의 인생에 대하여 성숙한 관점을 가져야 한다. 조부모들은 "자신의 인생에 대한 결산이 끝나야 손자들과의 관계도 행복하게 꾸려 갈 수 있다."[54] 자신의 과거 인생을 은혜의 관점에서 바라보고 해석할 수 있는 통전적 삶의 태도와 신앙이 필요하다는 것이다. 반대로 "인생을 결산해 보니 행복한 순간보다 불행한 순간이 더 많았다고 느끼는 조부모들은 손자들과의 관계에서도 문제를 일으킬 수 있다."[55] 자신을 완전한 인격체로 인정하는 조부모만이 손자녀들도 하나의 인격체로 인정할 수 있다.

5. 조부모교육

전통사회에서는 격대교육이 자연스럽게 어린 시절 조부모로부터 받은 인격적, 신앙적 교육경험을 통하여 전수가 되어 왔지만 오늘의 상황에서는 앞의 한국인과 유대인 조부모의 비교연구에서 드러나듯이 부모교육과 더불어 의도적으로 격대교육을 위한 신앙교사로서의 조부모교육이 요청된다. 이러한 조부모교육은 손자녀를 위한 통전적 신앙 형성을 목적으로 삼으면서 격대교육의 필요와 중요성, 신앙교사로서 조부모 자신에 대한 이해, 역할, 소명, 아동기에 대한 다양한 관점에서의 이해(인지적, 심리사회적, 도덕적, 영적 차원), 통전적 신앙에 대한 이해, 격대교육에서 부모-조부모 관계, 신앙교육 내용과 방법론(성경 이야기, 예

---

54 위의 책, 31.
55 위의 책, 32.

배, 섬김, 선교 등), 온라인과 오프라인을 통한 손자녀와의 대화, 소통방법, 손자녀 격려와 능력부여(empowerment) 방법 등에 대한 교육이 실제적으로 이루어져야 한다. 좀 더 자세한 내용은 아래의 교수-학습 방법에서 제시하기로 한다.

교사로서의 조부모교육 방법에는 강의, 세미나, 멘토링, 코칭, 소그룹 지지그룹, 디지털 매체를 통한 자기 주도적 교육 등이 활용될 수 있다. 교회가 주도적으로 조부모 교사교육을 감당할 수도 있으나 지역사회의 공공기관 혹은 시민사회 기관들과의 협력을 통하여 교육이 이루어질 수도 있다. 소형 규모의 지역교회들은 몇 개가 함께 연대하여 조부모교육을 실시해도 좋을 것이다. 교사로서의 조부모교육은 평생교육의 관점에서 조부모 자신들이 손자녀들을 교육할 뿐 아니라 자신들의 인생의 중요한 장을 정리하고 성찰하도록 도와주는 기회로 삼을 필요가 있다. 지역교회에서는 교육목회적 차원에서 조부모교육을 반드시 전체 성인교육과정의 한 부분으로 편성해야 하여 자녀의 신앙교육을 위하여 부모교육이 필요한 것처럼, 격대 신앙교육을 위하여 조부모교육이 필수적이라는 사실을 인식시켜야 한다.

6. 교수-학습 방법

통전적 신앙을 양육하는 아동격대교육을 위한 다양한 교수-학습방법이 존재하지만 조부모의 삶, 인격, 신앙에서 흘러나오는 지혜, 성숙함, 관용적 사랑 등을 경험하고 본받도록 하는 것이 가장 핵심이 되어야 한다. 다시 말해서 격대교육에 있어서 가장 중요한 교수-학습방법은 객관적 내용에 대한 일방적인 지식전달 방법보다는 "본보기와 참여를 통한 경험중심 교육"이다. 이를 염두에 두고 여기에서는 교수-학습방법을 1) 신앙의 기초 형성, 2) 인격적인 상호돌봄, 3) 경험적 견문과 참여 등의 범주로 구분하여 제시한다.

1) 신앙의 기초형성을 위한 방법

아동들을 대상으로 신앙의 기초형성을 위해서는 1) 올바른 신앙 습관형성 방법과 2) 인지적 차원을 넘어선 다감각 활용 방법 등이 있다. 먼저 전자의 경우, 지속적인 반복을 통한 습관 형성을 위하여 가정예배, 기도, 통과의례, 낭송 등의 방법이 사용될 수 있다. 후자의 경우, 인지적인 차원을 넘어서서 상상력과 창의력을 지향하는 스토리텔링, 예술적 방법, 미디어 제작, 자연탐방 등의 방법이 사용될 수 있다.

가정예배, 기도, 통과의례

조부모와 손자녀가 동거하는 경우 자주 가정예배를 드릴 수 있는 장점이 있다. 이러한 경우 3대가 함께 가정예배를 드리는 것이 이상적이지만, 부모가 사정상 참여하지 못해도 조부모와 손자녀가 함께 정기적으로 예배드리는 시간을 가지는 것이 필요하다. 조부모와 손자녀가 장거리에 거주하더라도 명절, 통과의례, 가족모임 등이 있을 때 가정예배를 통하여 신앙 안에서의 하나됨을 경험할 수 있다. 디지털 기술의 발달로 장거리에 거주하더라도 화상통화 같은 것을 통하여 조부모는 손자녀와 함께 예배드리고 기도할 수 있으므로 지속성을 가지고 실천하는 것이 중요하다. 가정예배는 신앙적, 가족적 정체성 형성과 일상의 삶을 신앙적 관점에서 해석, 성찰하고 실천할 수 있는 기회를 제공해 주므로 격대교육에서 핵심적인 위치에 있다. 실제로 앞에서의 사례연구에서도 나타났듯이 가정예배를 가장 중요한 격대교육의 통로로 생각하는 경우가 많았다.

가족의 통과의례와 사회적 의식에 참여하는 것도 격대교육에서 중요한 교육방법이다. 조부모는 가족의 생일, 백일, 돌, 성인식, 결혼식, 장례식 등의 통과의례에서 부모와 협조하면서 영적 제사장의 역할을 감당해야 한다. 조부모들은 이러한 다양한 의식들에 손자녀들을 잘 참여시켜서 가족정체성과 신앙적 정체성 형성을 위한 중요한 통로로 만들어 가야 한다. 통과의례 순서의 일부분을 손자녀들에게 맡겨서 진행함으로 흥미와 참여도를 높이는 것도 좋은 방법이다. 조부모들은 한 가문의 어른으로서 각 의례가 지닌 가족적, 신앙적 의미를 손자녀들에게 잘 설명해 주고 대화하고 참여를 격려하면서 그들이 믿음의 가문에 속해 있다는 의식을 심어줄 수 있다.

낭송

최근 낭송에 대한 관심이 높아지고 있다. '낭송'이란 책을 소리 내어 읽는 '낭독'과 유사한 방법이지만 이에서 더 나아가 '암송'을 하는 것이다. 그런데 '암송'은 '암기'와는 구별된다. '암기'가 음이 제거된 상태에서 "의미 단위로 텍스트를 먹어 치우는 것이라면, '암송'은 소리로써 텍스트를 몸 안에 새기는 행위"이다. "낭송이란 몸이 곧 책이 되는 것"이다.[56] 그런데 낭송은 특히 고전교육에 매우 중요하다. '고전'은 단순히 텍스만이 아니라 소리를 내장하고 있기에 '소리 내어 읽어야 완성이 된

---

[56] 고미숙, 『낭송의 달인 호모 큐라스』(서울: 북드라망, 2014).

다.' 이러한 맥락에서 『동의보감』, 『논어』, 『맹자』, 『열하일기』 등과 같은 동양고전들이 낭송을 위한 가장 좋은 텍스트이다.[57] 우리가 잘 아는 것처럼 성경도 낭송하기에 매우 좋은 텍스트이다. 성경은 구전전승에서 시작하여 형성되었고 원래 소리내어 읽는 텍스트였다. 조부모가 손자녀들과 함께 성경을 비롯하여 다양한 책을 암송하고 소리내어 읽는 이러한 낭송의 방법을 활용하면 몰입도와 흥미가 매우 높아서 효과적이다.

스토리텔링

아동기의 손자녀들에게 가장 효과적인 신앙교육 방법 중의 하나가 바로 스토리텔링(storytelling)이다. 조부모는 손자녀들에게 가장 인기있는 이야기꾼(story teller)이다. 이야기는 재미, 감동, 동일시, 실존적 만남, 전인적 학습, 행동변화, 치유, 해방, 변화, 연대감, 하나님과의 만남과 신비감 체험 등의 다양한 특징을 지닌다.[58] 특히 아동들은 추상적인 교리보다는 성서의 이야기에 이끌리고 매력을 느낀다. 특히 성서에 나타나는 기독교의 핵심적인 이야기를 체계적으로 잘 들려주기 위하여 아동들의 눈높이에 맞춘 스토리바이블을 잘 활용할 필요가 있다. 부모와 협조하여 일정한 시간대를 정하여 조부모가 성경이야기를 지속적으로 순서에 따라서 읽어주는 것은 아주 효과적인 신앙교육 방법이 될 것이다. 장거리에 거주하는 손자녀들에게는 SNS(Social Network Service)를 활용할 수 있을 것이다.

---

57 낭송을 활용한 고전교육의 실례에 대하여 다음의 영상을 참고할 것. http://www.kyobobook. com/product/detailViewKor. laf?ejkGb=KOR&mallGb=KOR&barcode=9788997969395&order-Click=LAG&Kc= [2018. 4. 1 접속].

58 양금희, 『이야기·예술·기독교교육』 (서울: 장로회신학대학교출판부, 2010), 15-22.

이러한 성서의 이야기와 기독교 전통의 다양한 형태의 이야기, 손자녀들의 일상적 이야기, 신앙공동체의 이야기, 그리고 가족, 사회, 역사 이야기가 서로 만나는 가운데 신앙적 정체성과 도덕적 가치관을 세워갈 수 있도록 해야 할 것이다.

예술적 방법

예술적 방법은 이성, 합리성, 추론 등을 강조하는 교육방법과는 대조적으로 상상력, 감탄, 경이감, 창의성 등을 양육할 수 있는 통로가 된다. 예술적 방법에는 감상과 창작 모두가 포함된다. 아동들의 눈높이에 맞는 그림, 조각전시회, 음악회, 뮤지컬 등을 관람하거나 다양한 미술 창작, 음악 창작 활동을 통하여 아동들은 하나님을 미적 상상력을 통하여 다양하게 경험하고, 표현할 수 있게 된다. 이와 더불어 예술적 방법은 윤리적, 공적 차원의 교육도 가능하게 해 준다. 하나님은 아름다움의 근원이시며 이 세상에서 나타나는 여러 윤리적, 도덕적 추함을 변화시켜 아름다운 세상으로 만들어 나가시는 분으로 인식하면서, 아동들은 이러한 아름다운 세상을 만들어 나가는 과정에 하나님의 부르심을 받은 존재라는 것을 일깨워 주는 것이다. 이제 아동들은 하나님의 아름다움을 이 세상에서 실현해 나가는 자들이 된다. 예술적이며 미학적인 상상력에 기초한 이러한 방법은 하나님이 원하시는 온전하고 아름다운 세상을 만들어 나가는데 헌신하게 만드는 신앙을 형성함에 있어서 매우 중요한 방법이다.

미디어 제작

오늘날 아동들은 어린 시절부터 긍정적 혹은 부정적인 면에서 다양한 미디어에 노출되어 왔다. 미디어는 아동들의 가치와 사고에 결정적인 영향력을 발휘하고 있다. 그런데 대부분의 경우 아동들은 미디어를 소비하는 차원에 그치는 경우가 많다. 이런 점을 고려하면서 통전적 아동격대교육에서는 미디어 문해교육과 더불어 이를 더욱 적극적이고 창의적으로 활용할 수 있는 제작교육을 할 필요가 있다. 예를 들어, 가족이나 신앙적 주제에 초점을 맞추어서 조부모와 손자녀들이 함께 영상을 만드는 작업을 진행할 수 있다. 교회나 기타 기관에서 제공하는 영상제작 과정에 함께 참여하여 간단한 영상을 제작하여 가족들과 공유하고, 즐기고, 대화하면서 효과적이며 창의적인 가치관, 신앙교육이 이루어질 수 있다.

자연탐방

최근 어린이 영성연구에서 나타난 것처럼, 아동들에게 감탄과 경이의 경험을 다양하게 제공하여 신앙과 영성형성에 도움을 줄 필요가 있다. 손자녀와 조부모가 함께, 혹은 부모와 같이 삼대가 아름답고, 신비하고, 웅장한 숲, 계곡, 강, 바다 등 자연을 함께 탐방하면서 하나님께서 창조하신 아름답고, 경이로운 창조세계를 경험하고 찬양하는 것이다. 이러한 과정에서 창조주 하나님에 대한 신앙이 자라나고 성숙해 질 수 있을 것이다. 창조주 하나님에 대한 신앙과 아울러 자연탐방은 생태계를 향한 청지기 신앙을 양육하는데도 유익하다. 자연탐방의 방법은 가드너의 다중지능 가운데 자연친화지능을 함양하는 통로가 될 수도 있을 것이다.

2) 인격적 상호돌봄을 위한 방법

인격적 상호돌봄을 중시하는 개인적인 축복의 기도와 격려와 칭찬을 동반한 대화, 손자녀가 직면한 문제에 대한 해결을 함께 모색해 나가는 멘토링은 가장 기본적으로 또한 우선적으로 사용되어야 할 교수-학습 방법이다. 한국인과 유대인 비교연구에서도 '개입이 필요한 순간에 삶의 이야기 나누기'가 가장 중요한 격대신앙교육 방법 중의 하나임을 기억하면서 조부모는 이에 대한 기본적인 내용을 공부하고 경청의 기술을 배울 필요가 있다. 격대교육이 중요한 이유는 부모가 자녀를 교육할 때처럼 일대일의 면대면 관계에서 이루어지기 때문이다. 학교교육을 비롯하여 다른 현장에서도 이러한 교육이 이루어지지만 조부모는 부모와 마찬가지로 아동들에게 다양한 차원에서 가장 중요한 멘토, 모델, 코치이다.

축복기도

조부모가 손자녀를 위하여 드리는 축복기도는 매우 중요한 신앙적, 교육적 의미를 지닌다. 손자녀들은 조부모의 애정 어린 축복을 통하여 하나님의 사랑을 간접적으로 체험하고 어려움을 극복해 낼 수 있는 용기와 힘을 얻게 된다. 장거리에 거주하더라도 가정예배와 마찬가지로 전화통화, 영상통화, 문자, 이메일, SNS 등을 통하여 다양한 방법으로 손자녀를 축복해 줄 수 있다. 이러한 의미있는 관계를 지속적으로 이어갈 경우 거리에 상관없이 효과적인 격대교육이 이루어질 수 있다. 또한 손자녀를 위한 기도를 위하여 조부모들은 기도 지침서를 활용할 수도 있다.[59] 조부모가 손자녀들을 위한 기도문을 직접 작성하여 신앙의 유산으로 물려주는 것도 아주 좋은 방법이다. 축복기도에서도 상호성의 원리에 기초하여 손자녀들이 조부모를 위하여 기도할 수 있는 기회를 다양하게 마련해 주고 면대면으로 혹은 기도문과 편지 등을 통하여 축복하는 시간을 가지게 할 필요가 있다.

격려와 칭찬을 동반한 대화

앞에서 본 것처럼 조부모는 항상 자녀들의 행동을 지적하는 부모와 달리 객관적이며 여유있는 태도로 손자녀들을 대하며, 따뜻한 대화를 통하여 진심어린 마음으로 격려하고 칭찬한다. 이는 최근 뇌과학의 연구를 통하여 이미 증명되었다. 이러한 조부모의 칭찬은 손자녀들에게 매우 긍정적인 영향을 끼친다. 부모교육에서처럼 격대교육에서도 경청의 기술이 손자녀와의 대화에서 매우 중요하다. 격대교육에서의 대화는 손자녀를 향한 조부모의 격려와 칭찬이 매우 중요한 역할을 한다. 그런데 조부모의 칭찬은 앞에서 살펴본 것 같이 부모의 칭찬과 차이를 보인다. 결과보다는 과정을 중시하는 것이 조부모의 칭찬의 특징이다. 이런 점을 고려하면서 격대교육 시 조부모들이 손자녀를 칭찬할 때는 교육적 효과를 위하여 다음의 사항을 기억해야 할 것이다.[60]

1. 결과보다는 과정을 칭찬한다.
2. 구체적인 내용으로 칭찬한다.

---

59 손자녀를 위한 조부모들의 기도 지침서는 다음을 참고할 것. Linda Hollies, *Pilgrim Prayers for Grandmothers Raising Grandchildren* (Cleveland, OH: The Pilgrim Press, 2002); Dennis Ellingson, *The Godly Grandparent: Living Faithfully and Influencing Your Grandchildren for Christ* (Greeley, CO: Cladach Publishing, 2007), 46-53.

60 SBS 스페셜 〈격대교육〉 제작팀, 『격대 육아법의 비밀』, 54.

3. 의미 없는 칭찬은 하지 않는다.

4. 보상과 연관 짓지 않는다.

5. 질문도 가치 있는 칭찬이다.

6. 따뜻한 스킨십도 아이에게는 칭찬이다.

7. 항상 지켜봐 주고 지지해 주고 있다는 믿음이 아이에게는 최고
   의 칭찬이다.

이러한 격려와 칭찬을 동반한 대화는 면대면의 상황에서 가장 효과
적이지만 조부모와 손자녀가 따로 거주하는 경우가 대다수인 오늘날의
가족 상황에서는 온라인을 통한 대화가 필수적이다. 조부모와 손자녀
사이에서 핸드폰, 이메일, SNS 등을 통한 대화가 위의 원리에 기초하여
지속적으로 이루어지면 면대면의 대화와 같은 수준의 효과를 발휘할
수 있다. 그러나 전통적인 조부모의 정성 어린 손편지와 같은 것이 사
실상 가장 감동적이고 효과가 있을 수 있다.

멘토링, 모델링, 코칭

멘토링, 모델링, 코칭은 각각 상이한 특징을 가지고 있지만 일대일
의 면대면의 관계를 중시한다는 점에서 크게 하나의 범주로 묶을 수 있
다. 격대교육이 중요한 이유는 부모가 자녀를 교육할 때처럼 일대일의
면대면의 관계에서 이루어지기 때문이다. 학교교육을 비롯하여 다른
현장에서도 일대일의 면대면 교육이 이루어지지만 조부모는 부모와 마
찬가지로 아동들에게 다양한 차원에서 가장 중요한 멘토, 모델, 코치이
다. 격대교육에서의 멘토링, 모델링, 코칭은 통전적 신앙과 가치관 형
성, 진로지도, 특히 올바른 생활습관과 신앙적 습관(기도, 성경읽기, 봉사

등)을 형성하는데 있어서 가장 큰 영향력을 발휘한다. 손자녀들은 부모와는 다른 차원에서 조부모를 아주 신뢰하고 이들에게 자신들의 비밀, 문제, 고민, 상처 같은 것을 솔직하게 이야기하기가 용이하므로 일대일의 관계를 통한 관계가 매우 효과적이다. 예를 들어, 손자녀들의 진로에 대한 문제에 있어서도 조부모들은 부모세대보다 경험이 많고 마음의 여유를 가지므로 손자녀들에게 좀 더 수용적이며 편한 자세로 멘토링, 모델링, 코칭에 임할 수 있다. 물론 이러한 과정에서 부모와의 계속적인 대화와 협력은 필수적이다. 조부모는 중재자의 역할을 잘 감당하면서 손자녀로 인하여 자신들의 자녀들과 의견충돌과 감정적 갈등이 생기지 않도록 특히 신경을 써야 한다.

여기에서 중요한 점은 이러한 돌봄이 조부모의 일방적인 돌봄이 아니라 상호적이라는 것이다. 손자녀들도 조부모를 위해서 기도하고, 위로하고, 배려하며, 감사하는 상호적 관계를 지향해야 한다는 것이다.

3) 경험적 견문과 참여를 위한 방법

경험적 견문과 참여에 초점을 맞춘 방법으로 조부모 혹은 부모의 고향교회, 신앙유적지, 역사유적지 함께 방문하기, 비블리오 드라마 함께 참여하기, 조부모-부모-손자 3세대 캠핑 혹은 여행하기, 운동경기 함께 관람하기, 함께 운동하기, 디아코니아 등을 실례로 들 수 있을 것이다. 조부모와 손자녀가 서로 멀리 거주하는 오늘의 상황에서 이러한 집중적인 만남의 시간을 격대 신앙교육을 위한 기회로 잘 활용할 필요가 있다. 특히 고향교회와 신앙 유적지 방문 등은 신앙적 정체성 형성에 도움을 주며, 역사 유적지와 박물관 방문 등은 역사의식과 민족의식

양육을 위하여 중요한 방법이다. 또한 민주시민으로서 사회적, 공적신앙의 양육을 위하여 다양한 사회적 의식(삼일절, 815 해방절, 한국전쟁기념식, 한글날 등)과 행사에 손자녀들과 함께 참여할 수도 있다. 그리고 민주시민의 선거 참관이나 시민불복종 운동, 사회적 약자를 위한 옹호운동, 생태계 보존을 위한 운동 참여 등도 민주시민의 책임과 권리를 간접적으로 체험할 수 있는 좋은 기회가 된다.[61] 다양한 섬김 활동을 동반한 경험적 견문교육에는 교육적 차원과 놀이의 차원이 함께 잘 결합되어(edutainment) 의미, 흥미, 재미를 다 같이 잘 살리는 것이 중요하다.

경험적 견문교육에도 스토리텔링이 매우 중요하다. 조부모들은 성서의 이야기들과 더불어 자신들의 과거 인생경험담을 역사적 상황과 연관하여 손자녀들에게 들려줌으로써 이들에게 역사의식과 뿌리의식을 키워줄 수 있다. 특히 조부모들이 우리 사회의 역사적 사건들(일제강점기, 한국전쟁, 4·19혁명, 제주4·3사건, 5·18민주화운동 등)과 세계사의 중요한 사건들(2차 세계대전, 월남전, 미국의 민권운동, 남아공의 인종차별, 동서독통일, 9·11테러, 후쿠시마 원전사고 등)을 자신의 직간접경험과 연관하여 생생하게 들려줌으로써 역사의식과 사회의식을 심어줄 수 있다. 조부모세대는 가정에서 뿐 아니라 확대신앙가족인 교회에서 손자녀세대들에게 이러한 과거의 전통을 계승함에 있어서 이야기 방법을 잘 활용할 필요가 있다.

놀이, 운동, 드라마

신체적, 공간적 지능을 활용하는 놀이, 운동, 드라마는 다양한 신체

---

61 2016년 10월부터 약 6개월 간 진행된 박근혜 전 대통령 퇴진을 촉구하는 촛불시위에 손자녀와 조부모가 함께 참여했던 실례를 들 수 있을 것이다.

제2장 | 통전적 신앙양육을 위한 가정-교회연계 격대(隔代)교육: 아동기를 중심으로

적 사용과 접촉을 통하여 조부모와 손자녀가 더욱 일체감과 친밀함을 느낄 수 있는 통로가 된다. 놀이와 운동은 아동들의 신체적 에너지를 발산할 수 있는 기회를 제공해 준다. 입시 스트레스에 이미 노출되어 있는 한국사회의 아동들에게 조부모와 함께하는 놀이, 운동, 드라마는 스트레스 해소와 공동체 정신, 준법정신, 인내심, 타인에 대한 배려, 자발적 몰입 등을 길러줄 수 있는 통로가 된다. 놀이와 운동은 시간의 문제보다는 질의 문제, 즉 몰입의 정도가 더욱 중요하다. 짧은 시간이라 하더라도 놀이와 운동에 전적으로 몰입하여 함께 교감하면서 즐기는 시간을 가질 때 큰 효과를 거둘 수 있다. 운동하기와 더불어 운동경기 관람도 친밀한 조손관계 형성에 도움이 되며, 드라마 방법의 경우 성경을 함께 읽어 나가면서 간단한 스킷, 낭독(낭송), 역할극 등에서부터 비블리오 드라마까지 다양하게 활용할 수 있다. 교회에서는 격대교육에 참여하는 조부모들을 위하여 놀이, 운동, 드라마에 관한 교육과 더불어 이들이 함께 경험을 나눌 수 있도록 지원그룹을 형성해 주는 것도 필요하다.

여행과 현장탐방

통전적 아동격대교육에서 여행은 단순한 관광보다는 하나님, 자아, 타자, 자연과의 창조적 만남을 가능하게 해 주는 신앙교육의 통로로 간주한다. "기독교 신앙은 길 위에서 완성된다"는 말이 있듯이 통전적 신앙의 양육은 가정, 교회, 학교 등의 한정된 영역에 한정되지 않고 이러한 곳에서 배운 신앙의 내용을 시험하고 도전해 보는 기회를 제공하는 여행을 통해서 형성되어져 간다.[62] 여행과 현장 탐방은 아동들의 사회적 경계를 확장시켜 주는데 매우 중요한 역할을 한다. 특히 여러 차원의 타자와 자연과의 만남을 통하여 자아와 하나님 인식에 변화를 가져온다.

이러한 목적을 위하여 소비와 쾌락 중심의 여행에서 벗어나서 국내외 기독교 성지, 경제적으로 소외된 현장, 가족의 뿌리와 연관된 장소, 역사적 현장, 생태교육현장 등과 같은 의미가 있는 장소들을 잘 선별하고 연구한 후에 방문할 필요가 있다. 조부모는 이 가운데 특히 가족의 역사와 연관된 장소들을 여행하고 손자녀세대에게 뿌리에 관한, 특히 신앙적 뿌리와 전통에 대하여 가르칠 필요가 있다. 조부모가 자신이 어린 시절에 다녔던 고향교회를 손자녀와 함께 방문하는 것도 신앙교육적으로 큰 의미가 있다. 우리나라의 역사와 관련된 장소를 여행하면서 기독교와의 관련성을 설명해 주는 것도 좋은 현장교육이다. 한국교회에서 요즘 많이 실시하고 있는 단기선교에 삼대가 함께 참여하는 것도 매우 유익한 신앙형성방법이다. 봉사와 전도를 통하여 조부모와 손자녀들이 함께 하나님의 사랑을 실천하고 경험하면서 공동체 정신도 길러나가고 아동들에게는 신앙적 비전을 세우는 계기가 될 수도 있다.

여행과 탐방 시 아동들이 재미와 흥미도 느낄 수 있도록 특정장소들과 연관된 이야기, 전설, 음악, 음식 등을 함께 체험할 수 있도록 해줄 필요가 있다. 이러한 현장들은 조부모세대와 손자녀세대가 함께 할 수도 있지만, 부모세대가 동참하여 삼대 여행이 될 수도 있다. 그리고 상황에 따라서 여러 가족이 함께 할 수도 있고 개별 가족이 따로 여행하거나 탐방을 진행할 수 있다.

이상에서 살펴본 가정-교회연계를 통하여 통전적 신앙을 양육하는

---

62   Joerg Rieger, *Traveling*, 황병룡 역, 『여행: 관광인가 순례인가?』 (서울: 포이에마, 2015), 10.

기독교 아동격대교육의 방법을 계발하고 사용할 때는 다음의 내용들을 명심해야 한다. 첫째, 통전적 아동격대교육 방법에서는 가정-교회의 연계가 유기적으로 잘 이루어져야 한다. 교회는 가정에서 이루어지는 격대교육이 체계적이고, 효과적이며, 창의적으로 이루어지기 위하여 다양한 방법들을 개발하고 준비하여 조부모들에게 제공해야 한다. 조부모들이 격대교육에 대한 의욕은 있지만 구체적으로 어떻게 해야 할지 모르는 경우가 많으므로, 특히 방법의 차원에서 교회가 다양한 상황을 고려한 지원을 계속해야 한다. 그리고 조부모들이 격대교육 현장에서 사용하는 방법들에 대한 점검과 평가를 위한 피드백이 지속적으로 이루어져야 한다. 격대교육을 위한 소그룹 단위의 지지그룹(support group)을 형성하여 다양한 격대교육 방법에 대한 경험과 의견들을 나누고 공유할 수 있을 것이다. 이러한 과정을 통하여 격대교육에서 사용되는 다양한 신앙교육 방법들이 지속적으로 개선되고 대안이 마련될 수 있는 것이다.

둘째, 통전적 아동격대교육 방법은 신앙의 여러 차원과 지능의 다중성을 잘 반영하는 교수-학습법들이 균형적으로 사용되어야 할 것이다. 예를 들어 위에서 살펴본 신앙의 신념, 관계, 헌신, 신비의 차원이 균형적으로 잘 반영되고, 언어, 논리수학, 음악, 신체운동, 공간, 인간친화, 자기성찰, 자연친화, 실존 등과 같은 다중지능을 잘 활용할 필요가 있다. 통전적인 신앙 형성과 통전적 신앙교육 방법 사이에는 깊은 상관관계가 있음을 명심해야 할 것이다.

셋째, 통전적 아동격대교육 방법에서는 상황에 따라서 온라인과 오프라인에 기초한 방법들이 적절하게 균형적으로 잘 사용되어야 한다. 즉, 면대면의 인격적 만남과 동시에 전화통화, 영상통화, 편지, 문자, 이메일, SNS 등을 통하여 온라인상의 관계와 소통이 함께 지속적으로 이루어질 수 있도록 해야 한다. 온라인상의 소통은 조부모와 손자녀가 따로 떨어져 장거리에 거주하는 경우가 많고 빈번한 면대면의 소통이 어려운 관계로 매우 중요한 소통 채널이다.[63] 손자녀들이 네이티브 디지털 세대임을 감안할 때 손자녀들과의 소통을 위한 다양한 교육을 받고 이를 격대교육에서 적극적으로 활용할 필요가 있다.

〈표 9〉 격대 신앙교육을 위한 교수-학습 방법

영역	신앙의 기초 형성을 위한 방법	인격적 상호돌봄을 위한 방법	경험적 견문과 참여를 위한 방법
방법	가정예배, 기도, 통과의례 낭송 스토리텔링 예술적 방법 미디어 제작 자연탐방	축복기도 격려와 칭찬을 동반한 대화 멘토링, 모델링, 코칭	놀이, 운동, 드라마 여행과 현장탐방

---

63 장거리 격대교육에 대하여 다음을 참고할 것. Willma Gore, *Long-Distance Grandparenting*; The National Institute for Building Long Distance Relationships, *Grandparenting from a Distance: An Activities Handbook for Strengthening Long Distance Relationships* (Provo, UT: A & E Family Publishers, 2000).

나가는 말

격대교육이란 사실 아주 새로운 것은 아니며 전통적으로 내려오는 개념이다. 전통사회에서는 할아버지와 할머니가 자신들의 손자녀를 다양한 방식으로 양육하고 교육하는 일에 적극적으로 참여해 왔다. 그런데 근대에 들어오면서 산업화의 가속화로 인하여 핵가족이 주요한 가족형태로 자리 잡게 되면서 대부분의 경우 조부모와 손자녀가 한 집에서 동거하지 않고 따로 분리되어 살게 되었다. 그 결과 자녀양육과 교육에 있어서, 특히 신앙교육에 있어서, 조부모의 역할과 기능은 점점 더 축소되어 왔다. 이로 인하여 핵가족은 자녀양육에 있어서 과중한 부담을 홀로 져야 하는 상황에 이르게 되면서 다양한 양육 스트레스에 시달리게 되었다.

이러한 상황에서 서구사회에서는 격대교육에 대한 새로운 관심과 연구가 20여년 전부터 시작되었고, 최근 한국에서도 앞에서 살펴본 것처럼 고령화, 저출산, 맞벌이 부부의 확산, 핵가족의 문제 등과 같은 다양한 이유로 격대교육에 대한 관심이 새롭게 부상하고 있다. 기독교교육적인 차원에서도 과거의 전통적인 격대교육을 비판적으로 계승하면서도 오늘의 상황과의 대화를 통하여 통전적인 신앙양육을 지향하는 격대교육 모델이 요청되고 있다. 격대 신앙교육은 교사의 역할을 하는 조부모와, 학습자인 손자녀, 그리고 이 두 세대 사이에 존재하는 부모들이 함께 다양한 유익을 공유할 수 있는 매우 유익한 교육이다. 교사의 역할을 하는 조부모들의 경우도 격대 신앙교육을 통하여 더욱 성숙한 신앙에 도달할 수 있는 기회가 주어진다고 할 수 있다.

각 가정이 이러한 격대 신앙교육을 잘 수행해 나가도록 교회는 일차적으로 다양한 교육의 기회와 자원을 마련하여 적극적이며 효과적으로 지원해야 한다. 동시에 교회는 혈연관계를 넘어서서 신앙공동체인 교회 안에서 여러 가정이 확대가족을 이루면서, 신앙적 조손관계가 형성되고 이를 통하여 다음 세대를 위한 통전적 신앙교육이 이루어지도록 다양한 노력을 기울여야 할 것이다. 다음 세대 신앙계승에 빨간불이 켜진 한국교회와 이에 속한 각 가정들에게 격대 신앙교육은 몇 가지 남지 않은 중요한 마지막 선택 중의 하나이다.

제3장

구약의 정경모델에 기초한
통전적 청소년 교회교육

들어가는 말

본 장에서 제안하는 통전적 청소년 교회교육은 오늘의 한국사회를 살아가는 크리스천 청소년들이 직면한 다음과 같은 위기적 상황 혹은 도전들을 반영하고 있다. 먼저, 발달적 특성으로 인하여 생겨나는 불안이다. 청소년기는 신체적 차원에서는 성장이 급격하게 이루어지나 사회적, 심리적, 정신적으로는 아직 성인기에 도달하지 못함으로 인하여 갈등을 겪는 시기이다. 아동기와 성인기 사이의 긴 세대로서 청소년들은 자아정체감을 정립해 나가는 과정에서 심한 혼란을 겪게 된다. 이는 한국사회의 청소년들뿐 아니라 청소년들이 일반적으로 겪게 되는 위기이다. 문제는 청소년들이 이러한 발달적 위기를 자연스럽게 극복하고 성장해 나갈 수 있는 환경이 제대로 준비되지 못하고 있다는 것이다. 반대로 오늘의 청소년들이 직면한 여러 부정적인 현실들은 오히려 이러한 발달적인 위기를 더욱더 강화시키는 역할을 하고 있다. 즉 청소년기의 발달적 위기를 창조적으로 극복할 수 있는 기회를 가정, 학교, 교회, 사회 등이 제대로 마련해 주지 못하고, 부정적인 주위환경이 이러한 위기를 악화시키는 요인으로 작용하는 경우가 더 많다는 것이다.

둘째, 입시 지상주의에 억눌려 있는 한국사회와 공교육의 왜곡으로 인한 청소년들의 엄청난 고통이다. 소위 일류라고 칭하는 대학교에 입학하기 위한 살인적인 입시경쟁은 소수의 성공과 다수의 실패라는 왜곡된 이분화 현상을 만들어내고 있으며, 이로 인하여 청소년들은 엄청난 스트레스와 갈등 속에서 좌절하면서 자아 존중감을 상실하고 있다. 입시는 한국사회의 가장 큰 병폐 가운데 하나이지만 이에 대한 속시원한 해결은 제시되지 않고, 청소년들은 여전히 고통을 겪고 있다. 더욱이 변영주의에 물든 기성 종교는 현재 입시경쟁의 문제를 개혁하는 동인이라기보다는 오히려 강화하는 요인으로 작용하는 경우가 많다.[1] 학령기 이전부터 시작된 입시의 압력은 청소년기에 이르러 절정에 도달하게 되며 발달적 위기와 더불어 부정적인 시너지 효과를 강화시키고 있다. 이러한 맥락에서 한국사회의 입시문제는 청소년들의 육체적 성장, 인성, 신앙 등을 위협하는 가장 심각한 위기 가운데 하나이며, 학교 폭력, 자살, 각종 중독현상 등과 같은 현실적 문제들의 직간접적 요인으로 작용하고 있다.

셋째, 청소년들이 앞으로 성장하여 살아가야 하는 세계의 현실에 대한 불만과 불안감이다. 지구적 차원의 생태계 파괴, 경제적 양극화, 심각한 청년 실업률, 폭력과 테러, 인종차별, 가정 붕괴현상 등과 같은 부정적 현상의 가속화와, 4차 산업혁명과 같은 엄청난 산업과 사회구조의 혁명적 변화가 미래에 대한 청소년들의 불안감을 더욱 더 증폭시키고 있다. 이로 인하여 게임중독에 빠지거나, 학업을 중단하거나, 무작정

---

1 "한국의 종교가 이미 한국인의 문화적 문법에 의해 크게 영향을 받았기 때문에 출세와 성공을 신의 축복으로 정당화함으로 이를 강화하는 것이다." 박상진, "입시에 대한 기독교적 이해," 박상진, 김회권, 김창환, 강영택, 『입시에 대한 기독교적 이해』(서울: 예영커뮤니케이션, 2008), 39. 입시에 대한 기독교적 대안에 대해서는 다음을 참고할 것. 강영택, 황병준, 김현숙, 박상진, 『입시에 대한 기독교적 대응』(서울: 예영커뮤니케이션, 2009).

가출 등을 통하여 현실 도피적 삶을 사는 청소년들이 증가하고 있으며, 미래에 대한 비전을 제대로 세워 나가지 못하는 경우도 점점 더 많아지고 있다. 미래에 대한 다양한 차원의 비전을 세워 나가는데 도움을 주어야 할 가정, 학교, 교회 등이 제 역할을 감당하지 못하고 있는 현실이 청소년들의 위기를 더욱 악화시키고 있다.

다섯째, 청소년 교회교육의 위기이다. 공교육의 왜곡된 현실과 교회교육의 무관심 또는 약화로 인하여 청소년 교회교육도 점점 침체되어 가고 있다. 한국교회 내에서 이미 중고등부의 학생 수가 급감하고 있으며 중고등부가 없어진 교회들도 많이 생겨나고 있고, 기존의 청소년 교회교육도 입시에 눌려서 형식적으로 진행되는 경우가 대부분이다.[2] 청소년들이 직면한 다양한 위기와 갈등을 신앙적 차원에서 진단하고 처방하며 개인적, 공동체적으로 코칭하고 멘토링해 주고 이들을 하나님 나라의 비전하에 성숙한 하나님의 백성으로 세워 나가는 사역을 제대로 감당하지 못하는 교회들이 대부분이라는 사실이 한국교회의 미래전망을 더욱 어둡게 만들고 있다. 청소년들이 많이 모이는 교회라 하더라도 개인주의적이며 사사화된 번영신앙의 틀에서 벗어나지 못하는 경우가 많으며 청소년들의 흥미와 재미에만 초점을 맞추는 프로그램 중심의 편향적인 신앙교육이 이루어지는 경우도 빈번하게 볼 수 있다.

이러한 상황을 염두에 두고 구약성서에 기초하여 건강하고 균형 잡힌 통전적 청소년 교회교육을 모색하는 본 장은 다음의 순서로 진행된다. 먼저 청소년에 대한 다양한 발달적 접근을 간략히 제시할 것이다.

---

[2] 예장 통합의 경우 2007년부터 2017년 까지 중고등부의 학생 수가 193,215명에서 134,904명으로 30.2% 감소했는데, 학령인구 감소 비율(20.5%)을 고려하더라도 10% 가까이 감소했다는 것을 알 수 있다. 박상진, "교회-가정-학교(학업)를 연계하는 부모중심 교육목회," 『D6 Conference in Korea 2018: 세대통합교육컨퍼런스 핸드북』 (2018년 9월 3~5일, 충신교회), 71.

전통적인 청소년 이해와 더불어 이에 대한 대안으로 최근에 부상하고 있는 발달에 대한 포스트모던적 접근을 통하여 오늘의 청소년 발달을 새롭게 이해한다. 둘째, 구약의 정경에 기초하여 청소년교육의 성서적 토대를 탐구한다. 여기에서는 구약에 나타나는 3가지 형태의 정경 즉, 오경, 예언서, 지혜문학에서 각각 나타나는 3가지 종류의 신앙교육과 이를 하나님에 대한 순종으로 수렴하는 시편의 교육에 대하여 살펴볼 것이다. 셋째, 이를 바탕으로 통전적 청소년 교회교육의 목적과 과제를 제안한다. 마지막으로 간략한 결론으로 본 장을 마무리 한다.

I. 오늘의 청소년은 누구인가?

청소년 시기는 인간의 발달 단계에 있어서 비교적 최근에 들어와서 설정된 단계이다. 과거 고대나 중세 시대는 인간의 수명과 공식 교육기간이 짧았기 때문에 "청소년기"라는 개념이 확실하게 존재하지 않았다. 그러나 근대와 더불어 수명이 길어지고, 교육 기간이 연장됨에 따라서 성인이 되기 직전 직업을 준비하는 단계로서 청소년기가 인간발달 단계에서 자리를 잡게 되었다. 여기에서는 근대적인 의미의 전통적인 청소년 발달이해와, 이와는 구별되는 형태의 포스트모던적 이해를 함께 다루고자 한다.

1. 청소년 발달에 대한 근대적 이해

청소년 시기는 통상적으로 초기(12-14세), 중기(15-18세), 후기(19-21세) 등으로 구분할 수 있으며, 전반적으로 내면의 세계보다 외면의 세계에 관심을 많이 기울이며 현실적인 경향보다는 상상력을 더 많이 발휘하는 시기이다. 이 시기는 남성 호르몬(에스트로겐), 여성 호르몬(테스토스테론) 분비가 가장 왕성하며, 초기에는 신체적으로 유아의 성장 속도에 버금갈 정도로 성장을 하며, 남성과 여성의 이차 성징이 뚜렷해지며 생물학적으로 생식 능력을 가지게 된다. 그러나 신체적 발달과 정신적 발달 사이의 간격으로 인하여 청소년들은 정체성의 혼란을 경험하게 된다. 즉 신체적으로는 성인을 따라가지만 심리, 사회적으로는 아동과 가까운 모습을 보임으로써 자신이 누구인가에 대한 분명한 정체성 의식을 가지지 못한다는 것이다. 이와 더불어 아동기와는 달리 심리, 사회적 경계가 크게 확장되면서 정체성의 혼돈을 경험하게 된다.

인지적으로는 쟝 삐아제(Jean Piaget)에 의하면 청소년기는 형식적 조작기(11-15세)에 해당하는데 구체적인, 실제적인 대상뿐 아니라 이제는 추상적인 사상과 아이디어까지도 생각할 수 있는 능력을 지니게 된다.[3] 추상적 사고는 융통성 있는 사고 또는 효율적 사고를 뜻하는데, 복잡한 추리와 가설을 세우고 체계적으로 검증하고, 직면한 문제와 사태에서 해결 가능한 모든 방안을 종합적으로 고려할 수 있는 사고를 뜻한다. 형식적 조작기에 들어선 청소년들은 이처럼 추상적, 가설적, 연역적, 체계적, 조합적, 은유적 사고 등이 가능하게 된다. 최근 삐아제의 인

3　Jean Piaget, *The Development of Thought: Equilibration of Cognitive Structures* (New York: Viking, 1977).

지이론 특히 형식적 조작기에 대한 많은 비판이 제기되고 있음에도 불구하고 그는 청소년의 인지에서 나타나는 다음과 같은 핵심적인 측면을 정확하게 보았다는 평가를 받고 있다.[4]

- 아동은 11세경에 유의미하게, 그리고 질적으로 총명해진다. ··· 이 같은 변화는 시간이 걸리고 청소년기 내내 발달하게 된다.
- 연역적 추론은 청소년기에 많이 향상되어 짧은 시간 안에 더 나은 답들을 이끌어 낸다.
- 가설적인, 혹은 너무나도 뻔히 거짓인 상황에 대해서 생각할 수 있는 능력은 청소년기에 실질적으로 증가한다.
- 전치논리의 사용은 청소년기에 증가한다.
- 확률적 추론 연구결과에서와 같이, 철저한 조합적 논리는 청소년기에 발달한다.
- 개인이 자신의 사고에 대해 생각할 수 있는 능력으로서 초인지(metacognition)는 청소년기에 발달한다.

에릭 에릭슨(Erik Erikson)은 인간이 사회 속에서 타인과의 관계를 맺어나가는 것에 기준을 둔 자아인격(또는 사회심리적) 발달이론을 제시했는데, 생의 전 과정에서 인간이 각 단계마다 겪어야 하는 발달의 위기를 서로 대립되는 양극개념으로 설명하였다.[5] 각 단계마다 특정 발달과업을 성취하느냐 못하느냐에 따라 발달위기를 극복하느냐(정상) 못하

---

4   Philip Rice and Kim Gale Dolgin, *The Adolescent: Development, Relationships, and Culture*, 12th ed., 정영숙, 신민섭, 이승연 역, 『청소년 심리학』 제12판 (서울: 시그마프레스, 2009), 108-109.
5   Erik Erikson, *Childhood and Society*, 윤진, 김인경 역, 『아동기와 사회: 인간발달 8단계 이론』 (서울: 중앙적성출판사, 1988).

느냐(비정상)가 좌우된다고 보았다. 그런데, 청소년 시기는 "자아정체감의 형성 대 혼란"의 시기이다. 청소년들은 자신이 누구인가에 관한 확신을 소유하지 못하므로 "소속집단"에 자신을 동일시하려 한다. 이들은 당파적 경향이 강하고 편협하고, 자기들과 다른 사람들에게 냉혹할 정도로 배타성을 보이기도 한다. 청소년들은 여러 가지 다양한 선택에 직면하여 제한된 사회적 역할을 조급하게 받아들이려는 것을 피하려는 욕구로 인하여 참여를 연기하려는 심리사회적인 유예기간(moratorium)을 가진다.

> *모라토리움*이란, 청소년기의 한 부분을 지칭하는데, 미성숙한 태도로 과도하게 인생의 방향에 대하여 몰입하는 것을 피하기 위하여 가치와 지속적인 세계관을 탐색하는데 자신을 헌신할 수 있도록 주어진 일시적이며 중요한 시기를 지칭한다.[6]

정체성의 혼란을 겪는 청소년들은 정체성을 찾기 위하여 분투한다. 청소년들은 자신의 재능, 잠재적 역할, 그리고 자아 이미지 등을 총체적으로 연합시켜 나가면서 생겨나는 무력감과 맞서 싸우는데, "일부 타인들에 대한 충성과 자신이 헌신하는 이유 혹은 이유들을 발견함으로써" 즉 정체성의 통합과 자기인식을 경험하기 시작하면서 "충성"(fidelity)이라는 덕목이 출현하게 된다.[7]

정체성이란 자신이 이상적으로 간주하는 인물과 자신을 동일시하

---

6   James Fowler, *Becoming Adult, Becoming Christian: Adult Development and Christian Faith* (San Francisco: Harper & Row Publishers, 1984), 24.

7   위의 책, 24-25.

는 것과, 동시에 타인으로부터 칭찬받고 인정받는 자기 성취의 과정에서 형성된다. 이와 연관하여 데이빗 엘킨드(David Elkind)는 청소년들이 자기 자신에 대해 다음과 같은 3가지 오해를 가지고 있다고 주장한다.[8]

1. 모든 사람이 자신을 주목하고 있다는 오해이다. (자의식)
2. "나는 유일한 존재이다" 라는 오해이다. (자기중심성)
3. "나는 나의 역할을 다 수행했다"는 오해이다. (자기성취)

로렌스 콜버그(Lawrence Kohlberg)는 도덕을 사회 속에서 생겨나는 갈등해결에 관계된 것으로 보고, 정의라는 도덕 원리에 기초하여 도덕적 발달 이론을 제시하였다.[9] 여기에서는 객관, 중립, 공평, 자율성, 권리 등이 중요하게 여겨진다. 그의 도덕발달 이론에 의하면 청소년은 소위 "착한 소년, 착한 소녀"의 단계(3단계)에 도달한다. 이 시기는 인습적 차원에 속하며 선한 행위는 자기 그룹에 속한 사람들의 동의를 얻느냐 아니냐에 따라서 결정된다. 즉, 자신이 속한 공동체가 가치판단의 가장 중요한 근거가 되며, 따라서 또래의 중요성이 매우 커지며 이들로부터의 압력이 증가하여 동조적인 가치관을 소유하게 된다.

제임스 파울러(James Fowler)에 의한 신앙발달의 차원에서 보면 이 시기는 제3단계에 속하는 "종합적-인습적 신앙"(13-18세)에 속한다.[10]

---

8   David Elkind, *All Grown Up & No Place To Go: Teenagers in Crisis*, 김성일 역, 『다 컸지만 갈 곳 없는 청소년: 위기 속의 10대들』 (서울: 교육과학사, 1996).

9   Lawrence Kohlberg, *The Psychology of Moral Development*, 김민남, 진미숙 역, 『도덕발달의 심리학』 (서울: 교육과학사, 2000); Lawrence Kohlberg, *The Philosophy of Moral Development*, 이동훈, 이기문 역, 『도덕교육철학』 (서울: 대한예수교장로회 총회교육부, 1985).

10 James Fowler, *Stages of Faith*, 사미자 역, 『신앙의 발달 단계』 (서울: 대한예수교장로회출판부, 1987).

청소년기는 앞에서 본 것처럼 타인과의 관계에서 상호 간의 관점을 이해할 수 있으며, 다양한 자아 이미지를 정체성으로 통합해 나가는 시기이다. 그리고 이 시기는 비성찰적 신념과 가치관으로 정체성을 유지해나가며, 이웃과 감정적으로 연대하며, 과거와 미래를 상상하며, 타인에게 과도하게 의존하며, 자신의 이야기를 합성하는 특성을 가지고 있다. 이러한 맥락에서 청소년기 신앙은 의존적이며, 이 시기는 '신봉자'의 단계라는 별명을 가지고 있다. 청소년의 신앙은 타인들의 기대와 평가가지나치게 강요되어 내면화될 때 자율성이 자라지 못하는 위험성을 안고 있다.

2. 포스트모던, 다원주의, 디지털 시대의 청소년 발달

이상 청소년 발달에 대한 근대적 이해는 미래 세대로서 청소년들을 교육하는 데 있어서 여러 가지 중요한 내용을 제공해 준다. 하지만 근대와는 다른 포스트모던 시대와 상황에서 살아가는 미래 세대로서 청소년들의 발달과는 많은 차이를 보여주고 있다. 독일의 종교교육학자 프리드리히 슈바이쳐(Friedrich Schweitzer)는 포스트모던적 생애주기에 대한 자신의 책에서 오늘을 살아가는 청소년들은 먼저 매우 애매한 불확실성과 동시에 수많은 선택이라는 이중적인 딜레마에 직면해 있다고 한다. 그는 먼저 에릭슨을 비롯하여 청소년 발달에 대한 근대적인 접근들을 비판적으로 재고한다. 슈바이쳐에 의하면 이들의 청소년 발달이해는 근대의 특징이라고 할 수 있는 자아의 독립성(independence) 혹은 자율성(autonomy)의 획득을 성숙의 가장 중요한 척도로 보고 있다는 것이다. 개인적으로 청소년들이 독립성과 자율성을 더 많이 획득할수록 성숙성의 정도가 높다고 본다는 것이다. 또한 근대적 접근은 개인주의적이고 동시에 지나치게 남성 청소년 위주의 경험에 기초하고 있다는 것이다. 기독교는 비록 에릭슨이 청소년 시기에 (종교와 같은) 적절한 세계관을 선택해야 한다는 제안에 고무되어 그의 이론을 적극수용 했지만 오늘의 상황에서 그의 이론을 재고할 필요가 있다는 것이다.[11]

근대적 관점에서 청소년기는 아동기와 성인기 중간의 시기로 직업을 준비하고 훈련하는 시기로 간주되어 왔다. 그러나 시대의 변화와 함께 청소년기 다음에 바로 직업을 가지는 것은 현실적으로 어렵게 되었고, 그 결과 오늘날 청소년 시기는 점차 길어지고 있으며 평생에 걸쳐 지속적으로 학습하고 훈련을 받는 시대가 도래하였다. 이로 인하여 오늘의 청소년들은 에릭슨의 시대와는 구별되는 "시간적 하부구조"(temporal substructure) 속에서 살아가게 되었다. 따라서 과거에는 정체성의 형성이 주로 성인기로 바로 이어지는 청소년기에 결정적으로 이루어진다고 생각되어 왔지만, 이제는 이를 고정된 것으로 보기보다는 좀 더 유연한 과정으로, 또한 평생을 통하여 지속적으로 이루어지는 연속적인 과정으로 간주하고 있다. 직업의 변화, 훈련, 재혼 등과 같은 전이 기간들(transitional periods)이 오늘날 더욱 빈번해 지면서 이러한 것이 정체성 형성에 계속 영향을 끼친다는 것이다.

슈바이쳐에 의하면 정체성 형성과 관련된 또 다른 변화는 "복수의 자아"(plural self) 또는 "복수의 정체성"(plural identities)이라는 개념의

---

11 Schweitzer에 의하면 에릭슨은 청소년이 선택해야 할 세계관으로 기독교를 암시적으로 제시했기에 신학자들이나 기독교교육학자들이 그의 발달이론에 적극적인 관심을 가지게 되었다고 한다. 그런데 여기에서 말하는 기독교는 교리적 의미의 기독교가 아니라 근대의 기술과학이 지닌 문제점에 대한 대안으로써, 즉 인간화하는 능력으로써, 보다 인본주의적 의미의 기독교를 뜻한다. Friedrich Schweitzer, *The Postmodern Life Cycle: Challenges for Church and Theology* (St. Louis: Chalice Press, 2004), 46-47.

등장이다. 오늘의 포스트모던 시대를 살아가는 청소년들은 가족, 학교, 다양한 또래 그룹, 소비 공간, 가상공간 등 다양한 상황적 기대(situational expectations) 속에서 살아가는데, 이것은 근대적 의미의 고정된 정체성과는 구별되는 복수의 자아와 정체성을 형성해 나가는 원인이 된다. 과거에는 청소년의 정체성 형성에 영향을 끼쳤던 요소들이 가족과 학교 정도의 좁은 범위에 한정되어 있었다면 오늘날에는 그 범위가 지역적일 뿐 아니라 세계화의 영향으로 인하여, 특히 가상공간의 등장으로 인하여, 전 지구적이며 다문화적으로 확대되었다.

여성주의자들도 이러한 근대적 인간발달에 대한 비판에 가세하였는데, 이들은 독립과 자율을 성숙의 척도로 보는 근대적 의미의 발달 개념은 지나치게 남성 위주의 해석이라고 비판한다. 그리하여 캐롤 길리건(Carol Gilligan) 같은 학자는 여성에게 있어서는 자아의 독립과 자율보다는 "관계성"과 "친밀성"이 더욱 중요함을 강조하였다. 그리고 남녀 양성 모두에게 있어서 인간 성장의 목표를 관계에 두면서 "관계적 자아"(relational self)의 중요성을 역설하였다.[12]

삐아제의 청소년 인지발달 이론은 위에서 지적한 것 처럼 청소년의 인지에서 나타나는 핵심적인 측면을 정확하게 보았다는 평가를 받고 있으나 다음과 같은 점에서 여러 비판이 제기되고 있다.[13] 첫째, 최근 연구에 의하면 감각운동기와 전조작기의 아동들은 삐아제가 주장했던 것 보다 인지적으로 훨씬 더 앞서 있고 많은 능력을 가지고 있다는 것이다. 둘째, 구체적 조작기에서 형식적 조작기로 넘어가는 나이가 사회

---

12 Carol Gilligan, *In a Difference Voice*, 허란주 역, 『다른 목소리로』 (서울: 동녘 1997).
13 Philip Rice and Kim Gale Dolgin, 『청소년 심리학』, 104-108.

적 환경의 차이에 따라서 동일하지 않다는 사실이 많이 지적되고 있다. 청소년들 중에서 60-70%가 형식적 조작기에 속한다고 주장한 연구들은 지능이 높은 청소년 혹은 나이가 많고 공부를 더 많이 한 대학생들을 표본으로 한 경우였다. 이와는 다르게, 실제로는 10-11세에 형식적 조작기로 넘어가는 경우는 극소수이고, 심지어 고등학교 졸업 시까지 구체적 조작기를 넘어서는 경우도 40% 뿐이다. 셋째, 형식적 조작기에 도달했다 하더라도 이것을 항상 일관성 있게 사용할 수 있는 것이 아니라는 것이다. 넷째, 형식적 조작기 이후에도 "인지적 변증법" 사용 단계 혹은 "문제 발견기"(problem-finding stage)와 같은 더 높은 단계가 있다는 것이다, 다섯째, 형식적 사고는 감각운동적 사고 혹은 구체적인 조작적 사고보다 상대적으로 가족, 학교, 사회집단 등에서의 사회적 경험의 영향을 많이 받는다는 것이다. 여섯째, 형식적 조작검사 시에 나타나는 이론상으로 "할 수 있는 것"과 실제로 구체적 상황에서의 "하고자 할 것임"과는 차이가 있다는 것이다. 즉 여러 가지 동기가 영향을 끼친다는 것이다.

최근 청소년 이해에서 주목해야 할 현상은 새로운 트렌드에 따른 세대 구분의 등장이다. 디지털 시대의 등장과 함께 한국사회에서는 최근 1980년대 중반에서 1990년대 중반 사이에 태어난 Y세대(밀레니엄 세대, Y2000)의 뒤를 이어 Z세대가 등장하였다. Z세대는 아직 정확한 기준은 없지만 대략 1990년대 중반에서 2000년대 중반까지 출생한 세대(2018년 기준으로 13-23세)를 지칭한다.[14] 따라서 현재 10대 청소년들은 Z세대에 속한다고 할 수 있다. Z세대는 '디지털 원주민'(digital na-

---

14 "Z세대" [Generation Z] (한경 경제용어사전, 한국경제신문/한경닷컴)https://terms.naver.com/entry.nhn?docId=2165037&cid=42107&categoryId=42107 [2018. 12. 1 접속].

tive)이라는 별명을 가지고 있다.이들은 2000년대 초반부터 시작된 정보기술(IT) 붐과 더불어서 디지털 환경에서 출생하여 "유년 시절부터 인터넷 등의 디지털 환경에 노출된 세대"로 신기술에 민감하다. 이들은 "인터넷과 IT(정보기술)에 친숙하며, TV·컴퓨터보다 스마트폰, 텍스트보다 이미지·동영상 콘텐츠를 선호한다. 아울러 관심사를 공유하고 콘텐츠를 생산하는 데 익숙하여 문화의 소비자이자 생산자 역할을 함께 수행한다."[15]

Z세대는 디지털 기술을 소비활동에도 적극 활용하면서 온라인 구매 비중이 모두 50%를 넘는다. 하지만 이들은 "소셜미디어를 적극 활용, 신중하게 구매하는 경향도 강하다. 온라인 매체 비즈니스인사이더는 X, Y세대가 이상주의적인 반면 Z세대는 개인적이고 독립적이며, 경제적 가치를 우선시하는 등 이전 세대와 다른 소비패턴을 보인다고 분석했다."[16] 또한 Z세대는 풍족한 사회적 환경에서 자라났지만, 동시에, "부모세대인 X세대가 2000년대 말 금융위기로 인해 경제적 어려움을 겪는 모습을 보고 자랐기 때문에 안정성과 실용성을 추구하는 특징을 보인다."[17]

라이스와 돌긴은 이상에서 기술한 오늘의 청소년들이 직면하고 있는 포스트모던, 다원주의, 디지털 시대의 도전들을 다음과 같이 7가지로 정리한다. 오늘의 청소년 발달에 영향을 끼치는 이러한 7가지 환경적 변화는 전통적인 발달이해에서는 제대로 고려되지 못했던 매우 혁

---

15 "Z세대" (시사상식사전, 박문각) https://terms.naver.com/entry.nhn?docId= 74871&cid=43667 &categoryId=43667 [2018. 12월. 1 접속].

16 "Z세대" [Generation Z] (한경 경제용어사전, 한국경제신문/한경닷컴)

17 "Z세대" (시사상식사전, 박문각)

명적이고 중대한 변화들이다.[18]

1. 청소년기의 연장: 성인기로의 완전한 입문이 늦어짐, 경험에서의
   변화

2. 정보기술의 혁명: 인터넷의 긍정적(정체감 탐색의 기회제공), 부정적
   영향(빈부 격차, 세대 간 격차 증가)

3. 일에서의 혁명: 다중직업과 초과근무 증가, 여성취업 증가, 청소년
   고용 증가 등 직업시장의 변화, 대중매체로 인한 광고와 청소년의
   높은 소비율

4. 교육 혁명: 높아진 교육성취, 신기술의 수용, 진로교육의 혁신, 연
   장된 교육의 필요

5. 가족 혁명: 낮은 결혼율과 자녀수 감소, 가족역동(낭만적 사랑, 민주
   적 가정, 아동중심 가정, 동거증가, 혼외출생 증가, 높은 이혼율)의 변화

6. 성 혁명: 긍정적 효과(성기능에 관한 과학적 지식 발달, 성기능 장애 치
   료, 피임발달, 원하지 않는 성행동에 대한 자발적 논의, 성역할의 융통성)
   와 부정적 효과(일찍 시작되는 혼전성교, 미혼임신, 성병과 AIDS, 성에
   관한 혼돈)

---

18 Philip Rice and Kim Gale Dolgin, 『청소년 심리학』, 4-19.

7. 폭력 혁명: 폭력범죄의 위협, 사회에서의 폭력을 빈번하게 접함, 가
   정에서의 폭력, 폭력으로 인한 청소년 사망 증가

   근대적 의미의 청소년 정체성 형성과 연관하여 포스트모던, 다원주
의, 디지털 상황에서 종교에 대한 이들의 관점도 많이 변화되었다. 이제
청소년들은 하나님과 신앙을 이해함에 있어서 다른 종교의 다양한 관
점들을 끌어 모아서 자신의 흥미에 따라서 이를 조합해 나가는 경향을
보인다. 토마스 루크만(Thomas Luckmann)은 이를 "조각보/모자이크
종교"(patchwork religion)라고 부른다. 이들은 신학과 교회의 가르침을
잘 수용하지 않고 자신들의 신앙을 교회의 신앙과 구별 짓는 경향을 보
인다. 그들은 자신의 개인적 신앙과 기구적/제도적 차원의 신앙을 구별
하며, 이로 인하여 그들의 신앙은 점차 개인주의화되어 간다. 신학과 교
회는 더 이상 그들에게 권위 있는 어떤 것이 아니다. 신앙과 연관하여
오늘의 청소년들은 수많은 경쟁적인 관점들과 진리주장들(truth-
claims)이 존재한다는 것을 인식하면서, 자신이 획득 가능한 수많은 정보
와 함께 살아간다. 그리고 신앙보다는 "영성"이라는 단어를 선호한다.[19]
   최윤식은 『2020·2040 한국교회 미래지도』라는 저서에서 한국교
회가 피해갈 수 없는 미래 키워드 11가지를 제시한다.[20] 미래 한국사회
에서는 지구적 차원의 큰 흐름과 더불어 후기정보화 사회와 포스트모
던적 사회의 융합이 더욱 강하게 나타날 것으로 예상되며 한국교회는

---

19 이러한 맥락에서 Thomas Groome은 *Will There be Faith?* 라는 책을 저술하였다. Thomas
Groome, *Will There be Faith?: A New Visions for Educating and Growing Disciples,* 조영관, 김경이,
임숙희 역, 『신앙은 지속될 수 있을까?: 그리스도교 신앙 교육의 새로운 비전』 (서울: 가톨릭출판
사, 2014).
20 최윤식, 『2020·2040 한국교회 미래지도』 (서울: 생명의말씀사, 2013), 169-95.

이러한 영향을 직간접적으로 경험하면서 계속 다양한 도전들에 직면하게 될 것이다. 그런데 이러한 특징들은 오늘을 살아가는 청소년들의 신앙에 이미 직간접적으로 다양한 영향을 끼치고 있다고 할 수 있다.

1. 신세대, 신문화, 신사고: 급속한 세계화와 세계 융합은 새로운 신세대와 신문화를 탄생시키고 있다. 이들은 통합, 다양, 연결이라는 특성을 지닌 퓨전문화를 형성해 나가고 있다.

2. 교배된 기독교: 급속한 세계 융합은 종교의 혼합도 가속화 시키고 있다. 동양과 서양의 종교가 서로 교배되고 상호 간에 배우는 현상이 심화됨으로써 교파 간의 색깔과 경계도 희미하게 만들고 있다.

3. 개인주의 신앙: 세계화의 추세로 공동체가 사람들을 보호해 주지 못하는 경향이 강해짐에 따라서 공동체에 대한 그들의 의무감은 점차 약해져 가고 있다. 평생직장이라는 개념도 사라져 가고 있으며, 이러한 영향으로 교인들도 교회에 대한 헌신과 충성도가 감소하고 있으며, 우리 교회라는 의식이 약해져 가고 있다. 이제 교회보다 개인이 우선시되고 있다. 이러한 현상의 가장 근본 원인 가운데 하나는 바로 교회와 목회자에 대한 신뢰의 결핍이다.

4. 신유목 교인: 신유목 교인이라고 불리는 미래의 교인들은 살아온 곳에 대한 집착 대신에 지금 나를 가장 편하게 해 줄 수 있는 곳이 어디인가를 찾아 나서는 경향이 많아진다. 원래부터 집은 없었다고 믿는 이들은 "지금여기주의자"(Nowherians)라고 불린다. 이들은 교

회공동체에 대한 관심이나 애착을 포기한다. 그 결과 교회를 위한 헌신과 봉사도 거부한다.

5. 3무 시대: 21세기는 3無(무기력, 무관심, 무의미) 시대이다. 그 원인은 불안에서 찾을 수 있다. 경제, 사회적 불안은 무관심을 초래한다. 불안은 또한 소외 현상과 밀접하게 연관되어 있다. 이러한 것은 교인들에게 염세주의적 태도를 불러일으킨다. 이것은 그들로 하여금 이 땅에서의 사명을 포기하도록 이끌어 간다. 이러한 상황에서 교회는 전도와 선교를 잘 감당하기 위하여 지역사회와 다른 교회와 단체 사이의 네트워킹을 잘 해 나가야 한다.

6. 얕은 영성과 다신주의: 상대주의 사상이 교회에 침투하여 얕은 영성과 다신주의라는 결과를 초래하고 있다. 그 결과 유일신 사상, 재림신앙, 종말론 등에 대한 신앙이 점차 약해지고 있다. 상대주의가 강해짐으로 인하여 사람들은 종교성이 약해지는 것이 아니라 영적 공허감을 달래기 위하여 더욱 종교적이 된다. 그런데 하나의 신에 만족하지 못하고 다수의 초월적 힘이나 신들(유사종교를 포함하여)을 인정하는 쪽으로 나아가고 있다.

7. 친절한 불가지론: 친절한 불가지론이란 "누구의 종교가 옳은지는 아무도 모른다. 그러니 모든 사람의 생각을 다 인정해 주어야 한다" 라고 친절하게 이야기하는 사상을 뜻한다.[21] 이로 인하여 교인들은

---

21   위의 책, 184.

자기가 하고 싶은 대로 신앙생활을 하는 경향이 강해지고, 이단 사상이 교회 내에서 점차 강하게 퍼져 나가고 있다.

8. 코쿠닝 성도와 브랜드 교회: "코쿠닝 성도"란 마치 누에가 고치 속에 숨어 사는 것처럼 쉽게, 부담없이 신앙생활을 하기 위하여 큰 교회 안에 숨는 사람들을 뜻한다. 소위 브랜드 교회 현상은 대형교회에 대한 선호와 이러한 교회의 프로그램과 목회철학을 공유하는 교회개척으로 인하여 유행하기 시작하였다. 그리하여 강한 브랜드를 지닌 교회는 약한 교회의 교인들을 흡수하는 현상들이 계속 나타나고 있다.

9. 다운시프트 신앙: 자신을 잃어버리게 하는 숨차고 정신없는 인생을 거부하는 움직임을 "다운시프트(downshift)바람"이라고 한다. 자동차 기어를 고속에서 저속으로 전환하여 속도를 줄이는 것을 뜻하는데 교회 내에서도 이러한 현상이 강해지고 있다. "세속적 다운시프트에 물든 교인들과 목회자들은 더 나은 미래, 즉 천국과 하늘의 상급보다 지금 편안한 육신과 감각적 쾌락을 위해 현재의 주를 위한 고난, 자기 절제와 인내를 포기한다."[22]

10. 트랜스찬: 트랜스찬이란 용어는 움직이는 소비자라는 트랜수머(transumer)에서 나왔다. "빠르게 움직이고 변화하는 세상에서 단 1분의 자투리 시간이라도 잘 활용해 보자는 효율성 강조의 사고

---

22 위의 책, 191.

와 정보통신 기술의 발달"로 인하여 트랜수머들이 출현하고 있다. 마찬가지로 교회는 자투리 시간을 잘 활용하여 신앙생활의 체험과 배움을 풍요롭게 하려는 트랜스챤들을 잡기 위해 노력하고 있다.

11. 감성신앙: 21세기는 감성의 시대이다. 기술, 경영에도 감성이 매우 중요하다. 현대의 교인들은 오늘날 감성을 소비하는 고객과 마찬 가지로 편안함을 느낄수록 더 오래 머문다고 한다. 특히 2635세대는 경제적인 어려움이 직면해도 멋, 스타일, 감동을 포기하지 않는 경향이 강하다. 따라서 현대 교회는 예배, 건물, 문화 등에 감성을 적극 도입하도록 요청을 받고 있다.

II. 통전적 청소년 교회교육의 성서적, 신학적 기초

오늘의 청소년들이 직면한 여러 도전들과 청소년 발달 이해에 대한 다양한 관점을 염두에 두고, 본 절에서는 통전적 청소년 교회교육의 성서적 기초를 다루고자 한다. 특히 여기에서는 통전적 청소년 교회교육을 위한 성서적 기초를 브루그만이 예레미야 18장 18절에 근거하여 제안한 구약의 3가지 형태의 교육에서 모색한다.[23] 구약의 오경, 예언서, 지혜문학에 나타나는 3가지 형태의 교육은 각각의 임무, 인식론, 교육방법에 있어서 차이는 있지만 궁극적으로는 시편에서 지향하는 "하나님에 대한 순종을 지향하는 교육"이라는 공통점을 지니고 있다. 각각의 정경은 드러냄(disclosure), 와해(disruption), 분별(discernment)이라는 특징을 지니고 있는데 신실한 신앙적 삶을 위해 모두 필요한 것이다. 이러한 세 가지 형태의 교육은 구분이 되지만, 상호의존적이며, 결국 시편에 나타나는 "하나님에 대한 순종"이라는 주제하에 통합을 이룬다.[24]

1. 토라의 교육[25]

구약의 오경에서 이스라엘은 지식을 획득하기 위하여 비권위주의적 이면서도 권위적인 질문-답변의 방법을 사용하는데, 다음과 같은 특징을 가진다. 첫째, 가르침의 기회는 항상 열려 있으며 늘 대화의 형식으로 이루어진다. 둘째, 자녀들의 신앙적인 질문에 대한 성인들의 반응은 구체적인 신조(creed)내지는 정형화된 신앙고백의 형태로 나타난다. 셋째, 오경에서의 교육은 자녀는 묻고 선생(제사장, 부모)은 대답하는 형식을 취한다. 하나님이 자신을 드러내시는 구원의 사건에 기초하여 "확실한 이야기를 간직하고 있는" 공동체인 이스라엘이 수행하는 토라의 교육은 다음 세대가 안전한 생활 세계 안에 참여할 수 있도록 그들을 그 속으로 이끌어 들이는 교육이다. 토라에서는 "생활 세계", "가능성의 세계", "공동체 의식", "합의" 등이 중요하다.

토라의 양식은 이야기이다. 인식론의 한 형태로써 이야기는 구체

---

23 "그가 아니라도 우리에게는 율법을 가르치는 제사장들이 있으며, 묘책을 말해 주는 지혜로운 자들이 있으며 하나님의 말씀을 선포해 주는 예언자들이 있다" (렘 18:18, Brueggemann 사역). "율법을 가르치는 제사장들"은 토라(오경), "묘책을 말해 주는 지혜로운 자들"은 지혜문학, "하나님의 말씀을 선포해 주는 예언자들"은 예언서를 지칭한다. Walter Brueggemann, *The Creative Word*, 강성열, 김도일 역,『창조적인 말씀을 통한 기독교교육』개정판 (서울: 한들출판사, 2011), 23.

24 본 절의 내용은 주로 위의 책 제2-4장을 요약한 것이다. 직접인용을 비롯하여 필요한 경우를 제외하고는 따로 인용표시를 하지 않기로 한다.

25 위의 책, 제2장.

통전적 신앙과 생애주기별 기독교교육: 아동기에서 노년기까지

적, 개방적, 상상적, 경험적 특성을 지니며, 이스라엘 민족사의 기초를 형성한다. 이 이야기는 경축되어야 하고, 원래의 형태로 보존되어야 하는데, 그 이유는 이 이야기가 파당적이고 논쟁적 성격을 지니고 있으며, "대항 공동체"를 형성하기 때문이다. 토라의 형식은 특별한 대화의 세계를 지향하며, 여기에 자신의 운명을 맡기는 자들을 양육하려는 의도를 가지고 있다.

토라의 근간을 이루는 이스라엘의 민족정신, 곧 인식론적 합의는 모세-여호수아의 해방 사건들을 중심으로 이루어진다. 이 사건들은 전에는 그 이름이 알려지지 않았던 새로운 하나님의 개입을 다룬다. 토라는 새로움, 즉, 외부에서 유래하지 않는 새로운 것을 다룬다. 이스라엘의 이야기는 하나님이 하시는 전적으로 새로운 결정에 관한 이야기이며 이것이 드러나는 것(또는 계시되는 것, disclosure)이다. 이것은 모든 논리적인 설명과 통제 가능한 인간 문화에 대항하여 전혀 예기치 못한 어떤 참된 것, 갑작스럽게 생겨난 좋은 소식(good news)이 별안간 선언되는 것이다. 이런 맥락에서 교육 자료로서 오경은 "계시"의 성격을 가진다.[26]

자녀들의 질문에 대한 부모들의 첫 번째 응답은 기적과 경이로움의 이야기이다. 이것은 모든 인습적 인간관계를 드러내고, 깨뜨리고, 전복시키며, 계속적으로 놀라움을 가져다주는 사건이다. 이러한 사건들은 "우리를 놀라게 하는 일이 결코 중단되지 않을 것이다"라는 공동체적 풍토(ethos)를 자녀들을 위해 형성해 준다. 이야기에 의한 합의는 계속

---

[26] "그것[오경]은 본질적인 권위를 가진 깨달음에 동의하는 것을 의미한다. 교육은 무엇보다도 먼저 새로운 세대들로 하여금 이러한 계시에 의하여 다시금 자기규정을 하게 함으로써 폭로의 영역에 참여하게 하는 것"이다. 위의 책, 60.

해서 모든 현재적인 상황에 대하여 안주하지 않도록 만든다. 교육이란 이와 같이 "사람들을 이러한 불만족의 역사 안에서 양육하는 것"을 뜻한다.[27]

오경의 중심인 출애굽이라는 "핵심전승"은 신들 사이에서의 힘의 이동과 관련되며 경제와 정치 분야에서의 힘의 이동과 관련된다. 토라의 교육은 처음부터 힘의 문제를 다룬다. 토라의 중심 주제는 "힘의 변형과 재분배"이다. 그것은 내적, 주관적, 개인적인 문제, 안전한 종교, 내적 성찰을 넘어선다. 힘의 문제는 이스라엘의 출발점이었다(출 12:27, 출, 13:9, 출 13: 14-16). 오경의 교육은 기존의 힘의 배치를 선호하고 보존하려는 이집트 제국의 교육과는 대조적으로, "힘의 재배치"를 강조하는 교육이다. 이러한 맥락에서 토라는 힘 곧 "고통 속에 신음하는 자들"을 위하는 새로운 힘을 찬미하는 것이라고 할 수 있다. 토라는 불의한 힘과 힘의 오용을 비판한다는 점에서 변혁적이다. "토라는 이상적인 미래와 일치하지 않는 다른 힘들과 그러한 힘들의 주장을 불법화시키고 무력화시키려는 의도를 가지고 있다."[28] 그리고 그 대안을 제시한다.

그러나 토라에 나타나는 이야기양태와 공동체의식의 내용 및 폭로 작업은 출애굽 이야기뿐 아니라 토라 전체와 관련시켜야 한다. (1) 다섯 권으로 된 토라는 전체로서 보아야 하며, 합쳐서 하나의 신학적인 주장을 만들어 낸다는 사실을 기억해야 한다. (2) 토라를 전체로서 볼 경우, 약속을 주시고 이루시는 하나님이 분명하게 드러난다. (3) 족장사의 이야기는 약속에 관한 이야기이다. (4) 이스라엘의 토라는 대부분 "율

---

27 위의 책, 61.
28 위의 책, 63.

법"(law)이라고 부르는 것들로 이루어져 있다.

요약하자면, 토라는 비권위주의적이면서도 권위적인 질문-답변의 방법에 기초하여 규범적이고, 공동체적인 합의가 이루어져 이미 해결되어 있고, 본질적으로 무비판적이고, 비판 이전의 단계에 속하며 지적인 호기심, 관찰, 분석 등을 필요로 하지 않는 그러한 종류의 교육을 지향한다.

2. 예언서의 교육[29]

토라와는 대조적으로 예언서는 즉각적이고, 강제적이며, 놀라움을 불러일으키는 어떠한 것을 지니고 있다. 이는 규범적이지 않고, 선포되기 전까지는 알려지지 않는 앎의 방식이고, 일단 선포되면 토라를 깨뜨리거나 공동체적 합의에 도전할 수도 있고, 비판의 대상이 아니었던 것을 비판할 수 있다. 토라와 예언서는 연속성과 긴장이라는 변증법적인 관계 속에 존재한다. 토라에 무지한 공동체는 예언자들을 이해하지 못한다. 예언자들은 한편으로 토라를 존중하지만, 다른 한편으로 그것을 비판하며 넘어선다. 토라가 이스라엘을 향한 하나님의 "예"라고 한다면 예언자들은 "예, 그러나 만일에 … 한다면 어떻게 하실 것인가?"(Yes, but what if …)라는 질문을 덧붙인다.

예언자들의 인식론은 다음의 특징을 지닌다. 예언자들은 자기 시대 문화의 합리성을 초월하는 영적인 힘에 의해 영향을 받았고, "영적인 세계"를 향해 열려 있었으며, 사회적인 제약에 의해 통제되는 것을 거

---

29 위의 책, 제3장.

부하는 사람들이었다. 이들은 "왕궁의 합리성"을 넘어서는 현실 감각을 가지고 있었다. "예언자들의 상상력은 그들로 하여금 그 사회의 관습이 원칙적으로 거부하는 경험들과 분별력 및 단절 등에 대해 열린 태도를 갖게 한다."[30] 이러한 맥락에서, 브루그만은 교회교육이 사람들에게 "대안적 상상력"에 대해 개방적 태도를 가지게 하는 과제를 수행해야 한다고 주장한다.

예언자들은 자신들이 신들의 회의(천상회의)에 참여하여 신탁 메시지를 받아 권위를 부여받았다고 주장하였으며, "주께서 이같이 말씀하셨다"는 정당화 양식(legitimating formula)을 사용한다. 이들은 하나님의 자유를 강조하였고, 하나님과의 관계에서 우리를 주체가 아닌 객체로 보았다. 따라서 인간이 행동의 주체라고 생각하는 문화권 안에서 이러한 "예언자적인 객체 교육"이 중요하다. 예언자들은 또한 사회적, 종교적 차원에서 지배적인 중앙공동체와 멀리 떨어져 있었고 "변두리공동체"의 목소리를 대변하였고, 이들의 관심사를 선포하였다. 이러한 맥락에서 교육은 사회적인 힘과 합리성의 틀 안에서 "주변성"(marginality)을 다시 경험하도록 만드는 것이라 할 수 있다. 토라와 예언자들 사이에는 연속성과 불연속성이 모두 존재한다. 예언자들은 토라의 상속자와 자녀로서 공동체적 합의에 의존하였지만 동시에 이러한 합의를 깨뜨리는 데 관심을 가졌다. 여기에서 교육의 사명은 "사람들로 하여금 자기들이 속한 신앙공동체가 그들 자신의 자연스러운 신앙의 고향임과 동시에 공동체적 합의를 깨뜨리는 목소리의 본 고장이기도 하다는 사실을 깨닫게"하는 것이다.[31]

30 위의 책, 103.

브루그만에 의하면 예언자들은 사회 활동가들이나 사회 개혁가라기보다는 시인들이었는데, 이들이 사용했던 시적인 언어는 다음과 같은 세 가지 목적을 가지고 있다.[32]

1. 예언 언어로서 시적 표현은 지배언어의 세계를 파괴하며 무너뜨리고 제왕 중심의 합리성을 비판한다. 예언 활동은 시적 상상력을 실천에 옮기고 그것을 풍요롭게 하는 것이다.

2. 예언시는 경험세계의 구조와 의미에 주의를 기울이게 하고 역사적인 경험의 낯설음, 두려움, 공허감, 놀라움 등을 깨닫게 해 준다. 예언시는 인간의 고통과 치유의 차원에 주의를 기울이며 이러한 것이 하나님의 마음속에서 발생하는 것과 일치한다고 본다.

3. 예언시는 현재 세계와 약속된 세계 사이에 존재하는 연속성과 불연속성의 긴장을 보여준다. 예언시는 가지지 못한 자들의 세계를 반영한다는 점에서 당파적, 논쟁적 시이다.

그러나 예언시가 지닌 환상적이며, 종교적인 측면은 현실 세계와 동떨어진 것이 아니라 사회적인 힘과 가능성의 현실에 뿌리를 내리고 있다. 브루그만에 의하면 여기에서의 교육적 과제는 소수의 사람들에게는 예언의 언어를 가르치고, 다수의 사람들에게는 예언 언어를 인정

---

31   위의 책, 108-109.
32   위의 책, 110-13.

하고 그것을 실천해야 한다는 의식을 양육하는데 있다. 예언서의 핵심적 이슈는 신앙공동체 안에서 새로운 진리가 가능한가의 문제와 관련된다. 예언에 바탕을 둔 교육의 과제는 사람들로 하여금 드러냄 또는 폭로를 목적으로 옛 합의를 깨뜨리는 것을 기대하면서, 그것을 받아들일 준비를 하도록 양육하는 것을 의미한다. 예언서의 메시지는 회개의 차원을 넘어서는 것으로, 하나님께서 이 세상을 어떻게 다루시는가에 대한 것이다.[33]

1. 예언자들은 사람들에게 이미 알려진 옛 세계가 곧 끝장날 것이라는 말씀을 전한다.

2. 하나님은 옛 세계의 잔해와 부스러기 한 가운데에서 새로운 세계를 만드신다.

3. 예언 정경의 의도는 본질적으로 옛 합의를 깨뜨리는 데에 있다.

4. 새로운 진리의 궁극적 권위는 외적 양식, 표상 또는 내적 주장이 아니라, 힘없는 자들로부터 생겨난 목소리, 곧 하나님의 목소리라는 사실에 기초한다.

5. 예언의 권위는 하나님의 정념(pathos)에 뿌리박고 있다. 즉, 예언자들의 깨뜨려진 모습은 하나님 자신의 깨뜨려진 모습을 그대로 반영

---

33 위의 책, 117-31.

하고, 새로운 진리는 하나님의 고통에 참여하는 고통의 현실로부터
비롯된다. 이는 이스라엘로 하여금 하나님의 새로운 모습을 발견하
게 하고 하나님의 고통을 말로 표현하게 한다.

3. 지혜문학의 교육[34]

이스라엘의 지혜는 세계에 대한 책임적이고 이성적인 지식과, 열정
적인 하나님 신뢰를 함께 결합하는 중요한 신앙의 방식이다. 지혜는 신
앙하는 이성, 이해를 추구하는 신앙이며, 지혜문학은 이 세상과 관련하
여 바른 신자가 되려는 대안적인 시도를 제시한다는 점에서 교육적 가
치를 지닌다. 지혜문학의 인식론은 토라 및 예언서와는 매우 다르다.[35]
지혜문학에서는 이미 이루어진 합의도 또한 합의의 급격한 단절도 없
다. 쉽게 지키기도 어렵고, 쉽게 저항할 수도 없는, 신비로운 것을 다룬
다. 아직은 알지 못하지만 곧 알게 되리라 여겨지는 것, 곧 분별하게 될
것들에 대한 인내심과 경외심을 포함한다. 즉각적인 해답을 이끌어내
는 결론을 추구하지 않기에 토라나 예언서와는 다른 방식으로 움직인
다.

지혜문학에 의하면 창조된 질서로서 세상은 지혜를 포함하고 있기
에, 지혜는 "세상에 대한 경험"에서 얻을 수 있다. 따라서 앎(지식)에 도
달하기 위해서는 세상에 참여해야 하며, 열정, 상상력, 인내심, 치밀한

---

34 위의 책, 제4장.

35 토라에서는 모든 사람들이 공유할 수 있는 충분하고도 확실한 의미를 가진 답변, 공동체의 전통
안에는 전혀 의심할 수 없는 규범적인 세계관을 표현하는 합의가 존재한다. 예언서에서의 인식
론은 새로운 진리를 기다리며 기대하며, 왕이 주관하는 합의에 도전하고, 기존의 합의를 깨뜨리
는 불법적인 것들로부터 유래한다. 위의 책, 153.

관심은 물론, 세상을 지배하고 있는 규칙성에 대한 관찰을 필요로 한다. 지혜는 공동체의 경험에서 발견된다. 지혜는 오래 전해 내려온 경험의 전통 속에서 또한 개개인이 겪는 즉각적인 경험 속에서도 발견되며 충분하게 세상과 연결된다. 이처럼 경험 세계에 기초한 지혜를 가진 자는 독단적이지 않고, 최선을 다해서 모든 경험 세계를 다 다루려고 노력하며, 이제까지 통용되던 기존의 결론들 이 새로운 경험에 의해 수정될 수 있음을 인식한다. 따라서 지혜를 체계화하는 것은 늘 조심스럽고 "임시적"이다. 그러나 이 같은 지혜의 위험성은 바로 "일반화에 기초한 확신"이다. 욥과 친구들의 경우, 삶이 질서 있게 운행된다는 오랜 경험을 기초로 일반화된 지혜를 형성함으로써 새로운 경험(예를 들어 의인이 당하는 고난) 앞에서 혼란에 빠져버린 것이다.

지혜는 일상적인 삶, 세상, 우리의 경험 등을 통해서 발견된다. 이러한 지혜 전통은 이 세상을 중립적이거나, 우연한 것, 수동적인 것이라고 보지도 않는다. 이 세상은 알려질 필요가 있는 것들을 끈기 있고 부지런한 관찰자에게 허용해 준다. 그리고 알려질 필요가 있는 것들은 통제와 예견 및 기대 등을 허용하는 "규칙성"이나 "신뢰성" 또는 "반복"과 "되풀이" 등의 형태를 가지고 나타난다. 창조적인 신앙의 형태와 과학적인 지식의 뿌리는 이처럼 "질서 잡힌 세계와의 유사성"에 기초한다.

지혜문학은 세상의 모든 지혜는 하나님에게만 속해 있으며, 어느 누구도 모든 지혜를 다 소유할 수는 없다는 것을 전제한다. 궁극적인 지식은 신앙공동체 안에서 가르쳐야 하며, 우리는 이 문제를 교육의 측면에서 이해해야 한다. 우리에게는 지식이 있지만 동시에 참된 지식에 도달하지 못하는 한계도 있다. 신앙의 경험을 통해 인간에게 주어지는 지식이 있는 반면, 하나님께만 한정된 지식도 있다. 브루그만은 신앙공동체의 교육이 이 같은 중요한 변증법적 차원을 잘 탐구해야 한다고 주장한다. 따라서 교육의 목적은 사람들로 하여금 자신에게 어떤 일이 생길 것인지를 차분하고, 침착하게, 그리고 인내심을 가지고서 분별하게 하는 것이며, 창조주 하나님의 선물들에 관하여 알기 위해서는 우리 자신의 경험을 접어두어야 함을 인식하는 것이다.

토라에서의 지식은 감추어진 것들을 드러내는 것(disclosure)이며, 이를 통해 이스라엘은 즉시 참된 것으로 드러나는 무엇인가를 인식한다. 그러나 "감추어진 것들"이 계속 존재하기에, 또한 예언의 지식이 기존의 것들을 깨뜨리지만(disruption) 항상 모든 것들을 다 파괴하는 것도 아니기 때문에 결국 "통찰이 쌓여가는 점진적인 깨달음의 과정"이 필요하게 된다. 이것이 바로 정경의 세 번째 부분에서 말하고자 하는 것 즉, 드러냄도 깨뜨림도 아닌 "분별" (discernment)이다. 따라서 지혜 문학에 있어서 교육의 과제는 사람들로 하여금 분별하는 법을 가르치는 것이며, 경험을 통하여 주어지는 선물들과 주변의 세계에 주의를 기울이게 하는 것이다. 이를 통해 우리 자신을 이해하고, 다양한 방식으로 운행되는 세계를 이해하며, 가시적인 것이 전부가 아님을 알게 되며, 결국 일상적인 삶과 접촉하는 중에 우리 자신을 넘어서는 고귀한 어떤 것, 곧 하나님의 거룩함 가까이에 있는 것들과 만나게 된다.

지혜 교사들이 가르친 내용의 핵심은 다음과 같다.[36] (1) 인간 공동체의 형성과 유지가 모든 인간에게 맡겨진 과제이다. (2) 지식 획득은 선한 일이며, 따라서 인간은 지식을 추구해야 한다. (3) 지혜교육의 최종 목적은 관리/경영을 위한 전문 기술의 교육이 아니라 "경이로움과

---

36 위의 책, 169-75.

외경심 및 감탄" 등에 기초한 "송영"(doxology)을 이끌어내는 것이다. (4) 지혜 교사는 하나님 경험과 더불어 "세계에 대한 경험" 또한 강조한다. 지혜문학에 의하면 교육은 기본적으로 "윤리적"인데 이는 인간의 삶에 질서를 부여하시는 "하나님의 섭리"에 초점을 맞춘다. 그러나 윤리적 가르침은 강압적이거나 교조적이지 않고, "위로부터 주어진" 것이 아니라 "아래로부터 생겨나는" 가르침이다.

지혜 교사들은 자기들의 가르침을 임시적인 것으로 여긴다. 이들은 옛 전승으로부터 생겨난 사람이지만, 지혜 전승 전체는 옛 판단들을 그대로 되풀이하지 않고, 오히려 "새로운 자료들에 기초하여 새로운 판단들을 내린다." 지혜 교사들이 바라는 것은 옛 응답들을 재검토하면서 인간의 삶이 어떻게 경험되는지를 새롭게 정리할 줄 아는 사람들을 키워내는 일이다. 지혜 교사들은 제대로 이해된 새로운 경험은 토라를 전복시키기보다 오히려 강화시키며, 새로운 상황에 잘 적응할 수 있도록 그것에 생기를 불어넣어 준다고 보았다. 지혜 전승의 핵심 내용은 하나님의 백성이 새로운 경험을 계속하는 동안 세계를 늘 새롭게 규정하고, 이해하며, 정리해 나가야 한다는 것이다.

지혜문학에서 놓치지 않는 본질은 "하나님과 인간 사이의 차이"이다. 하나님은 인간이 하는 일로부터 멀리 떨어져 계신다. "오직 하나님만이" 모든 것을 아신다. 그는 지혜를 찾아내시는 분이시다. 그러기에 지혜는 인간에게 위임된 것이 아니며, 인간에 의해 완전히 파악되지 않는다. 따라서 지혜 교사들은 계속해서 경험 세계와 야훼 경험 사이의 변증법적인 긴장관계 속에서 활동한다. 분명히 세상 안에는 질서와 통일성, 규칙성이 있다. 그러나 인간의 합리성은 그것들을 다 담지 못한다. 하나님의 합리성 앞에서는 다만 경외심과 찬미가 있을 뿐이다. 지혜의 끝은 하나님의 보좌 앞에서 느끼는 경외심이다. 인간의 삶에 대한 깨달음은 하나님을 향한 찬양에서 정점에 도달한다. 교육은 궁극적으로 하나님을 향한 "송영"을 부르도록 가르치는 것이다.

그러므로 하나님의 창조 세계 안에서 우리 인간에게 필요한 최선의 지식은 순종함으로 깨닫는 것이다. 지혜는 하나님을 경외하는 것이요, 하나님을 하나님되게 하는 것이며, 하나님의 신비가 인간의 삶을 규정하는 것임을 받아들이는 데에 있다. 그리고 참된 명철은 악으로부터 떠나는 것이다. 그것은 곧 항상 도덕적 위험성에 직면하고 있는 인간공동체의 구체적이고 일상적인 과업에 충실함을 의미한다. 이러한 경외심은 우리의 일상생활이 방종에 흐르지 않게 해 주고, 우리가 매일 신비로운 사건들과 마주하면서 또한 매일 자유와 동시에 중압감을 맛보면서 책임감을 갖고 세상을 살아가게 한다.

4. 교육의 목적으로서의 순종[37]

브루그만에 의하면 구약 정경의 3가지 형태가 지향하는 교육의 목적은 결국 하나님께 대한 순종으로 귀결된다. 그는 먼저 시편에서 관련 내용을 이끌어 낸다. "시편은 하나님께 드려진 이스라엘의 양식화되고 직접적인 고백 내지는 응답"인데 교육적으로 매우 중요하다. 시편에는 이스라엘이 하나님께 나아가는 양식화된 통로들이 있는데 그 가운데 중요한 표현 중의 하나가 바로 "당신"이다. 이것은 다음과 같은 의미를 지니고 있다.

---

[37] 위의 책, 제5장.

첫째, 시편의 담화는 하나님 "당신께" 대한 직접적인 응답이다. "당신-담화"는 두 가지 기능을 가진다. (1) 야훼를 향한 종교가 일반적인 감정, 소망 등으로 환원되어 버리는 것, 즉 일반화 되는 것을 방지해 준다. (2) 인간 자신이 최종적인 판단기준이 되는 자기도취증(narcissism)을 방지해 준다. 교회 교육적 측면에서 이것은 사람들의 삶과 소명이 자신이 아닌 "당신"의 이름과 목적 안에 있음을 알고 수용하게 하는 것이다.

둘째, 시편의 "당신"은 개인적인 열정과 동시에 공동체적인 확신을 주는 "주님"이라는 뜻이 담겨 있다. 시편에서 "바타"(헬라어로 안전, 신뢰의 의미)라는 말이 매우 자주 사용되는데 "주님(Thou)"이라는 말과 깊이 연관이 되어 있다. 안전하게 지켜 주시는 성실하신 하나님이라는 신념이 시편의 신앙 형성에 필수적이다. 시편 기자는 하나님을 신뢰하는 것에 모든 것이 달려 있으며 결국 개인의 행복과 사회적 관계도 그렇다는 것을 알고 있고, 이를 위해 "신뢰" 연습에 깊은 관심을 갖는다. "주님"을 신뢰하라는 것은 약속을 지킬 수 없는 "주님-아닌 자 no-thous"로부터 떠나라는 명령이다. 이런 의미에서 교사들은 학습자들로 하여금 "주님"이라고 말할 수 있도록 도와주어야 하며(종교적 문제), 또한 그 이상의 과제(사회윤리의 영역)도 수행해야 하며, 동시에 우리가 누구에게 확신(바타)을 갖고 누구의 이름을 불러야 하는지를 알게 해야 한다.

셋째, 이스라엘의 하나님과 갖는 교제는 주로 순종이라는 용어로 이해된다. 이것은 "누가 이 주님이시며, 어떻게 이 신뢰가 경험되고 표현되어야 하는가"에 대한 답이다. 이것은 이스라엘의 종교를 사회적 가치관에 민감한 윤리적인 종교로 이해하는 것이다. 그럼에도 불구하고 순종은 성경적 신앙의 일차적 형태이다. 이제 하나님과의 관계에 있어서 이스라엘의 역할은 "신뢰와 순종"이다. 교회교육은 성경적 신앙을 가르침에 있어서 순종이라는 덕목을 분명히 해야 한다. "존재한다는 것은 순종하는 것이다, 나는 명령받았기에 존재한다." 순종은 피조물인 인간이 결코 자신들만으로는 충분한 존재가 아니라, 다른 목적을 위해 창조되었으며, 인간 자체가 다른 이의 선물이라는 것을 확인시켜 준다.

브루그만에 의하면 정경의 각 부분은 각기 독특한 방법으로 "거룩한 하나님께 대한 순종의 응답"을 다루고 있다.[38] 순종은 구약의 각 문학 양식에 따라 다양하게 나타난다. 오경(토라)에서는 의심의 여지가 없는 것의 드러남 또는 폭로(계시)를 "수용"하는 의미로, 예언서(느비임)에서는 깨뜨림/와해 가운데로의 "동참"이라는 양식으로, 지혜문학(케투빔)에서는 연결과 부조화 양자에 주의를 기울이는 분별력의 "실천"이라는 모습으로 나타난다. 브루그만은 이 같은 흐름을 수용 – 동참 – 실천이라고 요약한다. 오경 – 예언서 – 지혜문학의 구조 속에서 학습자는 점점 더 활동적으로 되어가며 급기야 주도권까지 갖게 되는 성장의 과정을 거친다. 또한 여론을 표현하든지, 깨뜨리든지, 여론의 숨겨진 면을 탐구하든지 상관없이 모든 양태에 신뢰와 순종을 주장하는 공통의 목소리가 들어 있다.[39]

---

38 위의 책, 217-27.

39 Brueggemann은 정경의 세 형태에서 순종의 공통점이 나타난다고 한다. 위의 책, 225-26.
  1) 토라: "이 돌들이 무슨 의미인가"라는 질문에 대한 답은 "여호와께서 우리에게 이 모든 규례를 지키라 명하셨으니, 이는 우리 하나님 여호와를 경외하여 항상 복을 누리게 하기 위하심이며, 또 여호와께서 우리로 오늘날과 같이 생활하게 하려 하심이라"(신 6:24)이다.
  2) 예언서: "여호와께로서 받은 말씀이 있느뇨?"라는 질문에 대한 답은 "또 내 신을 너희 속에 두어, 너희로 율례를 행하게 하리니, 너희가 내 규례를 지켜 행할지라"(겔 36:27)이다.
  3) 지혜서: "지혜는 어디에서 얻는고?"라는 질문에 대한 답은 "또 사람에게 이르시기를 주를 경외함이 곧 지혜요, 악을 떠남이 명철이라 하셨느니라"(욥 28:28), "스스로 지혜롭게 여기지 말지어다. 여호와를 경외하며 악을 떠날지어다"(잠 3:7), "일의 결국을 다 들었으니 하나님을 경외하고 그 명령을 지킬지어다. 이것이 사람의 본분이니라. 하나님은 모든 행위와 모든 은밀한 일은 선악 간에 심판하시리라"(전 12:13-14)이다.

III. 구약정경에 기초한 청소년 교회교육

이상에서 살펴본 오늘의 한국 크리스천 청소년들이 직면한 도전들, 청소년에 대한 발달적 이해, 특히 포스트모던적 발달이해와 구약 정경에 나타난 여러 가지 형태의 기독교교육에 기초하여 여기에서는 청소년을 위한 교회교육의 목적, 목표, 과제, 방법 등을 제안하려고 한다.

1. 목적과 목표

오늘의 청소년 교회교육은 어떠한 목적을 지향해야 하는가? 청소년의 발달적 특성과 오경에서 나타나는 교육의 모델들, 그리고 오늘의 상황 등을 종합적으로 고려하면서 다음과 같은 청소년 교육 목적을 제안한다.

청소년 교회교육의 목적은 지역교회가 하나님 나라의 비전하에 삼위일체론적인 온전한 신앙 형성을 지향하는 가운데, 자아, 타인, 세계, 하나님과의 관계에 있어서 다양한 파편화 혹은 분절화의 위기를 경험하는 포스트모던 시대의 청소년들이 가정, 교회, 학교, 사회 등이 서로 유기적으로 연계된 교육 생태환경 가운데서 1) 개방성에 기초한 확고한 성서적 자아와 신앙적 정체성을 소유하고(오경적 정체성 형성 교육), 2) 정의롭고, 평등한 공동체의 형성과 변형과정에 참여하며(예언자적 비판과 실천교육), 3) 하나님께서 창조하신 세계와 현실을 신앙과 이성을 통하여 올바로 분별하고(지혜문학적 분별교육), 4) 더 나아가 자신의 한계를 인정하는 가운데 하나님을 온전히 신뢰하고 순종하는(시편의 하나님 순종교육) 제자와 시민으로 살아가도록 도전을 주고, 공간을 만들어 주고, 지원하는 것이다.

본 장에서 지향하는 청소년교육은 청소년들로 하여금 자아, 타인, 세계, 하나님과의 관계에서 경험하는 다양한 파편화 혹은 분절화 현상을 극복하고 온전하고 통전적인 삶과 신앙을 소유하면서 살아가도록 장을 마련하고 지원하는 것을 뜻한다. 따라서 여기에서 온전한 신앙은 자아, 타인, 세계, 하나님이라고 하는 여러 차원이 분리되지 않고 유기적으로 연계되는 것을 전제한다. 신앙의 이러한 차원들이 조화와 균형을 이루지 못하고 한 곳으로 치우게 되면 온전한 신앙의 양육이 힘들어지기 때문이다. 특히 개인주의와 사사화의 성향을 많이 보이고 있는 청소년세대들에게 이러한 균형은 매우 중요한 의미를 갖는다.

청소년들이 온전한 신앙을 지닌 제자와 시민으로서의 삶을 살도록 지원하는 것을 목적으로 하는 청소년 교회교육은 다음과 같은 구체적인 목표를 추구한다. 첫째, 청소년들은 개방성에 기초한 확고한 오경적 자아와 신앙정체성을 가지게 된다. 둘째, 청소년들은 정의롭고, 평등한 공동체 형성과 변형에 참여하는 예언자적 비판과 실천 능력을 가지게 된다. 셋째, 청소년들은 세계와 현실을 신앙과 이성을 통하여 올바로 분별하는 지혜문학적 분별능력을 소유하게 된다. 넷째, 청소년들은 자신의 한계를 인정하는 가운데 하나님을 온전히 신뢰하며 순종하는 시편적 순종의 삶을 살게 된다.

2. 청소년 교회교육의 과제와 방법

1) 오경적 정체성 형성교육

오경적 정체성 형성교육은 가치, 문화, 세계관 등의 다원화가 더욱 더 강화되어가는 포스트모던, 다원주의, 디지털 사회의 상황에서 성서와 기독교 전통의 핵심 내용을 창조적으로 전달함으로써 청소년들의 신앙정체성을 형성하는 교육이다. 여기에서 청소년들에게 교육할 내용은 신앙공동체의 모든 사람들이 공유할 수 있는 충분하고도 확실한 의미를 가진 성경에 계시된 규범적 이야기이다. 오경적 정체성 형성교육은 인간의 논리와 경험을 넘어선 하나님의 새로운 결정으로써의 계시가 기초를 이룬다. 하나님의 계시는 누구도 의문을 제기할 수 없는 권위를 지닌다. 예기치 못한 갑작스러운 좋은 소식(복음)이 계시되는 것이다.

이스라엘에게 있어서 창조와 출애굽의 해방 사건이 그들의 정체성을 형성하는 근본적이고 핵심적인 이야기였던 것처럼, 청소년을 위한 오경적 정체성 형성교육에서는 신구약에 나타나는 창조, 구원, 영화의 복음 이야기를 대화적 방법에 기초하여 신앙적 정체성, 즉 하나님 백성으로서의 자의식을 형성해 나가는 것이다. 성서와 기독교 전통의 핵심 내용의 전달은 질문과 대답으로 이루어진다. 청소년들은 삼위일체 하나님, 세계, 신앙공동체, 신앙적 삶 등에 관한 질문을 제시하며, 신앙공동체 내의 부모와 교사는 이들의 질문에 대하여 이야기를 들려준다. 그리고 이야기의 세계 속으로 청소년들을 참여시켜서 그 내용을 전유하고 현재화하도록 격려하고, 더 나아가 이를 통하여 기독교의 기본 신조와 신앙고백을 생동감 있게 체득하게 함으로써 기독교적, 성경적 정체성을 형성하도록 돕는다.

오경적 정체성 형성교육은 웨스터호프의 신앙문화화 모델과 유사하면서도 차이가 있다. 먼저 신앙문화화 모델은 일방적인 교리나 내용 전달이 아닌 이야기, 예전, 삶의 양식을 공유하는 신앙공동체를 기독교적 정체성 형성의 핵심 현장으로 간주한다. 이러한 공동체는 3대로 이루어져야 하고, 직접적인 상호작용이 가능한 300명 정도의 소규모를 지향한다.[40] 오경적 정체성 형성교육도 교회공동체에서 이루어지는 이야기, 예전, 삶의 양식의 공유를 통하여 신앙적 자아의 형성을 지향한다는 차원에서는 신앙문화화 모델과 유사한 점을 지니고 있다.

오경적 정체성 형성교육에서 이야기와 예전은 밀접하게 연결되어 있다. 청소년들은 교회력에 따라 다양한 창조, 타락, 해방, 성육신, 십자가, 죽음, 부활, 영생 등과 같은 신앙적 주제를 예전에의 참여와 이와 관련된 성서의 이야기를 자신의 삶과 연결시켜 나가는 가운데 신앙공동체 안에서 신앙적 정체성을 형성해 나간다. 그리고 예배, 선교, 친교, 교육, 봉사, 대화, 간세대적 활동 등을 통하여 다양한 세대들과 상호작용을 한다. 여기에서 명시적 교육과정보다는 암시적(implicit) 교육과정, 즉 신앙공동체의 신앙적 에토스(ethos)가 더욱더 큰 영향력을 끼친다.

하지만 오경적 형성교육이 힘의 문제를 중요하게 다룬다는 점에서 신앙문화화 이론과는 차이를 보인다. 오경적 형성교육에서는 토라의 이야기가 기적과 경이로움을 다루는 교육이면서 동시에 힘의 문제를 다룬다는 점을 강조한다. 즉, 고통 속에서 신음하는 자들을 위한 정의로

---

40 John Westerhoff III, *Will Our Children Have Faith*, 3rd ed., (New York: Morehouse Publishing, 2012).

운 힘의 사용을 중요시 한다. 신앙정체성의 형성은 개인적, 실존적, 수직적 차원과 더불어 이러한 사회적, 구조적, 제도적 차원의 힘의 문제와도 밀접하게 연관된다. 한국 교회의 상황에서 청소년의 신앙적 정체성 형성의 문제가 지금까지는 주로 전자의 맥락에서 취급되어 온 사실을 감안한다면, 앞으로는 후자의 차원을 반드시 보완해 나가야 할 것이다. 이러한 차원이 도외시 된다면 신앙정체성 형성은 사적인 차원만 강조되고 공적인 차원이 결여되는 결과로 나타나게 될 것이다.

신앙문화화 이론에서는 신앙공동체로서의 교회공동체 자체에 대한 강조는 나타나지만, 이를 넘어선 교회 밖의 세계에 대한 관심은 상대적으로 부족하다고 할 수 있다. 그리하여 신앙정체성의 형성을 사회와 분리된 것으로 오해할 가능성이 있으며, 이로 인하여 정치-경제적, 사회적, 구조적, 제도적 차원의 힘에 대한 관심이 실종될 수 있다. 반면에 오경적 형성교육은 청소년들의 신앙적 정체성 형성에 있어서 개인적, 실존적, 수직적 차원과 더불어 정치-경제적, 사회적, 구조적, 제도적 차원에서 올바른 힘의 사용이라는 주제를 강조한다. 청소년들의 신앙적 정체성은 결코 개인, 가정, 교회의 차원에 국한되지 않으며 보다 더 넓은, 교회와 사회라고 하는 차원과 밀접하게 연계되어 형성된다. 하나님의 창조와 구원 이야기에 나타난 정의로운, 즉, 가난하고 억눌리며 소외된 자들을 위한 힘의 사용을 규범으로 삼는다. 따라서 청소년을 위한 오경적 형성교육은 신앙정체성이 개인적, 실존적 차원의 하나님과의 만남의 이야기와 더불어 이루어지지만, 동시에 가난하고, 억눌리며, 소외된 자들과 함께하시는 하나님의 이야기를 통하여 형성됨을 강조한다. 양자는 따로 분리되지 않고 상호의존적이다.

청소년을 위한 오경적 형성교육에서 특별히 관심을 가져야 할 분야는 성경교육, 예전과 절기를 통한 교육(통과의례, 교회력), 세례교육, 입교교육 등이다. 첫째, 성경공부는 하나님의 계시로 주어진 창조와 구원의 성경 이야기를 창조적으로 해석하고 청소년들이 그 속에 참여하여 자신의 삶의 이야기와 만나도록 해 주고 이를 전유하고 실천하게 함으로써 성경적 정체성을 형성하게 한다. 둘째, 예전과 절기를 통한 교육은 청소년들이 주일의 예배와 삶의 과정에서 맞이하는 여러 통과의례와 교회력에 기초하여 성경의 내용과 만남을 시도하고 시간의 흐름 속에서 의미 있는 중요한 순간들을 통하여 자신을 새롭게 성찰하고 결단하게 만드는 형성교육이다.[41] 셋째, 세례교육, 입교교육은 신앙정체성 형성이 가장 필요한 청소년들에게 결정적으로 중요한 위치를 차지한다. 여기에서는 삼위일체 하나님과의 인격적인 만남, 개인적, 공동체적 차원의 신앙고백의 이해, 신앙공동체인 교회에 대한 이해, 세계에서의 소명 등에 초점을 맞추어서 청소년 신앙정체성 형성교육을 실시한다.

성경공부, 예전과 절기를 통한교육, 세례, 입교교육에는 특히 그동안 교회교육에서 제대로 다루지 못한 "남성성과 여성성 교육"과 "죽음교육"과 같은 것을 진지하게 가르쳐야 한다. 먼저 "남성성과 여성성 교육"은 소년과 소녀에서 벗어나서 성숙하며 책임감을 지닌 성인 남성과 여성으로 성장하도록 준비시켜 주는 교육이다. 청소년들이 성숙한 신앙적 정체성을 지닌 성인으로 잘 성장하기 위해서는 청소년시기에 인격과 신앙적으로 모델이 되는 동성의 성인교사들의 코칭과 멘토링을 통하여 남성성과 여성성에 대한 균형 잡힌 교육을 받을 필요가 있다는

---

41 예배의 이야기적 성격을 강조한 책으로 다음을 참고할 것. Sarah Arthur, *The God-Hungry Imagination: The Art of Storytelling for Postmodern Youth Ministry* (Nashville: Upper Room Books, 2007).

것이다. 예를 들어, 최근 미국, 유럽, 호주 등에서는 소년들을 성숙한 남성으로 성장시키기 위한 다양한 교육들이 실시되고 있다. 호주의 가족문제 및 부모역할에 관한 전문가이며 작가인 스티브 비덜프(Steve Biddulph)는 소년들을 대상으로 하는 이러한 남성성 교육에 대하여 많은 관심을 가지고 자신의 책에서 "여행", "바위와 물", "니토르"와 같은 프로그램을 소개하는데 이러한 것을 입교교육 같은 기회를 통하여 신앙교육의 관점에서 새롭게 구성하여 신앙정체성 형성을 위한 목적으로 활용할 수 있을 것이다.[42]

비덜프는 오늘의 남성 성인들은 많은 경우 남성성에 대한 왜곡된 혹은 불균형적인 인식(물리적 강함에 대한 집착과 이로 인한 감정 표현과 친밀한 관계 맺기의 어려움)으로 인하여 성숙한 남성으로 살아가지 못하는 경우가 많다고 주장한다. 그리하여 남성이 지닌 본래적 강함과 더불어 자신의 감정을 잘 표현하고 공감하는 능력을 소년시절부터 함께 키워나가야 함을 강조한다. 이를 위하여 "애정"(자기들의 존재가 얼마나 소중한가를 알려줌), "가르침"(자신들의 삶을 이해할 수 있도록 도움), "모범"(훌륭한 남자가 어떻게 느끼고, 생각하고, 행동하는지를 보고 배울 수 있게 함) 등의 3요소가 필수적이라고 주장한다.[43] 어린 시절부터 입시의 압박하에서

---

42 Steve Biddulph, *The New Manhood*, 박미낭 역, 『남자, 다시 찾은 진실』 (서울: 푸른길, 2011). 특히 "여행", "바위와 물", "니토르"에 대해서 제5장 "소년에서 남자로" 참고할 것. "여행"은 좋은 남자가 되는 것에 대한 입문 단계와 특별교육과정으로 구성되어 있는 남성됨에 대한 12개월의 훈련프로그램이다. "바위와 물"은 무술정신을 활용하여 십대 소년 소녀들을 안전하게 보호하고 폭력과 왕따를 방지하기 위한 훈련프로그램이다. 호주 멜버른 교외의 가톨릭 레저널 칼리지(중고등학교)에서 개발된 "니토르"는 고등학교 1학년 프로그램을 재디자인한 프로그램이다. 니트로는 남녀공학 학교에서 두 명의 남자교사들이 주로 문제아 소년으로만 구성된 반을 1년 동안 부모와의 협력으로 가르치는 프로그램이다. 여기에는 "남자가 되는 법에 관한, 즉 남자는 여러 가지 상황에서 어떻게 행동하며 어떻게 윤리적이면서도 훌륭하게 될 수 있을까를 가르치는 특별한 과정이 있다"(182).

43 위의 책, 35-36.

부모, 특히 어머니의 간섭과 통제하에 성장하여 자신의 주체성과 자율성을 상실해 가고 있는 오늘의 한국 청소년들에게 이러한 건강한 성 정체성 형성을 지원하는 교육은 매우 필요하다고 할 수 있다. 입교교육의 중요한 목표 가운데 하나가 청소년들의 올바른 신앙적 정체성 형성이라고 한다면 균형 잡힌 성숙한 남성성과 여성성을 형성하도록 신앙적 차원에서 도움을 주는 것은 매우 시급한 과제이다.

다음은 "죽음교육"이다. 그동안 교회 현장에서 부활과 생명에 대한 성서적 관점은 많이 가르쳐 왔으나 죽음에 대해서는 언급을 회피하는 경우가 많았다. 청소년 교육도 예외가 아니다. 따라서 입교, 세례교육 등을 통하여 청소년들이 죽음이 지닌 의학적, 과학적, 철학적, 사회학적 의미를 잘 이해할 수 있도록 해 주고, 동시에 종말론적인 부활신앙의 관점에서 죽음의 개인적, 실존적 차원과 더불어 공적, 생태적 차원까지도 잘 성찰하고 이해할 수 있는 통전적인 죽음교육을 실천해 나가야 할 것이다. 죽음교육은 노년들에게만 필요한 교육이 아니라 아동기부터 지속적으로 가르쳐야 하는 평생교육이다. 죽음교육은 잘 살기 위한 생명교육이기 때문이다. 따라서 청소년 시기에 종말론적인 하나님 나라의 관점에서 자신의 죽음에 대하여 잘 성찰하고 배울 수 있도록 설교, 성경공부, 통과의례 등을 통하여 다양한 교육을 해야 할 것이다.

청소년을 위한 죽음교육에서는 일차적으로 자살 문제를 잘 다루어야 할 것이다. 한국의 청소년 사망원인 1위가 자살이며, 더욱이 10대의 자살률이 점점 증가하고 있는 심각한 상황에서 이에 대한 경각심을 가지고 다양한 예방노력들을 기울여야 한다. 사회적으로는 입시를 위한 살인적인 경쟁의 위험을 해소할 방안을 계속 강구해야 할 것이며, 구체적으로는 교회교육의 차원에서는 교회-학교-지역사회 등이 연대하여 자살 예방을 위한 생명교육을 실시해야 한다.

　　그리고 더 나아가 가족과 이웃의 죽음에 직면하여 위로자의 역할을 감당하고, 불의한 죽음에 대해서는 하나님의 공의와 정의의 관점에서 연민과 연대 가운데 해법과 대안을 모색해 나갈 수 있도록 교육해야 할 것이다.[44] 청소년들의 신앙적 정체성 확립에 있어서 죽음과 부활에 대한 분명한 신앙적 이해와 확신은 결정적인 역할을 함에도 불구하고 그동안 이에 대한 교육이 부족했음을 반성하고 청소년 교회교육에서는 다양한 노력을 기울여야 할 것이다.

　　위에서 언급한 교육에서 공통적으로 많이 활용할 필요가 있는 것이 이야기와 대화의 방법이다. 이야기를 통한 교육은 아동기에 가장 큰 영향을 끼치며 가장 많이 활용되는 방법인데, 마가렛 크리취(Margaret Krych)는 구체적 조작기인 아동기에 배운 성경 이야기를 청소년이 되어서는 형식적, 추상적 개념으로 이해할 수 있도록 교육해야 한다고 주장한다. 예를 들어, 어린 시절 '칭의' 개념을 변형적 이야기를 통해서 배웠다면 이제는 형식적, 추상적 개념으로도 칭의를 이해할 수 있도록 교육해야 한다는 것이다. 이러한 맥락에서 청소년들에게는 교리교육이 필요하다. 청소년들에게 "교리교육은 변형적 이야기를 통해 자신들이 깨닫고 경험한 것을 보다 전문성 있게 개념화할 수 있도록 도와주며, 자신들의 경험을 추상적 언어로 표현하고 전달할 수 있도록 도와준

---

[44] 최근 음주 운전자에 의하여 친구를 잃은 대학생들이 음주운전 적발과 처벌을 강화하는 법(윤창호 법)을 입법하도록 다양한 노력을 기울인 사건은 불의한 죽음에 대한 대안을 찾아나가는 매우 귀중한 실례 중의 하나라고 할 수 있다. "음주운전 교통사고 처벌 강화, 윤창호법 18일부터 시행," http://www.mediasr.co.kr/news/articleView.html?idxno=50337 [2018. 12. 11 접속]. 2018년 말 태안 화력발전소에서 비정규직으로 일하다가 불의의 사고로 숨진 고 김용균 군의 죽음에서 드러난 소위 "죽음의 외주화"를 방지하기 위한 노력도 불의한 죽음에 대한 투쟁이라는 면에서 같은 맥락이라고 할 수 있다.

다."[45]

그런데 크리취는 여기에서 변형적 이야기는 아동기뿐 아니라 청소년기에도 여전히 중요한 역할을 한다는 것을 강조한다. 성경의 변형적 이야기는 교사와 학생이 공유하고 공감하는 토대를 형성한다. 비록 청소년들이 형식적 사고의 능력을 지닌다 해도 모두가 교리사 혹은 교리 신학에 관심을 가지고 공부하지는 않는다는 것이다.[46] 많은 청소년들이 이를 통해 새로운 도전을 받고 인식이 확장되지만 여전히 성경 이야기를 통한 신앙 이해를 선호한다는 것이다. "신학적으로 깊이 있는 성찰의 능력을 가진 학생이라 하더라도 그가 발견하고 깨달은 신앙의 원리를 여전히 성경 이야기와 변형적 이야기를 통해 표현하고 결단하고자 하는 것을 볼 때 여전히 이야기는 교육적 중요성을 그 속에 담고 있음이 분명하다."[47]

이러한 맥락에서 청소년기의 이야기 교육은 학습자를 이야기 속에 상상적으로 참여시킴으로써 자신을 이야기 속의 인물들과 동일시하는 아동기와는 달리 성찰의 능력을 지닌 청소년들이 이야기 자체에 대한 재미와 흥미를 넘어설 수 있도록 해 주어야 한다. 즉, 청소년들이 성서 이야기에 대하여 성찰적, 비판적, 숙의적 대화를 시도할 수 있도록 다양한 기회를 제공함으로써 보다 깊이 있는 체화된 교육이 될 수 있게 해야 될 것이다.

오경적 정체성 형성교육을 위하여 이야기와 대화의 방법 외에도 신

---

45   Margaret Krych, *Teaching the Gospel Today*, 이규민 역, 『이야기를 통한 기독교교육: 신앙공동체를 위한 기독교교육의 새 모델』 (서울: 한국장로교출판사, 2012), 155.

46   위의 책, 156.

47   위의 책.

앙, 교리, 성서의 내용을 체계적으로 전달하는 강의법이나 세미나법, 개인적인 훈련과 형성을 위한 코칭과 멘토링 방법, 상담, 그리고 공동체가 함께 참여하는 예전을 통한 방법 등도 매우 중요한 교육방법들이다. 이러한 방법들은 교육의 주제와 상황에 따라서 한 가지를 단독으로, 혹은 여러 가지를 결합하여 사용할 수도 있다. 그 가운데 청소년 신앙적 정체성 형성 방법에서 아주 중요한 위치를 차지하고 있는 멘토링에 대하여 좀 더 자세히 논의할 필요가 있다. 발달이론에 의하면 청소년들의 정체성 형성 과정에서 "성인 보증인"(adult guarantor)이 매우 중요한 역할을 한다. 성인 보증인이란 "믿을 만한 이유와 상관없이 청소년들을 믿어주는 사람들"을 지칭한다.[48] 마찬 가지로 신앙적 정체성 형성에 있어서 청소년과 성인 사이의 의미 있는 관계는 결정적 역할을 한다. 이러한 관계가 장기적으로 지속되는 경우 청소년들은 성인이 되어서도 교회를 떠나지 않고 정착하는 비율이 매우 높다. 한국교회의 청소년 교회교육이 어려움을 겪는 근본이유 가운데 하나가 프로그램 위주의 목회로 인하여 청소년과 성인들 사이의 친밀한 인격적이며 신앙적 관계가 제대로 형성되지 못한 것을 들 수 있다. 따라서 멘토링을 통한 인격적이며 신앙적 관계 형성이 절실하다 할 수 있다.

챕 클락(Chap Calrk)과 캐러 포웰(Kara Powell)에 의하면 멘토링이란 "삶에 대한 하나님의 목적을 향해 나갈 수 있게 힘을 불어넣어주는 것"이다.[49] 멘토링은 청소년부서의 교사뿐 아니라 교회공동체 내의 다양한 성인들에 의하여 수행될 수 있다. 멘토링에는 시간적 투자가 매우

---

48 Kenda Dean and Ron Foster, *The God Bearing Life*, 배정훈 역, 『하나님을 잉태하는 청소년 사역』 (서울: 복있는사람, 2006), 115.

49 Chap Clark and Kara Powell, *Deep Ministry in a Shallow World*, 김창동 역, 『청소년 사역 어떻게 디자인 할 것인가?』 (서울: 성서유니온선교회, 2010), 122.

중요한데, 클락과 포웰은 1) 성인과 청소년이 한 달에 적어도 열 시간 이상 만나고, 2) 그 기간이 적어도 열두 달 이상은 지속되어야 효과적이라고 주장한다.[50] 그런데, 그 기간이 6개월 미만일 때는 오히려 부정적인 결과가 나타나기 쉽다고 한다. 특히 문제를 일으킨 청소년들과의 경우 더욱 그러한 경향을 많이 보이는데, 청소년들은 성인들로부터 버림을 받았다는 느낌을 가지게 되고 이로 인하여 상처를 받기 쉽다는 것이다. 참된 멘토링은 청소년들의 외면적으로 드러난 행동만이 아니라, 성경에 기초하여 "마음속의 관점의 변화"를 이루어 나가는 데 더욱 초점을 맞추어야 한다.

오경적 정체성 형성 멘토링을 위해서는 1) 멘토 모집을 위한 심사 (하나님과의 관계, 이웃과의 관계, 도덕적 행동 등). 2) 멘토를 훈련하는 단계, 3) 계속적인 감독과 격려의 단계 등을 필요로 한다.[51] 로버트 클린턴(Robert Clinton)은 멘토링의 새로운 모델을 제안하였는데 이는 오경적 정체성 형성을 위한 멘토링에도 큰 도움이 된다. 그는 한 사람의 멘토가 멘티의 모든 것을 책임지고 인도하는 완벽한 멘토링 모델보다는 "완벽하지는 않지만 누구나 삶을 통해 이야기할 수 있는 멘토들의 작은 집합"을 추천한다. 멘토들은 다양한 기능들을 수행해야 하는데 청소년 멘토들은 이러한 기능들을 여러 사람이 서로 분담하여 수행할 때 더욱 좋은 멘토링을 제공할 수 있다는 것이다.[52] 클린턴의 모델은 한명의 교사나 성인이 청소년 멘토링을 장시간 혼자 지속하기 힘든 한국교회의

---

50 위의 책, 123.
51 위의 책, 126-29.
52 멘토들은 스승-코치-상담가-교사-모델 등의 기능들을 수행하는데, 상담가를 중심으로 왼쪽으로 갈수록 더 계획적인 차원이, 오른쪽으로 갈수록 덜 계획적인 경향이 강하다. 위의 책, 130-31.

상황에 적합하다고 할 수 있다. 그 외에도 교회의 상황에 따른 다양한 변형된 형태의 멘토링이 있을 수 있지만, 중요한 사실은 멘토링이 청소년 사역에 있어서 핵심적인 통로라는 것이다. 멘토링의 방법이 오경적 정체성 형성교육에 가장 효과적이긴 하지만 예언자적 비판과 실천교육, 지혜문학적 분별교육, 시편적 순종의 교육에서도 여전히 중요한 교수방법이다.

2) 예언자적 비판과 실천교육

예언자적 비판교육은 경제적 양극화 현상이 점점 더 심화되어가고 있는 오늘의 지구-지역화(glocalization) 상황에서 청소년들이 하나님 나라의 비전하에 정의로운 공동체 형성과 변형에 참여할 수 있는 비판적이며 예언자적 능력을 양육시켜 주는 것을 목표로 하는 교육이다. 세계화는 인류에게 다양한 혜택을 가져다주기도 하지만 동시에 부와 권력의 양극화를 동반한다. 더욱이 신자유주의적 관점에 기초한 자본주의의 세계화는 빈익빈 부익부의 양극화를 국내적으로 또한 지구적 차원에서 심화시켜 나가는 것을 우리는 경험하고 있다.

앞에서 살펴본 것처럼 예언서의 교육은 오경의 정체성 형성교육에 기초한다. 그러나 전자는 하나님의 해방의 이야기가 이스라엘 공동체 내에서 역동성을 잃고 화석화되고 형식화되어 갈 때, 이로 인하여 이스라엘 공동체 내에 힘의 불균형과 불의, 불평 등의 문제가 발생할 때 이를 비판하고 변혁해 나가는 교육이다. 마찬가지로 청소년을 위한 예언자적 비판교육은 먼저 오경적 정체성 형성교육에 기초한다. 오경적 형성교육이 잘 이루어질 때 예언자적 비판교육도 제대로 수행될 수 있다.

신앙공동체의 맥락에서 오경적 형성교육을 통하여 청소년들에게 하나님의 백성 또는 제자라는 기독교적 자아의식을 형성시켜 주고, 이에 기초하여 정의로운 대안적 사회를 하나님 나라의 원리에 따라서 이루어 나가는 능력을 양육시켜 주는 것이다.

예언서가 불의한 상황에서, 특히 약한 자들이 억압과 차별을 받는 상황에서 하나님의 파토스(pathos)를 강조하듯이, 청소년을 위한 예언자적 비판교육은 이들과의 공감적 연대를 해 나갈 수 있는 능력을 양육시킨다. 이를 위하여 감성적인 차원에서 타인의 고통에 참여하는 공감의 능력을 갖추고,[53] 사회과학적 분석과 예언자적 상상력을 통하여 사회현실을 비판적으로 인식하고 분석하며 대안을 모색할 수 있는 능력을 동시에 양육하는 것이 중요하다.

청소년을 위한 예언자적 비판교육은 억눌린 자, 희생자, 또는 주변화된 공동체에 초점을 맞춘다는 의미에서 비판적 프락시스 교육과 유사한 점을 가지고 있으나, 또한 차이점도 있다. 비판적 프락시스 교육은 파울로 프레이리(Paulo Freire)의 의식화 교육과 해방신학에서 많이 사용되었는데 다음과 같은 3가지의 중재를 통하여 이루어진다. 첫째는 "사회적-분석적 중재"이다. 이것은 억압받는 자 또는 희생자들의 세계에 초점을 맞추어서 이들이 왜 억압과 희생을 당하는지를 다양한 차원에서 탐구하는 것으로 현실 상황에 대한 사회과학적이며 비판적 기술(description)을 지칭한다. 둘째는 "해석학적 중재"이다. 이것은 하나님의 세계라는 관점에 초점을 맞춘다. 가난한 자와 눌린 자를 위한 하나님의 꿈과 계획이 무엇인지를 분별하는 단계이다. 셋째는 "실천적 중

---

[53] 기독교교육과 공감에 대한 연구로 다음을 참고할 것. 장신근, "공감," 장신근 외, 『기독교교육에 생기를 불어넣는 일곱 주제』 (서울: 장로회신학대학교 기독교교육연구원, 2009), 172-208.

재"이다. 이것은 행동에 초점을 맞춘다. 이것은 하나님의 꿈과 계획을 이루어 나가기 위하여, 즉, 불의의 상황을 극복하기 위하여 필요한 행동을 찾아 나가는 단계이다.[54] 이상의 세 단계는 해석학적 순환관계 속에서 상호 연관된다.

청소년을 위한 예언자적 비판교육은 주변성(marginality)에 강조점을 두고 이를 경험하게 한다는 차원에서 비판적 프락시스 교육과 유사하지만, 불의한 현실에 대한 인식에 있어서 비판적이고 사회과학적인 방법과 더불어 시적이고 "예술적인 상상력"도 중시한다는 차원에서 차이점이 있다. 예언자들은 시적표현을 통하여 지배언어의 세계를 파괴하고, 경험 세계의 구조와 의미에 주의를 기울이게 하며, 현재와 약속된 세계 사이에 존재하는 연속성과 불연속성의 긴장을 보여준다. 이러한 시적이고, 예술적인 상상력은 인지적 차원에서 이루어지는 비판적 해석을 넘어서서 불의한 현실을 변혁해 나가는 과정에서 감성적이고 영성적인 차원을 함께 동원하여 하나님 나라의 종말론적 미래를 상상하며 이를 향해 나가도록 힘을 불어넣어 준다.

이러한 맥락에서 청소년을 위한 예언자적 비판교육은 먼저 이들에게 비판적이고, 사회과학적인 현실 이해와 더불어 시적이고 예술적 또는 미적 상상력을 통하여 대안적인 현실을 상상하고 이를 현실화 해 나가는 능력을 키워주는 것이다. 청소년들이 속한 다양한 범주의 공동체에서 생겨나는 불의한 현실, 특히 힘의 논리로 인하여 주변화되고 억압을 당하는 현실을 비판적으로 분석하고 이해하며, 고통당하는 이들에게 정서적으로 공감하며, 동시에 하나님의 파토스를 가지고 이들과 연

---

54 Daniel Schipani, "해방신학과 종교교육," Randolph Miller ed., *Theologies of Religious Education*, 고용수, 박봉수 역, 『기독교 종교교육과 신학』 (서울: 한국장로교출판사, 1998), 497.

대하고 대안적 공동체를 만들어 나가는데 헌신할 수 있는 능력을 양육시키는 교육이다.

청소년을 위한 예언자적 비판교육과 실천교육에서 특별히 관심을 가져야 할 분야는 비판적 프락시스 교육, 디아코니아 교육, 민주시민교육(정치교육) 등이다. 첫째, 비판적 프락시스 교육은 불의한 현실의 변혁을 위하여 다양한 변혁적 실천에 참여하고 이를 다시 비판적으로 성찰하며 또 다른 실천으로 나아가는 교육이다. 예를 들어 (사이버 불링과 같은 최근의 양태까지 포함하여)학교 폭력이 심각한 상황에서 청소년들은 이러한 학교현실과 이를 조장하는 사회적 현실을 비판적으로 인식하는 가운데 이를 해결하기 위한 실천에 참여하고 이를 다시금 성서적 시각에서 비판적으로 성찰하면서 또 다른 실천으로 나아갈 수 있는 능력을 키워주는 비판적 프락시스 교육이다. 로널드 크램(Ronald Cram)에 의하면 "학교폭력은 가해자 개인이나 혹은 집단이 시간이 지남에 따라서 반복되는 폭력 행위들을 통하여 다른 사람(들)과 관계를 맺고자 하는 가운데 발생하는 영적인 위기를 행동으로 표출하는 것을 뜻한다."[55] 이러한 이해는 학교폭력을 단순한 또래들 사이의 갈등 혹은 인성교육의 부족으로만 보는 단순한 시각을 넘어서서 신앙적으로 해석할 수 있는 관점을 제공해 준다는 점에서 매우 중요하다. 하지만 필자는 크램의 관점에 하나님의 정의와 평화라는 관점이 추가되어야 본다고 생각한다. 학교폭력은 영적인 위기이지만 또한 학교공동체 또는 또래공동체 내에서 일어나는 잘못된 힘의 사용과 관련이 있기 때문이다. 따라서 학교폭력은 학생들의 영적 위기의 문제이지만 동시에 이들이 속해 있는 공동체

---

55 Ronald Cram, *Bullying: A Spiritual Crisis*, 장보철 역, 『학교폭력, 그 영적 위기와 극복』(서울: 새물결플러스, 2013), 174.

의 사회적 위기이기도 하다는 상호보완적 관점에서 대안이 제시되어야 할 것이다. 사회의 축소판으로서 학교공동체에서 일어나는 불의한 폭력에 대항하는 교육은 예언자적 비판과 실천교육의 관점에서 매우 중요한 교육적 과제이다. 이러한 교육은 청소년들이 성장하여 사회에 진출했을 때 사회정의와 인권을 위하여 헌신할 수 있는 성인들이 될 수 있도록 돕는 준비교육이라고 할 수 있다.

둘째, 디아코니아 교육은 구제적 차원을 포괄하지만 또한 이를 넘어서서 제도적, 기구적 차원의 개혁까지도 지향하는 섬김의 교육을 뜻한다. 일차적으로 디아코니아 교육은 어린 시절부터 가정에서 습관형성의 차원에서 지속적으로 실천해야 하는 생활신앙교육이다. 그리하여 청소년 시절에도 가정에서의 디아코니아 실천이 지속적으로 이어져야 한다. 특히 부모와 함께 가족단위로 디아코니아 활동에 참여하면 부모가 청소년들에게 직접적인 디아코니아 모델이 될 수 있기 때문에 매우 중요한 의미를 지닌다. 교회학교에서 청소년들이 다양한 디아코니아 활동에 또래들과 함께 참여하도록 하는 것도 중요하지만 부모와 더불어 봉사하는 기회를 제공함으로써 가정-교회 연계를 위한 좋은 교육의 기회가 될 수 있다. 그리고 디아코니아에 참여하기 전의 사전교육과 사후의 성찰을 위한 기회를 반드시 가질 수 있도록 해 줄 필요가 있다.

더 나아가 디아코니아 교육은 불의한 현실에서 고난과 차별을 당하는 자들에게 공감하고, 변혁을 위하여 연대하는 가운데 실천하는 교육이다. 이를 위하여 디아코니아 교육에는 가난하고, 억눌리며, 차별 당하는 자들과 먼저 심리적, 정서적으로 공감하는 능력의 양육을 포함해야 한다. 그리고 이들이 처한 불의한 현실과 구조에 대하여 사회과학적인 분석뿐만 아니라 예언자적 관점에 기초하여 근본 원인을 인식하고 대안적 미래를 위한 다양한 실천방안을 신앙적 관점에서 찾아나가는 교육을 해야 할 것이다. 이러한 과정에서 청소년들이 자신들의 미래진로 혹은 직업을 통하여 디아코니아를 지속적으로 평생의 과제 혹은 소명으로 실천하는 비전을 가질 수 있도록 지원하는 것도 매우 중요한 교육적 과제이다.

셋째, 민주시민교육(정치교육)은 그리스도인으로서의 확고한 정체성을 가지고 하나님 나라의 비전하에 민주시민으로서의 권리와 의무를 잘 수행하며, 시민사회의 공적인 영역의 형성과 변형에 참여하는 능력을 길러 주는 교육이다. 이는 공공의 이익을 위하여 민주적인 방식으로 시민사회의 일원으로서 다른 시민들과 더불어 숙의과정을 통하여 연대하고, 토의하고, 협상하며, 합의를 이끌어 내는 능력을 양육하는 교육이다. 예를 들어, 청소년들이 민주적인 절차를 통하여 공동체의 문제들을 해결해 나가는 학생회 임원회의를 통한 교육 같은 것이 매우 중요하다. 또한 교회 내의 성인들의 민주적인 의사결정 과정에 청소년들이 직간접적으로 참여할 수 있도록 기회를 제공하는 것도 중요하다. 예를 들어, 청소년들이 당회, 제직회, 공동의회 등을 참관하거나, 참여할 수 있도록 하여 교회의 거버넌스가 어떻게 민주적으로 운영되어 가는 지를 배울 수 있도록 해 주는 것이다.

청소년 교회교육에서의 민주시민교육은 면대면의 오프라인 상에서의 교육과 더불어 온라인 공간에서 공동선에 기여하는 시민 즉, 건강한 네티즌의 양육에도 많은 관심을 기울여야 한다. 오늘날 인터넷과 SNS를 비롯하여 온라인 공간에서 일어나는 수많은 폭력, 음란, 가짜뉴스, 사기, 절도, 표절, 해킹, 불법복제, 왕따, 사이버불링 등은 디지털 세대인 청소년들에게도 매우 부정적인 영향력을 끼치고 있으며 많은 청소년들이 또한 의식적 무의식적으로 가해자가 되기도 한다. 이러한 상황에서 청소년 교회교육의 중요한 과제 가운데 하나는 공동선을 추구하는 가상공간을 만들어 나가는 과정에 청소년들이 참여하도록 격려하는 것이다.[56] 이를 위하여 미디어에 대한 심도 있는 이해, 비판적인 미디어 문해능력 형성, 미디어 창조능력 구비 등을 위한 교육을 공적신앙의 관점에서 지속적으로 실시해야 할 것이다.

3) 지혜문학적 분별교육

청소년을 위한 지혜문학적 분별교육은 디지털 정보화와 지식의 폭발적 팽창과 지식의 융합 혹은 통섭이 더욱 가속화되어 갈 미래시대의 청소년들에게 세계에 대한 올바른 이해와 신앙적 분별력을 양육해 주는 교육이다. 지혜문학의 교육은 앞에서 살펴본 것처럼 하나님이 창조하신 세계에 관한 책임적이고 이성적인 지식과, 열정적인 하나님 신뢰를 함께 결합하는 것을 목표로 한다. 같은 맥락에서 청소년을 위한 지혜문학적 분별교육은 이성적인 지식과 하나님에 대한 뜨거운 신앙을 하나로 엮어내는 것을 목표로 한다.

이를 위하여 세계를 이해하기 위한 다양한 형태의 일반 지식 및 관점들과의 대화를 격려한다. 세상의 지식 또는 학문은 하나님에 의하여 창조된 질서이며 여기에는 지혜가 포함되어 있고, 지혜는 세상에 대한

---

56   Kaveri Subrahmanyam과 David Smahel에 의하면 여러 연구들이 "소셜 네트워킹 사이트와 같은 비공식적인 공간이라도, 온라인 공간들은 젊은이들이 사회적 자본을 구축하고 시민 참여에 기여하는 데 도움이 될 수 있다"는 사실을 보여준다. 즉, "비공식적인 미디어 사용이 젊은이들이 공동의 관심사를 발달시키고 공동체 결속을 다지고 사회적 자본을 형성하는데 도움이 될 수 있다"는 것이다. Kaveri Subrahmanyam and David Smahel, *Digital Youth*, 도영임, 김지연 역 『디지털 시대의 청소년 읽기』 (서울: 에코 리브르, 2014), 190-91.

경험에서 얻을 수 있다는 것을 전제로 한다. 이러한 경험은 개인적이며 동시에 공동체적 차원을 모두 포함한다. 청소년을 위한 지혜문학적 분별교육은 청소년 자신의 경험과 자신이 속한 공동체의 경험을 통하여 지식을 획득함으로써 하나님이 창조하신 질서가 포함되어 있는 세계를 이해하는 것이다.

이러한 의미에서 청소년을 위한 지혜문학적 분별교육은 해석학적 교육과 유사하면서도 차이점을 보인다. 해석학적 교육은 해석자가 처해 있는 특정 상황에서 텍스트(기록된 텍스트 혹은 현실)를 새롭게 이해하는 것을 목표로 한다. 여기에서는 먼저 해석자가 가지고 있는 다양한 경험(또는 전이해)을 중시한다. 해석자의 경험이 때로는 올바른 이해를 위하여 도움이 되기도 하며 방해가 되기도 한다. 그리고 해석의 과정에서 해석자의 지평과 텍스트의 지평 사이의 융합이 일어날 때 새로운 이해가 이루어진다.[57] 데이빗 트레이시(David Tracy)의 주장처럼, 해석학적 교육에서는 텍스트에 대한 경이로움(wonder)과 비판(criticism)의 양면을 고려한 '회복의 해석학'(hermeneutics of retrieval)과 '의심의 해석학'(hermeneutics of suspicion)을 모두 필요로 한다. 해석자로서 학습자는 텍스트가 지닌 긍정적 차원(정의, 평화, 자유, 사랑 등)을 회복시켜 나가고, 동시에 부정적인 차원(불의, 차별, 소외, 억압, 전쟁 등)은 의심의 눈으로 비판하고 해체해 나가며 대안을 모색하는 해석적 활동을 수행해 나가야 한다.[58]

---

[57] 기독교교육과 해석학에 관하여 다음을 참고할 것. Herman Lomberts and Didier Pollefeyt eds., *Hermeneutics and Religious Education* (Leuven: Leuven University Press, 2004); 양금희, 『해석과 교육』 (서울: 장로회신학대학교출판부, 2007). 일반교육학과 해석학에 관해서는 다음을 참고할 것. Shaun Gallagher, *Hermeneutics and Education* (Albany: State University of New York Press, 1992).

해석학적 교육은 인간의 경험과 지식에 근거한 텍스트의 이해를 목표로 한다는 점에서 청소년을 위한 지혜문학적 분별교육과 공통점을 지닌다고 할 수 있다. 청소년을 위한 지혜문학적 분별교육 역시 청소년들로 하여금 자신이 처한 독특한 사회적, 문화적, 정치적, 종교적 상황에서 신앙적 텍스트를 창조의 질서인 이성을 통하여 새롭게 이해하도록 돕는다. 이를 위하여 다양한 종류의 지식들이 활용된다. 학문적 차원에서는 이를 학제적 대화(interdisciplinary dialogue)라고 할 수 있을 것이다. 청소년을 위한 지혜문학적 분별교육에서는 학제적 대화와 같이 전문적인 차원은 아니지만 이들의 눈높이에 맞춘 다양한 종류의 지식과의 대화를 통하여 오늘 우리가 살아가는 세계에 대한 이해를 시도한다. 특히 자연과학에서의 새로운 발견들(진화론, 생명과학, 유전과학 등)은 세계에 대한 우리의 이해를 더욱 확대하고 심화시키는 데 도움을 준다. 그러나 이러한 이해는 과학과 기술의 발달에 따라서 계속적으로 수정되어야 하는 임시적인(ad hoc) 성격을 지닌다. 이러한 차원 역시 지혜문학에서의 인식론과 통한다.

그러나 청소년을 위한 지혜문학적 분별교육은 청소년들에게 해석학적 교육에서 이루어지는 자아, 타인, 세계에 대한 인지적인 차원의 이해를 넘어서서 하나님 자신에 대한 이해를 추구하도록 도전을 주고 공간을 마련한다. 세계를 이해하기 위한 지식은 하나님의 섭리에 대한 이해와 믿음에 기초해야 한다. 하나님의 섭리에 대한 이해와 믿음이 없는 세계이해는 교만 혹은 허무와 절망으로 빠질 수밖에 없다. 즉, 하나님의 섭리에 대한 이해가 결여될 때 지혜문학적 분별교육은 초월성 혹은 수

---

58 David Tracy, *The Analogical Imagination: Christian Theology and the Culture and Pluralism* (New York: Crossroad, 1981), 193-202.

직적 차원을 상실한 이해의 차원만을 추구하는 해석학적 교육에 머물고 만다. 따라서 청소년들이 분별교육을 통하여 일반적인 지식과의 대화를 통하여 하나님이 창조하신 세계에 대한 새로운 이해를 추구하도록 함과 동시에, 자신을 보여 주시기도 하고, 숨어 계시기도 하는 하나님(deus revelatus, deus absconditus)에 대한 이해를 지향하도록 해야 한다. 그리고 이를 통하여 인간 지식의 한계를 깨닫게 해 주고 궁극적으로는 하나님을 경외하고, 송영하는 차원에까지 이르도록 해야 진정한 지혜문학적 분별교육이 될 수 있다.

청소년을 위한 지혜문학적 분별교육에서 특별히 관심을 가져야 할 분야는 예술교육, 생태교육, 영성교육, 신학교육, 인문학교육 등이다. 첫째, 예술교육은 다양한 문화와 쟝르의 예술 작품을 통하여 미적 상상력을 함양하고, 이를 예언자적인 변혁적 상상력과 연결시켜 나가는 교육이다.[59] 이는 아름다움의 근원으로서의 하나님에 대한 인식과 이와는 대조적으로 추함으로서의 악에 대한 이해를 통하여, 그동안 하나님을 진과 선의 차원에서만 바라본 것을 반성하는 가운데 보다 통전적인 차원에서 하나님과 세계 이해를 가능하도록 돕는 교육이다. 이러한 맥락에서 인지적인 차원의 분별도 필요하지만 미래세대의 청소년들을 위해서는 심미적 차원의 상상력에 기초한 분별교육, 즉, 예술을 통하여 불의한 현실에 대한 대안적 미래를 상상할 수 있는 능력을 양육하는 분별교육이 더욱 강화되어야 할 것이다.

둘째, 생태교육은 하나님이 창조하신 세계에 나타나는 하나님의 섭

---

[59] 이와 연관하여 신학의 관점에서 예술을 통한 사회적 변혁의 가능성을 탐구한 연구로 다음을 참고하라. John de Gruchy, *Art and Transformation: Theological Aesthetics in the Struggle for Justice* (Cambridge: Cambridge University Press, 2001).

리를 파악하고 또한 이를 인격적으로 대하며 공존하는 능력을 양육하는 교육이다. 이는 하나님과의 수직적 관계, 이웃과의 수평적 관계와 더불어 자연과의 관계를 다루는 교육이다. 미래 세대인 청소년을 위한 생태교육은 이것이 결코 하나의 선택 교육이 아니라 인류 전체의 생존과 직결된 문제라는 위기감을 불러일으키는 교육이 되어야 하며, 동시에 개인적, 사회적, 국가적, 지구적 차원의 연대와 협력이 무엇보다도 필요함을 인식시켜 나가는 교육이 되어야 한다. 또한 개인적인 일상의 삶에서의 실천과 구조적, 법률적, 제도적 차원이 동반되어야 함을 강조하는 교육이 되어야 한다.

셋째, 영성교육은 미래 청소년 교회교육이 수직적이며 동시에 수평적 차원에서 인지적, 감성적, 프락시스적 측면을 통합적으로 실현해 나가도록 해 주는 통전적 교육이다. 과거의 영성교육이 개인적이며 금욕적인 특성을 많이 강조했다면, 미래의 영성교육은 이를 포함하여 공동체적이며, 공적인 차원까지도 포괄하는 교육을 지향한다. 대중문화가 영성을 중재하는 역할을 많이 감당하는 오늘의 상황을 고려하면서, 동시에 청소년들이 지닌 특성으로 인하여 문화적, 예술적 차원을 영성교육에 많이 반영해 나갈 필요가 있다. 또한 영성에서 거룩함과 세속의 이분법에서 벗어나서 일상의 중요성이 더욱 많이 강조되고 있는 상황에서, 포스트모던 시대의 영성교육은 특별한 또는 초월적 영적 체험만을 지나치게 강조하는 영성교육보다는 일상의 삶을 통하여 자연스럽게 하나님을 체험할 수 있는 다양한 영적 형성 방법들을 계발해 나가야 할 것이다.[60] 더 나아가 오늘의 영성교육은 다원주의가 심화되어 가는 상

---

60 영성교육에 있어서 일상생활의 중요성을 강조한 글로 다음을 참고할 것. 조은하, "제3장: 일상생활 영성에 대한 신학적 논의," 조은하, 『통전적 영성과 기독교교육』(서울: 동연, 2010), 131-62.

황에서 타종교의 영성형성 방법을 참고하고 재구성하여 활용할 필요가 있다.

넷째, 신학교육이다. 이는 신학교에서 이루어지는 목회자 양성 차원의 전문적 신학교육과는 다르게 일상의 삶에서 신학 하는 삶을 살도록 지원하는 교육이다. 신학 하는 삶(doing theology)이란 하나님의 뜻을 분별하고 실천하기 위하여 미래세대인 청소년들이 성서와 기독교 전통에서 나타나는 다양한 관점들과 청소년들의 개인적 삶과 오늘의 현실을 서로 연결시켜 나가는 교육이다. 형식적 조작이 가능해지는 청소년 시기에 신학교육은 매우 필요한 교육이다. 그러나 신학교육은 단순히 성경의 텍스트만을 다루는 인지적 차원의 강의식 교육에서 벗어나서 문화, 예술, 생태, 영성이 함께 어우러지는 교육이 되어야 할 것이다.[61]

다섯째, 인문학교육이다. 여기에서는 인문학을 "궁극적으로 삶에 대한 반성적 성찰", "인간에 대한 보편적 가치의 회복" 그리고 "이를 깨우쳐 인격의 도야로 나가는 것"으로 이해하고자 한다.[62] 청소년 교회교육에서 인문학까지도 다루어야 하는가? 대부분 주일에 한번 모이는 한정된 시간 안에서 인문학까지 다루는 것이 가능할까? 여기에서 제안하는 인문학교육이란 인문학적 관점을 지혜문학의 지평에서 신앙과 연계시키는 것을 지칭한다. 설교와 성경공부에서 뿐 아니라 다양한 기회를 통하여 인류가 추구해 온 보편적 가치와 기독교 신앙사이의 대화를 지

---

[61] 청소년들을 대상으로 하는 신학교육은 지역교회 자체에서도 이루어질 수 있지만 무엇보다 신학교와의 협력이 매우 중요하다. 이를 위하여 미국의 애틀란타에 위치한 에모리대학교 캔들러 신학부의 Youth Theological Initiative에서 매년 여름 2주 동안 캠퍼스에서 고등학생들을 대상으로 제공하는 청소년 신학교육 프로그램 "YTI IMPACT Summer Academy"를 참고하라. http://impact.emory.edu/our-programs/taste-of-yti.html [2018. 12. 4 접속].

[62] 김경집, 『인문학은 밥이다: 매일 힘이 되는 진짜 공부』 (서울: 알에이치코리아, 2013), 636.

속적으로 해 나갈 필요가 있다. 좀 더 구체적으로 청소년들이 학교에서 많이 접하는 동서양 고전에 나타난 인간과 세계에 대한 인식과 가치를 기독교적인 관점과 연계하여 비교하고 공유하는 부분들을 많이 찾아 나가는 작업이 필요하다.[63] 더 나아가 인문학교육을 통하여 공동선을 추구해 나가는 과정에서 기독교적 언어를 인문학적 언어로 소통할 수 있는 이중 언어 능력도 키워 나가야 한다. 기독교 신앙을 심화하고 확장하기 위해서는 기독교 고전들에 대한 공부도 청소년 교육에 포함되어야 한다. 인문학과의 대화가 지속적으로 이루어질 때 청소년들의 신앙이 세상과 분리되지 않고 그 넓이와 깊이를 더해 나갈 수 있을 것이다. 이런 맥락에서 인문학 교육은 공적신앙 형성에 매우 중요한 교육이라 할 수 있다.

4) 시편의 하나님 순종교육

순종의 교육은 위에서 살펴본 3가지 형태의 교육이 모두 지향하는 궁극적 목적이다. 순종을 위해서는 하나님을 "당신"으로 고백해야 한다. 즉, 하나님과 직접적이며 친밀한 인격적 관계가 필요하며, 인간의 삶과 소명이 하나님의 이름과 목적 안에 있음을 인식해야 하고, 개인의 행복과 사회적 관계도 하나님에 대한 신뢰에 달려 있음을 깨달아야 한다. 교회교육은 명시적, 암시적 차원에서 이러한 순종의 덕목을 분명히 가르쳐야 한다. 순종을 통해 피조물인 인간은 결코 자기 충족적 존재가 아니라, 다른 목적을 위해 창조되었고, 자신들이 다른 이의 선물이라는

---

[63] 참고: Harvey Bluedorn and Laurie Bluedorn, *Teaching the Trivium*, 김선화 역, 『기독교적 고전 교육』(서울: 꿈을이루는사람들, 2008).

것을 깨닫게 된다.

청소년 교회교육은 이와 같이 생명의 근원이 되시는 하나님에 대한 순종을 궁극적인 목적으로 삼아야 한다. 즉, 청소년들에게 순종 가운데 하나님을 인격적인 관계 속에서 만나며, 순종 가운데 자신의 삶을 살아가며, 소명을 이루어 나가며, 또한 순종 가운데 자신의 개인적 행복과 사회적 관계가 하나님 신뢰에 있음을 깨닫고 실천하게 해 주는 생명교육을 실천해야 한다. 하나님에 대한 순종이 실천되는 교육이 진정 청소년들에게 통전적인 신앙을 양육하는 교육이다.

그리고 당신으로서의 하나님에 대한 순종을 실천하기 위해서는 각각 다른 접근 방법이 요구 된다. (1) 오경적 정체성 형성교육에서는 청소년들이 계시로 주어진 하나님의 놀라운 창조와 구원의 복음 이야기를 창조적으로 수용하여 정체성이 형성되도록 신앙공동체를 통하여 신앙적 ethos를 형성하고 그 속에서 이들을 지원하고 격려하는 순종교육이 이루어져야 한다. (2) 예언자적 비판교육에서는 청소년들이 하나님의 pathos를 가지고 개혁이 요구되는 다양한 사회 현장에 공감과 연대를 통하여 참여하도록 독려하는 순종교육이 이루어져야 한다. (3) 지혜문학적 분별교육에서는 청소년들이 세계의 현실에서 나타나는 창조질서의 연속성과 불연속성을 하나님이 주신 logos에 기초하여 관찰하면서 인간과 세계를 향한 하나님의 뜻을 분별하고, 그분을 궁극적으로 찬양할 수 있도록 지원하고 도전을 주는 순종교육이 이루어져야 한다.

순종교육의 중심은 **예배**이다. 청소년 예배에는 청소년부서에서 드려지는 여러 예배, 가정 예배, 통합 세대 예배 등이 포함된다. 이들 모두가 중요하지만 청소년 부서에서 드려지는 주일 예배와 연관하여 두 가지 중요한 내용을 먼저 제시하고자 한다. 먼저, 주일의 청소년 예배는 위에서 언급한 것처럼 청소년들이 오경적 정체성의 형성, 예언자적 비판의식, 지혜문학적 분별력을 통하여—즉, 신앙적 ethos, pathos, logos를 형성하여—하나님에 대한 전인적 순종이 이루어지는 공간이 되도록 노력해야 할 것이다. 이상의 세 가지 가운데 한 가지만을 강조하게 되면 개인주의적, 도덕주의적, 인간주의적 신앙으로 치우칠 위험이 있으므로 하나님에 대한 순종을 중심으로 3가지가 예배의 모든 요소에서 균형적으로 반영될 수 있도록 노력해야 할 것이다. 예를 들어 청소년 예배의 찬양의 경우 주로 개인적이며 실존적 차원에서 하나님과의 만남과 헌신에 대한 내용이 주를 이루는 현실을 감안할 때 이러한 균형은 매우 절실하다.

다음으로, 주일의 청소년 예배는 전통적인 예전중심의 예배와 청소년들의 문화적 감수성을 창조적으로 반영하는 균형적 예배가 되어야 한다. 예배에로의 부르심, 경배와 찬양, 죄고백과 용서, 말씀선포, 파송 등과 같은 예배의 핵심적인 요소들을 잘 반영한 전통적이며 예전적 예배와 더불어, 청소년들의 문화적 눈높이에 맞추어 찬양과 율동, 그리고 다양한 멀티미디어의 사용과 대화적 차원을 중시하는 열린 예배와 같은 것이 잘 조화를 이룰 수 있도록 노력을 기울여야 한다.

이상의 두 가지가 예배에서 잘 반영되고 실천되기 위하여 예배에 대한 교육이 필요하다. 교사와 학생들을 대상으로 다음과 같은 내용을 중심으로 지속적인 예배교육이 이루어져야 한다. 예배의 본질적인 의미는 무엇인가? 예배가 왜 그리스도인들의 삶에서 핵심을 차지하는가? 예배에 포함되어야 할 핵심적인 요소들은 무엇인가? 예배자의 자세는 어떠해야 하는가? 예배를 어떻게 준비하고 참여해야 하는가? 예배는 삶과 어떤 관계를 가지고 있는가?

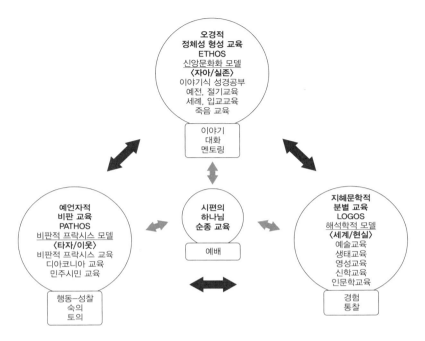

〈구약정경 모델에 기초한 청소년 교육〉

순종교육의 장으로서 청소년부서의 주일 예배가 중요한 위치를 차지하지만 이와 더불어 가정예배와 교회에서의 간세대 예배 등도 결코 소홀히 해서는 않될 것이다. 주일예배와 달리 비록 비예전적 형식으로 이루어지지만 청소년 가정예배의 중심도 오경적 정체성의 형성, 예언자적 비판의식, 지혜문학적 분별력을 통한 하나님 순종이 되어야 한다. 가정예배에서는 주일예배의 메시지, 기도, 찬양 등을 다시 한번 기억하고 성찰하고 내면화할 수 있는 기회를 제공할 수 있다. 따라서 지역교회는 가정예배가 교회-가정 연계 신앙교육의 의미있는 통로가 될 수 있도록 여러 가지 방안들을 개발하여 각 가정에 제공할 필요가 있다.

나가는 말

　텔레비전 프로그램을 보다가 남극점에 대한 재미있는 사실을 알게 되었다. 우리가 엄청난 추위와 눈 폭풍을 뚫고 남극에 도달하면 무엇부터 하게 될까? 아마 남극점에 도달한 기념으로 남극점을 GPS로 정확하게 측정한 뒤에 남위 90도에 깃발을 꽂을 것이다. 그리고 기쁨과 감격의 환호성을 지를 것이다. 그러나 시간이 경과하게 되면 깃발을 꽂은 그곳은 이미 남극점이 아닌 것으로 밝혀진다. 즉, 지구자전과 빙하이동의 영향으로 남극점은 매년 서쪽으로 10m씩 이동하기에 우리가 깃발을 꽂았던 어제의 남극점은 이제 더 이상 오늘의 남극점이 아닌 것이다. 이 사실을 청소년 교회교육, 특히 프로그램 중심의 청소년 교회교육과 연관하여 한번 생각해 보았다. 매년 청소년들의 문화와 취향을 저격한 최신의 청소년 프로그램들이 교회현장에 도입되지만, 조금만 시간이 지나면 금방 식상하게 되고 철지난 프로그램이 되고 만다. 그리하여 또 다른 새로운 프로그램이 도입되어 잠깐 유행하다가 또 다시 폐기된다. 남극점이 계속 이동하듯이 청소년들의 문화와 취향이 계속 변화하기 때문이다.
　최신 프로그램을 따라가다가 지쳐버리는 이러한 악순환에서 벗어나기 위해서는 먼저 청소년 교육에 대한 든든한 성서적, 신학적 토대가 절실하게 요청된다. 이러한 맥락에서 본 장에서는 통전적 청소년 교회교육을 위한 핵심적인 통찰력을 최신의 프로그램이 아니라 고대의 전통 속에서 발견할 수 있다는 믿음을 가지고 다시 근본으로 돌아가는 "고대-미래"(ancient-future) 방법을 선택하였다. 그 결과 구약의 정경 형태에 따른 오경적 정체성 형성교육, 예언자적 비판교육, 지혜문학적 분별교육, 그리고 이 모든 것의 지향점으로서 시편의 하나님 순종교육을 통전적인 청소년 교회교육의 핵심적인 과제, 주제, 영역으로 선정하였다. 그리고 이러한 구약정경 모델을 오늘의 청소년들이 직면한 도전과 상황에 비추어서 새롭게 해석하여 대안적 교육모델과 이에 따른 방법들을 제안하였다. 물론 본 장에서 제안한 교육모델이 오늘을 살아가는 청소년들을 위한 완벽한 답이라고 할 수는 없지만 통전적인 신앙을 양육하기 위하여 고려되어야 할 중심 내용들을 포괄적으로 다루었고, 이를 통하여 청소년 교회교육의 기본적인 방향과 지표는 제공하였다고 확신한다. 앞으로 본 장에서 제시한 내용들을 기초로 한국교회의 현장에서 청소년들의 통전적 신앙을 양육하는 창조적인 교회교육이 지속적으로 이어지기를 소망한다.

제4장

신생성인기(Emerging Adulthood)를 위한
통전적 청년 화해교육

들어가는 말: 오늘의 청년, 흔들리는 세대

청년기는 청소년기처럼 인간발달 단계에서 양면성을 많이 경험하는 기간이다. 청년은 인간발달적인 차원에서 본다면 두 시기에 속하면서도 동시에 양자에 속하지 않는 끼어있는 존재라고 할 수 있다. 이들은 한편으로는 후기 청소년기부터 초기 성인기에 걸친 시기에 속해 있으면서도, 다른 한편으로는 이러한 이중적인 정체성으로 인하여, 둘 다속하지 않는 역설적이고 혼란한 소외된 상태에서 살아간다. 이 때문에 이들에게 "어른아이"라는 별명을 붙이기도 한다. 이런 맥락에서 청년기는 앞 장에서 다룬 청소년기와 유사한 점이 많이 있다. 청소년기가 아동기와 청년기 사이를 왔다 갔다 하면서 그네를 타는 것처럼, 청년기, 특히 본 장에서 다루는 신생성인기도 청소년기와 성인초기 사이에서 어느 쪽에도 확실하게 속하지 못하고 주변인과 같은 경험을 하게 된다. 그러나 동시에 청년기는 법적으로 분명한 성인기의 지위(권리, 책임, 자유 등)를 가지고 있다는 점에서 청소년기와 차이점도 존재한다.

시대적으로도 청년들이 살아가는 오늘의 사회와 세계는 너무나 복잡하고 빠르게 변화하면서 이들을 몰아가고 있다. 오늘날 우리사회에 널리 퍼져 있는 소비주의, 개인주의, 외모지상주의, 상대주의, 스펙주의, 냉소주의 등과 같은 왜곡된 가치관들과 극심한 청년 취업난, 사회적, 경제적 양극화 현상 등으로 인하여 오늘의 청년들은 위기 가운데 흔들리며 살아가고 있다. 오늘날 한국사회에서 살아가는 청소년들이 입시의 고통에 시달리는 것처럼, 오늘의 청년들은 취업이라는 관문을 뚫기 위해서 자신의 젊음을 제대로 누리지도 못하면서 불안과 좌절 가운데서 살아가고 있다. 소위 "공시"라고 불리는 공무원 시험에 엄청난 청년들이 고시처럼 몇 년간을 몰입하여 준비하는 현상은 이들에게 취업이 얼마나 힘든지를 단적으로 보여주는 예라고 할 수 있다.

이러한 맥락에서 청년을 대상으로 하는 기독교교육은 먼저 이들이 직면한 다양한 내적·외적 갈등 혹은 문제들을 공감적 자세로 인식하고 고려하는 교육이 되어야 할 것이다. 특히 청년들이 직면한 다양한 차원의 갈등들을 잘 해결해 나갈 수 있도록 돕는 통전적 차원의 화해교육이 요청된다. 이런 점을 염두에 두고 본 장은 최근에 부상하고 있는 "emerging adulthood"(신생성인기)라는 개념과의 대화를 통하여 청년들을 대상으로 하는 기독교 화해교육을 모색해 나간다. 먼저, 오늘의 청년들이 직면한 다양한 갈등현상과 이들의 인간발달적인 특성을 최근 연구와의 대화를 통하여 살펴본다. 그리고 청년 화해교육을 위한 성서적 기초로서 구약 성서전반에 걸쳐 나타나는 다양한 갈등양상과 그 해결책을, 또한 신약에서는 예수 그리스도의 화해사역, 성례전이 지닌 화해의 차원, 화해의 공동체로서의 교회 등에 관하여 고찰한다. 그리고 기독교교육의 지평에서 화해교육의 2가지 양극화된 모델과 이에 대한 대안으로서 통전성을 지향하는 화해교육 모델을 제안한다. 보다 구체적으로 이상의 논의에 기초하여 청년을 위한 온전한 또는 통전적인 화해교육을 목표, 원리, 과제/내용, 방법, 현장 등을 중심으로 제안한다. 본 장은 청년들의 화해를 개인적이며 수직적인 차원의 회심에 강조점을 두어온 전통적 청년교육에 대한 대안으로 보다 온전하며 통전적인 모델의 화해교육을 지향한다. 본 장에서 청년기란 지역교회에서 미혼의 청년·대학부에 해당하는 연령을 지칭하며 신생성인기와 거의 같은 개념으로 사용한다. 고등학교를 졸업한 18/19세에서 30대 초반에 해당하는 대학생, 취업준비생, 사회에 진출한 직장 초년생 등을 청년으로 본다.[1]

---

1   본 장에서 지칭하는 청년기는 베이비붐 세대의 자녀들을 지칭하는 에코붐 세대(echo-boom gen-eration)와 상당히 많이 겹친다. 미국의 경우 제2차 세계대전이 끝난 직후인 1946~1965년에 태어난 이들을 베이비붐 세대라고 하며 우리나라의 경우 1955년-1963년생에 해당한다. 에콤붐 세대는 이들의 자녀세대로 그 분류에 따라서 약간 차이가 있는데 대략 1970년대 말 또는 1980년대 초부터 1980년대 말 또는 1990년대 말까지 출생한 사람, 1977년부터 1997년 사이에 출생한 사람, 혹은 1979년부터 1992년 사이에 출생한 사람들을 지칭한다. "메아리 세대"로 불리는 이들은 베이비붐 세대처럼 비교적 출생율이 높아서 에코붐 세대라 불린다. 즉, "산 정상에서 소리치면 얼마 후 메아리(에코)가 되돌아오듯 전쟁 후 대량 출산이라는 사회현상이 수십 년이 지난 후에 2세들의 출생붐이라는 메아리를 만들었고 베이비붐 세대가 낳았다고 해서 이러한 이름이 붙었다." Y세대, 밀레니얼(millennial)세대, 네트(net)세대라는 별명도 가지고 있다. 이들은 대체로 풍족한 환경에서 성장한 탓에 유행에 민감하고, 쇼핑을 즐기고, 어려서부터 컴퓨터와 친숙하고 최신의 IT 기술을 잘 활용하는 특징을 가지고 있다. 우리나라의 베이비붐 세대는 2010년 현재 695만명으로 전체인구의 14.5%, 에코붐 세대(1979-1992, 36세-23세)는 954만명으로 전체인구의 19.9%를 차지한다. 두 세대를 합치면 전체인구의 34.4%에 달한다.
    "에코붐 세대"(두산백과), https://terms.naver.com/entry.nhn?docId=1699039 &cid=40942&-categoryId=31636 [2018. 12. 1 접속].
    "에코부머"(매일경제용어사전), https://terms.naver.com/entry.nhn?docId= 15557&ci-d=43659&categoryId=43659 [2018. 12. 1 접속].

I. 청년에 대한 발달적 이해와 청년기의 갈등

먼저 청년기의 인간발달적 특징을 2가지 차원에서 살펴본다. 첫째는 전통적인 인간발달 이론에서의 청년기 이해이며, 둘째는 최근 부상하고 있는 신생성인기(emerging adulthood) 개념을 중심으로 이루어지는 청년기 이해이다. 그리고 이를 기초로 오늘의 청년들에게 필요한 화해교육의 영역들과 과제들을 일별해 본다.

1. 청년기에 대한 전통적 발달이해

신체적인 면에서 청년기를 살펴본다면, 먼저 20대 초반기는 체력, 지구력, 감각민감성, 면역체계의 반응성 등이 절정에 도달하며 그 이후부터 완만한 감소 현상을 보인다. 그러나 상황과 선천적인 요소 등으로 인하여 개인차가 다양하게 나타난다. 최근 신체 발달과 연관하여 관심 이슈는 비만의 문제이다. 미국의 경우 1980년대 후반부터 변화하는 음식환경과 삶의 형태로 인하여 비만이 급격하게 증가하면서 사회문제가 되기 시작하였다. 비만의 주요 원인은 "저렴한 가격으로 구매 가능한 상품화된 지방과 당분", "일인분의 양 증가", "점차 바빠지는 삶" 등이다.[2] 청년들의 비만은 최근 우리 사회에서도 많이 나타나고 있는데 이것은 단순한 신체적 문제를 떠나서 자아의 정신적, 심리적, 영적차원과 깊이 연관되어 있다. 최근 대중매체에서 인기를 끌고 있는 각종 "먹방"

---

2   Laura Berk, *Development Through the Lifespan*, 4th ed., 이옥경 외 5인 역, 『생애발달 II: 청소년기에서 후기 성인기까지』, 제4판 (서울: 시그마프레스, 2009), 110.

프로그램은 청년들이 지닌 이러한 여러 가지 차원의 고민들과 밀접하게 연결되어 있다고 할 수 있다.[3]

다니엘 레빈슨(Daniel Levinson)의 전통적인 인생주기 이론에 의하면 본 장의 대상인 청년기는 1) 성인초기 전환기, 2) 성인 입문기, 3) 30세 전환기/과도기와 같은 3단계로 이루어진다.[4] 첫 번째 단계인 "성인초기 전환기"(17/18세-22세)는 후기 청소년기와 성인초기 모두를 포함하는 시기로 청소년기에서 점차 벗어나서 성인 정체감을 형성하기 위하여 두 가지 작업을 시도한다. 하나는 성인기 이전의 삶의 구조에서 벗어나는 것으로 "성인 이전 세계의 본질에 대해, 그리고 그 안에서의 자기 위치에 대해 의문을 던져본다."[5] 이 시기에 청년들은 "중요한 사람들, 집단들, 기관들과 맺어온 관계를 수정하거나 끝맺는다. 그리고 그 안에서 형성된 자아를 재평가하고 수정한다."[6] 다른 하나는 성인 세계로 첫걸음을 내딛는 것이다. 이제 이들은 "성인 세계 안에서 자신의 가능성을 탐색해 보고, 그 안에서 참여자로서 자신을 상상해 본다. 최초의 성인 정체감을 공고히 다지며, 그리고 성인기의 인생을 위한 몇 가지 예비적인 선택과 그 선택들을 시험해 본다."[7]

두 번째 단계인 "성인 입문기"(23세-28세)에서 청년은 결혼, 직업,

---

3   "먹방"이란 "'음식 먹는 방송'을 지칭하는 말이다. 먹방이란 말이 언제부터 쓰였는지 확실하진 않은데, 2008년경 인터넷 방송에서 시작되었다는 분석이 있다. 방장 본인이 무언가를 직접 먹으며 시청자들의 식욕을 돋우거나 짠한 느낌을 전함으로써 방송 시청을 유도하는 식이다." "먹방," (네이버지식백과, 트렌드지식사전1), https://terms.naver.com/entry.nhn?docId=2070291&cid=55570& categoryId=55570 [2018. 12. 10 접속].

4   Daniel Levinson, *The Seasons of a Man's Life*, 김애순 역, 『남자가 겪는 인생의 사계절』 (서울: 이대출판부, 1996). Daniel Levinson, *The Seasons of a Woman's Life*, 김애순 역, 『여자가 겪는 인생의 사계절』 (서울: 이대출판부, 2004).

5   Daniel Levinson, 『남자가 겪는 인생의 사계절』, 103.

6   위의 책.

7   위의 책, 104.

주거, 삶의 방식에 관한 중요한 선택을 통하여 예비적인 성인으로서의 정체감을 형성하기 시작한다. 이들은 두 가지의 상반된 발달과제에 직면한다. 한편으로는, 성인기의 삶에 대한 탐색을 시도해야 한다. 선택의 문은 열어두지만 어느 한 곳에 너무 깊이 개입하는 것을 피하면서 대안들을 최대한 살려둔다. 다른 한편으로, 청년들은 대조적인 과제로 "안정된 인생구조"를 창조한다. 더욱 강한 책임감으로 "자신의 인생을 더 의미있는 것으로 만들고자 한다."[8] 이러한 두 가지 과제는 서로 상반된 성격을 가지고 있으므로 성취하기가 쉽지 않으며 그 결과 어느 정도의 혼란을 겪게 된다. 이 시기는 청년들이 꿈을 형성하는 시기인데 이를 위한 다양한 경험과 노력이 요구된다. 따라서 자신들의 직업이 꿈의 실현보다는 생계의 수단으로 고착되어 버리면 중년기 과도기에 이르러 삶의 구조를 재확립하는 데 어려움을 겪게 된다.[9]

세 번째 단계인 "30세 전환기/과도기"(29세-33세)는 자신이 설정한 최초의 인생구조를 재평가하고 새로운 선택을 통하여 이를 수정하고 기초를 다지면서 새로운 가능성을 탐구하게 된다. 이 시기에는 20대의 잠정적인 특성이 사라지고 좀 더 현실적이 된다. 이 시기에 청년들은 다음과 같은 내면적인 목소리에 직면한다. "만약에 내 인생을 변화시키려 한다면...나는 지금 출발해야 한다. 왜냐하면 조만간에 너무 늦어져 버릴 테니까."[10] 그러나 이들이 추구하는 변화는 혁명적 변화라기보다는 과거에 기초한 변화이다. 이러한 30대 전환기의 위기는 바로 현재 자신의 인생 구조에 대하여 참을 수 없고, 하지만 동시에 아직은 더 나

---

8   위의 책, 105.
9   위의 책, 105-106.
10   위의 책, 106.

은 구조를 형성할 수도 없는 것처럼 보이기 때문에 생겨난다.[11] 레빈슨은 약 15년 간 지속되는 이러한 세 가지 시기를 성인 초기의 준비 단계인 "초심자 단계"(novice phase)라고 부른다.[12]

에릭 에릭슨(Erik Erikson)의 심리사회적 발달 단계에 의하면 청년기를 포괄하는 20세에서 40세는 "친밀성 대 고립감"이라는 발달적 위기를 특징으로 하는 시기이다. 이것은 "친밀한 배우자에게 영원히 전념하겠다는 생각과 감정에 반영된다."[13] 이 시기의 중요한 사회적 대리인은 배우자를 비롯하여 연인, 친한 친구로 주요 발달과제는 강한 우정을 형성하고 타인에게 사랑과 동료애를 가지는 것이다. 이는 자신의 강한 정체감을 바탕으로 타인의 정체성을 일부분 수용하고 공유하는 정체성을 형성하는 것이다. 즉, 친밀감이란 어느 정도 자신의 독립성을 포기하는 과정을 필요로 한다. 그리하여 자신의 정체감을 형성할 때 타인의 가치와 흥미를 포함하여 이를 통합하는 과정을 통하여 형성되는 것이다. 그런데 에릭슨에 의하면 이를 제대로 성취하지 못할 경우 이들은 외로움과 고립감 또는 자기몰두에 빠지게 된다.[14] 반대로 성숙한 사람은 두 가지 사이의 균형을 유지한다. 그리고 친밀감과 고립감 사이의 갈등을 성공적으로 잘 해결해 나갈 때 이들은 생산성(generativity)에 초점이 맞추어진 중년기를 잘 준비할 수 있도록 해 준다.[15]

최근의 여러 연구는 이 시기에 형성된 안정된 정체감이 친밀성을

---

11 위의 책.
12 위의 책, 107.
13 Laura Berk, 『생애발달 II』, 140.
14 Erik Erikson, *Child and Society*, 윤진, 김인경 역, 『아동기와 사회』 (서울: 중앙적성출판사, 1988).
15 Laura Berk, 『생애발달 II』, 141.

획득하도록 해 준다는 사실을 확인하고 있다.[16] 그리고 우정과 일의 관계에 있어서도 친밀감을 형성한 사람의 경우 협동적이고, 인내심이 강하고, 배경과 가치관의 차이를 잘 수용하는 모습을 보인다. "이들은 다른 사람들과 함께하는 것을 좋아하나 혼자 있을 때에도 편하게 생각한다."[17] 반대로 고립감을 가진 사람은 "정체감을 상실할까 하는 두려움으로 다른 사람과 가까운 관계를 형성하길 망설이며, 협동하기보다는 경쟁하며 다른 사람이 너무 가까이하면 곧잘 두려워한다."[18]

청년기는 인지적 발달 차원에서 볼 때 흑백논리의 성향이 강하다. 따라서 청년기는 청소년기의 동조적 신앙에서 벗어나서 자신의 주관이 뚜렷해지고, 신앙에 있어서도 자주적 신앙(owned faith)을 추구하게 되며 자율적이고 비판적인 성향이 강해진다. 그 결과 통합적인 사고보다는 한쪽으로 치우친 사고를 하는 경향이 많고 신앙도 그러한 경향을 따라간다. 파울러의 신앙발달 이론에서 4단계에 속하는 이 시기는 3단계의 종합적-인습적 신앙에서 벗어난 "개별적이며 성찰적 신앙"(individual-reflective faith)을 특징으로 한다.[19] 이 단계에서는 정체성(자아)과 조망(이념)에 대한 비판적 성찰 능력이 생겨난다. 그리하여 개인 대 공동체, 주관 대 객관, 자기충족 대 이웃사랑, 상대성 대 절대성 사이에서 하나를 선택함으로써 긴장해소를 해결하려고 한다. 그 결과 위에서 본 것처럼 양극적인 성향이 많이 나타난다. 청년신앙의 이러한 특성은 이들을 현실에 존재하는 교회에 대한 비판으로 이끌어 가며, 또한 많은

---

16   위의 책, 140.
17   위의 책, 141.
18   위의 책.
19   James Fowler, *Stages of Faith*, 사미자 역, 『신앙의 발달 단계』 (서울: 대한예수교장로회출판부, 1987), 280-94.

경우에는 회의주의와, 반교회, 반기독교적 경향을 지니게 되며, 교회이 탈로 이어지게 된다. 이러한 경향은 경험적 연구에서도 잘 나타나고 있다. 청년들의 이러한 비판적 경향은 중년기가 되면 변화되어 이들이 신앙을 되찾는 비율이 점차 높아진다.

2. 청년기 발달에 대한 최근의 연구: 신생성인기(Emerging Adulthood)

이상에서 살펴본 전통적인 인간발달 이해는 오늘의 상황에서도 여전히 유효한 점이 많이 있지만, 최근 급격한 시대적 변화와 더불어 여러 도전을 받고 있다. 오늘날 한국사회를 살아가는 20대들은 후기지식사회의 급격한 진행과 함께 대부분이 대학을 진학하고 경제적 자립이 늦어지면서 초혼과 첫출산 연령이 빠르게 높아지고 있다. 이러한 현상은 산업화된 사회를 중심으로 지구적으로 점차 확산되는 경향을 보이고 있다. 그리하여 후기 청소년기와 성인 초기 사이에 끼어있는 20대 시기를 새롭게 정의하는 용어들이 등장하였다. 최근에는 이 시기를 청소년기와 초기성인기 사이에 존재하는 시기라는 의미에서 postado-lescence(청소년 후기)라고 부르기도 하는데, 제프리 아네트(Jeffery Arnett)는 미국의 18-29세 사이의 청년들에 대한 자신의 경험 연구를 바탕으로 이러한 시기에 "emerging adulthood"라고 하는 새로운 이름을 붙였다.[20] "신생성인기", "성인모색기", "성인진입기", "성인입문기", "성인이행기", "신흥성인기" 등으로 번역되는 이 시기는 대략 20대에

---

[20] Jeffery Arnett, *Emerging Adulthood: The Winding Road from the Late Teens Through the Twenties*, 2nd ed. (New York: Oxford University Press, 2015). Arnett은 처음에는 미국 청년들을 대상으로 emerging adulthood에 대한 연구를 시작하였으나, 후에는 여러 선진국의 청년들을 대상으로 그 범위를 확대하였다.

해당하며, postadolescence 라는 용어처럼 청소년 시기와 초기 성인기(young adulthood) 사이의 시기를 지칭한다. 이런 맥락에서 신생성인기를 "청년기"로 번역하는 것이 적당하다고 본다.[21] 이 시기는 청소년과는 구별되고 신체적으로도 성숙이 완료되며, 취업을 하거나, 학업과 취업을 병행하는 경우도 있다. 또한 법률적으로도 완전한 성인의 자격을 갖추고 있다.[22] 그러나 이들은 스스로가 완전한 성인이라고 생각하지 않고 성인과 청소년 사이에서 이행과정 중에 있는 중간 존재라고 인식한다.

아네트에 의하면 1960-1970년대에 일어난 기술 혁명, 성 혁명, 여성 운동, 청년 운동 등과 같은 획기적인 변화가 신생성인기라고 하는 새로운 인생의 시기를 형성하는 토대가 되었다.[23] 첫째, 기술 혁명은 경제 시스템의 변화를 뜻한다. 지난 50년간 미국과 다른 선진국의 경제는 제조업에서 정보와 테크놀로지를 필요로 하는 서비스 경제로 전환되었다. 또한 미국에서는 최근 몇 십년간 3차 교육(고등학교 이후의 교육과 훈련)을 받는 비율이 높아지면서 대부분의 젊은이들이 학교를 마친 후에 20대 후반이 되어서야 결혼과 부모 되기를 진지하게 생각하기 시작하게 되었다.

둘째, 성 혁명은 1964년 피임약의 발명으로 야기된 중대한 변화이다. 피임약의 확산과 1960-1970년대 초의 성혁명 이후 성도덕에 대하여 다소 완화된 기준으로 인하여 젊은이들은 더이상 결혼을 통하여 안

---

21 곽금주, 『흔들리는 20대: 청년기 생애설계 심리학』 (서울: 서울대학교출판문화원, 2013), 30.

22 위의 책.

23 Jeffrey Arnett, "9장: 성인진입기," *Human Development: A Cultural Approach*, 2nd ed., 정영숙 외 4인 역, 『인간발달: 문화적 접근』, 제2판, (서울: 시그마프레스, 2018), 322-33.

정된 성생활을 추구할 필요가 없게 되었다. 아네트에 의하면 대부분의 젊은이들이 결혼 전에 성관계를 가지고 있으며, 애인과의 혼전 성관계도 널리 허용되고 있는 실정이다.

셋째, 1960-1970년대의 여성 운동은 젊은 여성들에게 보다 확대된 다양한 기회를 제공하게 되었다. 여성들의 고등교육 기회와 다양한 영역에서의 직업선택 기회가 확대되었다. 그리하여 과거와 달리 20대 초반에는 결혼을 해야 한다는 압박이 사라지고 젊은 남성과 유사하게 여성들도 10대 후반에서 적어도 20대 중반까지는 확실한 선택을 미루고 다양한 경험을 위한 시간을 가지는 경향을 많이 보인다.

넷째, 1960-1970년대 청년 운동은 "성인기를 폄하하면서 젊음을 아름답게 여기고 젊게 행동하며 젊게 느끼는 것이다."[24] 오늘날의 미국 젊은이들은 성인기와 성인기의 의무에 대하여 과거 1950년대의 젊은이들과 매우 상이한 견해를 지니고 있다. 과거에는 10대 후반과 20대 초반에 결혼하여 가정을 가지고 자녀를 출산하는 것을 이상적으로 생각했으나 오늘의 젊은이들은 이러한 의무를 부정하지는 않지만 아직은 아니라는 생각을 가지고 있다.

아네트에 의하면 신생성인기는 1) '자아정체성의 탐색 시기'(the age of identity exploration), 2) '불안정한 시기'(the age of instability), 3) '자신에게 집중하는 시기'(the most self-focused age of life), 4) '중간에 낀 느낌이 드는 시기'(the age of feeling in-between), 5) '가능성/낙관주의의 시기'(the age of possibilities/optimism) 등과 같은 5가지의 고유한 발달적 특징을 지니고 있다. 이러한 특성은 신생성인기 전에

---

24   Jeffrey Arnett, "9장: 성인진입기," 323.

발달하기 시작하여 그 발달이 계속되지만, 신생성인기 동안에 정점에 도달한다. 첫째, "자아정체성의 탐색 시기"이다.[25] 과거에 에릭슨의 경우 청소년기를 정체성 탐색의 시기로 보았으나 아네트는 이러한 과정이 청소년기에서 성취되는 경우는 드물고 그 과정이 20대로 연장된다고 보았다. 따라서 그는 20대 청년기를 학업, 직업, 사랑, 인간관계 등에서 여러 실험과 모색을 하면서 자신의 정체성을 찾아나가는 시기라고 주장한다. 특히 이 시기의 직업과 사랑은 매우 임시적이고 과도기적 (tentative and transient) 특성을 지닌다.

둘째, "불안정한 시기"이다.[26] 20대 청년기는 성인기에 도달하기 위한 계획을 세워 나가는 과정에서 여러 가지 가능성을 탐색하고 실험을 하는데, 이러한 과정에서 여러 차례 수정(revision)을 시도하며 그 결과 불안정성을 경험한다. 고교시절에는 짜여진 일정 속에서 살아가다가 대학생이 되면서 상대적으로 자유로운 일정이 주어지는 것도 불안정의 요인이 된다. 이들이 진학, 동거, 취업, 부모로부터 독립 등을 이유로 일생에서 가장 빈번하게 거주지를 이동하게 되는 것도 불안정의 요인이 된다. 미국의 경우 18-29세에서 가장 높은 주거 이동율을 보인다.[27]

셋째, "자기집중의 시기"이다.[28] 청소년들은 부모와 동거하는 관계로 집안의 규칙을 지키고 부모의 간섭을 받아야 한다. 학교에서는 교사가 이러한 역할을 한다. 그러나 대학을 진학하거나 취업 등을 이유로 집을 떠나게 되면서 부모와 교사로부터 보다 자유로워지며, 일과 사랑

---

25 Jeffrey Arnett, *Emerging Adulthood*, 9-11.
26 위의 책, 11-13.
27 Jeffrey Arnett, "9장: 성인진입기," 324.
28 Jeffrey Arnett, *Emerging Adulthood*, 13-15.

과의 관계에 있어서 단기적이며 임시적 태도를 유지하게 된다. 이들은 이제 자신의 일들을 스스로 홀로 결정하는 경우가 많아진다. 이러한 과정을 통하여 청년들은 자기에게 집중하는 성향을 띠게 된다. 그러나 이 것은 이기적인 것과는 다르고 단기간 동안 지속되며, 이를 통하여 홀로 스스로 성인으로 살아 갈 수 있는 법을 배우게 된다. 다른 말로 하자면 "자급자족할 수 있는 개인으로 홀로서기를 배운다"는 뜻이다.[29] 특히 이 기간은 성인기의 일과 사랑에 대하여 보다 안정적이고 영구적인 관계를 유지할 수 있도록 준비시켜 주는 데 있어서 필수적인 단계로 간주된다.

넷째, "중간에 낀 느낌이 드는 시기"이다.[30] 청년들은 부모의 집에서 거주하면서 학교에 다니는 청소년 시기와 직업을 가지고 결혼하여 자녀를 가지고 가정을 책임지게 되는 성인초기 사이에 끼어 있는 느낌을 가지게 된다. 즉, 청소년도 아니고 성인도 아니라는 또는 둘 다에 속하는 것처럼 느끼는 양가감정을 가지게 된다. 청년들은 1) 스스로 자신이 책임을 수용하고, 2) 독립적으로 결정하고, 3) 경제적으로 독립하는 것을 성인의 가장 중요한 지표로 간주한다. 그런데 이러한 것이 순식간에 이루어지는 것이 아니라 점차적으로 이루어지기 때문에 이러한 양가감정을 가지게 되는 것이다.

다섯째, "가능성/낙관주의의 시기"이다.[31] 이들은 자신의 미래에 대

---

29 Jeffrey Arnett, "9장: 성인진입기," 324.

30 위의 책, 14-15. 신생성인기에 이러한 중간에 끼어있는 느낌은 아르헨티나, 이스라엘, 체코, 중국, 오스트리아 등 여러 나라에서의 조사에서 확인되고 있다. Jeffrey Arnett, "9장: 성인진입기," 325.

31 위의 책, 15-17. 미국에서 18-29세를 대상으로 이루어진 전국적 조사에 의하면 "나는 결국에는 인생에서 내가 되고 싶어 하는 것에 도달하리라 확신한다"는 문항에 89%가 답하였다. 신생성인기에 속한 젊은이들의 이러한 낙관적 태도는 중국을 포함한 여러 나라에서도 나타난다. Jeffrey Arnett, "9장: 성인진입기," 325.

한 꿈(가정, 직업, 자녀 등)을 가지고 이를 긍정적으로 바라보는 경향이 강하다. 그 이유는 이들이 가진 소망과 꿈이 현실에서 시험을 거친 적이 없기 때문이다. 또 다른 이유는 청소년기는 동거하는 부모들의 부정적인 요소들이 이들에게 그대로 이어지기 쉽지만 집을 떠난 청년들에게는 이러한 부정적인 환경을 벗어나서 자신을 변화시켜 나갈 수 있는 새로운 기회가 주어지기 때문이다. 청년 시기는 성인기와 달리 자신이 독립적으로 결정할 수 있는 폭이 넓다.

본 장에서 사용되는 청년기는 이러한 신생성인기를 포함하는 18/19-30대 초반까지의 시기를 지칭한다. 그 이유는 지역교회에서의 청년부(1, 2부)에 해당하는 연령을 고려하였기 때문이다. 지역교회의 청년부에 속한 30대 초반에 해당하는 미혼의 청년들도 위에서 설명한 특성을 많이 지니고 있기에 신생성인기와 그렇게 큰 차이는 없다고 할 수 있다.

3. 오늘의 청년들이 직면한 여러 갈등

신생성인기의 여러 발달적인 특징들을 염두에 두고, 특히 오늘날 한국사회에서 살아가는 청년들을 공감적으로 이해하기 위해서는 이들이 경험하고 있는 다양한 갈등을 살펴보고 공감적으로 이해할 필요가 있다. 신생성인기는 아네트가 주장한 것처럼 문화마다 고유한 특징을 가진 다양한 형태가 존재하기에 한국의 신생성인기에 해당하는 청년들의 갈등을 이해하는 것은 매우 중요하다고 할 수 있다.[32] 다음과 같은 6가지의 갈등을 살펴보기로 한다. 첫째, 자신(자아, 몸)과의 갈등이다. 오늘의 청년들은 힘든 현실과 미래에 대한 불확실성으로 인하여 자신에 대한 소외감, 질책, 무기력감, 열등감 등으로 낮아진 자존감을 가지고 갈등 가운데 살아가는 경우가 많다. 인터넷, 게임, 도박, 포르노 중독 등과 같은 심각한 문제에 빠지기도 하며 극단적으로는 스스로 세상을 버리는 선택을 하기도 한다. 이와 더불어 외모지상주의 혹은 자아정체감의 상실로 인하여 자신의 몸을 있는 그대로 수용하지 못하고 몸과의 소외 및 갈등을 경험하는 경우도 많다. 무분별한 성형이나 과도한 다이어트, 비만, 거식증 등과 같은 것이 바로 몸과의 갈등을 겪는 청년들에게 볼 수 있는 흔한 현상들이다. 이러한 것은 청년 화해교육에서 심리적, 정신적, 영적 차원과 몸이 밀접하게 연관되어 있음을 인식하는 통합적 관점이 필요하다는 것을 보여준다.

둘째, 부모와의 갈등이다. 청년기는 청소년기를 벗어나서 독립적인 존재로 자율적인 삶(홀로서기)을 시도해야 하는 시기이지만 어린 시절부터 부모의 과보호와 통제 속에서 살아온 오늘의 한국 청년들은 이러한 성향을 지닌 부모들과 갈등을 경험하게 된다. 그러나 또한 경제적인 독립을 이루지 못하게 만드는 오늘의 현실도 여기에 크게 기여한다. 가정에서 부모들은 여전히 청년들의 삶을 통제하려는 경향이 많고 청년들은 이에 대해 한편으로는 경제적 능력의 부족으로 부모에게 계속 의존하면서, 다른 한편으로는 이들의 통제에서 벗어나려는 시도를 한다. 이 과정에서 부모와 여러 갈등을 경험하게 된다. 부모와의 갈등은 두 세대 간의 문화와 가치관의 차이로 인한 세대차이의 성격도 있지만, 동시에 청년들이 경제적으로 부모에 의존하면서 생겨나는 문제이기도 하다.

---

32 신생성인기는 문화에 따라서 다양한 양상으로 나타나는데 예를 들어 미국과 유럽에서는 성인이 되기 위한 가장 중요한 준거를 "경제적 독립"으로 보는 반면, 아시아권의 경우는 "부모를 경제적으로 지원할 수 있는 능력"을 강조한다. 위의 책, 326.

따라서 오늘의 청년들은 부모와의 화해라는 과제에 직면하게 된다.

셋째, 친구, 동료, 선후배와의 갈등이다. 청소년기를 벗어난 청년들은 또래를 넘어서 좀더 폭넓은 인간관계를 경험하게 된다. 따라서 이들은 교회, 학교, 직장, 군대, 동아리, 동호회 등의 맥락에서 친구(동성, 이성), 동료, 선후배들과의 관계를 통하여 긍정적인 영향도 많이 받지만 동시에 관계에서 오는 여러 어려움을 겪게 된다. 부모와의 갈등이 세대 간의 갈등 성격이 강하다면 이들과의 갈등은 개인주의, 갑을 관계, 경쟁 관계, 집단 따돌림, 성격, 취미, 성향차이 등으로 인하여 생겨나는 경우가 많다. 한국사회의 가장 큰 문제 중의 하나인 저출산의 영향으로 각 가정의 자녀가 1-2명에 불과한 경우가 많아 어린 시절부터 개인주의적 환경에서 성장한 오늘의 청년들은 친구, 동료, 선후배들과 원만한 인간 관계를 잘 유지하지 못하는 경우가 많다.

그리스도인 청년의 경우 자신의 신앙과 세상에서의 가치관 사이의 괴리에서 오는 갈등을 많이 경험하는 데 특히 자신의 친구, 동료, 선후배들이 비그리스도인인 경우 더욱 그러하다. 대학에서 자신이 그리스도인이라는 사실을 밝히고 살아가는 것이 동성애자가 커밍아웃하는 것만큼 어렵다고 하는 세간의 농담은 오늘의 그리스도인 청년들이 처한 어려움을 잘 대변해 준다. 한국사회의 기독교에 대한 부정적 이미지가 강해지면서 이러한 현상이 더 심각하게 나타나고 있다. 그리스도인으로 신앙적 확신과 비전을 소유하고 살아가는 대신 익명의 그리스도인으로 살아가는 청년들이 점차 더 많아지고 있다. 또한 선배나 상사와의 갈등은 부모의 경우처럼 세대차로 인한 경우가 많다. 수평적 문화에 익숙한 청년들과 상대적으로 수직적인 문화를 지닌 선배와 상사들 사이에는 소위 "갑질문화" 혹은 "꼰대문화"가 존재하는 경우가 많고 이러한 것이 갈등의 중요한 요소로 작용한다.

　넷째, 학업, 일과의 갈등이다. 청년시기에 가장 많이 겪는 갈등 중의 하나가 바로 학업과 일에 대한 갈등일 것이다. 대학에 재학 중인 청년들은 자신의 전공분야 학업에 대하여 만족하지 못하고 방황하는 경우가 많으며, 또한 직장생활을 시작하게 되면서 동료 선후배뿐 아니라 자신의 일과 많은 갈등을 겪게 된다. 물론 자신의 학업과 일에 대하여 아주 만족하는 경우도 있지만 많은 경우 자신이 선택한 일에 대한 회의와 불확실성으로 인하여 고민을 한다. 자신의 적성과 특기에 따라서 직장을 선택하기보다는 사회적 명성과 경제적 대우를 먼저 고려함으로써 직장에서 오래 버티지 못하고 단기간에 사직하는 경우가 많다. 또한 학생으로 비교적 자유롭게 살아가다가 직장의 경직된 조직문화와 업무가 주는 압박과 스트레스를 견디지 못하는 경우도 많이 생겨나고 있다. 오늘의 청년들은 높은 실업률로 인하여 고통을 받기도 하지만 동시에 어렵게 취직한 경우도 업무와 인간관계에 적응하지 못하여 어려움을 겪는 경우도 많아지고 있다.

　다섯째, 다른 세대와 공유하는 갈등들이다. 청년들의 특성을 반영하는 이상과 같은 갈등 외에도 이들은 오늘날 함께 살아가는 다른 세대들과 공유하는 여러 갈등을 겪게 된다. 1) 여러 차원의 타자들과의 갈등이다. 이것은 문화적, 종교적, 인종적, 이념적 차원에서 자신과 다른 타자를 빈번하게 만나는 오늘의 다원주의적 상황에서 서로가 서로를 인정하고 포용하지 못하고 배척하면서 생기는 갈등이다. 이로 인하여 전 지구적으로 전쟁, 테러, 인종차별, 증오, 인권유린, 폭력 등과 같은 현상이 계속 생겨난다. 이러한 타자들과의 갈등은 개인적 차원에서부터, 지역 사회, 국가, 글로벌 차원까지 광범위하게 나타난다. 2) 생태계파괴로 인한 자연과의 갈등이다. 인간의 일방적인 자연파괴로 인하여 양자의 관계는 우정의 관계가 아닌 일방적인 착취의 관계로 변해 버렸고 관계 회복은 더욱더 어려워지고 있다.

마지막으로, 신앙적 갈등이다. 궁극적으로 그리스도인 청년들에게 가장 중요한 갈등은 신앙적인 차원이라 할 수 있다. 신앙은 우리 자신을 비롯하여, 자신의 직업, 이웃, 타자, 사회, 자연 등을 바라보는 관점을 형성하고 실천에 직간접적으로 영향을 끼친다. 위에서 살펴본 다양한 갈등의 배후에는 하나님과의 관계가 전제되어 있다. 하나님과의 관계가 긍정적인가 혹은 부정적인가에 따라서 이러한 여러 차원의 관계는 결정적 영향을 받게 된다. 따라서 모든 갈등의 뿌리가 되는 하나님과의 갈등에 대한 화해가 어떠한 차원보다 전제되어야 한다.

이런 맥락에서 청년 화해교육은 하나님과의 관계, 자신과의 관계, 이웃, 타자, 자연생태계와의 관계를 비롯하여 인간발달의 차원에서 생겨나는 갈등과의 창조적 화해를 지향하는 온전한 교육이 되어야 한다.

II. 화해에 대한 성서적 이해

신생성인기에 속하는 청년들을 대상으로 하는 기독교 화해교육을 위해서는 성서적 의미의 화해를 올바르게 이해하는 것이 매우 중요하다. 여기에서는 구약 성서전반에 걸쳐 나타나는 다양한 갈등양상과 그 해결책을 살펴본다. 그리고 신약에서 나타나는 예수 그리스도의 화해

사역, 성례전이 지닌 화해의 차원, 화해의 공동체로서의 교회 등에 관하여 고찰한다.

1. 구약에서의 갈등과 화해

폴 레더락(Paul Lederach)은 창세기의 창조기사를 통하여 인간의 삶에서 갈등의 근본원인을 하나님의 창조질서에서부터 추적한다. 그는 갈등이란 하나님께서 창조하신 인간의 모습 혹은 정체성 그 자체로 인하여 인간에게 자연스러운 것이라고 본다. 즉, 하나님께서는 하나님의 형상으로 우리를 창조하셨는데 이로 인하여 인간들은 각자가 생각하고, 반성하고, 느끼고, 돌보고, 행동할 수 있는 능력을 부여받았다. 모든 사람들은 독특한 다양성을 지닌다는 것이다. 그리고 인간에게 하나님께서는 자신과 같은 자유를 주셨다. 이로 인하여 우리에게 나타나는 갈등은 자연스러운 결과라는 것이다.[33] 그러나 문제는 우리가 이러한 갈등을 어떻게 다루느냐 하는 것이다.

갈등은 긍정적 의미와 부정적 의미를 모두 지닌다. 긍정적으로 갈등은 하나님이 창조를 통하여 인간에게 부여하신 자신의 형상으로 인하여 주어진 다양성과 자유로 인한 것이다. 반면 부정적으로 갈등에 죄가 들어오게 되면서 이것이 창조적으로 승화되지 못하고 파괴적인 결과를 가져오게 된다. 화해교육에서는 이러한 부정적 의미의 갈등을 어떻게 창조적으로 해결해 나갈 것인지에 초점을 맞춘다.

구약에서는 다양한 종류의 갈등이 나타나지만 1) 하나님과 인간 사

---

[33] Paul Lederach, *The Journey Toward Reconciliation*, 유선금 역, 『화해를 향한 여정』 (서울: 한국아나뱁티스트출판사, 2010), 141.

이, 2) 가족 구성원 (부모와 자녀, 형제 사이) 사이, 3) 이스라엘 공동체 안에서 구성원들 사이의 갈등이 대표적인 유형이라 할 수 있다.[34] 첫째, 하나님과 인간 사이의 갈등은 주로 자신의 뜻을 펼쳐 나가기를 원하시는 하나님과 피조물인 인간의 연약함, 불신앙, 우상숭배, 욕심 사이의 대립으로 인하여 생겨난다.[35] 둘째, 가족구성원 사이의 갈등은 상대방에 대한 부정직한 태도, 재물에 대한 지나친 소유욕, 부모의 편애, 남의 자리를 탐내는 욕심 등으로 인하여 발생한다.[36] 셋째, 이스라엘 공동체 안에서의 갈등은 물질적 결핍, 외부의 적으로부터의 공격, 지도자가 모든 일을 독점하는 행위, 타인의 자리 침범, 하나님의 말씀보다 사람들의 말을 더 청종함, 전임자와 후임자를 비교함으로써, 사람을 포용하지 못하는 편협한 태도 등에서 유래한다.[37]

이에 더하여 두 가지를 더 첨가한다면 첫째, 이스라엘 공동체와 외부의 타민족 사이의 갈등이라고 할 수 있을 것이다. 이는 당시의 지정학적인 이유에서 생겨나는, 즉 국제적인 권력관계의 결과로 나타나는, 갈등이라고 할 수 있지만 예언자들은 이를 이스라엘이, 특히 지도자들이, 하나님의 정의와 평화의 율법에 순종하지 않은 죄의 결과라고 신앙적으로 해석한다. 둘째, 인간과 하나님이 창조하신 창조 세계의 갈등이다. 이는 하나님께서 창조하신 자연이 인간의 죄의 결과로 고통을 당하며 인간과 소외되며 갈등관계에 들어가는 것을 뜻한다(창 2:18).

이처럼 구약에는 여러 차원의 다양한 갈등이 나타난다. 단순히 개

---

34 정석규, 『구약성서로 읽는 갈등과 화해』 (서울: 한들출판사, 2010).
35 위의 책, 17-98.
36 위의 책, 99-192.
37 위의 책, 193-347.

인적인 차원을 넘어서서 민족 공동체와 국제적인 차원의 갈등에 이르기까지 총체적인 시각에서 바라본다. 그렇다면 이러한 여러 종류의 갈등은 어떻게 화해에 이르게 되는가? 먼저 하나님과의 갈등은 갈등관계에 있는 사람들이 하나님을 담대하게 대면하고, 하나님께 귀를 기울이고, 그분의 말씀에 온전히 순종하고, 주권을 인정하고, 문제를 가지고 그분 앞에 나아가는 과정 등을 통해서 이루어진다. 가장 중요한 것은 바로 하나님 앞에서의 진정한 회개이다.

인간들 사이의 갈등에 있어서는 약속에 대한 기억, 신뢰하는 사람과의 의논, 갈등 상대와의 진실한 소통, 진정한 회개, 인간지혜의 활용, 먼저 화해의 손길을 내미는 행위, 위기에 대한 대비, 상대의 마음을 헤아림, 친절함, 동역자들과 함께 문제를 나눔, 조언을 수용할 수 있는 넓은 마음, 효과적인 시스템 마련, 진정한 용서 등과 같은 다양한 통로를 통하여 화해가 성취되는 것을 볼 수 있다. 또한 이웃 국가, 타민족과 자연과의 갈등 해소는 위의 두 가지 차원의 갈등이 해결될 때, 즉 하나님과의 화해가 이루어지고 그 것이 수평적 차원에서 이웃과의 화해로 이어지고 실천될 때 주어지는 것으로 볼 수 있다.[38]

2. 신약의 화해신학

신약에서는 "화해"와 관련된 단어 군이 총 14회 사용되는데 그 가운데 세속적–윤리적인 의미 곧 깨어진 인간관계의 복원이라는 의미로 사용되는 곳은 두 곳(고전 7:11과 마 5:24)이고, 골 1:20은 "창조세계 안

---

[38] 구약에서의 갈등 해결에 대한 자세한 내용은 위의 책 1-7장에 걸쳐서 각 장의 후반부에 잘 나타난다.

에서의 피조물들의 일치"라는 의미에서 화해를 사용한다. 나머지 11곳은 모두 "하나님과 사람 사이의 화해를 의미하는 신학적인 개념으로 사용"되었다. 이러한 맥락에서 신약에서 "화해"는 일차적으로 "구원론적인 개념"으로 사용되고 있다.[39] 따라서 바울은 화해의 개념을 사용하여 다음을 이야기하려고 한다.[40]

> 죄로 말미암아 하나님의 원수가 된 인간을 하나님께서 예수 그리스도 안에서 찾아오셔서 먼저 인간의 죄를 용서하여 주시고, 그 죄로 말미암아 깨어져 버린 관계를 회복해서, 인간으로 하여금 새로운 하나님 관계 속에서 살아가게 하셨다. 이것이 바울이 "화해"라는 개념으로 말하고자 하는 내용이다. 그렇다면 신약성서가 전체적으로 말하고자 하는 구원의 메시지를 바울이 특별히 "화해"라는 개념으로 정리했다고 할 수 있다. 바울은 예수 그리스도의 십자가 죽음에서 이루어진 구원을 하나님과의 화해라는 말로 표현한다.

이처럼 신약에서는 하나님과 사람 혹은 피조물 사이의 화해에 대한 결정적인 패러다임으로서 "예수 그리스도의 십자가와 부활 사건"이 나타난다(엡 2:13-16). 십자가는 인간의 교만, 불순종, 우상숭배의 죄로 인하여 하나님과 인간/피조물 사이에 생겨난 분열과 갈등을 극복하여 새로운 생명을 허락하신 화해의 사건이다. 부활은 모든 화해 사건의 패러다임이다. 십자가의 죽음에서 부활하신 예수 그리스도는 희생자이며

---

39 조경철, "화해는 하나님의 구원사건이다: 고후 5:18-21을 중심으로 살펴 본 바울의 화해사상," 『신약논단』13-1, (2006. 3), 113.

40 위의 책, 115

동시에 화해자이시다. 하나님께서는 예수 그리스도의 십자가의 죽음을 통하여 이 세상과 화해하시기로 결정하셨다. 그 죽음은 "하나님과 하나님의 메시아 둘 모두의 행동으로써 인간과 하나님 사이의 화해를 유발한다. 그 화해란 죄의 용서 그리고 죄로부터의 구원이다."[41] 그런데 이러한 화해는 "새로운 창조"로 이해된다. 인간과의 화해뿐 아니라 자연과의 화해, 만유와의 화해이며 따라서 우주적 차원을 지닌다.

이러한 십자가와 부활을 통하여 이루어진 하나님과의 화해 사건은 세례와 성만찬에서 계속해서 기억되고 기념되며 우리들의 삶으로 전유된다. 신약에서 세례는 이러한 하나님의 화해의 사건에 기초하여 우리들의 죄가 씻음받고, 성령으로 새롭게 태어나며, 그리스도의 몸과 일치를 이루며, 도래하는 하나님의 통치의 표지로 나타난다. 성만찬 역시 하나님의 화해로 인한, 창조와 구원의 은사에 대한 감사의 식사이며, 그리스도와 교제하는 교제의 식사이며, 종말론적인 메시아적 만찬의 선취이다.[42] 십자가와 부활을 통하여 이루어진 하나님의 화해 사건에 기초한 세례와 성만찬은 우리들로 하여금 일상의 삶에서 화해의 삶을 살아가도록 명령한다.

화해의 관점에서 바라보면 교회는 하나님의 화해를 믿음 가운데 하나님의 은혜로 자신의 사건으로 전유하고 이를 세례와 성만찬을 통하여 또한 일상의 삶을 통하여 계속해서 갱신해 나가는 공동체이다. 화해의 공동체로서 교회는 하나님과 이웃과 교제하는 공동체이며 하나님과의 화해를 세상에 선포하고 이를 실천해 나가는 공동체이다.

---

41 Michael Gorman, *Apostle of the Crucified God*, 소기천 외 3인 역, 『신학적 방법을 적용한 새로운 바울 연구』 (서울: 대한기독교서회, 2014), 184.

42 Daniel Migliore, *Faith Seeking Understanding*, 2nd ed., 신옥수, 백충현 역, 『기독교조직신학개론』 개정증보판 (서울: 새물결플러스, 2012), 466-67, 480.

III. 통전적 기독교 화해교육 모델의 모색

신학적, 성서적 차원에서 화해는 앞에서 살펴본 것처럼 하나님과 개인사이, 하나님과 공동체 사이, 자신과 자신 사이, 인간들 사이, 인간과 자연 사이의 온전한 화해를 지향한다. 그럼에도 불구하고 70년대 이후 한국교회에서의 화해교육은 이러한 것들이 서로 조화를 이루지 못하고 양극화되는 경우가 많았다. 기독교 교육적 입장에서 본다면 주로 수직적, 개인적, 영적 차원의 화해교육은 많이 강조되어 왔으나, 사회적, 정치적, 공적 차원과 생태적 차원은 소외되는 경우가 많았다. 이러한 맥락에서 청년들을 위한 대안적인 형태의 통전적인 화해교육이 요청된다.

1. 수직적 화해와 수평적 화해의 대립 모델[43]

먼저, 근본주의 혹은 보수적인 복음주의 기독교교육에서는 주로 수직적이며 개인적 차원을 중시하는 화해교육 모델을 지향해 왔다. 여기에서는 주로 하나님과의 수직적 관계에 중점을 둔 회심교육이 주류를 이루었다. 사회적, 구조적 차원의 악보다는 개인적인 죄로 인한 하나님과의 갈등과 내적인 회개를 통한 하나님과의 인격적 화해가 강조되었다. 이것은 70-80년대 한국교회의 폭발적 성장 시기와 맞물리면서 한

---

43 한국교회에서의 청년목회 패러다임의 유형과 비판적 분석에 대하여 다음의 내용을 참고하라. 장신근, 김은혜, 성현, "한국교회의 다음세대를 위한 청년사역연구: 성육신적 삶의 신학에 기초한 삶-신앙-삶 모델," 김도일 외 10인, 『다음세대 신학과 목회』 (서울: 장로회신학대학교출판부, 2016), 113-267.

국교회에서 이루어진 화해교육의 전형을 형성하였다. CCC의 "4영리" 같은 것이 이러한 개인 회심중심 화해교육의 성격을 잘 대변해 주는 아이콘이라 할 수 있다.

청년교육에서도 개인적 차원의 경건에 강조점을 두고 하나님과의 화해가 가장 중요한 교육적 과제로 다루어졌다. 그 결과 수평적이며, 사회적, 역사적 차원의 화해는 비교적 소홀하게 다루어졌다. 이러한 수직적 모델은 세상과의 관계성보다는 그리스도인됨의 정체성에 더욱 강조점을 두는 모델로 이에 기초한 청년들은 한국사회와 글로벌 사회의 다양한 이슈를 바라보고 해석하고 비판적이며 변혁적인 의식을 양육하는 화해교육의 측면이 많이 약화되었다. 그리고 이러한 성향이 성인으로 계속 이어지면서 오늘날 한국교회가 경험하는 사회로부터의 불신과 사회와의 소통실패의 원인이 된 것이다.

다음으로 수평적이며 사회적 화해모델로 자유주의적 성격을 지닌 종교교육, 하나님의 선교, 혹은 해방/정치신학의 종교교육 전통에서 유래한 화해교육 모델이다. 성서적으로는 구약의 예언자 전통에서 그 기원을 찾을 수 있을 것이다. 조지 코우(George Coe)의 하나님의 민주주의 모델이나, 레티 러셀(Letty Russel)의 하나님의 선교 모델, 해방신학의 정치적, 비판적 변혁 모델은 개인적 차원의 화해보다는 사회, 정치적 차원의 구조적, 체제적 변혁을 추구한다.[44] 이러한 전통에 기초한 화해교육은 사회 변혁적이며, 예언자적이다.

---

[44] George A. Coe, *Social Theory of Religious Education*, 김도일 역, 『종교교육사회론』(서울: 그루터기하우스. 2006); Letty Russell, *Christian Education in Mission*, 정웅섭 역, 『기독교교육의 새 전망』(서울: 대한기독교서회, 1972); Daniel Schipani, "해방신학과 종교교육," Randolph Miller ed., *Theologies of Religious Education*, 고용수, 박봉수 역, 『기독교 종교교육과 신학』(서울: 한국장로교출판사, 1998), 469-508.

70-80년대 한국교회의 폭발적 성장 시기는 동시에 개발이데올로기로 인하여 인권과 자유가 억눌리고 제한을 받던 독재적이고 권위적 정권의 상황에서 일부의 소수 그리스도와 교회는 이러한 모델에 기초한 화해교육을 시도하였다. 파울로 프레이리(Paulo Freire)의 의식화교육, 인간화교육이 여기에 큰 공헌을 하였다. 이러한 유형의 화해교육은 화해의 지평을 개인적이며 실존적 차원을 넘어서서 사회, 정치, 문화적 차원으로 확대하는데 공헌하였다. 그러나 근본주의 혹은 보수적인 복음주의 모델과는 반대로 변혁적이고 예언적 화해교육은 수직적 차원 혹은 개인적이며 실존적인 차원을 경시하고, 동시에 회심의 종말론적 차원을 진지하게 고려하지 않는 경향을 보였다. 이로 인하여 성서적 화해를 유토피아적 이데올로기에 기초한 일종의 정치, 사회변혁 운동과 동일시하는 경우가 많았다.

2. 대안으로서의 통전적 화해교육 모델

본 장은 개인적 회심과 사회적, 공적 차원의 정의, 평화를 지향하는 화해교육의 대안으로서, 이들을 모두 아우르고 생태적 차원까지 포괄하는 통전적 청년화해교육을 대안으로 제안한다. 이상의 논의들을 기초로 통전적 청년화해교육은 다음과 같은 특성을 지닌다. 첫째, 화해에 있어서 하나님의 주도권과 종말론적 차원을 인식하는 화해교육이다. 성서적, 신학적 이해에 기초한 청년 화해교육은 먼저 화해에 있어서 하나님의 주도권을 인정한다. 청년 화해교육은 갈등상황에서 하나님과 인간 사이의 화해가 전제되어야 하며 하나님께서는 이러한 화해에 있어서 주도권을 가지고 계신다는 사실, 즉, 하나님의 주권에 대한 인정과 순종에 기초해야 한다. 종말론적 하나님 나라에 기초한 화해를 위하여 우리는 크리스토퍼 블룸하르(Christopher Blumhardt)의 말처럼 하나님의 주도권을 고백하는 가운데 행동하면서 기다려야 하며, 기다리면서 행동해야 한다.[45] 동시에 청년 화해교육은 한번 혹은 단기간에 완성되는 것이 아니라 삶 속에서 지속되는 과정임을 인식하고 장기적인 노력을 기울여 나가며 궁극적으로는 종말에 온전히 성취된다고 하는 종말론적인 소망에 기초한 교육이 되어야 한다. 이러한 종말론적 차원이 결여된 화해는 온전한 형태의 화해가 되지 못한다.

둘째, 온전한 다차원적 화해를 지향하는 화해교육이다. 화해는 개인적, 사회적, 공적, 구조적, 생태적 차원을 지니고 있다. 화해에 대한 이러한 다차원적 인식이 이루어지지 않으면 통전적 화해교육이 이루어지지 못한다. 화해를 개인적, 실존적 차원에서만 보는 것도 문제이지만 사회적, 제도적, 구조적 차원에서만 바라보는 것도 잘못된 것이다. 양자는 서로에게 의지하면 상보적 관계성을 가진다. 특히 전통적으로 한국 교회의 화해교육에서는 공적, 구조적, 생태적 차원이 많이 다루어지지 못하였는데 이러한 것은 개선되어야 한다. 전인적 청년교육은 그리스도인됨의 신실한 정체성을 강조하는 제자와 공적영역에서의 책임을 강조하는 시민으로서의 화해 사명을 동시에 강조해야 한다.

셋째, 청년의 다양한 발달적 특징(위기, 과제)과 이들이 처한 여러 상황을 고려하는 화해교육이다. 청년 화해교육은 이들의 신체적, 심리적, 사회적, 도덕적, 정치적, 신앙적/영성적 차원의 발달을 세심하게 고려하는 교육이 되어야 한다. 청년들의 발달적 특징은 시대적 변화에 따라

---

45   Christopher Blumhardt, "3장: 서두르십시오. 그리고 기다리십시오!" *Action in Waiting*, 전나무 역, 『행동하며 기다리는 하나님 나라』 (서울: 대장간, 2018), 57-65.

서 많은 변화를 동반하므로 이에 대한 주의를 요한다. 근대적 의미의 발달적 특징은 오늘의 상황에서 볼 때 설득력이 부족한 경우가 많으므로 이에 대한 새로운 연구와 이해가 요구된다. 특히 앞에서 살펴본 것처럼 아네트의 신생성인기에 대한 연구와 같은 최근의 인간발달 이해가 주는 함의와 대화하는 가운데 청년 화해교육을 계획하고 실천할 필요가 있다.

화해교육에는 인간들이 경험하는 발달적 차원의 보편적인 내용들도 있지만 동시에 시대적, 역사적 상황으로 인하여 생겨나는 내용들도 중요하다. 이러한 맥락에서 청년 화해교육은 예를 들어 오늘의 청년들이 직면한 취업난, 남북분단, 사회의 양극화 현상, 세대 간의 갈등 등과 같은 한국사회의 현재 상황과 더불어, 세계화, 포스트모던, 후기 정보화, 포스트휴먼 시대와 같은 지구적 상황을 동시에 잘 고려하여야 한다. 구체적 콘텍스트가 결여된 화해교육은 맹목적인 교육 혹은 개인주의적 화해교육이 될 가능성이 높다. 따라서 청년 화해교육이 효과적으로 수행되기 위해서는 청년들의 발달적이며 문화적인 눈높이와 이들이 처한 상황을 잘 고려한 다양한 교육방법들이 제시되어야 한다. 오늘의 포스트모던적 경향의 선봉에 있는 청년들을 위해서는 소위 EPIC(experience, Participation, Image, Connection)과 같은 요소들을 강조하는 교육방법들이 다양하게 사용될 필요가 있다.

넷째, 일상적 삶과의 연관성을 지향하는 화해교육이다. 청년 화해교육은 거시적인 차원도 다루지만 일상적 삶과의 연관성도 강조되어야 한다. 일상적 삶과의 관련성이 결여된 화해교육은 장기간 지속되기가 힘들고 학습자들에게 이중적인 자세와 가치관을 심어줄 수 있다. 또는 이들을 이상주의자 혹은 관념주의자로 만들 수도 있다. 엠마누엘 카통

골(Emmanuel Katongole)는 그리스도인에게 화해는 매우 일상적이고 평범하며 구체적이어야 한다고 주장한다.

> 교회가 제시하는 새로운 초월은 추상적이거나 비밀스러운 것이 아니다. 오히려 세족식, 양배추심기, 기저귀 갈기, 환자 돌보기와 같이 구체적이고 일상적이며 평범하다. 따라서 화해를 교회의 특별한 사역이라고 생각해서는 안된다. 교회는 화해를 하나의 사업인 것처럼 추진해서도 안된다. 화해는 교회가 가장 평범하고 단순하고 일상적인 현실 속에서 초월의 비전을 충실하고 끈기 있게 살아낼 때 이루어진다.[46]

다시 말하면 청년 화해교육은 일상의 현실 가운데서 화해라는 십자가와 부활에 기초한 초월의 비전을 성실하고 지속적으로 살아가도록 돕는 "평생교육"이다.

다섯째, 교육현장들 사이의 연계를 지향하는 화해교육이다. 청년 화해교육은 삶의 여러 현장과의 연관성 속에서 실천되어야 한다. 화해교육은 가정, 교회, 학교, 지역사회, 시민사회, 지구적 시민사회 등의 현장들 사이의 밀접한 연계를 통하여 이루어져야 할 필요가 있다. 지역교회 또는 시민사회 단체는 이러한 현장들을 연계시켜 주는 중재자의 역할을 감당해야 한다. 화해의 개인적 차원과 사회적, 공적, 구조적, 생태적 차원이 균형을 이루기 위해서는 이처럼 현장 사이의 연계를 고려한 교육이 실천되어야 한다. 교육현장들 사이의 연계가 이루어지지 않고 교회현장으로만 축소된 화해교육은 온전하고, 통전적인, 균형 잡힌 신

---

46 Emmanuel Katongole and Chris Rice, *Reconciling All Things: A Christian Vision for Justice Peace and Healing*, 안종희 역, 『화해의 제자도』 (서울: IVP, 2013), 142-43.

앙을 양육하는데 기여하지 못하게 되고, 그 결과 개인주의적이며 사사화된 신앙을 양육하는 위험에 빠지기 쉽다.

Ⅳ. 청년을 위한 통전적 화해교육 모델

화해교육은 모든 연령의 그리스도인들에게 필요하지만 내적, 외적으로 다양한 도전과 갈등에 직면한 오늘이 청년들에게 매우 중요한 교육이다. 이상의 논의에 기초하여 청년들을 대상으로 하는 온전한 화해교육을 모색하기로 한다.

1. 청년 화해교육의 목표

신생성인기에 해당하는 청년들을 대상으로 이루어지는 통전적 기독교 화해교육은 다음과 같은 목표를 지향한다.

청년을 위한 화해교육의 목표는 신체적, 심리적, 사회적, 도덕적, 신앙적 차원의 발달과 세계화, 포스트모던, 후기 정보화, 포스트휴먼 시대의 상황에서 유래하는 도전들에 직면하여 다양한 갈등을 경험하고 있는 청년들이 십자가와 부활의 사건에 나타난 삼위일체 하나님과의 화해를 자신의 것으로 인식하고, 경험하고, 고백하도록, 또한 자신들의 삶의 여러 차원에서 발생하는 갈등에 직면하여 삼위일체 하나님의 화

해의 프락시스에 참여하는 화해자의 삶을 살아갈 수 있도록, 즉, 삼위
일체 하나님의 화해 사역에 동참하는 제자와 시민이 될 수 있도록 힘
을 실어주고 지원하는 것이다.

청년 화해교육에서는 일차적으로는 인간발달적 차원에서 유래하는
갈등과, 동시에 이들이 처해 있는 여러 차원(개인적, 실존적, 사회적, 공적,
지구적, 생태적)의 상황에서 생겨나는 갈등이라는 이중적 차원이 잘 고
려되어야 할 것이다. 그리고 이러한 것을 신앙적 관점으로 바라보고 해
석해 나갈 수 있는 능력을 길러주고, 더 나아가 하나님의 화해의 프락
시스를 일상의 삶 가운데서 계속 실천하고 성찰하며 다시 실천하는 순
환적인 삶(삶-신앙-삶)을 살아갈 수 있도록 평생교육의 차원에서 화해교
육이 실행되어야 할 것이다.[47]

2. 청년 화해교육의 과제/내용

청년 화해교육의 내용은 앞에서 언급한 것처럼 모든 그리스도인들
에게 해당하는 공통적인 내용과 청년들에게 특히 강조되어야 할 내용
을 구분할 수 있다. 지면상 여기에서는 교육내용을 간략하게 제시하고
자 한다.

- **하나님과의 화해:** 하나님과의 화해는 청년 화해교육의 가장 중요
한 출발점이자 토대이다. 따라서 그리스도인으로서 모든 화해는 하나

---

[47] Thomas Groome, *Will There Be Faith?* 조영관, 김경이, 임숙희 역, 『신앙은 지속될 수 있을까?』
(서울: 가톨릭대학교출판부, 2014).

님과의 화해에서 시작되며 우리가 아니라 하나님께서 화해의 사건에서 주도권을 지니고 계신다는 복음의 핵심을 분명하고 확실하게 가르쳐야 할 것이다. 이를 위하여 죄로 인한 인간의 갈등과 예수 그리스도를 통한 하나님의 선행적 화해사건에 관한 성서적, 신학적 내용을 주제별로 잘 분류하여 가르쳐야 한다.

- **자아와 자신의 몸과의 화해:** 하나님과의 화해에 기초하여 자아와 몸과의 화해를 오늘의 청년들의 문화적 특성과 대화하는 가운데 가르쳐야 한다. 하나님과의 진정한 화해가 이루어질 때 자신들의 자아와 비로소 화해할 수 있다는 사실을 청년들이 분명히 인식하고 고백하면서 살아갈 수 있도록 해야 한다. 자아존중감이 낮고, 외모지상주의에 많이 사로잡혀 있는 오늘의 청년들에게 자아와의 화해를 통하여 진정한 자아상을 회복하고 몸에 대한 건강한 이해를 가질 수 있도록 도움과 도전을 주어야 한다. 즉, 청년들이 영혼은 구원받아야 할 대상이며 육체는 멸망의 대상이라고 생각하는 영육이론원에서 벗어날 수 있도록 이와 관련된 통전적 인간론을 잘 가르쳐야 한다. 알콜, 마약, 성, 성형, 도박 등의 중독, 비만 등과 같은 주제도 다룰 필요가 있다. 예를 들어 비만인구의 증가에 직면하여 신앙적 관점에서 음식을 조절하여 몸을 잘 관리하도록 교육하는 "다니엘 플랜" 같은 것을 참고하여 소위 "먹방문화"에 물들어 있는 청년들에게 실천 프로그램으로 제시할 필요가 있다.[48]

---

48 Rick Warren, Daniel Amen, and Mark Hyman, *Daniel Plan*, 고성삼 역, 『다니엘 플랜: 건강한 영성을 위한 40일 플랜』(서울: 21세기북스, 2015).

- 일/소명과의 화해: 오늘의 상황에서 청년들이 일자리를 구하는 것도 어렵지만 또한 취업에 성공한 청년들도 다양한 어려움과 스트레스를 경험하며 살아간다. 따라서 일과 소명의 관계, 자신의 일에서 어떻게 의미를 찾아낼 수 있을지, 일에서 생겨나는 다양한 스트레스를 어떻게 대처해 나갈지 성서적, 신학적 차원의 해답과 관점뿐 아니라 심리적, 상담적, 직업컨설팅 차원에서의 전문적 도움도 절실하다. 예를 들어 요즈음 청년들이 자신의 적성에 잘 맞는 직업을 찾아나가도록 도움을 주는 "행복한 밥벌이 프로젝트"[49]와 같은 것을 지역교회가 화해교육의 차원에서 제공할 필요가 있을 것이다. 더 나아가 청년들이 직업에서 만족과 행복감을 느끼고 사회에 공헌할 수 있도록 하기 위해서는 청년들 개개인의 노력으로는 불가능하며, 개인, 교회, 사회, 학교, 기업, 정부 등이 함께 연대해야 한다는 사실을 성인세대들이 공감할 수 있도록 사회적인 운동을 펼쳐나가는 노력도 필요하다.

  청년들이 일과의 화해를 이루어 나가기 위해서 가장 중요한 것은 그리스도인으로서 일과 소명의 관계를 올바르게 이해하고 자신의 일을 소명의 관점에서 바라보고 인식할 수 있도록 교육적으로 지원해 주는 것이다. 파울러에 의하면 소명이란 먼저 1) 일, 직장, 또는 직업, 2) 전문성(profession), 그리고 3) 개인의 경력(career)과는 구별된다.[50] 물론 이런 것이 소명의 일부로 포함될 수도 있지만 전적으로 동일시 될 수는 없다. 이런 맥락에서 소명이란 "한 개인이 자신의 총체적인 자아(total self)로 하나님의 말씀과 하나님의 동반자로의 부르심에 대하여 응답하

49 최재봉, 『행복한 밥벌이, 천직의 발견』 (서울: 21세기북스, 2014).
50 James Fowler, *Becoming Adult, Becoming Christian: Adult Development and Christian Faith* (San Francisco: Harper & Row Publishers, 1984), 94.

는 것"[51]을 뜻한다. 더 나아가 소명은 삼위일체 하나님의 창조하시고, 통치하시고, 해방/구원하시는 프락시스에 하나님의 백성들이 동반자로 참여하도록 부르심을 받는 것을 뜻한다.[52] 그리고 소명에 응답한다는 것은 삶의 발달 단계에 따라서 하나님의 이러한 창조, 통치, 해방/구원의 프락시스에 참여하는 삶을 살아가는 것이다. 따라서 청년 화해교육은 청년들이 자신의 현재 혹은 미래의 일과 직업을 하나님의 소명이라는 보다 더 넓은 시각에서 볼 수 있는 다양한 교육을 제공해야 한다.

- **가족(부모, 형제)과의 화해:** 청년 시기에는 세대차이로 인하여 부모와의 갈등이 강하게 나타날 가능성이 많다. 따라서 부모와 더불어 신앙, 진로, 결혼 등과 연관하여 올바른 기독교적 가치관에 기초하여 함께 대화해 나가면서 서로가 서로를 공감적으로 이해할 수 있도록 지원하는 과제가 매우 중요하다. 형제, 자매와 같은 다른 가족 구성원과의 불화로 어려움을 겪는 청년들도 많이 있는데 이를 위하여 가족들과 공감적인 대화를 해 나갈 수 있도록 지원하는 것도 중요한 교육과제이다. 가정에서 이루어지는 대화훈련은 사회에서의 화해교육에 중요한 기초를 형성한다. 가족 구성원간의 갈등이 심각할 경우 가족치료를 위한 전문가들과 연결하여 전문적인 도움을 받을 수 있게 해야 한다.

- **친구, 이웃들과의 화해:** 앞에서 살펴본 것처럼 또래 또는 동료들과의 우정을 통하여 친밀감을 형성해 나가는 것은 청년기의 매우 중요

---

51 위의 책, 95.
52 위의 책, 89-91.

한 발달 과제이다. 신생성인기에는 청소년기와 달리 인간관계의 폭이 더욱 넓어지게 되는데, 이러한 과정에서 동성 혹은 이성과의 왜곡된 관계를 통하여 친밀감을 추구하려는 경우가 많이 발생하게 된다. 따라서 우정, 이성과의 관계, 이웃사랑 등에 관한 성서적, 신학적 가치관을 확고하게 심어줄 필요가 있다. 동시에 청년들이 심리사회적으로도 자아존중감과 자기 정체성을 잘 확립해 나가는 과정을 돕고, 동시에 올바른 친밀감과 왜곡된 친밀감에 대한 분별력을 키워주어야 한다. 이를 위하여 설교, 성서연구, 세미나, 상담, 멘토링, 인간관계 훈련 등 다양한 통로를 통하여 청년기의 올바른 친밀감 형성을 지원해 주어야 한다. 지역교회의 청년부에서는 신앙 안에서 이성간 혹은 동성 간의 친밀한 관계를 유지할 수 있도록 공동체적 노력을 기울여야 할 것이다. 또한 사회적으로는 최근 한국의 청년들 사이에서 퍼지고 있는 남성과 여성 사이의 심각한 혐오와 갈등 현상에 대하여 하나님의 형상과 같은 성서적, 신학적 인간상을 심도 있게 탐구하고, 더 나아가 포용, 다양성, 평등, 상호배려, 존중 등에 기초한 젠더 감수성을 길러 줄 수 있는 신앙 교육적 노력들을 기울여야 할 것이다.

- **타자들과의 화해:** 지구적 다문화시대를 살아가고 있는 오늘의 청년들에게는 정치, 경제, 종교, 문화적 타자들에 대하여 확고한 기독교적 정체성을 소유하면서도 열린 자세를 가질 수 있는 포용성을 양육하는 교육이 어느 연령보다 더 필요하다. 특히 남북분단이 70년간 지속되는 상황에서 정치, 경제, 문화적으로 타자가 되어버린 남북의 화해와 지구적 다원주의 시대의 상황에서 타문화, 타인종, 타종교 등과의 화해를 위한 성서적, 신학적 관점의 교육과, 보다 구체적으로, 화해를 실천하기

위하여 자신의 소명을 확인하고 준비할 수 있도록 돕는 교육이 필요하다.[53] 이를 위하여 성서적 차원에서 삶의 다양성, 나그네 환대, 복음의 보편성, 신학적으로는 십자가신학에 기초한 포용, 심리학적으로는 후인습성, 철학적으로는 타자성 등과 같은 개념과 관련된 실천들을 교육해야 할 것이다.[54]

문화적 차원의 타자와 더불어 정치, 경제적으로 억눌리고 소외된 타자들을 위한 화해도 반드시 청년 화해교육에 포함되어야 한다. 신자유주의에 기초한 경제적 세계화, 즉 "나쁜 세계화"의 희생자들과의 연대를 지향하면서 "하나님의 경제"를 지향하는 비판적 프락시스 화해교육이 절실하다. 이러한 교육은 일회적 교육이나 운동으로 끝나지 않고 청년들이 직업, 일, 소명과의 관점에서 비전을 가지고—특히 하나님의 해방하시는 프락시스에의 참여라는 관점에서—평생 지속적으로 실천해 나갈 수 있도록 지원해 주어야 할 것이다. 이를 위하여 보다 현실적으로 청년들이 지역사회에서 여러 사회적 약자들과 연대하고 이들을 섬기는 다양한 사회적 디아코니아를 제공할 필요가 있다.

- 자연과의 화해: 지금까지 화해는 하나님과 인간 차원에만 국한시켜 왔지만 현재 생태계의 붕괴를 생각할 때 자연과의 화해는 청년화해교육에 반드시 포함되어야 할 내용이다. 특히, 풍요한 시대에 태어나서 성장한 청년세대들이 소비주의에 중독되어 자연을 직간접적으로 파괴하지 않도록, 자연과의 화해를 이루어 나갈 수 있도록 돕는 교육을 실

---

[53] 평화통일신학에 대하여 다음을 참고할 것. 신옥수, "평화통일신학의 형성과 과제: 하나님나라 신학의 빛에서," 『선교와 신학』 35 (2015 봄), 13-47.

[54] 참고: 장신근, "평화교육으로서의 다문화 기독교교육," 『공적신앙을 양육하는 교회와 가정교육』 (서울: 장로회신학대학교, 2011), 210-33.

시해야 할 것이다. 이러한 교육과제는 청년들에게 공적신앙의 양육을 위하여 필수적인 교육내용이다. 자아, 가족, 친구, 이웃, 타자, 자연 등과의 화해에 있어서 청년들은 한편으로는 피해자가 되기도 하고 다른 한편으로는 가해자가 되기도 한다. 따라서 가해자로서 용서를 구하는 것과 피해자로서 용서하는 두 가지의 상호 역동적 차원이 화해의 과정에서 잘 인식되고 교육되어야 한다.

3. 청년 화해교육의 방법

청년 화해교육의 방법에서는 위에서 언급한 것처럼 청년들의 문화적 특성과 경험, 참여, 이미지, 연결 등과 같은 포스트모던 시대의 특성을 잘 인식하고 이들의 눈높이에 잘 맞추어 나가는 노력을 해야 할 것이다.

- **예전:** 주일의 예배를 비롯한 다양한 예전들은 개인적, 공동체적 차원에서 화해를 정기적으로 교육할 수 있는 중요한 통로이다. 설교, 신앙고백, 찬양, 성만찬, 세례, 세족식, 각종 통과의례 등을 통하여 화해가 일회성으로 끝나지 않고 청년들에게 내면화되고 생활화될 수 있도록 예전적 방법들을 활용할 필요가 있다. 그러나 예전이 지닌 사회화의 기능과 더불어 성령의 변형적 능력에 대한 확신이 필요함은 더 강조할 필요가 없을 것이다. 성령의 변형적 능력에 기초하지 않는 화해교육은 일반교육에서 이루어지는 화해교육과의 차별성이 사라질 수 있다.

- **영성형성:** 성서적 화해는 궁극적으로 영성적 차원을 지니고 있

다. 갈등과 화해에는 육체적, 심리적, 사회적 차원이 존재하지만 가장 중요한 것은 영성적인 차원이다. 하나님과의 수직적인 차원이 결여될 때 온전한 화해는 성취되지 않는다. 영성 형성방법은 갈등에 대한 회개와 화해를 위한 성서연구와 기도가 가장 대표적이다. 성서연구의 경우, 청년들이 성서 전체를 갈등과 화해의 관점에서 바라보고, 해석하며, 이를 자신들의 삶에 적용하는 가운데 수직적 차원의 화해가 지속적으로 이루어질 수 있도록 돕는 과정이 되어야 한다. 화해를 지향하는 기도의 경우 전통적인 개인기도의 방법 외에 "예수기도", "래버린스 기도", "말씀묵상 기도" 등을 다양하게 사용할 수 있다. 그 가운데 그리고 성서묵상과 기도 두 가지를 잘 조화시키기 위해서는 말씀과 기도가 어우러진 Lectio Divina(말씀묵상 기도)를 활용할 필요가 있다. 특히 화해의 영성을 내면화해 나가는데 있어서 Lectio Divina의 4가지 단계인 읽기(lcetio) - 묵상하기(meditatio) - 기도하기(oratio) - 관상하기(contemplatio) 등의 방법론을 갈등과 화해의 관점에서 잘 교육하여 청년들이 이를 쉽게 생활화할 수 있도록 해야 한다.

영성형성 방법에서 주의할 것은 성서연구와 기도가 수직적이며 내면적 차원에만 제한되지 않고, 이와 더불어 수평적이며 사회적, 공적, 생태적 차원의 화해까지 포괄해야 한다는 것이다. 그리하여 국제적 분쟁, 다양한 난민, 파괴되어 가는 생태계, 종교 간의 갈등과 분쟁, 지구적 자본주의의 폐해로 인한 심각한 경제적 양극화 등과 같은 이슈들이 화해를 위한 성서연구와 기도에 반드시 포함되어야 한다.

- **개인적 성찰**: 개인적 성찰의 방법은 내면적 차원의 화해 영성을 형성해 나가는 데 있어서 매우 중요하다. 형식적이고, 의식적이며, 외적

인 차원의 화해 이전에 기본적으로 필요한 것이 바로 글쓰기, 저널쓰기, 걷기, 순례 등을 활용한 개인적 성찰이다. 특히 이러한 방법들은 조용한 시간과 장소를 택하여 자신의 내면에 감추어져 있는 여러 종류의 갈등에 초점을 맞추어서 내면의 평화와 화해를 이루어 나가는 훈련에 사용될 수 있다. 예를 들어 걷기방법의 경우, 세계적으로 유명한 스페인의 산티아고 순례길 같은 것이 오늘의 청년들에게 많은 관심을 끌고 있는데, 이 같은 장거리의 순례길과 더불어, 현실적으로 요즈음 우리나라에 전국적으로 많이 조성되어 있는 다양한 올레길 혹은 둘레길을 잘 활용하는 것도 하나의 좋은 방법이다.

- **연구**: 올바른 화해가 이루어지기 위해서는 갈등 상황에 대한 객관적이고 정확한 이해가 필요하다. 실천신학 방법론에서 강조하는 기술적-경험적(descriptive-empirical) 차원의 과제와 연관하여 타학문과의 대화를 통하여 인간 갈등 상황에 대한 다양한 이해를 위하여 이러한 연구방법이 요청된다.[55] 동시에 사회적, 공적 차원에서 이루어진 화해의 역사와 사례를 연구하는 것도 매우 중요하다. 예를 들어, 아파타이트 이후 남아공의 화해와 진실 위원회 활동을 통한 화해운동의 사례를 연구하는 것이다. TV방송 프로그램, 대학, 전문교육기관, 연구소 등의 온라인 대중 공개수업(Massive Open Online Course) 등에서 제공되는 청년들을 위한 인문학 강좌 가운데 화해의 주제와 직간접적으로 관련된 내용을 활용하는 방법도 있다. 면대면 강좌에 함께 참석하거나, 방송과

---

[55] 실천신학의 4가지 중심 과제에 대하여 다음을 참고할 것. Richard Osmer, *Practical Theology, An Introduction*, 김현애, 김정형 공역, 『실천신학의 네 가지 중심과제』(서울: 예배와 설교 아카데미, 2012).

온라인을 통하여 강의를 듣고 그 내용을 성서적, 신학적 차원의 화해와 연계하여 토론하고 깊이 있게 성찰하면서 실천적 방안을 모색해 나가는 방법을 활용할 수 있다. 연구는 발달적으로 비판적 사고가 활발한 청년들에게 매우 필요한 교수-학습방법이다.

- 상담, 코칭, 멘토링: 이러한 것은 갈등의 상황에서 동료, 선배, 전문가 등과의 일대일의 관계를 통하여 해결책을 모색해 나가는데 사용될 수 있다. 개인적인 간단한 조언의 수준에서부터 전문성을 요하는 복잡한 수준까지 일대일의 친밀한 만남을 통하여 갈등 상황을 해결해 나가는 데 필요한 방법들이다. 예를 들어 요즘 문제가 많이 되고 있는 집단 따돌림(왕따) 같은 문제에 직면한 청년들을 위하여 이러한 개인적인 맞춤형의 일대일 지원이 요청된다. 또는 개인이 가지고 있는 지나친 폭력성이나 음란물 중독 등에 대하여 전문적인 상담치료를 받을 수 있도록 해 주는 방법도 있다. 요즘의 청년들 가운데는 청소년 못지않게 폭력적인 인터넷 혹은 모바일 게임에 지나치게 노출되거나 중독된 경우가 많은데 목회자 혹은 전문가를 통하여 전문적인 상담과 치유를 받을 수 있도록 해 줄 필요가 있다. 이와 더불어 지역교회 청년부에서는 자발적인 지원그룹(support group)을 조직하여 이런 문제들을 함께 고민하고, 나누며, 기도하는 가운데 해결을 모색해 나갈 수 있도록 장을 마련해 주는 것도 좋은 방법이다.

- 여행, 현장방문: 화해의 여정은 이에 대한 올바른 이해, 내면적인 성찰과 더불어 갈등과 투쟁의 현장에 대한 경험과 참여를 필요로 한다. 국내외적으로 다양한 분쟁과 갈등의 현장들이 있는데 청년들은 이러한

곳을 직접 방문하여 참여함으로써 갈등에 대한 생생한 경험을 얻을 수 있게 된다. 청년들이 선호하는 국내외 여행이나 배낭여행을 이러한 갈등과 화해의 현장 경험으로 전환하여 단순한 소비적 관광을 넘어설 수 있도록 도전을 줄 필요가 있다. 요르그 리거(Joerg Rieger)는 최근 교회에서 선교여행을 떠나는 경우가 많은데 이러한 여행이 진정한 변화의 계기가 되려면 다음의 내용에 주의해야 한다고 충고한다.

> 흔히 배움의 경험이라고 부르는 여행에서 여행자들 편에 진정한 변화가 일어나지 않으면, 그들은 현지인에게 연민을 느끼거나 현지인을 위해 뭔가를 하면서 자만심을 느끼는 정도에서 그칠 수 있다. 여행하는 사람들이 두 세계 사이의 차별성과 거기에 존재하는 권력상의 격차를 이해하지 못한다면, 시야는 넓어질 수 없고 변화도 일어나지 않는 법이다. 이런 문제를 명료하게 볼 수 있어야만, 만남을 통해 여행자와 관광객의 눈이 떠지고 현재 상태에 도전을 제기할 수 있을 것이다.[56]

이러한 맥락에서 화해를 위한 여행과 현장방문을 위해서는 먼저 여행지의 정치적, 경제적, 문화적, 영적인 상황을 갈등의 관점에서 공감적으로 잘 이해해야 한다. 그리고 여행지 혹은 방문 장소에서 현지인들의 목소리를 듣고 대화하면서 그러한 갈등의 원인을 다양한 관점에서 파악할 필요가 있다. 특히 그 갈등이 여행자와 원주민 사이의 "두 세계 사이의 차별성과 거기에 존재하는 권력상의 격차"에서 유래한다면 이를 해소하기 위한 방안이 무엇인가를 함께 토론하고 성찰하면서 실천방안

---

56 Joerg Rieger, *Traveling*, 홍병룡 역, 『여행, 관광인가 순례인가?』 (서울: 포이에마, 2015), 27-28.

을 모색하는 과정이 있어야 한다.[57] 이러한 이유로 여행과 현장방문 그 자체보다도 사전 준비와 사후의 성찰과 실천의 과정에 더 큰 비중을 두어야 한다.

만남을 통해 청년들의 눈이 열리고 변화되도록 홀로코스트 현장, 판문점, 집단학살현장, 전쟁기념유적지, 자연재해현장, 난민캠프 등과 같은 역사적인 비극의 현장 혹은 도움을 절실히 필요로 하는 장소를 방문하는 것도 화해교육에 있어서 효과적이다. 지역교회가 이러한 지역들을 대상으로 화해와 평화사역을 전문으로 하는 단체들과 연대하는 것도 좋은 방법이다.[58] 분쟁현장 방문을 위해서는 안전에 대한 충분한 대비도 필요할 것이다.

– **이야기**: 이야기는 그 속에 사람들을 참여시키고, 몰입시키며, 치유하며, 형성하며, 변형시키는 능력을 가지고 있다. 따라서 이야기 방법을 통하여 학습자들에게 여러 차원에서 창조적으로 화해를 가르칠 수 있다. 이야기를 통하여 청년들은 자신의 내면적 갈등을 타인들과 함께 나누고, 그 속에 참여하며, 서로 공감하는 가운데 개인적인 차원의 화해를 이루어 나갈 수 있다. 또한 청년들은 위에서 본 것처럼 성서에 나타나는 하나님의 여러 화해 이야기를 자신의 이야기와 변증법적으로 연결시킴으로써 개인적, 공동체적으로 화해를 성취해 나갈 수 있다. 집단

---

57 Joerg는 "이런 점에서 여행은 신학적인 저항 행위일뿐 아니라 그리스도인의 증언과 삶을 다시 조명할 수 있게 해 주는 신학적인 재구성 행위이다." 라고 주장한다. 위의 책, 135.

58 예를 들어 2000년 동티모르를 시작으로 인도네시아 아체, 아프가니스탄, 파키스탄, 말레이시아, 일본, 아이티 등에서 월드서비스, 평화캠프, 긴급구호 활동을 실시해온 "개척자들"(Frontiers)이라는 기독교 시민사회 단체가 실례가 될 수 있을 것이다. 지역교회는 이러한 전문 단체들을 통하여 전문적인 정보와 교육을 받을 수 있고 구호와 봉사 현장에 청년들을 파견할 수 있다. http://wcfgw.nayana.kr/xe/menu_welcome [2019. 1. 20 접속].

적인 갈등의 상황에서 다른 집단의 화해 이야기는 긍정적인 영향을 끼칠 수 있다. 이러한 화해의 이야기는 새로운 가능성과 소망을 가지게 해 주는 역할을 한다. 반면에 갈등 이야기는 반면교사의 역할을 할 수 있다.

이야기 방법은 그 자체로 독립적인 방법으로 사용될 수 있지만, 예전, 영성형성, 상담, 코칭, 멘토링, 여행, 현장방문, 예술 등 다양한 방법들과 연계하여 사용될 때 더욱 효과적이며 창의적인 방법이 될 수 있다.

- **예술:** 미술, 음악, 춤 등은 집단적 차원에서 자행된 여러 종류의 차별, 갈등, 분쟁, 살육 등을 사람들에게 공감적으로 알리는데 사용될 수 있다. 예술은 인간의 부정적인 현실을 예술가의 시선을 통하여 다양하게 창조적으로 전달할 수 있다. 전쟁의 폭력성을 고발한 피카소의 게르니카, 민중의 고난을 묘사한 우리나라의 민중예술, 마당놀이, 흑인들이 겪는 인종차별의 현실에 대한 저항예술인 흑인영가, 재즈, 랩 등이 그 실례이다. 그러나 예술은 고발과 저항을 넘어서서 평화와 공존의 미래에 대한 유토피아적 상상력을 자극하기 위해서도 사용될 수 있다. 오늘의 현실에서 이루어지고 있는 여러 갈등을 넘어서서 새로운 시대의 도래를 제시하는 방안으로 예술적인 방법들이 필요하다는 것이다. 예술을 통한 교육은 기존의 예술작품을 활용하는 경우도 있고, 새로운 작품을 창작하는 경우도 있다. 갈등의 상황을 넘어서 화해로 나아가기 위하여 예술 활동을 통한 치료적 접근도 화해를 위한 하나의 예술적 방법이 될 수 있다. 오늘의 청년들은 과거의 세대보다 예술적 재능이나 지능이 더 뛰어난 경우가 많으므로 이들이 예술적 상상력을 잘 활용할 수

있는 화해교육 방법들을 많이 계발해야 할 것이다.

- **토의, 토론**: 청년 화해교육에서는 일방적인 내용 전달방법보다는 토의와 토론 같은 쌍방향의 교육방법이 더욱 효과적이다. 청년기는 특히 비판적 사고가 매우 강한 시기이므로 이들을 성숙한 주체로 대우하고 자신들의 의견을 소신있게 밝힐 수 있도록 격려하는 방법이 필요하다. 갈등의 상황에서는 물리적인 힘이 동원되어 부정적인 결과를 가져오는 경우가 많으므로 토론과 토의의 과정을 통하여 갈등 당사자들 사이의 원활한 의사소통을 통하여 합의하고 협상하는 과정을 격려할 필요가 있다. 이를 위하여 교회, 가정, 학교, 직장 등에서 민주적인 회의와 협의를 통한 의사결정 과정을 잘 훈련해 나가야 할 것이다.

4. 청년 화해교육의 현장

청년 화해교육은 어떠한 현장에서 이루어져야 하는가? 온전한 청년 화해교육을 위해서는 가정, 교회, 학교, 직장, 지역사회, 시민사회 등과 같은 여러 현장들 사이의 상호연결이 중요하다. 그러나 현실적으로 볼 때 지역교회가 화해교육을 주도하는 경우가 많다. 가정은 아동이나 청소년에게는 매우 중요한 신앙교육의 장이지만 청년기에 들어서면 그 영향력이 많이 감소된다. 따라서 청년들의 화해교육 현장은 일차적으로 교회가 중심 역할을 감당하는 것이 현실적이다. 그런데 지역교회는 중재자로서 청년들의 화해교육을 위하여 가정, 학교, 직장, 지역사회, 시민사회 등을 서로 연결시켜 주는 역할을 감당해야 할 것이다.[59] 즉,

---

59 예를 들어 평화와 화해를 지향하는 기독교 시민사회 단체로 위에서 언급한 "개척자들"외에도 "한국평화교육훈련원(KOPI)," "한국회복적정의협회(KARJ)" 등을 들 수 있다.

이러한 청년들의 삶의 현장 모두를 화해교육에서 고려할 필요가 있다는 것이다. 그래야만 개인적 차원과 더불어 정치적, 경제적, 사회적, 문화적, 공적, 생태적 차원까지 포괄하는 온전한 차원의 화해교육이 이루어질 수 있는 것이다.

학교의 경우 지역교회가 화해의 사역을 감당하는 대학의 동아리들을 재정적, 공간적으로 지원을 해 줌으로써 청년 화해교육을 보다 효과적으로 해 나갈 수 있을 것이다. 지역교회의 청년들이 이러한 동아리들과 연계하여 지역사회를 위하여 화해를 지향하는 섬김과 나눔의 사역들을 함께 펼쳐나가는 방안도 생각해 볼 수 있다. 또한 공적, 사회적, 생태적 차원의 화해교육을 위하여 지역교회는 시민사회 단체와의 적극적인 연계와 연대를 통하여 청년들이 다양한 정보와 교육을 받을 수 있고 화해와 관련된 다양한 이슈에 직간접적으로 함께 참여할 수 있도록 지원할 수 있다. 지역교회는 또한 교단과 교파를 초월하여 주변의 여러 교회 청년들과 함께 힘을 모아서 지역사회의 화해와 관련된 사역을 실천해 나갈 수 있도록, 더 나아가 에큐메니컬 신학에 기초하여 글로리내컬(Global-Regional-National-Local) 차원의 다양한 화해 이슈들(인권, 평등, 포용, 사면 등)에 대하여 청년들이 함께 연구하고, 토론하며, 연대할 수 있도록 지원함으로써 중재자의 역할을 잘 감당해야 할 것이다.

이러한 청년 화해교육 현장들 사이의 효과적인 소통과 연계를 위하여, 또한 위에서 살펴본 다양한 화해교육 방법들을 보다 효과적으로 수행하기 위하여 디지털 시대를 살아가는 오늘의 청년들이 디지털적 요소와 아날로그적 요소 사이의 적절한 균형을 이루어 나갈 수 있도록 교육해야 할 것이다. 디지털 세계에 과도하게 매몰되어 있는 오늘의 청년들에게 이러한 균형은 매우 중요하다.

나가는 말

　화해교육은 장기간에 걸쳐 삶과 영성의 형성을 지향하는 평생교육의 특징을 지니고 있다. 청년 화해교육도 이처럼 일회성을 벗어나서 장기간의 평생교육이라는 차원이 잘 고려되어야 할 것이다. 화해의 삶과 영성은 한 순간에 형성되는 것이 아니라 청년기 이전의 어린 시절부터 계속해서 이어져 오는 연속성 속에 존재하기 때문이다. 따라서 교회에서는 이러한 장기적인 지평 가운데서 청년 화해교육을 실천해 나가야할 것이다. 평생교육의 차원과 더불어 청년 화해교육은 통전적 교육이되어야 한다. 즉, 청년들의 실존적, 개인적, 내면적 차원과 더불어 사회적, 공적, 생태적, 에큐메니컬 차원의 화해를 아우르는 온전한 청년 화해교육이 이루어져야 한다. 또한 청년들에게 적합한 다양한 교육방법을 통하여 일상의 삶 전 과정 속에서 화해를 이루어 나갈 수 있도록 지원하는 청년 화해교육이 되어야 할 것이다.

제5장

오늘의 기독교 중년교육의 과제연구:
생산성과 공적신앙의 대화를 중심으로

들어가는 말

 기독교 중년교육은 기독교교육학에서 매우 중요한 위치를 차지함에도 불구하고 그동안 국내에서는 이에 대한 활발한 연구가 이루어지지 못하였고, 기존의 연구에서도 다음과 같은 여러 한계점들이 발견된다.[1] 첫째, 한국의 중년에 대한 실증적 데이터의 부재이다. 중년에 대하여 너무 추상적이거나 통속적 관념에 기초하거나, 혹은 서구 중심의 중년 연구와 자료에 지나치게 의존한 결과 한국의 중년을 대상으로 이루어진 실증적, 경험적 연구와 자료가 일반교육과 기독교교육 모두에서 축적되지 못하였다. 그 결과 중년연구와 교육에서 현실성이 결여된 경우가 많았다.

 둘째, 근대적 패러다임의 발달이해에 기초한 중년교육이다. 그동안 이루어진 기독교 중년교육에서는 서구에서 60년대 혹은 70년대에 이루어진 인간발달 연구에 많이 의존함으로써 포스트모던 혹은 디지털 시대의 맥락을 고려한 오늘의 인간발달 이해를 제대로 반영하지 못하

---

[1] 최근 15년간 출판된 기독교성인교육 전문도서는 매우 소수이다. 대표적인 저서는 다음과 같다. 박봉수,『교회의 성인교육』(서울: 한국장로교출판사, 1999); 김재은,『기독교성인교육』(서울: 한국기독교교육학회, 2004); 이석철,『기독교 성인사역론』(대전: 침례신학대학교출판부, 2005).

였다. 포스트모던 시대를 살아가는 중년들을 대상으로 모던시대의 인간발달 패러다임에 기초한 교육이 이루어짐으로써 모순적인 현상이 많이 발생하였다.

셋째, 가부장적 남성성에 기초한 중년교육이다. 지금까지 전통적인 기독교 중년교육은 명시적으로는 가부장적인 남성성을 내세우지는 않았지만, 그 내용과 전제를 잘 들여다보면 암시적인 차원에서 가부장적 남성성이 전제된 현실 유지적(*status quo*)이며 보수적 중년교육이 주를 이루어 왔다는 것을 알 수 있다. 특히 최근에는 사회의 제도와 구조적인 차원의 성평등보다는 소위 "착한 가부장주의"에 기초한 중년교육 모델이 많이 나타나고 있다. 참고로, 착한 가부장주의에 대해서는 본 장의 본론 부분에서 보다 자세히 다루기로 한다.

넷째, 중년에 대한 최근의 과학적 발견(뇌 과학, 생물학, 인류학 등)을 반영하지 못하고 주로 발달 심리학에 의존하였다. 최근에는 중년교육을 비롯하여 다양한 교육영역에서 학제적인 대화 혹은 융합연구가 많이 강조되고 있다. 특히 뇌과학 혹은 신경과학의 눈부신 발전으로 인하여 인간 뇌에 대한 새로운 관점과 사실들이 계속해서 발표되고 있는데, 기독교 중년교육에서는 이러한 결과들이 많이 반영되지 못하고 발달심리학적인 측면만 많이 강조되어온 경향이 많다. 따라서 앞으로는 중년에 대한 최근의 다양한 과학적 발견들과 성서적, 신학적 인간이해 사이에 더욱 활발한 대화가 이루어져야 할 것이다.

다섯째, 중년 성인성의 핵심인 생산성(generativity)이 지닌 다양한 측면을 고려하지 못하였다. 전통적인 기독교 중년교육에서는 중년에 대한 핵심 이미지를 "위기"로 보는 경우가 많았다고 할 수 있다. 중년은 심리사회적인 차원뿐 아니라 영적이고 신앙적인 차원에서도 심각한 위기를 겪는 매우 불안한 시기로 많이 이해되어 왔다. 그리고 더 나아가 중년의 생산성이 생물학적, 사회적, 문화적으로 매우 중요한 함의가 있음에도 불구하고 이에 대한 깊이 있는 이해가 이루어지지 못하였고, 특히 생산성이 지닌 공적 차원이 고려되지 못한 경우가 많았다. 그 결과 기독교 중년교육에서 생산성은 주로 개인적인 차원에서만 고려되었으며 공적신앙이라는 관점에서의 논의는 거의 이루어지지 않았다.

기독교 중년교육이 지닌 이러한 전통적인 한계점들을 고려하면서 본 장에서는 대안적인 모델의 중년교육을 모색한다. 이를 위하여 먼저 문헌연구 방법을 사용하여 최근에 이루어진 여러 학문 분야의 중년연구, 한국의 중년에 대한 기술적-경험적, 사회학적 연구, 한국교회의 남성 담론과 아버지 담론 등에 나타난 오늘의 중년에 대한 새로운 이해를 시도한다. 그리고 이러한 연구에 나타난 특징적인 주제를 몇 가지 제시하고, 중년 성인성의 핵심인 생산성에 대한 다양한 이해에 기초하여 이를 공적신앙(public faith)과의 대화를 통하여 재개념화한다. 마지막으로, 본 장에서는 이상의 논의를 기초로 오늘의 기독교 중년교육의 과제를 자아, 가정, 직장, 교회, 시민사회, 생태계 등으로 세분화하여 제안한다.

I. 최근의 중년연구와 기독교 중년교육에 대한 함의

1. 최근 중년연구에 드러난 특징적 주제들

1) 중년에 대한 새로운 평가: 긍정적 시기로서의 중년기

"중년의 위기"라는 단어에 잘 반영되어 있듯이, 전통적으로 중년은 인간발달 과정 가운데서 다소 부정적이고, 불안하며, 위기의 시기로, 다시 말하자면 어두운 시기로 많이 인식되어 왔다. 물론 중년이 여러 측면에서 큰 변화를 겪는 시기인 것은 사실이지만 최근의 연구들은 중년을 위기의 시기로만 보던 시각에서 벗어나서 보다 적극적이고 긍정적인 시기로 바라보게 해 준다.

먼저, 영국의 생물학자이자 동물학자인 데이비드 베인브릿지(David Bainbridge)는 이러한 맥락에서 중년에 대한 매우 긍정적인 이미지를 제시한다. 그에 의하면 중년은 20세기에 만들어진 문화적 발명품이 아니라, 수백만 년에 걸친 인간 진화의 산물, 즉 "아주 오래된 생명현상"이다.[2] 중년이 인생의 다른 시기와 뚜렷한 구별을 보이는 이유는 "중년의 3각 체제"라고 부르는 성질 때문이다. 인간의 중년기는 "특징적이고, 돌연하고, 고유한 성질"을 지니고 있다는 것이다. 첫째, 중년기에는 청년기나 노년기 같은 다른 시기에 존재하지 않는 특징적인 성질이 존재한다. 둘째, 중년에 벌어지는 일들은 매우 순식간에 너무 빨리 일어나

---

2   David Bainbridge, *Middle Age*, 이은주 역, 『중년의 발견』 (서울: 청림출판, 2013), 11.

는 경우가 많다. 나이와 더불어 퇴적되는 과정과 다르다. 셋째, 중년은 다른 생물종에서는 발견할 수 없는 인간만의 고유현상이다.[3] 진화론적 입장에서 베인브릿지는 중년이 자연선택을 통하여 계속 진화되어 왔다고 본다. 그리하여 중년은 "서서히 죽어가는 것이 아니라, 사회적, 정서적, 육체적, 성적, 정신적 세계가 또 변화하는 새롭고 특별한 삶의 국면에 들어서고 있는" 단계라는 것이다.[4] 이런 맥락에서 베인브릿지는 중년이 결코 부정적이거나 위기의 시기가 아니라 긍정적인 시기라고 본다. "그것은 흐름이지 위기가 아니다. 심지어 진화론적으로, 문화적으로, 개인적으로 중년은 해방이라고까지 말할 수 있다."[5]

중년을 "아주 오래된 생명현상"으로 보는 베인브릿지와는 대조적으로 패트리샤 코헨(Patricia Cohen)은 중년이라는 개념이 20세기 초반까지는 존재하지 않았고 어린이, 성인, 노인 등의 구분만 있었다고 주장한다. 그는 중년의 역사가 약 150년 전 미국이 현대 세계로 진입하면서부터 시작되었다고 본다. 미국이 도시화되고, 관료주의화되고, 산업화된 사회로 진입하면서 엄청난 변화가 나타났고 이와 함께 중년이라는 개념이 등장했다는 것이다. 중년은 "존재하는 것은 모든 것들은 관리되고, 분류되고, 통제될 수 있다는 것을 당연하게 생각하는 과학적 이성주의의 산물이다."[6] 또한 중년에 대한 이미지는 "대량 소비주의"와 광고, 영화, TV 등을 통하여 형성되기도 하였고, "개인주의적인 풍조와 성취를 향한 끝없는 추구"에 의해서도 만들어졌다. 이러한 중년 이해에서

---

3 위의 책, 11.
4 위의 책, 12.
5 위의 책, 15.
6 Patricia Cohen, *In Our Prime*, 권혁 역, 『중년이라는 상품의 역사』 (서울: 돋을새김, 2012), 24.

나타나는 "사람들 스스로가 방향을 결정하고 긍정적으로 변화할 수 있다는 열광적인 자립 이데올로기는 성과에 기반을 둔 민주주의의 유산" 이기도 하다.[7]

중년은 지난 150년간 지속적으로 역사적, 사회적, 문화적, 정치적, 상업적 요소 등에 의하여 때로는 부정적으로 때로는 긍정적으로 다양한 변화 속에서 정의되어 왔다. 중년의 개념이 시작된 초기에는 중년기가 인생의 절정기로 간주되었으나, 시간이 지남에 따라 특히 테일러가 노동의 분업과 효율성을 통한 생산성 향상을 산업현장에 도입하면서 젊음에 대한 긍정적 이미지와 더불어 중년에 대한 부정적 이미지가 강화되기 시작하였다. 중년들을 향하여 청춘으로의 회춘을 강조하는 영화, TV, 소비산업, 의학산업, 섹스산업 등 "중년산업 복합체"이 만들어 낸 중년에 대한 이러한 허구적인 부정적 이미지들이 강화되어 왔다. 그런데 최근 베이붐 세대(1946-1964년 출생)와 X세대(1965-1980년 출생)가 중년에 진입하면서 중년의 부정적인 요소보다는 긍정적인 측면들이 많이 강조되기 시작하였다. 또한 1960년대 이후 중년에 대한 대부분의 연구는 "중년의 가정에 공통으로 나타난다고 여겨지던 중년의 위기 또는 빈 둥지 신드롬과 같은 문제들이 실제로는 드물게 나타난다"는 사실을 밝혀내었다.[8] 코헨에 의하면 중년에 대한 명확한 정의를 내리는 것은 쉽지 않으며 마치 자오선과 같다. 즉 이것은 "북쪽에서 남쪽으로 돌며 지구를 절반으로 나누는 수많은 가상의 선들 중의 하나이며, 능력의 최고 절정기를 나타내기도 한다. 이것은 우리의 상상 속에 존재하고, 수

---

7   위의 책.
8   위의 책, 29.

많은 길을 만들어 낼 수도 있으며, 우리 인생의 절정기를 나타내기도 한다."[9]

중년에 대한 여성주의적 접근도 상실, 쇠퇴, 무능력의 기간으로 보아온 여성의 중년에 대한 새롭고 긍정적이며 창조적 시각을 제공해 준다.『심리학으로 바라본 중년 여성의 심리』라는 책에서 10명의 저자들은 여성주의적 시각에서 50세 이상 여성중년의 삶에서 나타나는 신체적 변화, 폐경, 성욕과 신체적 건강, 우정, 할머니가 되는 경험, 일과 은퇴 등 다양한 주제에 대하여 논의한다. 이를 통하여 이들은 여성의 중년은 더이상 상실, 쇠퇴, 무능력을 특징으로 하는 주변화된 시기가 아니라, 도전, 탄력성, 능력 부여를 특징으로 하는 창조적인 시기가 될 수 있음을 주장한다.[10]

또한 최근의 뇌과학에서는 중년의 뇌가 구조적으로 재조직되고, "양측 편재화"(bilateralization), 인지적 비축분(cognitive reserve) 등을 통하여 인생에 있어서 최절정에 도달하는 가장 우수한 뇌라는 사실이 밝혀지고 있다.[11] 중년의 뇌는 도파민의 감소 등으로 인하여 비록 처리 속도에서는 청년들에 비하여 느리지만 이러한 것에 대처하기 위해 새로운 방식으로 작동한다는 사실이 드러나고 있다. 지능검사를 진행할 때 중년의 전전두엽 활동은 청년의 뇌보다 활발하게 나타난다. 그리고 어떠한 활동을 수행하는 동안 청년들은 대뇌피질의 좌반구나 우반구 중에 한쪽을 선호하는 경향이 뚜렷한데, 중년의 경우에는 양쪽을 함께

9   위의 책, 34.

10   Varda Muhlbauer and Joan Christler eds., *Women Over 50: Psychological Perspectives*, 김종남 역, 『심리학으로 바라본 중년 여성의 심리』(서울: 학지사, 2011).

11   Barbara Strauch, *The Secret Life of the Grown Up Brain*, 김미선 역, 『가장 뛰어난 중년의 뇌: 뇌과학이 밝혀낸 중년 뇌의 놀라운 능력』(서울: 해나무, 2011), 20, 161, 178-79.

사용하는 경향을 보인다. 이것은 바로 중년의 뇌가 근본적으로 젊은 성인의 뇌와 다른 방식으로, 즉 다양한 해결책을 모색하면서, 종합적으로 일을 처리하며 결국 인지능력이 탁월하다는 것을 보여준다.[12]

인지능력의 탁월성과 더불어, 많은 학자들은 중년들이 어느 시기보다 스트레스를 효율적으로 모면하고 관리하며, "감정과 인지가 균형을 이루는 새롭고 효과적인 성격을 만들어 간다"고 주장한다. 그리하여 우울증의 발생율도 이 시기에 하락한다. 중년들은 "스트레스에 반응하는 경향이 전반적으로 줄어듦에 따라 정신질환에서 보호된다." 수십 년간 축척된 인생의 경험이 본질적으로 중년의 안정적인 성격을 만들어 낸다는 것이다.[13]

이러한 새로운 발견으로 인하여 중년의 뇌는 다른 어떤 시기보다 복잡한 문제에 대한 뛰어난 해결능력을 보이고, 사실과 관점을 잘 연결시키고, 감정을 잘 통제하고, 부정적인 것을 잘 극복하고, 창의적으로 생각하는 능력을 지니고 있는 것으로 드러나고 있다. 따라서 전통적으로 중년에 일어나는 것으로 간주되어온 "중년의 위기"와 "빈 둥지 증후군"같은 현상들도 현실에서 드물게 나타난다고 본다.[14]

2) 중년의 세대적, 시대적 위치: 가교세대로서의 중년

중년은 흔히 가교세대라는 별명을 가지고 있는데 최근 한국의 베이비부머(1955-1963년생)에 대한 연구는 한국 중년의 두 가지 가교 역할

---

12 David Bainbridge, 이은주 역, 『중년의 발견』, 126-28.
13 위의 책, 187-89.
14 Barbara Strauch, 김미선 역, 『가장 뛰어난 중년의 뇌』, 17, 36, 73-74, 104-105.

에 대하여 설명한다. 첫째, 베이비부머들은 부모세대와 자식세대의 부양책임을 스스로 짊어지면서도 '농업세대'인 부모와 'IT세대'인 자녀들 사이의 소통의 다리를 놓았다.[15] 사회학자인 송호근은 이것을 "세대론적 가교"라고 부른다. 그러나 동시에 이들은 전통적인 가부장적 질서와 가치관을 가진 부모세대와 강한 개성과 소비성향을 지닌 자식세대 사이에서 "쥐어 짜이는 세대"(squeezed generation)이기도 하다.

둘째, 베이비부머들은 근대와 현대 사이의 가교를 놓았다. 이것은 "시대론적 가교"라고 불린다. 송호근에 의하면 시대론적으로 볼 때 1960년대와 1980년대 이후의 세계는 양적, 질적으로 매우 다르다. 1960년대 까지는 근대라고 할 수 있고 1980년대 이후는 현대라고 칭할 수 있다는 것이다. 베이비부머들은 1980년대와 1990년대 장년으로서 산업화 또는 민주화의 과제를 완수하기 위하여 온몸을 던져 일함으로써 이 두 시대를 잇는 가교의 역할을 감당했다는 것이다.

3) 중년과 공적인 삶: 공적 삶에 대한 참여 부족

한국의 중년, 특히 베이비부머들은 가교세대로서 부모와 자녀를 위한 헌신과 희생의 삶을 살아온 세대이고 사적인 영역의 성공을 이루어 왔다. 그러나 송호근은 공적인 영역에 대한 베이비부머 세대의 공헌이 상당히 부족했음을 지적한다. 이들은 고도성장의 열매를 '사유화'하기 위하여 열심히 노력했지만 미래 세대를 위한 '공적자산'을 별도로 축적하지 못했다는 것이다. "예를 들어 빈약한 복지 제도가 그렇고, 젊은 세

---

15 송호근, 『그들은 소리 내 울지 않는다』 (고양: 이와우, 2013), 4-8.

대의 사회적 진입 비용을 한없이 올려놓은 것이 그렇다. 베이비부머들이 구축하고 스스로 갇힌 저 지독한 양극화 구조는 한국 사회 전체에 그대로 증폭되고 젊은 세대를 꼼짝 못하게 만들었음을 이제 인정해야 한다."[16]

한경혜와 이정화의 연구에서도 한국의 중년들은 자신의 삶에 대한 평가에 있어서 대체로 직업과 가족이라는 상이한 영역에서 성공적인 삶을 살았다고 평가하였다. 반면, 경제적인 성공에 대한 항목은 가장 낮은 점수를 보였다.[17] 사회에 대한 기여도의 정도를 측정하기 위하여 생산성(generativity) 척도 적용결과를 사용하였는데 주변에 대한 기여 정도에서는 긍정적으로 평가한 반면, "사회에 특별한 기여를 한다거나 기술이나 전문지식을 전수하고 조언하는 항목"은 비교적 낮게 평가하였다. 따라서 우리나라의 중년들은 "주변의 가까운 연결망에 주로 소극적인 기여를 하는 것에 머무르고 있으며 사회에 적극적으로 기여하는 부분이 부족하다고 스스로 평가"하고 있다.[18]

이와 더불어 한국의 중년에게 있어서 남성과 여성 사이의 뚜렷한 공사(公私)구분 현상이 드러났다. 예를 들어 한경혜와 이정화의 연구에 의하면 50대 여성의 정신 건강은 40대보다 큰 폭으로 나빠졌는데 이는 여성들이 주로 가정 역할만을 수행하고 직업 역할 수행은 적게 하기 때문으로 보인다.[19] 이처럼 50대 여성이 겪는 정신 건강의 문제는 여성들이 공적영역에서 사적영역으로 밀려나면서 겪는 소외현상과 깊은 연관

---

16 위의 책, 232.
17 한경혜, 이정화, 『지금 중년을 말할 때: 대한민국 중년을 치밀하게 분석한 보고서』 (서울: 교문사, 2012), 13.
18 위의 책, 14.
19 위의 책, 45.

이 있다고 할 수 있다.

이숙진도 산업화의 과정을 통하여 일터와 가정 사이의 공사 구분이 뚜렷하게 나타났고, 그 결과 이 시기의 남성성은 주로 공적인 분야와 연관되어 형성되었다고 주장한다. 즉, 남성들은 임금노동을 담당하는 노동자, 가부장, 집안의 군주, 부양자, 전사 등의 모습으로 형성되었다. 특히 사회전반의 군사문화가 한국교회 내의 "영적전사"로서의 남성성 이미지를 생산하는 토양이 되었다.[20]

4) 중년의 남성성과 여성성: 왜곡된 남성성과 여성성

이숙진은 여성주의적 입장에서 오늘날 교회 남성들의 남성성 이미지는 "문명적 남성성", "군사적 남성성", "시민적 남성성"이라는 시대적인 변화의 영향을 받아 왔다고 주장한다. 문명적 남성성은 기독교의 수용기에 나타났는데, 제국주의적 강인성과 빅토리아 시대의 성윤리를 특징으로 한다. 이 시기 기독교는 남성 민족지도자, 서구영웅모델, 가부장적 하나님 이미지 등을 통하여 '강함'에서 남성성의 자질을 모색하였다.[21]

군사적 남성성은 70년대 이후 산업화의 과정에서 확립되었는데, 한국 사회에서는 "반공전사"의 이미지가, 교회에서는 이에 상응하는 "영적전사"의 이미지가 주를 이루었다. "냉전논리에 근거한 반공주의와 개발독재에 근거한 성장주의는 격동의 현대사가 만들어낸 남성성을 생

---

[20] 이숙진, "교회남성은 어떻게 만들어져 왔는가?," 『기독교사상』642 (2012. 6), 58.
[21] 위의 책, 53-57.

산하는 토대가 되었다."[22] 이 시기는 "산업전사"와 "반공전사"라는 이미지를 통하여 강철같은 남성성이 추구되었다. 앞에서도 언급한 것처럼, 산업화가 본격적으로 진행되면서 일터와 가정 사이의 공사가 분명하게 구분되었고, 이로 인하여 남성성은 임금노동을 담당하는 노동자, 가부장, 집안의 군주, 부양자, 전사 등의 모습을 통하여 확립되었다. 특히 사회전반에 뿌리내린 군사문화는 한국교회의 "영적전사"로서의 남성성 이미지를 생산하는 기반이 되었다. 이와 더불어 여성들은 주로 사적인 영역인 가정에서 어머니, 주부, 양육자, 공급자, 순종, 섬김, 희생 등의 이미지를 통하여 여성성이 형성되어 왔다고 할 수 있을 것이다.

특히 경제성장 제일주의의 영향으로 교회성장주의는 "이웃과의 나눔과 섬김, 봉사와 사랑 등을 실천하기보다는 교회건축을 비롯한 외형 불리기에 몰입하도록 이끌었다."[23] 한국교회는 영적전사 이미지에 기초하여 공격적인 배타적 선교를 추구하였고, 이것은 또한 반공 전사로서 분단 이데올로기를 조성하는데도 기여하였다. 맹목적 복종의 위계질서를 강조하는 카리스마 리더십은 이러한 권위주의적 영적전사의 모델이었다. 따라서 이 시기의 주도적인 교회남성성은 경쟁심, 배타성, 공격성, 섬김 받음을 특징으로 하는 영적전사라고 할 수 있다.[24]

이숙진은 현재 한국교회는 민주적 시민사회의 도래와 함께 대안적 남성성을 모색하고 있는데, 여전히 이분법적 젠더의 틀에 갇힌 "착한 가부장"의 모습에서 벗어나지 못하고 있다고 비판한다. 대 사회적으로 큰 호응을 얻고 있는 교회의 아버지 재교육 프로그램도 이러한 착한 가

---

22   위의 책, 57.
23   위의 책, 58.
24   위의 책, 59-60.

부장 담론을 생산 유통하는 대표적 공간이라고 지적한다.[25]

2. 기독교 중년교육에 대한 최근 중년연구의 함의: 생산성과 돌봄의 관점에서

1) 중년이 지닌 긍정적 가능성의 활성화

이상과 같이 최근의 뇌과학, 신경과학, 생식생물학, 심리학, 인류학 등에서 이루어진 중년연구는 중년에 대하여 어둡고 부정적인 차원을 강조했던 과거보다 밝고 긍정적인 차원을 더욱 강조한다. 중년이 비록 발달적 차원에서 볼 때 하향곡선을 그리는 것들이 여러 가지 있지만, 뇌를 비롯하여, 사회적, 정서적, 육체적, 성적, 정신적 세계가 질적으로 보다 새로운 단계로 도약한다는 것이다. 중년기를 살아가는 사람들은 더욱 지혜로워지고, 창조적이 되고, 예술적이며, 자신의 감정을 잘 통제하여 긍정적으로 변해 나갈 가능성이 어느 때보다 높다는 것이다.

물론 모든 중년이 이러한 긍정적 변화를 동일하게 경험하는 것은 아니지만 기독교 중년교육은 중년이 지닌 이러한 가능성들을, 좀 더 구체적으로 말하자면 생산성과 핵심 덕목인 돌봄(care)의 능력을 제대로 인식하고 학습대상과 더 나아가 학습의 주체로서 중년에 대한 새로운 이미지를 확립하고, 이에 적합한 교육목적, 내용, 방법론, 환경과 현장 등을 마련할 필요가 있다. 이와 더불어 중년들의 긍정적인 질적 변화가 지속적으로 이루어 질 수 있도록 평생교육의 관점에서 중년교육을 기

---

25 이에 대한 자세한 논의는 다음을 참고할 것. 이숙진, "최근 한국기독교의 아버지 담론에 대한 비판적 성찰: '착한' 가부장주의를 중심으로," 『종교문화비평』 22 (2012), 209-35.

획, 구성, 실행, 평가할 필요가 있다.

2) 세대 간의 창조적인 가교역할

중년은 부모와 자녀 사이, 그리고 시대와 시대 사이의 가교 역할을 감당하는 역할을 타고 났다고 할 수 있다. 이는 인간의 발달 단계에 있어서 누구나 겪는 통과의례와 같은 것이다. 그러나 시대별로 중년들이 겪는 가교의 역할은 차이가 있을 것이다. 오늘 한국 사회를 이끌어가는 중년들, 특히 베이비부머들은 독특한 시대적 상황으로 인하여 세대적, 시대적으로 압력과 갈등을 많이 경험하고 있다. 양쪽에 끼어있는 샌드위치 세대로서 세대 간의 갈등과 문제를 건전한 대화나 타협을 통하여 해결해 나가기보다는 자아를 희생하거나 억누르는 방식을 많이 선택해 왔다. 그러나 자신을 계속해서 억제하고, 희생하는 과정이 되풀이 될 때 다양한 문제가 발생하며, 이는 건전한 자아 형성에 부정적으로 작용하게 된다.

이러한 맥락에서 기독교 중년교육은 오늘의 중년 세대들이 낀 세대로서 자아를 억누르면서 살아가는 모습에서 벗어나서 세대 간의 창조적인 중재자의 역할을 잘 감당할 수 있도록 지원하고 도전을 주는 교육이 될 필요가 있다. 중년의 생산성과 핵심덕목인 돌봄은 여성주의 심리학에서도 주장하듯이, 호혜적이어야 한다. 즉, 타인에 대한 다양한 형태의 돌봄과 동시에 자신에 대한 돌봄을 상호적으로 동일하게 인식하는 자세를 키울 필요가 있다(타인과 자아에 대한 돌봄의 균형). 기독교 중년교육은 가교세대인 중년들이 돌봄에 있어서 이러한 상호성 또는 호혜성을 양육해 나갈 수 있도록 성서적, 신학적 관점을 제시해 주고 이를 양육시켜 주는 교육을 다양하게 제시해야 할 것이다.

3) 공적 삶에 대한 소명과 헌신의 양육

최근 한국의 중년과 베이비부머에 대한 연구에서 두드러지는 것 중
의 하나가 바로 공적인 삶에 대한 소명과 헌신의 부족 현상이다. 한국
의 중년들은 산업화, 민주화의 시대를 살아오면서 자신과 가정의 생존
을 위하여 개척자적이며, 희생적이고, 또한 전투적인 모습으로 자신들
의 일에 전력을 기울여 왔다. 그러나 오늘의 베이비부머 세대는 앞에서
본 것처럼, 공적인 이슈에 적극적으로 참여하고, 공적영역을 공고하게
구축하는 일에 충분한 관심과 노력을 기울이지 못했다는 사실을 인정
하고 있다. 숨 가쁘게 진행되어온 산업화와 민주화의 과정에 이들이 크
게 공헌을 해 온 것은 사실이지만, 장기적인 차원에서 공적영역과 공적
복지의 공고한 체제를 구축하는 데는 부족함이 많았다는 것이다. 그리
하여 산업화의 경제적 결실을 개인적으로 또는 사적으로 취득하는 데
있어서는 성공적이었으나, 이를 통하여 공적인 영역에 헌신하는 노력
은 부족했다는 것이다.

이러한 맥락에서 오늘의 기독교 중년교육은 이 시대를 살아가는 중
년들이 사적인 영역과 공적인 영역 사이의 균형을 이루어 나갈 수 있도
록 신학적, 성서적 관점을 제시하고, 지금까지 부족했던 공적영역에 대
한 소명을 일깨우고 이에 대한 헌신을 양육할 수 있는 교육을 모색해
나가야 할 것이다. 여성들도 공적영역에 더 적극적으로 참여할 수 있는
여건과 체제, 제도, 법률 등을 만들어 나가기 위하여 시민사회와 연대하
는 사회적 디아코니아 교육도 적극적으로 실천해야 할 것이다. 이 문제

는 중년의 건전한 대안적 남성성과 여성성의 형성과도 깊이 연관되어 있다.

4) 대안적인 남성성과 여성성의 형성

한국 사회는 70년대 이후 엄청난 속도로 진행되어 온 산업화의 과정에서 사적영역과 공적영역이 이분법적으로 젠더화되어 왔다. 즉, 남성은 주로 직업현장과 가정 밖의 공적영역을 통하여, 여성은 가정이라는 사적영역을 중심으로 각각 남성성과 여성성을 형성해 왔다. 이러한 과정 속에서 남성성과 여성성에 대한 왜곡된 이미지가 형성되었다. 여성들은 가정이라는 사적영역으로 밀려나면서 자신의 자아를 공적영역에서 제대로 실현하지 못하고 소외와 차별을 느끼는 경우가 않았고, 이것이 정신건강에도 심각한 영향을 끼친다는 것을 앞서 살펴보았다. 그러나 여성뿐 아니라 남성들도 가정 밖의 경쟁적이고 전투적인 일터를 통하여 자신들의 전사적 남성성을 형성해 감으로써 균형 잡힌 남성성을 지니지 못하는 경우가 많았다.

따라서 오늘의 기독교 중년교육은 먼저 중년들에게 가부장적이며, 힘의 논리에 기초한, 경쟁적인 남성적 이미지와 순종, 희생, 섬김 등을 중시하는 여성적 이미지를 비판적으로 인식할 수 있는 관점을 길러 주어야 할 것이다. 그리하여 남성속의 여성성, 여성속의 남성성을 남녀 서로가 조화롭게 추구해 나갈 수 있도록 균형 잡힌 대안적 남성성과 여성성을 신학적, 성서적 지평에서 제시하고 이를 실현해 나가기 위한 중년교육을 시도해야 할 것이다.

II. 에릭슨의 생산성 이해와 후속연구들

먼저 여기에서는 중년의 생산성과 공적신앙 사이의 대화를 위하여 전자에 대한 에릭슨의 이해와 이에 대한 후속연구들을 살펴본다. 이를 통하여 생산성에 대한 개념적 지평을 확대하고 심화해 나가는 작업을 시도한다.

1. 에릭슨의 생산성 이해

에릭 에릭슨(Erik Erikson)은 신프로이트 학파의 전통에서 인간발달에 대한 심리사회적 접근을 시도하였다. 그는 자아의 각 발달단계에서 특징적으로 나타나는 하나의 발달은 그 다음 발달에 기초가 되며 또한 양자는 상호적으로 긴밀하게 연결되어 있다고 보는 후성설(後成說, epigenesis)에 기초하여 생애주기(life cycle)의 8단계를 제안하였는데 중년은 제7단계에 속한다.[26] 이 시기의 중요한 발달과제는 생산성(generativity)과 침체(stagnation) 사이의 균형을 이루어 나가는 것이다. 생산성은 성인 초기에 자녀를 출산하고 양육하고 직업 세계에서 자신의 분야를 개척하면서 생겨나고, 중년에 진입하면서 크게 확대된다. 중년기의 중요한 사회 심리적 과제로서 생산성은 "일차적으로 다음 세대를 낳고 이들을 지도하는데 대한 관심"[27]이며, "자신의 내적자원을 생성적 목적

---

[26] Erik Erikson, *Life Cycle Completed* (New York: W. W. Norton, 1982), 59; 김애순, 『장·노년 심리학』(서울: 시그마프레스, 2012), 42.

[27] Erik Erikson, *Childhood and Society*, 윤진, 김인경 역, 『아동기와 사회: 인간발달 8단계 이론』(서울: 중앙적성출판사, 1988), 311.

을 위해 이끌어 내며 후세대를 배려하고 보살피는 미덕을 터득하는 것"
이다.[28]

좀 더 구체적으로 에릭슨은 중년기의 생산성을 세 가지로 세분하여
설명한다. 첫째는, 생식성(procreativity)인데, "자손들에 대한 관심으로
자신의 후손과 다음 세대를 위해 살기 좋은 환경을 조성해 주기 위한
관심을 가지는 것"을 뜻한다. (생식성과 생명에 대한 관심) 둘째는, 생산성
(productivity)으로 "자신이 일하고 있는 분야에 대하여 관심을 가지는
것으로 자신의 하는 일을 통하여 이웃, 교회, 사회에 어떤 기여를 할 것
인가"를 생각하는 것이다. (자신의 일과 관련된 생산품에 대한 관심) 셋째
는, 창조성(creativity)으로 "자신이 가진 가치관을 자녀와 후손들에게
전수하는 것"이다. (가치관 전수) 그러나 생물학적으로 부모가 되지 않더
라도 다른 가족관계를 맺고 직장에서 자발적으로 스승의 역할을 감당
함으로써 또한 다양한 형태의 생산력과 창조성을 통하여 생산적이 될
수 있다.[29]

에릭슨에 의하면 중년이 생산성을 통한 바람직한 발달을 성취할 때
돌봄(care)이라는 덕목(virtue), 즉 자아의 힘(ego strength)이 축적된다
고 본다. 덕목이란 인간이 소유하고 있는 내면적 힘을 뜻하는데, "인간
이 인생주기적인 삶의 과정을 살아갈 때 반드시 요구되는 것이며 이상
적인 발달이란 모든 단계에서 덕목을 충분히 쌓아 성숙한 개인이 되는
것이다."[30] 중년기의 자아의 힘으로서 돌봄은 "인간이 성숙되면서 그가

---

28 김애순, 『장·노년 심리학』, 43.

29 Laura Berk, *Development Through the Lifespan*, 이옥경 외 5인 역, 『생애발달 II: 청소년기에서 후
기 성인기까지』 (서울: 시그마프레스, 2009), 226; Erik Erikson, 윤진, 김인경 역, 『아동기와 사
회』, 310-12.

30 사미자, 『인간발달과 기독교교육』 (서울: 장로교출판사, 2012), 134.

가지고 있는 사랑과 관심이나 필요에 따라 생겨난 좀 더 넓은 것, 자신의 삶의 테두리를 넘어서는 더 넓은 세계로 향하는 관심이다."[31]

그러나 반대로 중년이 생산성을 제대로 발달시키지 못하면 자기침체 혹은 자기정체에 빠지게 되는데, 빈번하게 "거짓 친밀감(pseudo-intimacy)의 강박적 욕구에로의 퇴행이 정체(stagnation)와 신체적 위축감의 팽배와 더불어 발생한다."[32] 즉, 자신의 이기적이고 본능적 쾌락만을 추구하는 "자기 탐닉"(self-absorption)에 빠지거나, 이로 인하여 어린아이 같은 미숙한 퇴행과 발달의 침체를 가져오고, 자신을 "자아의 탑에 스스로 가두는 삶(ego-interests)"과, "본능적 쾌락만을 탐닉하는 삶(libidinal investment)"을 살게 된다.[33] 이러한 사람들은 결혼, 자녀, 직업에서의 성취와 같은 인생의 특정한 목표를 성취한 뒤 자기중심적이고 방종에 빠지게 되며 자신의 편안함과 안전을 도전과 희생보다 더 우위에 두기에 사회 복지 또는 공공의 선에 공헌할 수 없다. 이들은 자녀를 비롯하여 젊은 세대에 대하여 무관심하고, 자신이 타인에게 주는 것 보다 받는 것에 더 관심을 가지고, 자신의 직업에서 생성적이 되고, 자신의 재능을 발전시키고, 세상을 더 나은 곳으로 만들어 나가는데 관심을 가지지 않는다.[34] 하지만 에릭슨의 생애발달 이론에서 나타나듯이 각 단계의 긍정적/적극적인 차원과 더불어 부정적/소극적인 차원이 어느 정도 공존할 때 균형 잡힌 인격을 형성해 나갈 수 있다.

---

[31] 위의 책, 137.
[32] Erik Erikson, 윤진, 김인경 역, 『아동기와 사회』, 311.
[33] 정석환, "한국인 중년남성을 위한 목회상담," 『한국기독교상담학회지』 4 (2002), 271.
[34] Laura Berk, 이옥경 외 5인 역, 『생애발달 II』, 227.

2. 생산성 이해의 심화와 확대: 코트레, 매카담스와 오우빈

존 코트레(John Kotre), 댄 매카담스와 애드 오우빈(Dan McAdams and Ed de St. Aubin) 등은 이상에서 살펴본 중년기의 생산성에 대한 에릭슨의 이론을 심화시키고 확장시켰다. 먼저, 코트레는 에릭슨의 생산성을 "자신은 죽어도 계속 남아 있고자" 하는 상징적 불멸성(symbolic immortality) 개념으로 이해하면서 4가지의 유형을 제시한다.[35] 첫째, 생물학적(biological) 성숙성으로 유전과 생물학적 의미를 지닌다. 즉 자녀의 출산과 양육을 지칭하며 아동이 성숙성의 대상이 된다. 둘째, 부모로서의(parental) 생산성으로, 자녀양육, 훈련, 가족의 전통을 전수하는 것이며 아동이 생산성의 대상이 된다. 이상의 두 가지 생산성은 "다음 세대를 보호하고 향상시키려고 하는 뿌리 깊은 진화론적 충동"에서 유래한다.[36] 셋째, 기술적(technical) 성숙성으로, 문화 실체인 기술을 후계자에게 전승하는 것이며 도제와 초심자가 성숙성의 대상이 된다. 넷째, 문화적(cultural) 성숙성으로, "창조, 혁신의 정신을 계승하고, 상징적인 체계를 보존하고 문화의 정신을 후계자에게 명백히 전승시키는 것"을 뜻한다. 여기에서는 제자가 생산성의 대상이 된다. 이상의 두 가지 생산성은 중년의 생산성이 지닌 사회적 시계를 강조한다.

매카담스와 오우빈은 코트레의 이론과 여러 발달이론가들의 연구를 종합하여 다음과 같은 7가지의 심리사회적 요소로 이루어진 생산성

---

[35]　John Kotre, *Outliving the Self: Generativity and the Interpretation of Lives* (Baltimore: The Johns Hopkins University Press, 1984), 10; 허기한, "크리스천 중년남성의 성숙성에 대한 연구," 『한국기독교상담학회지』 11 (2009), 209-10에서 재인용.

[36]　Laura Berk, 이옥경 외 5인 역, 『생애발달 II』, 226.

모형을 개발하였다.[37]

1) 문화적 배경으로서의 사회-문화적 생산성에 대한 요구(cultural demand)이다. 중년에 도달하면 사회-문화적으로 생산성에 대한 표출이 요구된다. 즉, 자녀생산, 지도자 역할 등 그 사회가 요구하는 일정한 생산성의 역할을 해야 하는 요청을 의식적, 무의식으로 받게 된다.

2) 내적-본능적 요청(inner-desire)으로서의 생산성에 대한 요구이다. 여기에는 상징적 불멸성 욕구와 유용성 욕구가 포함된다. 이것은 근본적으로 자신을 무한히 확장시키려는(outliving the self) 욕구와 연관되어 있다.

3) 의식적 요인으로서의 생산성에 대한 관심이다. 또한 중년이 되면 자신이 쓸모 있는 존재라는 것을 확인하고 싶어 하는 욕구가 중년을 생산성으로 인도한다.

4) 믿음 또는 신념(belief)의 체계이다. 인간이라는 종은 미래에 대한 믿음과 일정한 신념 체계를 가지게 되는데, 중년은 인간 종의 성숙에 기여하려는 믿음을 가지게 된다.

---

37 Dan McAdams and Ed de St. Aubin, "A Theory of Generativity and Its Assessment through Self-Report, Behavioral Acts, and Narrtive Themes in Autobiography," *Journals of Personality and Social Psychology*, 62 (1992), 1003-15; 정석환, "한국인 중년남성을 위한 목회상담," 『한국기독교상담학회지』 제4집 (2002), 274-76 에서 재인용. 여기에서는 generativity의 번역어를 "성숙성"이 아닌 "생산성"으로 수정하였다.

5) 생산성에 대한 헌신의 결단(committment)이다. 이는 타인을 위하여 의미 있는 일을 하겠다는 구체적이고 확고한 결심을 뜻한다.

6) 생산성의 행동(action)이다. 이러한 결단이 생산성을 타인, 세상, 다음 세대를 행한 구체적인 행동으로 인도한다.

7) 생산성의 이야기이다. 이상 생산성의 6가지 요소와 과정을 통하여 중년은 "자신의 삶의 이야기를 성숙성(생산성)의 이야기로 만들어 가며 자신의 삶에 의미와 통전성을 부여하는 이야기로서의 삶을 가꾸어 나가게 된다."[38]

3. 레펠의 관계적 생산성이해

마이클 레펠(G. Michael Leffel)은 에릭슨의 생산성 개념을 돌봄을 지향하는 "관계적 생산성"(relational generativity)이라는 개념으로 더욱 확대, 발전시킨다.[39] 레펠에 의하면 에릭슨이 중년의 발달적 특징으로 언급했던 생산성의 원래적 의도는 "관계적" 특성을 가지고 있으며, 이것은 중년의 발달에만 한정된 것이 아니다. 생산성은 십대와 성인 초기에도 나타나는 장기적이고 매우 과정적인 것으로 보아야 한다는 것이다.[40] 그리하여 생산성이 단지 중년에만 나타나는 것이 아니라 그 이전

---

38 위의 책, 275-76.

39 G. Michael Leffel, "Who Cares? Generativity and the Moral Emotions, Part 1. Advancing the 'Psychology of Ultimate Concerns'," *Journal of Psychology and Theology*, 36:3 (2008), 161-81.

40 위의 책, 166.

의 발달 단계에도 나타난다고 본다. 그리고 레펠은 매카담스, 오우빈, 코트레 등과 같은 학자들이 에릭슨의 생산성 개념을 주로 중년기와 역할(role)의 차원에만 한정시킨 것을 비판하면서, 생산성의 개념을 관계적 차원과 정서적 차원을 모두 포괄하는 영역(domain)과 관련된 개념으로 확대시킨다. 이러한 맥락에서 그는 관계적 생산성을 돌봄 대상의 강점 개발(strengths-development)에 참여하면서 관심을 가지고 돌보는 동기(motive)와 능력(capacity)이라고 정의한다.[41] 좀 더 구체적으로, 관계적 생산성은 "추구해야 할 도덕적 텔로스"이며, "활성화해야 할 동기"이며, "계발해야 할 심리학적 능력"이며, "제공해야 할 투입/집중"(-investment)이다. 생산적인 성인발달은 이러한 것을 기초로 생산적 돌봄을 확장시켜 나가는 과정이다.

레펠은 이러한 관계적 생산성에 기초한 생산적 돌봄의 4가지 특징을 다음과 같이 제시한다.[42] 1) 생산적 돌봄은 상호적인 강점-발달을 활성화하는 행동들을 포함한다. 그것은 단순히 쾌락적 만족을 위하여 타인들의 소망을 충족시켜 주는 것이 아니다. 2) 생산적 돌봄은 실행되어야 할 하나의 동기(a motive)이다. 이것은 다양한 사회적 역할 속에서 실천되는 단순한 이타적 행위가 아니다. 3) 생산적 돌봄은 개발되어야 할 심리학적 능력(capacity)이다. 이것은 단순히 연령별로 도달해야 하는 단계가 아니다. 4) 생산적 돌봄은 타인들을 향한 자아의 투입/집중(investment)이다. 이것은 단순한 창조적 자기표현이 아니다. 이러한 맥락에서 레펠은 에릭슨의 생산성 개념을 중년에만 한정하지 않고 생애

---

41 위의 책, 174. 여기에서 강점(strengths)이란 에릭슨이 제시한 생애주기 별로 나타나는 양극단 가운데 긍정적인 측면을 뜻한다. 예를 들어 청년기의 경우, 친밀감 vs. 소외감 가운데 전자를 뜻한다. 후자는 약점(weaknesses)들이다.
42 위의 책, 170-74.

의 여러 단계에서 지속적으로 진행되는 발달의 과정이라고 인식함으로써 발달론적 차원에서 그 지평을 더욱 확대하였다. 동시에 레펠은 생산성을 중년이 감당하는 역할이라는 차원을 넘어서서 관계적인 차원에서 이루어지는 상호적 돌봄을 위한 동기와 능력이라는 것을 주장함으로써 그 기능을 더욱 구체화하고 확대하였다.

Ⅲ. 공적신앙에 기초한 생산성의 재개념화

기독교 중년교육은 먼저 오늘의 중년들에게 생산성에 대한 발달심리학적 차원의 이해를 넘어서서 신학적이고 성서적 관점에 기초하여 생산성을 인식할 수 있도록 해야 할 것이다. 기독교 중년교육과 일반 중년교육과의 차이점은 바로 여기에서 시작된다. 그렇다면 생산성에 대한 신학적이고 성서적인 관점이란 무엇을 뜻하는가? 본 장에서는 "공적신앙"(public faith)과의 대화를 통하여 생산성의 개념을 신학적, 성서적 차원에서 심화하고, 확대하는 작업을 시도하려고 한다.

1. 공적신앙이란?

일차적으로 공적신앙이란 통상적으로 사용되는 "성숙한 신앙", "통전적인 신앙", "온전한 신앙" 등과 유사한 개념이라고 할 수 있다. 그러나 좀 더 엄밀한 의미에서 공적신앙이란 단어는 서구의 근대화 과정에서 기독교 신앙이 개인주의화되고 사사화되어 버린 상황에서 기독교 신앙이 지닌 본래적인 공적인 차원의 회복을 지향하는 맥락에서 사용되어 왔다.[43] 신앙의 개인주의화와 사사화 현상은 최근 한국교회에서도 유사하게 나타나고 있다.[44] 중년에 대한 최근의 여러 연구에서도 드러난 것처럼, 오늘의 한국 중년들은 산업화의 과정에서 개인적인 성공과 가족을 위하여 혼신의 노력을 기울여 왔지만, 공적인 삶과 영역에 대한 공헌과 헌신이 부족하였다. 이들의 신앙적 실천도 개인주의, 가족주의, 사사화의 경향을 많이 보이고 있다. 이런 맥락에서 생산성을 개인적이며 가족적인 울타리를 넘어선 공적인 차원과 연계하기 위하여 공적신앙과의 대화가 요청된다. 공적신앙에 대한 다양한 정의가 있지만 여기에서는 다음과 같이 정의한다.

> 공적신앙이란 성서와 신학의 역사에서 나타나는 공공성의 전통과 가치—하나님 나라의 정의와 공의를 지향하는 예언자적 전통, 하나님의 지혜와 보편적인 지혜 사이의 대화적 관계를 보여주는 지혜 문학적 전통, 그레코-로만 사상과 문화와의 대화를 지향하는 신약의 변증적 전통 등—에 기초하여 삼위일체 하나님에 대한 분명한 신앙고백과 자아정체성을 소유한 그리스도인들이 자신의 다양한 삶의 자리에서—보

---

43 기독교 신앙의 공적인 차원에 대한 자세한 논의는 다음을 참고하라. 장신근, "공공신학이란 무엇인가: 신학의 공적역할 논의에 대한 지형 연구," 장신근 외, 『공적신학과 공적교회』 (서울: 킹덤출판사, 2010), 25-79.

44 한국개신교회가 사회에서 긍정적인 역할을 수행하고 있는가? 라는 질문에 대하여 비 개신교인들은 "매우 잘 수행하고 있다" 0.9%, "약간 수행하고 있다" 19.8%, "별로 수행하지 못하고 있다" 52.2%, "전혀 수행하지 못하고 있다" 27.1% 등으로 답변하였다. 즉, 비개신교인 10명중 8명 가까이는 한국교회가 사회에서 긍정적인 역할을 제대로 못하고 있다고 평가하였다. 한국기독교목회자협의회, 『한국기독교 분석리포트: 2018 한국인의 종교생활과 의식조사』 (서울: 도서출판 URD), 233.

다 구체적으로, 학계, 종교공동체, 미디어, 국가, 시장, 시민사회 등이 참여하는 공적영역(public sphere)에서—제자-시민의 이중적 정체성을 가지고 다양한 공적 이슈에 대하여 비판적이며 숙의적으로 토의하고, 연대하고, 행동하는 가운데 이들을 공동선을 지향하는 공생, 공존, 상생의 장으로 형성시켜 나가고 또한 변혁시켜 나가는데 헌신하도록 동기와 능력을 부여하는 신앙이다.

이러한 공적신앙은 개인적으로 하나님을 만나고 고백하는 차원과 이를 기초로 삶의 현장(공적영역)에서 실천하는 차원이 서로 상보적 균형을 이루는 신앙이다. 공적신앙은 일차적으로 신앙의 사사화와 개인주의적 신앙에 대한 대안으로서 신앙의 수평적, 공동체적, 공적 차원을 강조하는 신앙이지만, 수직적 차원이 반드시 전제되어야 하는 신앙이다. 따라서 수직적 차원과 수평적 차원이 균형을 이룬 신앙을 지향한다. 미로슬라프 볼프(Miroslav Volf)는 이를 "상승"과 "회귀"의 상호적 일치라는 개념으로 설명한다. 볼프에 의하면 기독교를 비롯한 예언자적 종교에서는 모세와 예수 그리스도의 경우와 같이 항상 이상의 2가지가 동시에 나타난다. 전자는, 수용적인 특성을 지닌 것으로, 예언자적 대표자가 메시지를 받고 그들의 핵심적 정체성이 형성되는 차원을, 후자는 창조적인 사건으로, 세상 가운데서 그 메시지가 전파되고 실행되며, 제도와 율법으로 구체화되는 것을 뜻한다.[45] 상승이 제대로 이루어지지 않으면 "기능축소", "우상대체"와 같은 기능장애가 나타난다. 반면에 회귀가 제대로 이루어지지 않으면 신앙의 "나태함"과 "신앙의 강요"가 생

---

[45] Miroslav Volf, *A Public Faith*, 김명윤 역, 『광장에 선 기독교』 (서울: IVP, 2014), 31-32.

통전적 신앙과 생애주기별 기독교교육: 아동기에서 노년기까지

겨난다.[46] 공적신앙이란 이처럼 신앙의 상승적 또는 수직적 차원과 회귀적 또는 수평적 차원이 상호적으로 일치를 이루는 신앙을 뜻한다.

공적신앙은 파울러의 신앙발달 단계에서 볼 때 후 인습(post-convention)단계의 신앙이 지닌 여러 가지 특성을 공유한다. 파울러의 신앙 단계 모형은 한편으로는 "다원주의 시대의 공적 삶을 위해 의미를 형성하는 규범적인 이미지들의 구성을 발견하고, 제시하고, 기술하려는 의도"를 나타낸다.[47] 그러나 파울러는 보편적인 차원의 신앙뿐 아니라 기독교적 독특성 즉 예수 그리스도와 하나님에 대한 충성으로서의 신앙개념도 강조한다.[48] 신앙의 보편성과 독특성을 동시에 강조한다는 차원에서 이는 공적신앙의 특징을 공유한다. 후 인습단계의 신앙은 인간 발달에 따른 신앙의 특성을 기술해 줌으로써 공적신앙을 이해하고 실천하는데 있어서 구체적인 지표 혹은 규범을 제시해 준다는 점에서 매우 중요한 역할을 한다. 기독교 중년교육은 중년들이 신앙발달적 차원에서 제4단계(개별적-성찰적 신앙, individual-reflective faith)를 넘어서서 제5단계(결합적 신앙, conjunctive faith)에 도달할 수 있도록 격려하고 지원하는 교육이 되어야 할 것이다. 즉, 제5단계를 기독교 중년교육이 지향하는 성숙성의 규범으로 삼을 필요가 있다는 것이다.

신앙발달에 있어서 후 인습적 단계는 인습단계를 넘어선 단계로, 제4단계의 개별적-성찰적 신앙과 제5단계의 결합적 신앙을 포괄한

---

46 위의 책, 37-48.

47 Gabriele Klappenecker, "파울러의 신학과 심리학에 나타난 공적책임의 발달," R. Osmer and F. Schweitzer eds., *Developing a Public Faith*, 연세기독교교육학포럼 역, 『공적신앙과 실천신학』 (서울: 대한기독교서회, 2005), 79.

48 김현숙, "공적 삶을 위한 탈인습적 신앙," 『공적신앙과 실천신학』 (서울: 대한기독교서회, 2004) 259-60.

다.[49] 4단계의 신앙은 개인적인 비판적 선택과 신앙적 상징에 대한 비신화화를 특징으로 한다. 청소년기에 정체성으로 구성된 신앙의 역할과 관계가 이 단계에서는 비판적 선택의 과정에 들어서게 된다. 여기에서는 자아, 타자, 세계의 통제를 지향하는 "체제"(system)라는 은유가 중요한 역할을 한다. 이 단계는 "자아, 타자 그리고 세계를 비판적으로 검토하고 당연하게 통제하고 싶어 하는 충동 때문에 무의식의 신비를 비롯해서 그 어떤 형식의 신비도 부정하는 자기기만에 취약하다."[50] 이 단계에서 개개인은 비판적 합리화의 과정을 통하여 신앙적 상징을 비신화해 나간다.

제5단계의 신앙은 신앙과 진리의 역설적인 차원을 강조한다. 여기에서는 "반대되는 것으로서 경험되거나 이해된 것을 통합하려고 한다. 하나님은 초월적이며 동시에 내재적이다. 하나님은 인간 중심적 범주로 축소되지 않는다. 그럼에도 불구하고 하나님은 개인적 경험의 주체가 될 수 있다."[51] 비신화화된 상징이 다시 상징화되는 즉, 상징의 깊이를 재획득하는 제2의 소박성(second naivete)이 제5단계에서 나타난다. 이는 삶이 지닌 복잡하고 풍성한 차원을 인식함으로써 비판적인 자세에서 벗어나서 타인의 전통과 다른 공동체의 진리에 대하여 개방적인 자세를 취하는 것을 뜻한다. 타인과 다른 공동체의 전통은 새로운 전통을 배우거나, 자신의 기만에서 벗어나게 해 주는 촉매의 역할을 하는 것으로 인식한다.[52]

---

49   James Fowler, *Stages of Faith: The Psychology of Human Development and the Quest for Meaning* (San Francisco: Harper San Francisco, 1991).

50   Gabriele Klappenecker, "파울러의 신학과 심리학에 나타난 공적책임의 발달," 81.

51   위의 책, 82.

52   위의 책.

우리가 공적신앙을 양육한다고 할 때 위에서 지적한 것처럼 신앙의 왜곡된 사사화, 급진적 개인주의 등에 직면하여 신앙의 공적인 차원을 강조하지만, 동시에 사적인 차원이 배제되는 것이 결코 아니라는 사실을 명심해야 할 것이다. 이런 맥락에서 공적신앙은 공(公)과 사(私)의 관계를 서로 종속이나 대립으로 바라보는 것이 아니라 활사개공(活私開公)의 원리에 기초한다. 즉, 공과 사의 관계를 일방적인 멸사봉공(滅私奉公)이나 멸공봉사(滅公奉私)으로만 바라보는 시각을 넘어선다. 활사개공이란 사(私)를 살리면서 공(公)을 활성화시켜 나가는 것을 뜻한다. 공을 위해 사의 희생만을 강요하거나, 사를 위해 공의 희생만을 지향하지 않고 양자의 상보적 시너지 관계를 중시한다. 이는 삼위일체론적 원리에 기초한 개인과 공동체 사이의 페리코레시스적인 관계를 뜻한다. 공을 통해 사가 확대 실현되고, 사를 통해 공이 더욱 구체화되는 것을 뜻한다.[53] 이런 맥락에서, 공적신앙은 신앙의 개별성, 실존성, 수직적 차원을, 신앙의 공동체성, 공공성, 수평적 차원과 상호배척의 관계가 아닌 상보적이며, 상호 활성적 관계 속에 있는 것으로 본다. 이러한 관계 속에 있는 신앙을 우리는 통전적, 온전한 신앙이라고 한다.

2. 공적신앙과 중년의 생산성

그렇다면 지금까지 살펴본 공적신앙은 중년의 생산성과 어떻게 관련되어 있는가? 공적신앙은 신학적, 성서적 관점에서 왜 중년이 생산성을 성취해야 하는가에 대한 "동기"를 부여하고, 어떠한 "방향"을 지향해

---

[53] 야마와키 나오시, 公共哲?とは何か, 성현창 역,『공공철학이란 무엇인가?』(서울: 이학사, 2011), 13-15, 34-38.

제5장 | 오늘의 기독교 중년교육의 과제연구: 생산성과 공적신앙의 대화를 중심으로

야 할지를 제시한다. 첫째, 공적신앙은 하나님과의 수직적 만남을 뜻하는 상승과 이에 대한 응답으로서의 귀환이라는 차원을 제시함으로써 자아에 기반한 중년의 생산성에 "자아 초월적 동기"를 부여한다. 우리가 중년기에 진입하면 이전 단계보다 죽음에 대하여 더 절실하게 인식하기 시작한다. 그리하여 우리가 죽은 후에도 계속해서 살 수 있는 방법이 무엇인가를 심각하게 질문하게 된다. 그리고 "이것은 다시 우리가 지구상에 존재하는 시간의 효과가 세상을 떠난 후에도 또렷이 남아 있도록 하기 위해 우리보다 더 젊은 사람들을 돕고자 하는 열망으로 이어진다."[54] 이것이 바로 위에서 언급한 "자신은 죽어도 계속 남아 있고자" 하는 "상징적 불멸성"에 대한 열망이다. 이는 인간학적으로 볼 때는 더 젊은 세대라고 하는 타인을 통한 자아의 초월이라고 볼 수 있지만 신앙적 차원에서 보면 여전히 자아에 기반한 동기에 불과하다.

이와는 반대로 공적신앙은 중년의 생산성을 단순히 인간의 사회 심리적 발달과제의 수행이라는 차원을 넘어서서 신앙적 차원에서 접근하도록 해 준다. 공적신앙은 볼프가 주장한 것처럼 "상승"에 기초한 "귀환"의 차원을 강조한다. 전자는 후자의 동기를 제공한다. 공적신앙에서 강조하는 하나님과의 초월적인 만남이 전제되지 않을 때 생산성은 사회 심리적 과제에 머물게 되며, 그 결과 기독교 중년교육과 일반교육학에서의 중년교육에 대한 차이가 상쇄되어 버린다. 공적신앙은 생산성을 하나님과의 만남(상승)에 대한 응답을 실현하는(귀환) 인간발달의 통로로 인식함으로써 중년들이 왜 생산성을 실현해 나가야 하는지에 대한 자아 초월적 동기를 제공한다.

---

[54] Jeffrey Arnett, *Human Development: A Cultural Approach,* 2nd ed., 정영숙 외 4인 역, 『인간발달: 문화적 접근』 제2판 (서울: 시그마프레스, 2018), 425-26.

둘째, 공적신앙은 생산성을 단순한 돌봄의 차원을 넘어서서 "소명의 관점"에서 바라보게 해 줌으로써 본래적 방향을 제시해 준다. 공적신앙은 생산성을 단순히 인간학적 혹은 심리, 사회적 관점에서 자녀, 다음 세대, 후학, 후배, 부하 등을 대상으로 돌봄을 실현해 나가는 통로로만 이해하지 않고 중년 그리스도인들이 하나님의 부르심에 대한 응답으로서 자신들의 소명을 수행하는 중요한 통로로 이해하게 해 준다. 성서적, 신학적 전통에서 소명이란 파울러에 의하면 "한 개인이 자신의 총체적인 자아(total self)로 하나님의 말씀과 하나님의 동반자로의 부르심에 대하여 응답하는 것이다."[55] 보다 구체적으로, 소명이란 삼위일체 하나님의 창조하시고, 통치하시고, 해방/구원하시는 프락시스에 하나님의 백성들이 동반자로 참여하도록 부르심을 받는 것을 뜻한다.[56] 이러한 맥락에서 공적신앙은 생산성이 중년들의 돌봄을 실현해 나가는 통로로만 이해되지 않도록 해 준다. 즉, 공적신앙은 생산성을 하나님의 프락시스에 동반자로 참여하는 소명에 정초시킴으로써 본래적인 방향을 지향하도록 해 준다. 공적신앙에서 강조되는 개방성, 상호성, 호혜성, 평등성 등을 통한 공동선에 대한 헌신은 다양한 형태의 돌봄으로 나타나는 생산성이 자아 중심적, 일방적, 폭력적 통제와 같은 왜곡된 관계에 매몰되지 않도록 해 준다. 레펠이 주장하듯이 생산성은 관계적 특성을 지니는데, 이러한 관계성에 올바른 신앙적 방향을 제시하는 것이 바로 공적신앙이다. 공적신앙에 기초할 때 생산성은 돌봄 대상과 성서

---

55 James Fowler, *Becoming Adult, Becoming Christian: Adult Development and Christian Faith* (San Francisco: Harper & Row Publishers, 1984), 95. 파울러는 소명을 다음의 3가지와 구별해야 한다고 주장한다. 1) 소명은 우리들의 일이나, 직장, 또는 직업이 아니다. 2) 소명은 전문성(profession)과 동일하지 않다. 3) 소명은 개인의 경력(career)과 구별된다. 위의 책, 94.

56 위의 책, 89-91.

적, 신학적 차원의 개방적이고, 상호적이고, 호혜적이며, 평등한 관계를 유지하게 된다. 그리고 돌봄의 대상을 자녀, 제자, 후배, 부하 등에 제한시키지 않고, 공동체적이며, 공적이며, 생태적인 차원까지도 확장하여 포괄할 수 있도록 해 준다.

그렇다면 반대로 중년의 생산성은 공적신앙에 어떻게 기여하는가? 중년의 생산성은 생산성과 관련된 공적신앙의 실천 내용들을 체계적으로 이해하도록 도움을 준다. 중년의 생산성은 살펴본 것처럼 생식적 차원, 양육적 차원, 기술적 차원, 문화적 차원, 공적 차원, 생태적 차원 등 다양한 측면을 가지고 있다. 이러한 것은 공적신앙의 실천에 있어서, 특히 교육과정으로 구체화, 체계화해 나갈 때 구성적 혹은 범주적 차원의 가이드라인의 역할을 한다.

Ⅳ. 공적신앙에 기초한 생산성을 지향하는 기독교 중년교육의 과제

기독교 중년교육은 이처럼 중년들이 인간발달 과제로서의 생산성을 공적신앙의 관점에서 재개념화함으로써 생산성의 동기, 방향, 능력을 신학적, 성서적으로 재조명하고 이를 기초로 자아, 가정, 직장, 교회, 시민사회, 생태계 등 여러 차원의 돌봄을 창조적으로 수행해 나갈 수 있도록 여러 교육방법을 통하여 도전을 주고 기회를 마련해 주는 것이다. 여기에서는 앞에서 살펴본 여러 종류의 생산성에 공적영역과 생태계와 연관된 생산성을 추가하여 이를 확대, 심화시켜 나간다.

1. 자아

자아와 관련된 기독교 중년교육의 첫 번째 과제는 "상호적 돌봄에 기초한 자아정체성을 형성"하는 것이다. 앞에서 지적한 바와 같이 오늘의 한국 중년들은 가교세대 또는 샌드위치 세대로서 긴 세월 동안 자아를 억누르고 희생하는 방식으로 그 역할을 감당해 왔다. 이로 인하여 중년들은 심리적, 정신적, 영적으로 여러 가지 문제와 위기를 경험해왔다. 따라서 기독교 중년교육은 일차적으로 공적신앙에 근거한 삼위일체론적인 상호적 또는 상호 내주적 자아 돌봄이라는 관점을 제시해 주고, 이에 기초하여 중년들이 자아 돌봄을 실천해 나갈 수 있도록 성인교육 원리와 방법을 제시해야 할 것이다. 이 과정에서 자아의 일방적 희생을 넘어서서 자아에 대한 관계적이고 상호적 돌봄을 강조하는 "돌봄의 윤리"(ethic of care) 관점과 레펠이 주장한 "상호적 강점개발"이라는 개념이 많은 도움을 준다. 돌봄의 윤리에 의하면 일방적 희생이 필요 없다는 것이 아니다. 이는 필요한 일정한 기간에 한정되어야 하며, 결국은 상호 간의 동등한 돌봄 혹은 배려의 관계가 형성되어야 한다는 것이다.

자아 형성과 관련하여 또 다른 중요한 교육과제는 바로 중년 남성과 여성들의 "창조적 남성성과 여성성 형성"을 지원하는 것이다. 중년 남성의 경우, "중심이 되려는 욕망 대신에 젠더질서를 넘나들면서 배려하고 돌볼 줄 아는 교회형제, 내 가족, 내 교회만이 아니라 사회 문제에도 적극 관여하는 정의롭고 따뜻한 형제"의 이미지를 회복하는 것이다.[57] 스티브 비덜프(Steve Biddulph)는 이를 "척추"와 "심장"을 동시에 지닌 남성, 즉 강함과 부드러움을 동시에 갖춘 남성이라고 표현한다.[58] 여성의 경우, 사적영역으로 밀려나면서 위축되고 소외된 전통적인 여성성의 이미지를 극복하고 남녀가 사적, 공적영역에서 파트너로서 동행하는 이미지를 형성해 나갈 필요가 있다. 공적영역과 사적영역을 아우르고, 개개인 속에서 남성성과 여성성이 균형을 이루고, 또한 남성과 여성 사이의 평등하고, 공감적이며, 동반자적 관계를 유지해 나가는 과정에서 대안적인 남성성과 여성성이 형성될 수 있을 것이다.

마지막으로 기독교 중년교육은 "종말론적 신앙에 기초한 자아정체성 형성"을 지향해야 한다. 코트레의 주장처럼 중년의 생산성은 "상징적 불멸성"을 뜻한다. 중년의 생산성은 인생주기에서 후반을 향하는 중년들이 자신의 실존적 유한성을 극복하기 위하여 자연적으로 가지게 되는 발달과제이다. 이러한 맥락에서 기독교 중년교육은 중년들이 지닌 이러한 실존적 유한성에 대한 초월의 방향을 종말론적 신앙으로 승화하도록 지원하는 교육이 되어야 할 것이다.

2. 가정

가정과 관련된 기독교 중년교육의 과제는 중년들이 공적신앙에 근거하여 "부부 사이와 부모와 자녀 사이의 돌봄의 관계를 재정립"하도록 지원하는 것이다. 먼저, 위에서 언급한 것처럼, 남성성과 여성성에 대한

---

57 이숙진, "교회남성은 어떻게 만들어져 왔는가?," 63.
58 Steve Biddulph, *The New Manhood*, 박미낭 역,『남자, 다시 찾은 진실』(서울: 푸른길, 2011), 193-95.

성서적, 신학적 관점에 기초하여 부부 관계를 재정립할 필요가 있다. 중년의 부부는 새로운 관계를 정립해 나가는 발달적 과제를 안고 있다. 특히 한국적 상황에서 중년부부는 다양한 사회적, 문화적, 심리적 도전에 노출되어 있으므로 호혜성에 기초한 상호적 돌봄의 관점에서 그 관계를 새롭게 세워 나갈 필요가 있다. 중년의 남성들은 남성우위의 권위주의적이며 마초 이미지에 기초한 전통적인 남성상과 남성=공적영역, 여성=사적영역이라는 왜곡된 이분법적 젠더화 도식에서 벗어나야 할 것이다. 이에 대해서는 아래에서 다시 논의하기로 한다.

중년기의 한국 부모들은 현실적으로 가장 심각한 문제 가운데 하나인 "자녀들의 입시문제"에 직면하게 된다. 물론 중년기 이전에 자녀들이 학령기에 들어서면서부터 입시의 압력은 간접적으로 시작되지만, 청소년기 자녀를 둔 중년들은 이를 더욱 직접적이고, 현실적이며, 심각하게 경험하게 된다. 중년 부모 가운데 특히 여성들은 남성들보다 더 많은 어려움과 스트레스를 경험하게 되는데, 그 이유는 이들이 소위 성공적 입시를 위해서 더 많은 노력과 시간을 투자하도록 직간접적으로 사회적 압력을 받기 때문이다. 한국사회에서 여성들은 자녀의 (세속적인) 성공을 자신의 성공과 동일시하는 경향을 많이 보인다. 중년의 생산성이라는 관점에서 본다면, 여성들은 자신의 생산성을 자녀의 명문대 입학과 출세에 대한 노력을 통하여 실현하고 보상을 받는다고 할 수 있다. 물론 생산성이 자녀를 낳고 양육하며 교육하는 차원을 포함하고 있지만, 한국사회의 입시 지상주의적 사고는 건전한 혹은 균형 잡힌 생산성이 아니라 한쪽으로 과도하게 치우친, 세속적 출세주의와 이기적인 가족주의 가치와 결합된 왜곡된 형태로 나타나는 경우가 많다는 것이다. 그 결과 입시의 경쟁에 물든 자녀들도 이기적이며 개인주의적 인격으로 형성되어 가는 경우가 빈번하다.

이러한 맥락에서 자녀와 관련된 중년기 가정의 중요한 과제는 부모가 "자녀들을 공적신앙을 지닌 제자-시민으로 양육하는 일"에 적극적으로 참여하는 것이다. 이를 위하여 먼저 입시에 대한 부모들의 관점 변화가 일어나야 할 것이다. 살인적 경쟁을 부추기는 입시는 결국 자신의 자녀와 다른 자녀들을 함께 위기와 패자로 몰고 간다는 사실을 심각하게 인식하고, 입시에 대한 신앙적 차원에서의 지속적인 회심이 필요하다. 부모의 가치가 자녀의 가치로 전승되므로 부모의 변화 없이는 입시에 대한 변화는 불가능한 것이다.

더 나아가 기독교 중년교육은 중년 부모들이 다른 부모들과의 연대를 통하여 입시를 우리 사회가 당면한 가장 심각한 문제 가운데 하나로 바라보고 입시에 대한 왜곡된 가치관의 변화와 더불어 제도적, 법적, 공적 차원에서의 변혁을 위한 노력에 함께 참여하여 올바른 생산성을 실현해 나갈 수 있도록 다양한 공간을 마련하고 지원해 나가야 할 것이다. 이를 위하여 아래에서 다룰 시민사회와의 연대가 필수적이라 할 수 있다.

따라서 중년의 부모들은 가정에서부터 올바른 성서적 가치와 신념을 잘 전승하는 과정을 통하여 자녀들을 먼저 제자, 즉 기독교적 정체성을 확고하게 지닌 존재로 양육해 나가는 일에 동참해야 한다. 그러나 동시에 전통적으로 사적인 영역으로 간주되어온 가정이 사실은 공적영역을 위한 모판의 역할을 한다는 것을 잘 인식해야 한다. 그 가운데서 중요한 것 하나가 바로 자녀들을 공적영역 또는 사회에서 활동하고 헌신할 건전한 제자-시민으로 양육해 나가는 것이다. 중년의 자녀들은 대체적으로 청소년기 이상의 나이에 도달하므로 이들이 민주 시민사회의 공적 삶에 기여할 수 있는 시민적 덕목의 함양과 더불어, 공동선을 지향하는 건전한 비판의식과 숙의능력을 소유할 수 있도록 가정에서 토론과 대화의 분위기를 격려해 나갈 필요가 있다. 중년 부모들은 교회와의 긴밀한 협력을 통하여 가정에서 이러한 과제를 잘 수행해야 한다.

3. 직업/일/소명

중년들에게 직업과 일은 성인 초기나 후기보다 정체감과 자존감에 더 큰 영향을 끼친다. 그런데 직업과 일의 영역과 관련하여 기독교 중년교육은 이를 보다 넓은 의미의 소명의 차원과 연결시켜 줄 필요가 있다. 소명의 관점에서 볼 때 직업과 일은 하나님께서 우리들 각자에게 주시는 소명의 전부가 될 수 없다는 것이다. 물론 소명의 일부가 될 수도 있지만 직업과 일은 분명히 이와 구별된다. 위에서 살펴본 것처럼, 소명을 하나님의 창조, 통치, 해방/구원의 프락시스로의 참여를 위한 초대라고 한다면 하나님의 백성으로서 중년의 사명은 자신의 생애주기 과정에서 이에 대하여 성실하게 응답하는 삶을 사는 것이다. 직업과 일은 이러한 소명을 이루어 가는데 있어서 온전히 혹은 부분적으로 일치할 수도 있고, 그렇지 않을 수도 있다. 직업이 없는 사람이나, 은퇴한 사람이나, 주부들도 모두 하나님의 소명을 받은 존재들이다. 이런 맥락에서 남성은 공적영역인 가정 밖의 일터를 담당하고 여성은 전적으로 사적영역인 가정을 돌보아 한다는 이분법적인 젠더화를 넘어서서, 중년의 남녀 모두가 가정 안팎의 일들을 모두 소명의 관점에서 바라보고 생산성을 잘 발휘할 수 있도록 교육해야 한다는 것이다.

이러한 소명의 관점에서 먼저 기독교 중년교육은 중년들이 공적신앙에 기초하여 직장에서 자신들의 생산성을 잘 발휘할 수 있도록 지원할 필요가 있다. 직장에서의 생산성은 후배, 후학, 부하 직원들에게 직업적으로 전문적인 영역의 지식, 기술, 경험 등을 멘토링과 코칭을 비롯한 다양한 통로를 통하여 전수하고 지도하는 일에 헌신함으로 성취된다. 교회의 중년교육은 이러한 기술적 생산성을 성취하는 자세한 방법론을 교육하기보다는 공적신앙의 관점에서 중년들이 자신의 후배, 후학, 부하 직원들에게 일(노동)이 지닌 윤리적 가치와 공동선에 기여하는 직업의 가치를 더불어 전수할 수 있도록 돕는 것이다. 하워드 가드너의 "윤리적인 마음"과 "좋은 일"(good work)이라는 개념이 여기에 특히 유용하다. 그는 미래 전문 직업인들에게 필요한 다섯 가지의 미래 마인드를 제시하면서 그 가운데 윤리적 마음을 제안한다. 이것은 "인간의 노동의 본질과, 우리가 사는 사회의 욕구와 욕망에 대해 깊이 생각할 줄 아는 마음"[59]이며, "사람들이 어떻게 개인의 이익을 넘어서 더 큰 목적에 봉사할 수 있는지, 그리고 어떻게 시민들이 사회전체의 이익을 증진시키기 위해 헌신적으로 일할 수 있는지를 개념화한 마음"[60]이다. 윤리적인 마음을 구체화하는 방법은 '좋은 일'인데, 이는 "질적으로 훌륭하고"(excellent), "책임감이 있고"(responsible), "사람의 마음을 끄는"(engaging) 일을 뜻한다.

기독교 중년교육은 이러한 "윤리적 마음"과 "좋은 일"이라는 개념을 공적신앙과 소명의 관점에서 재개념화하여 중년들이 직장과 노동현장에서 윤리적 마음을 양육하고 구체적으로 좋은 일을 수행해 나갈

---

59 Howard Gardner, *Five Minds for the Future,* 김한영 역, 『미래 마인드: 미래를 성공적으로 이끌 다섯 가지 마음능력』 (서울: 재인, 2008), 12.

60 위의 책.

수 있도록, 또한 이를 후배와 부하 직원들에게 심어주고 양육하는 역할을 감당할 수 있도록 지원해야 할 것이다. 오늘날 그리스도인들에게 있어서 신앙영역과의 분리가 가장 심한 곳이 직장영역이라는 사실을 재인식하고, 공적신앙과 소명의 관점에서 직업 소명감을 새롭게 인식하고 실천할 수 있도록 체계적이고 창조적인 교육이 이루어져야 할 것이다.

기독교 중년교육에서는 직업 현장에서의 공적 소명과 더불어 가정을 중요한 소명의 장으로 인식하는 태도가 반드시 필요하다. 중년 남성 혹은 여성들이 자녀양육과 가사를 전업으로 담당하는 경우, 이에 대한 가치를 가정 밖 직장의 일과 동일하게 인정할 수 있도록 해 주어야 한다. 그리고 특히 여성들이 가정 밖의 직업영역에서 활동하는 경우에는 이들이 가사와 직장의 이중적 어려움에 빠지지 않게 부부가 가사를 잘 분담하고 협력해 나갈 수 있도록 지원하는 교육이 요청된다.

직업, 일, 소명과 관련하여 중년교육에서 다루어야 할 중요한 내용 중의 하나가 바로 노년기의 은퇴를 위한 준비교육이다. 특히 중년 후기에는 곧 다가오는 직업에서의 은퇴에 대비하여 소명의 관점에서 노년기에 해야 할 일들에 대한 신앙적 지침을 안내해 주어야 한다. 흔히 은퇴 후의 삶에 대한 준비를 경제, 여가, 건강, 인간관계 등의 관점에서만 바라보는 경우가 많은데 기독교 중년교육에서는 이를 넘어서서 하나님께서 각자에게 주신 고유한 소명의 관점에서 바라볼 수 있도록 도움을 주어야 할 것이다. 중년교육은 은퇴 후에, 자신이 오랫동안 해 오던 일의 연장선상에서, 혹은 전혀 다른 새로운 일을 통하여, 하나님의 소명을 찾아 나갈 수 있도록 동행해 주어야 한다는 것이다.

4. 교회

본 장에서 지향하는 기독교 중년교육은 교회를 신앙공동체로만 인식하는 전통적인 시각을 넘어서서 공적신앙을 양육하는 "공적 공동체"로 간주하고자 한다. 교회와 관련하여, 기독교 중년교육의 과제는 교회가 공적신앙을 가르치고, 이를 다양한 삶의 현장에서 실천하고, 다시 실천한 바를 성찰하는 가운데 공적 공동체로 형성되어 가는 순환적 교육의 과정을 지원하는 것이다. 이를 위하여 교회에서의 기독교 중년교육은, 먼저, 교회 내에서 이루어지는 다양한 중년교육의 목적과 목표를 공적신앙에 기초한 (생산성의 덕목인) 돌봄의 관점에서 설정하고 이에 상응하는 교육과정과 실천 방법들을 개발하고 제시하여야 할 것이다. 예배, 예전, 성서공부, 디아코니아, 코이노니아, 상담 등의 다양한 통로를 통하여 "돌봄의 공적신앙"이라는 관점에서 중년의 비전과 소명을 일깨우고, 이를 실천해 나갈 수 있도록 능력을 부여하는 다양한 교육 과정과 방법이 제공되어야 하는 것이다. 그리고 교회의 중년교육은 중년들이 가정, 직장, 사회 등 여러 현장에서 실천한 돌봄의 내용들을 다시 성찰하고 더 나은 실천으로 나아갈 수 있도록 돕는 성찰의 방법과 장도 동시에 마련해 주어야 할 것이다. 성찰 과정에서의 초점은 중년들의 돌봄이 사적이고 개인적인 차원을 넘어서서 사회적, 공적, 문화적, 생태적 차원의 돌봄으로 확대되고 심화될 수 있도록, 동시에 이를 통하여 여러 차원의 변혁에 공헌하는 제자-시민이 될 수 있도록 격려하고 지원하는 것이다.

둘째, 교회의 중년교육은 기독교 중년교육의 여러 현장을 연결하고, 교회 내의 여러 세대들 사이를 중재하는 과제를 잘 감당해야 한다.[61] 이것은 먼저 공적신앙의 관점에서 개인, 가정, 직장, 시민사회, 생태계 등 여러 현장에서 이루어지는 중년교육을 서로 연계시켜 교육적인 효과를 극대화시켜 나가는 것이다. 이는 교회공동체에 속한 그리스도인들의 신앙이 사유화의 덫에 빠지지 않고, 공적 삶에 대한 책무를 잘 수행할 수 있도록 하기 위함이다.

앞에서 본 것처럼, 한국의 중년은 농업세대인 부모와 IT세대인 자녀들 사이에서 세대론적으로 가교의 역할을 감당해왔다. 마찬가지로 교회의 중년교육은 교회 내에서 올바른 생산성에 기초한 돌봄을 통하여 중년들이 세대 간의 가교 역할을 긍정적이고 창조적으로 잘 감당하도록 적극 지원을 해야 할 것이다. 간세대 교육적인 관점에서 먼저 중년이 공적신앙에 터한 돌봄을 잘 실천해 나감으로써 다른 세대에 긍정적 영향을 끼치고 이들과 함께 공적인 돌봄을 실현해 나갈 수 있도록 여러 통로를 마련할 필요가 있다. 교회는 중년들이 공적 돌봄의 현장을 다양하게 발굴하여 중재세대로서 여러 세대와 연대하여 함께 돌봄을 실천해 나가도록 지원해야 한다. 이러한 공적 돌봄의 현장에 함께 연대함으로써 세대차로 인한 교회내의 갈등을 창조적으로 해결해 나갈 수 있을 것이다.

세대 간의 중재역할을 위한 실례로, 중년들(특히 아동이나 청소년을 자녀로 둔 초기 중년들)이 노부모들로 하여금 "격대(隔代)교육"(grandparent education)을 통하여 자녀세대와 연결되도록 중재의 역할을 감당하는 것이다. 격대교육은 조부모가 손자녀들에게 삶의 과정 속에서 인격적인 관계를 통하여 다양한 기술, 지식, 가치, 지혜, 신앙을 전수하고 가

---

61   교회와 가정의 연계를 강조하는 간 세대교육에 대하여 다음을 참고할 것. 장신근, "교회-가정의 연계성을 지향하는 간세대 기독교교육: 아동을 중심으로." 『신학논단』 63 (2011), 217-43.

르치는 교육이다.[62] 중년의 부모들은 공적신앙의 관점이 격대교육에 잘 반영될 수 있도록 조부모세대와 함께 노력을 기울일 필요가 있다. 그리고 부모의 동의가 없이는 격대교육이 제대로 이루어질 수 없으므로, 중년들은 자녀세대와 부모세대를 이어주는 격대교육이 이루어질 수 있도록 다양한 장을 마련해 주어야 한다. 지역 교회는 이러한 공적신앙을 양육하는 전인적인 격대교육이 잘 이루어질 수 있도록, 중년과 그 부모들에게 이에 대한 지식과 정보, 또한 모델사례를 다양하게 제공해야 할 것이다.

셋째, 교회의 중년교육은 중년들이 성서와 신학 그리고 기독교의 역사 등에서 이어져온 공공성의 전통을 다음 세대에 잘 계승하고 보존할 수 있도록 지원하는 사명을 수행해야 한다. 이는 다음 세대의 양육을 위한 중년의 책임과 연관해서 매우 중요한 교육적 과제이다. 공공성의 전통을 계승해 나감에 있어서 가장 선행되어야 할 것 가운데 하나가 성서를 공공성의 관점에서 새롭게 읽는 작업이다.[63] 다음 세대가 성서의 예언자적 전통, 지혜문학적 전통, 변증적 전통 등을 통하여 공적신앙에 대한 뿌리를 분명하고 확고하게 이해할 수 있도록 교육적 노력을 기울여야 할 것이다. 이에 더하여 기독교 전통 가운데서 다양한 모습으로 공동선에 기여해 온 사례와 인물들을 잘 발굴하여 소개하고 이를 공적신앙 형성의 모델로 삼을 필요가 있다. 그리고 중년 자신들이 다음 세대를 위하여 공공성을 실천하는 모델의 역할을 해 나가야 한다.

---

[62] 격대교육에 대한 자세한 내용은 이 책의 제2장 "통전적 신앙양육을 위한 가정-교회연계 격대(隔代)교육: 아동기를 중심으로"를 참고할 것.

[63] 공공성의 관점에서 성서읽기는 다음을 참고할 것. 김근주, 『복음의 공공성: 구약으로 읽는 복음의 본질』 (서울: 비아토르, 2017).

5. 시민사회와 생태계

　전통적으로 중년의 생산성이 실현되는 범위는 가정과 직장 정도로 이해되어왔다. 물론 에릭슨은 그보다 넓은 지평에서 생산성 개념을 사용했지만 실제적으로는 그 범위가 매우 한정되어 있었고 시민사회와 생태계와 연관시키는 시도는 그리 많지 않았다. 그러나 본 장에서는 직장과 더불어 시민사회와 생태계가 공적 돌봄의 관점에서 볼 때 매우 중요한 현장 또는 대상이라는 사실을 강조한다. 이런 맥락에서 "시민적 생산성"과 "생태적 생산성"이라는 용어를 사용하고자 한다. 먼저, 시민적 생산성이란 시민사회의 공적영역과 공적 삶에서 공동의 선에 기여하는 중년의 생산성을 지칭한다. 시민사회 맥락에서 중년 그리스도인들이 제자와 시민이라는 이중적 정체성을 가지고 공적신앙에 기초한 돌봄을 실천하기 위한 과제는 시민사회(공론장)의 형성과 변형에 공헌하는 것이다. 이를 위하여 먼저, 시민사회의 공론장에서 (정치, 경제, 사회, 문화적 차원의) 공동선을 추구해 나가는 과정에서 기독교적 가치와 관점을 제시하여 영향을 끼치고, 또한 공적이슈에 대한 비판적 토의와 숙의과정에 참여하는 능력을 키워 나가는 것이다.

　다음으로, 생태적 생산성과 관련된 기독교 중년교육의 과제는 공적신앙에 기초하여 생산성의 개념을 자아, 가정, 직장을 넘어서서 생태적 영역까지 확대시켜 나가는 것이다. 온난화, 미세먼지 등으로 인하여 심각한 어려움을 겪고 있는 오늘의 한국사회에서 생태적 생산성의 실현은 생존의 문제와 직결되어 있으며 따라서 공적 돌봄을 강조하는 기독교 중년교육에서는 이를 핵심적인 과제로 다루어야 한다. 생태적 생산성에 기초한 기독교 중년교육은 중년들로 하여금 하나님의 창조질서로서 자연을 우정의 관계에서 바라보고, 생태학적 감수성을 지니고, 생태적 겸손을 실천하며, 자연에 대한 돌봄을 일깨우고 실천하도록 교육적으로 지원하는 것이다.

나가는 말

중년의 생산성은 그동안 개인적인 차원의 발달과 연관하여 많이 논의되어 왔다. 하지만 본 장에서는 이를 공적신앙의 개념과 연결하여 개인적 차원과 더불어 공적인 차원의 회복을 위한 방안을 모색하였다. 이를 위하여 생산성에 기초하여 자아, 가정, 직장/직업, 교회, 시민사회와 생태계의 영역에서 중년의 공적신앙 양육을 위한 기독교 성인교육의 과제들을 제안하였다. 생산성에 대한 최근의 연구에서 나타난 것처럼 생산성은 중년에만 한정되는 것이 아니고 이전과 이후 단계와 밀접하게 연결되어 있고 계속 발전시켜 나가야 할 필요가 있다. 따라서 발달 단계의 연속성을 고려하는 가운데 공적인 신앙의 관점에서 생산성을 더욱 심화시키고 확대시켜 나가는 지속적인 중년교육을 실시할 필요가 있다. 이와 더불어 돌봄으로 나타나는 중년의 생산성은 일방적인 것이 아니라 상호적인 것이어야 함을 인식하고 이를 중년교육에 잘 반영해 나가야 할 것이다. 끝으로 생산성에 기초한 기독교 중년교육은 생산성이 지닌 상징적 불멸성의 개념을 종말론적 신앙으로 승화시켜 주는 종말론적 교육이 되어야 한다.

제6장

호모 헌드레드 시대의 생명교육으로서의 기독교 노년 죽음교육:
Fin-Telos 모델

들어가는 말

"삶을 원하면 죽음을 준비하라"(si vis vitam, para mortem)

역설적으로 들리지만 죽음교육의 본래적 이유를 잘 설명하는 문구이다. 죽음은 삶에서 가장 가까이 있지만 우리는 바쁜 일상의 삶으로 인하여 이를 가장 멀리 있는 것으로 착각하며 살아갈 때가 많다. 또한 젊음과 건강을 최고의 가치로 숭배하고 죽음을 멀리하고 망각하려는 오늘의 문화가 우리 가까이 있는 죽음을 낯설게 만들고 있다. 사회뿐만 아니라 교회 내에서도 죽음에 대하여 피상적, 감상적, 혹은 낭만적으로 접근하고 삶과 동떨어진 것으로 바라보는 경우가 많다. 죽음교육에 대해서도 거기까지 신경쓸 여유가 없다는 태도를 교회교육에서 많이 볼 수 있다. 교회교육의 여러 급박한 현안들이 산적한데 죽음교육에 까지 신경을 써야 하는가? 이런 태도로 인하여 교회현장에서는 죽음교육이 생략된 반쪽짜리 신앙교육이 진행되고 있다. 죽음을 가르치지 않는 신앙교육은 절반을 잃어버린 혹은 절반을 생략한 교육이라 할 수 있다. 따라서 온전한 교육을 위해서는 죽음교육을 평생교육으로 간주하고 연령별로 지속적으로 실시해 나가야 한다.

이러한 맥락에서 노년들을 대상으로 하는 죽음준비교육은 너무나 절박한 신앙교육의 과제라고 할 수 있다. 자신의 삶의 마지막을 신앙 안에서 잘 마무리하고 영생의 삶으로 진입하도록 도와주는 교육만큼 중요한 것이 어디 있겠는가? 호모 헌드레드 시대라고 하여 죽음이 영원히 연기되는 것은 아니다. 조금 더 연장될 뿐이다. 연장된 그 기간을 잘 살아내지 못한다면 이는 또 다른 짐과 고통이 될 뿐이다. 따라서 삶과 생명교육으로서의 죽음교육이 요청되는 것이다. 잘 죽기 위해, 또한 잘 살기 위해 죽음교육이 필요한 것이다. 본 장에서는 이러한 것을 전제하면서 호모 헌드레드 시대의 교회 노년교육과 노년 죽음교육, 죽음교육의 의미와 국내외 사례, 죽음에 대한 다양한 이해와 죽음의 과정, 죽음에 대한 성서적, 신학적 이해, 죽음교육을 위한 노인이해 등을 다 학제적 연구를 통하여 비판적으로 고찰한다. 그리고 이에 기초하여 *Fin-Telos* 모델을 생명교육으로서의 기독교 노년 죽음교육으로 제안한다.

I. 호모 헌드레드 시대의 교회의 노년교육과 노년 죽음교육

1. 호모 헌드레드 시대의 도래와 교회의 노년교육

현재 한국사회의 65세 이상 노인인구의 급속한 증가는 세계 최고의 속도를 보이고 있다. 2000년에는 노년인구가 7.2%를 상회하여 이미 고령화 사회에 진입하였다. 2006년에는 전체인구의 9.5%, 2013년에는 12.2%를 차지하였고, 2017년에는 13.8%(707만 6000명)로 유엔(UN)의 기준에 의하면 '고령사회'(aged society)에 진입하였다. 그리고 2026년에는 20.8%로 '초고령사회'(super-aged society)가 될 것으로 전망되며 2040년에는 32.3%에까지 도달하게 된다.[1] 한국인의 기대수명도 지속적으로 연장되고 있다. 평균수명이 1960년에는 52.4세, 2005년에는 78.9세, 2010년에는 79.6세, 2020년에는 81.5세, 2030년에는 83.1세에 도달할 것으로 예상된다. 노년부양비(15~64세의 생산가능인구가 부양해야 할 노인인구의 비율)도 급속한 증가를 보이고 있다. 1960년 5.3%, 2000년 10.1%, 2020년 21.7%, 2050년 72.0%로 증가할 것으로 예측된다. 즉 2000년에는 생산인구 10명이 1명의 노인을 부양했으나, 2050년에 이르면 1.4명이 1명의 노인을 부양하게 된다. 이는 머지않아 젊은이 한 명이 노인 한 명을 부양하게 되는 소위 "목말사회"가 도래한다는 것이다.

이와 같이 고령화 속도가 세계에서 가장 빠른 한국사회는 100세 시대, 즉 호모 헌드레드(homo hundred) 시대를 눈 앞에 두고 있다. 가장 많은 사람이 사망하는 연령을 뜻하는 최빈 사망연령이 90대가 되는 시점을 '100세 시대'로 정의하는데, 대략 2020~2025년에는 100세 시대가 도래할 것으로 전망하고 있다.[2] 호모 헌드레드 시대는 인류 조상을 호모 사피엔스로 부르는 것에 비유해 유엔이 2009년 보고서에서 100세 장수가 보편화되는 시대를 지칭해 만든 조어이다. 이 보고서에

---

[1] "통계청, 2006 사회지표." "통계청 2013 사회지표."

[2] 경제·인문사회연구회, KBS 〈생로병사의 비밀〉 제작팀, 『KBS 생로병사의 비밀: 호모 헌드레드』 (서울: 중앙북스, 2013) 참고.

따르면 평균수명이 80세를 넘는 국가가 2000년에는 6개국뿐이었지만 2020년엔 31개국으로 급증할 것으로 예상하며 이를 '호모 헌드레드 시대'로 정의했다.[3]

"20년 후의 미국의 미래를 보려면 플로리다를 가보라. 플로리다의 20년 후의 모습을 보려면 교회를 가보라."[4] 이 말은 20년 이후 미국사회의 고령화 현상을 보려면 지금 은퇴한 고령자들이 많이 모여 사는 플로리다 주에 가보면 실감을 할 수 있고, 더 나아가서 고령자들이 많이 사는 플로리다 주의 20년 후의 모습은 현재 미국교회에서 확인할 수 있다는 것이다. 그 만큼 미국교회의 고령화 현상이 교회 밖보다 심각하다는 뜻이다. 그런데 이 말은 사실 OECD 국가에서 노령화 속도가 가장 빠른 한국 사회에서 존재하는 한국교회의 미래 상황을 잘 묘사하고 있기도 하다. 한국 사회보다 더 빠른 고령화 속도를 보이고 있는 한국교회는 이러한 현상을 심각하게 고려하면서 호모 헌드레드 시대에 노년기의 성인들을 위한 창조적인 신앙교육을 보다 적극적으로 준비하고 다양한 모습으로 실천해 나가야 할 것이다.

일반적으로 호모 헌드레드 시대를 위하여 준비해야 할 사항으로 1) 당당한 노년의 기초인 건강수명과 2) 외롭지 않은 노년의 힘인 관계수명 등이 많이 거론된다. 그러나 이러한 것과 더불어 그리스도인들에게는 무엇보다 신앙과 삶에 있어서 통합을 지향하는 영적수명이 가장 중요하다. 이것은 초월적이며 신앙적 차원이다. 현재 한국교회 내에서는 다양한 형태의 노인교육이 행해지고 있다. 이러한 노인교육들이 긍정

---

3   "호모 헌드레드 시대," 『한경 경제용어사전』, http://terms.naver.com/entry.nhn? docId=2067 434 &cid=2898&categoryId=2898 [2018. 7. 6 접속].

4   Henry Simmons and Jane Wilson, *Soulful Aging: Ministry Through the Stages of Adulthood* (Macon, GA: Smyth & Helwys Pub., 2001), 1.

적인 차원도 많이 가지고 있지만 다음과 같은 문제점들을 많이 노출하고 있다.[5] 첫째, 신앙교육이 노인교육의 핵심으로 다루어지지 못하는 경우가 많다. 특히 교회에서 이루어지는 노인학교 같은 경우에 단순한 친교와 여흥이나 문화교실의 차원을 넘어서지 못하거나 복지 차원에만 머물러 있는 경우를 많이 볼 수 있다. 노년들을 대상으로 하는 예배, 성경공부, 신앙강좌 등도 이루어지지만 중요도에 있어서 친교, 문화, 복지 프로그램에 미치지 못하는 경우가 많다. 따라서 노년교육에서는 다른 연령을 대상으로 하는 교육과 마찬가지로 노년기 신앙의 특징을 잘 고려하면서, 즉 이들의 눈높이에 맞추어서, "신앙교육"이 가장 핵심이 되도록 노력해야 할 것이다. 물론 친교, 문화, 복지 프로그램들도 노년교육에서 중요하지만, 통전적인 신앙적 관점에서 이들을 잘 수렴하여 교육함으로써 교회교육으로서의 특성을 잃어버리지 않도록 주의해야 할 것이다.

둘째, 노년교육에서 평생교육의 관점이 여전히 많이 부족하다. 현재 지역교회의 노년교육은 평생교육의 커리큘럼에 기초하여 체계적으로 이루어지지 못하고 일회적이며, 단편적으로 이루어지는 경우가 많다. 그리하여 노년들이 지닌 독특한 심리적, 사회적, 영적 차원의 욕구가 제대로 반영되지 못하고, 성인 전체를 대상으로 하는 추상적이고 일반적인 신앙교육이 많이 이루어지고 있다. 따라서 평생교육의 커리큘럼에 기초하여 연속성과 체계성을 갖춘 노년교육이 이루어질 수 있도록 노력해야 할 것이다. 노년기에도 초기, 중기, 후기가 존재하기에 이러한 구분을 잘 반영하는 노년교육이 되어야 할 것이다.

---

5   윤갑수, "고령화 사회에서의 교회 노인교육 활성화 방안," 『기독교교육정보』 25 (2010. 4), 326-
     28.

셋째, 전문적인 교육을 받지 못한 자원들이 노년교육을 담당하게 됨으로써 전문성이 현저하게 떨어지고 있다. 단지 신앙생활의 연륜이 길거나 교회를 오래 다녔다는 이유로, 교사로서의 품성을 제대로 갖추지 못하거나, 혹은 제대로 된 훈련을 받지 못한 사람들이 교사로 봉사하는 경우가 많다. 그러나 교회의 노년교육은 아동부나 청소년부의 교사 이상으로 전문성을 필요로 한다. 특히 위에서 언급한 것처럼 노년기도 초기, 중기, 후기로 구분되며, 같은 연령이라 하더라도 다양한 성격과 인생경험 그리고 신앙적 특성을 가지고 있기에 이에 대한 전문적인 훈련을 받은 교사가 필요하다. 따라서 교회노인교육을 담당할 교사들의 선발 요건을 강화하고, 교사들에 대한 전문적인 교육이 체계적으로 이루어져야 한다. 특히 인격적인 차원이 잘 갖추어질 필요가 있다.

2. 노인교육의 핵심으로서 죽음교육의 필요성

기독교 노인교육이 지닌 이상의 문제와 더불어, 가장 심각한 문제는 노인교육의 핵심인 죽음에 대한 교육이 제대로 실시되지 않고 있다는 것이다. 우리나라는 OECD 국가 중 고령화 속도가 가장 빠르지만 이에 따른 노후준비는 매우 부족하다. 여기에는 경제적, 사회복지적 차원뿐 아니라 심리적, 영적 차원에서 자신의 죽음에 대한 준비까지 포함된다. 죽음준비는 복지의 문제이며, 신앙적 문제의 핵심이므로 반드시 사전에 준비되어야 한다. 보다 구체적으로 오늘날을 살아가는 노인들에게 죽음교육이 필요한 이유는 다음과 같다. 첫째, "죽음의 의료화와 존엄한 죽음에 대한 소망"이다. 고령화와 더불어 찾아오는 것이 바로 노화로 인한 다양한 질병이다. 이로 인하여 노년에 지불하는 의료비는 그동안 지출한 의료비와는 비교가 되지 않을 정도로 높아지고 있다. 질병으로 병원에서 죽음을 맞이하는 사람의 비율도 매우 높아지고 있다. 1990년에는 집에서 임종을 맞이하는 경우가 20%, 병원의 경우 10%였으나, 지금은 80%가 병원에서 임종을 맞이하며 집에서 임종하는 경우는 20% 정도이다.[6] 과거에 자연스럽게 집에서 죽음을 맞이하던 것과는 다르게 의료기관에서 임종을 맞이하는 경우 죽음은 의료화가 된다. 그리하여 "임종상황이 촌각을 다투는 응급상황"이 되어버린다. 의료기관은 고도의 전문화된 기술로 병을 치료하기도 하지만 상업적인 자세로 임종 환자를 비인간화, 비인격화, 고립화하는 문제를 발생시키는 경우가 많다. 병원에서 임종을 맞이하는 사람들은 사랑하는 사람들에 둘러싸여 존엄하고 평화롭게 자신의 인생을 마감하기보다는 무감정한 의료진과 열악한 환경으로 인하여 비인격적인 상황에서 죽어가는 경우가 많다.[7] 가족들도 치료와 임종의 과정에서 충분한 시간을 함께하지 못하고, 치료의 경우도 자신이 주체적으로 결정하지 못하고 의료진에 의하여 결정되는 "죽음의 외주화(外主化)" 현상이 발생한다.[8] 그 결과 자신의 삶을 마지막으로 정리하지도 못하고 외롭고 허망하게 임종을 맞이하게 된다는 것이다.[9]

둘째, 노인들의 "높은 자살률"이다. 노년 죽음교육이 필요한 또 다

---

6 임영호, 『나는 한국에서 죽기 싫다: 살면서 괴로운 나라, 죽을 때 비참한 나라』(서울: 엘도라도, 2014), 43.

7 Anthony Giddens, *Sociology*, 7th ed., 김용학 외 6인 역, 『현대사회학』 제7판 (서울: 을유문화사, 2003), 398.

8 곽혜원, 『존엄한 삶, 존엄한 죽음: 기독교 생사학의 의미와 과제』(서울: 새물결플러스, 2014), 25.

9 독일인 신부로 일본 상지대에서 오랫동안 죽음학과 인간학을 가르쳤던 Alfons Deeken 교수가 일본 학생들을 통하여 부모 자신들이 어디에서 죽기 원하는가?에 대한 설문 과제를 실시했는데 매번 90% 이상의 부모가 집에서 임종을 맞이할 것을 희망 했다고 한다. 그러나 현실은 그 반대로 95%이상이 병원에서 죽음을 맞이한다. EBS <데스> 제작팀, 『EBS 다큐프라임 죽음』(서울: 책담, 2014), 251.

른 이유 중의 하나는 사회적 죽음이 생물학적 죽음을 재촉하는 여러 사회적 상황이다. 다시 말하여 노년기에 경험하는 경제적 어려움, 노화로 인한 질병, 정서적 외로움, 가족과의 관계 단절 등과 같은 것은 오늘날 노년들이 자신의 목숨을 스스로 져버리는 중요한 요인들로 작용한다. 실제로 한국의 65세 이상의 노인빈곤률은 49.6%로 OECD 국가 중 압도적 1위를 차지하고 있는데 65세 이상 노인의 절반 정도가 중간 소득의 50%보다 낮은 소득으로 살아가고 있다. 한국 다음으로 노인빈곤률이 높은 호주와 멕시코는 30% 초반에 불과했다. OECD 국가의 평균 노인빈곤률은 12.6%였고, 네덜란드의 노인빈곤률은 2%, 프랑스는 3.8%였다.[10]

오늘의 노년들은 자녀를 위하여 많은 희생을 하는 과정에서 자신의 노후를 준비하지 못하고 자녀들로부터도 돌봄을 받지 못하고 최소한 인간다운 존엄성을 지키지 못하고 연명하는 경우가 많이 있다. 이로 인하여 노인자살률도 세계 1위다. 한국보건사회연구원 자료에 의하면 2010년의 경우 한국의 65세 이상의 자살률은 10만명 가운데 80.1명으로 OECD 평균(20.9명)보다 4배나 높았다. 이것은 2000년(34.2명)과 비교할 때 10년 만에 무려 2.3배 높아진 수치다. OECD 국가의 경우 노인자살률은 10년 전보다 오히려 줄었다.(22.5명 → 20.9명)[11]

이러한 상황에서 노년 죽음교육은 생명의 존엄성에 대한 성서적 관점을 잘 교육하는 생명교육이 되어야 한다. 자살을 방조하는 이러한 정치, 경제, 문화적 요인에 대한 개혁에 여러 세대들이 노년들과 연대를

---

10 "기대수명 세계 1위 대한민국," 『주간조선』 2460호, 2017. 6. 5.
http://weekly. chosun. com/client/news/viw. asp?nNewsNumb=002460100007&ctcd=C02 [2018. 7. 10 접속].

11 위의 기사.

통하여 참여할 수 있도록 해야 할 것이다. 특히 개신교인 노인들의 자살률이 높다는 사실을 반성하면서, 교회공동체가 노년기에 대한 다양한 돌봄을 실천하고, 기독교 노년교육을 강화해 나갈 필요가 있다.

셋째, "죽음에 대한 축소와 부정현상"이다. 박형국은 생사학에 관한 책에서 오늘날 죽음의 의미가 다음과 같은 3가지 형태로 축소되어 버렸다고 주장한다. 첫째, "삶과의 관계에서의 축소지향이다."[12] 생명은 삶과 죽음의 변증법이라고 할 수 있는데 삶의 가장 중요한 관계에 있는 죽음의 중요성이 축소되고 있다. 삶의 존엄성은 당연시되나 죽음의 존엄성의 경우는 그렇지 못하다는 것이다. 둘째, "죽음의 사실과 의미의 축소지향이다."[13] 오늘의 죽음이해는 지나치게 "근대 과학과 무신론적인 세속철학의 영향"으로 인하여 물질적, 물리적으로 축소되었다. 정신적, 영적 차원의 이해가 너무 축소되어 버렸다. 셋째, "죽음이 임종 중심으로 축소되어 있다."[14] 죽음은 삶과의 연관성 속에서 이해되어야 하나 오직 임종과의 관계에서만 인식되고 있다. 그 결과 생의학과 생명윤리의 영역에서만 다루어지는 경향이 강하다.

이와 연관하여 한 가지 더 지적할 사항은 현대 사회가 다양한 미디어를 통하여 젊음에 대해서는 높은 가치를 부여하고 사람들이 육체적, 정신적, 정서적으로 젊은 상태에 머무르고 싶어 하기에 죽음에 대한 축소와 부정이 일어난다는 사실도 기억해야 할 것이다.[15] 김균진은 이처럼 현대 사회에서 죽음을 배제한 결과 1) 현실에의 집착과 탐닉, 2) 끝

---

12 박형국, 『죽음과 고통, 그리고 생명, 신학적 이해』 (서울: 도서출판 모시는 사람, 2015), 21-22.
13 위의 책, 22.
14 위의 책.
15 이원일, "죽음에 대한 노년기 기독교교육," 『기독교교육정보』 26 (2010. 8), 358.

없는 자기 추구, 3) 삶과 죽음에 대한 무관심, 4) 냉혹하고 비인간적인 사회, 5) 죽음을 잊으려는 잘못된 삶의 태도, 6) 사회의 요구에 대한 순응, 7) 죽음의 배제와 환경 파괴 등의 부정적인 결과가 초래된다고 보았다.[16]

넷째, "왜곡된 혹은 불가지론적인 죽음이해"이다. 최근 대중 매체를 통하여 널리 확산되고 있는 신기계론적 죽음이해(셸리 케이건) 혹은 과학적 입장에서의 물리주의적 죽음이해는 죽음 이후의 삶에 대한 부정 혹은 불가지론적 입장으로 인하여 죽음에 대한 매우 부정적인 믿음을 심어준다. 이와 더불어 비종교인의 증가도 불가지론적인 죽음이해에 크게 기여하는 것으로 추정된다. 한국의 비종교인의 비율이 2005년에는 47%였으나 2015년에는 56%로 증가하였다. 10년 사이 9% (570만 명)가 증가한 것이다.[17] 이러한 상황에서 노년 죽음교육에서는 올바른 성서적, 신학적 죽음이해를 정립하고 하나님 나라에 대한 종말론적 태도를 양육해 나갈 필요가 있다.

다섯째, "죽음의 공동체적, 공적 차원 상실"이다. 죽음은 일차적으로 개개인이 맞이하는 실존적인 차원을 지닌다. 누구도 자신의 죽음을 대신해 줄 수 없다. 그러나 죽음에는 또 다른 사회적, 관계적, 공적 차원이 존재한다. 죽음은 실존적인 차원에서 개인의 죽음이기도 하지만 자신과 함께 살아가면서 다양한 관계를 맺었던 사람들과 창조세계와 새로운 관계를 맺을 수 있는 기회가 되기도 한다. 살아있는 사람들에게 신앙적 유산이나 선한 영향력을 끼치는 것을 통하여, 또한 예를 들어

---

16 김균진, 『죽음과 부활의 신학』 (서울: 새물결플러스, 2015), 90-105.
17 이원규, "비종교인 증가의 '사회적 원인'," 『한국기독공보』 (2017. 7. 29), 13.

장기기증, 공익을 위한 재산 기증, 생태적, 대안적 장례 등을 통하여 다음 세대에 공헌하고 공공의 선에 기여함으로써 죽음이 결코 개인적 차원에만 국한되는 것이 아님을 교육할 필요가 있다.

여섯째, 기독교교육 현장에서 "죽음교육의 부족과 평생교육의 차원의 부족"이다. 지금까지 죽음에 대한 교육은 일반적으로 터부시되는 경우가 많았고 대체로 노년기에만 해당하는 과제로 간주되어 왔다. 그러나 죽음과 삶은 양면의 칼과 같아서 항상 같이 간다. 오는 순서는 있지만 가는 순서는 없다. 이러한 맥락에서 죽음교육은 노년기 이전에 아동기부터 빨리 시작해야 한다. 즉 평생교육의 관점에서 교육이 이루어 질 때 효력을 발휘할 수 있다. 너무 늦게 시작되면 노인들이 이를 회피하여 큰 효과를 거두지 못하는 경우가 많다. 따라서 아동기부터 생명교육으로서의 죽음교육을 다양한 현장에서 이들의 눈높이에 맞게 실시할 필요가 있다.[18]

18 곽혜원, 『존엄한 삶, 존엄한 죽음』, 47.

II. 죽음교육의 의미와 국내외 사례

1. 죽음준비교육의 의미[19]

죽음준비교육(Death Preparation Education)은 "죽음인식운동"에서 기원하는데, 이 운동은 헤르만 파이펠(Herman Feifel)의 책 『죽음의 의미』(1959)에서 처음으로 시작되었다. 그는 죽음에 대한 태도와 연관된 과학적 연구를 시작하였는데 이러한 연구는 다 학제적으로 수행되어야 함을 강조하였다. 카스텐바움(Kastenbaum)은 1970년대 미국에서 시작된 ADEC(Association for Death Education and Counseling)를 죽음교육의 출발로 보기도 한다.[20] 죽음준비교육에 대한 다양한 정의 가운데 몇 가지를 살펴보면 다음과 같다.[21]

서혜경:

"먼저, 삶과 관련해서 죽음준비교육은 삶의 시간이 제한되어 있으므로 주어진 시간을 보다 의미있게 사는 것을 뜻한다. … 다음, 죽음과 관련해서는 죽음은 예고 없이 갑자기 찾아오기 때문에 평소에 죽음을 편안히 받아들일 수 있도록 준비하는 것을 말한다. … 이런 의미에서 죽음준비교육은 생을 위한 교육, 즉 생애준비교육, 삶을 보다 멋지고 건강하고 생기있게 살도록 하는 교육인 동시에 죽음을 준비하는 교

---

19 본 장에서는 "죽음교육"과 "죽음준비교육"이라는 용어를 병행하여 사용한다.
20 이원일, "죽음에 대한 노년기 기독교교육," 358.
21 서혜경, 『노인죽음학 개론』, 121-22.

육"이다.

교육학 백과사전:
죽음준비교육이란 "생을 위한 교육, 즉 생애준비교육, 삶을 보다 멋지고 건강하고 생기있게 살도록 하는 교육인 동시에 죽음을 준비하는 교육"이다.

웨렌:
죽음준비교육이란 "죽음, 죽음의 과정, 사별과 관련된 모든 측면의 교육을 포함하는 것으로 죽음과 관련된 주제에 대한 지식, 태도, 기술이 학습되는 과정"을 뜻한다.

이기숙:
"죽음의 참된 의미를 가르치고 죽음에 대한 바른 태도를 갖게 함으로써 삶을 더욱 건전하게 살아가도록 돕는 교육이다."

강선보:
"죽음과 임종 그리고 삶의 관계에 대한 요인들을 계속적으로 탐구하는 과정이다."

최근에는 죽음준비교육이 삶과 불가분의 관계에 있기에 노년기에만 실시하는 교육이 아니라 아동기부터 청소년, 청년, 중년, 노년에 이르기까지 평생교육의 차원에서 생애주기별로 눈높이에 맞추어서 이루어져야 한다는 사실이 강조되고 있다. 이상의 내용을 종합하여 기독교교육에서의 죽음준비교육을 다음과 같이 정의할 수 있을 것이다.

죽음준비교육이란 종말론적인 하나님 나라를 지향하는 가운데 삶과
죽음의 동반자적 관계를 인식하면서 삶을 더욱 활기차고, 의미있고,
행복하게 살아가기 위하여(telos) 인생의 종말(finis)인 죽음과 관련된
지식, 태도, 기술을 다양한 현장과 방법을 통하여 평생 학습해 나가나
는 생명교육이다.

2. 죽음준비교육의 사례

먼저, 독일의 경우, 죽음준비교육은 기독교적 전통에 기초하여 교
회의 다양한 행사를 통하여 수세기 동안 이어져 오고 있다. 중세 때부
터 이미 독일교회에서는 교인들을 대상으로 매년 여러 차례 죽음에 대
한 설교가 선포되었고 이를 통하여 죽음에 대한 바른 태도를 가지도록
노력해 왔다. 인쇄술의 발명 이후에는 '죽음의 예술'(the Art of Death)
이라는 제목의 서적들이 많이 출판되었다. 여기에서 죽음은 인간이 적
극적으로 학습해야 하는 예술 혹은 기술로 간주되었고, 동시에 예술 속
의 죽음을 중요하게 다루었다. 1970년대 후반부터 죽음에 대한 금기현
상이 확산되어 죽음준비교육이 약화되었으나 그 이후 죽음준비교육의
중요성에 대한 새로운 인식이 확산되면서 평생교육 차원에서의 교육이
이루어지고 있다. 즉, 죽음준비교육을 학교의 커리큘럼에 포함시키고
국공립중등학교에서는 매주 2시간 진행되는 종교교육의 틀 안에서 실
시한다.[22] 종교수업은 14세 이상의 학생들은 스스로 판단하여 이를 선
택할 수 있다. 다음의 표에서 독일 고등학교에서 이루어지는 죽음교육

의 교과내용 실례를 볼 수 있다.

<표 10> 독일 고등학교의 죽음준비교육과정[23]

단계	주제	교과내용
1	인간의 성장과 노화, 죽음	영원한 젊음: 청년과 젊음의 이상화 사회현실 속에 있는 질병과 노화 죽음과 슬픔에 대한 경험 슬픔의 과정 - 슬픔의 현상, 슬픔의 의미 인간과 인간의 의사소통 - 사회적, 육체적 죽음 오늘날의 병원 이상적인 병원과 그 현실
2	죽음	죽음의 해석(1) 죽음의 해석(2) 의학과 죽음 죽음 후의 삶 영원불멸설 퀴블러 로스의 죽음의 단계 부활에 대한 그리스도교적 희망
3	AIDS	AIDS에 대한 의학적 관점 AIDS와 성의 혁명 AIDS 환자와 고독 AIDS의 윤리적 문제 AIDS 환자를 위한 제도적 보살핌
4	자살과 안락사	자살의 문제 안락사의 문제 죽음과 임종에 관련된 기타 문제

22　서혜경, 『노인죽음학 개론』, 145-46.

23　위의 책, 146.

미국의 경우 죽음준비교육이 1963년 미네소타 대학의 로버트 풀튼(Robert Fulton)교수에 의해 처음으로 대학에서 정식과목으로 채택되었다. 70년대에 들어와서 미국전역에 1,100여개의 죽음준비교육 과정이 개설되었다. 이후로 죽음준비교육이 중고등학교, 대학교의 교과과정의 일부로 채택되어 보편화되었다. 미국의 죽음준비교육은 초등학교, 중고등학교, 대학교에서 발달 단계에 맞춘 죽음준비교육, 평생교육으로서 성인의 죽음준비교육, 전문가를 위한 죽음준비교육 등으로 분류할 수 있다.[24]

국내에서는 1970년대 후반부터 죽음준비교육이 시작되었는데, 지금까지 대부분의 경우 정규적 교육과정보다는 대학의 교양과목, 사회복지 관련 학과, 평생교육원에서 실시하는 특별 프로그램 형태로 실시되어 왔다. 종교단체의 경우, 주로 기독교와 불교단체에서 단기간의 비정기적 프로그램으로 실시해 왔다. 그동안 국내에서 이루어진 죽음준비교육은 다음의 표를 통하여 대략적인 경향을 파악할 수 있다.

24 이에 대한 자세한 내용은 다음을 참고할 것. 서혜경, 『노인죽음학 개론』, 148-52.
25 위의 책, 158, *표는 저자가 새로 첨가한 내용이다.

〈표 11〉 우리나라 죽음준비교육 현황[25]

기관	내용

대학 및 대학부설 기관	• 교양과목, 사회복지관련학과, 평생교육원에서 실시
	• 서강대: 1978 '죽음에 관한 강의' 최초 도입
	  1996 '죽음의 심리적 이해' 강좌 개설
	• 덕성여대 사회교육원: 1987 '죽음의 철학' 프로그램 개설, 1999 폐강
	• 광주 대한 노인회: 1991, 서혜경
	• 고려대 최고위교육문화과정: 1996 '삶의 정리와 교육' 강연
	• 수효사회복지대학(연꽃간병인회): 단기 호스피스 자원봉사교육 실시
	• 한림대학교(생사학연구소): 웰다잉 교육센터, 자살예방 전문과정 실시,
	  사이버강좌로 진행 / '생사학 개론' 진행
	• 고려대 평생교육원: 2015- '죽음교육지도자 과정'
	  (한국싸나톨로지협회와 연계과정)*
	• 서울대 기초교양원: 2013년 1학기- '죽음의 과학적 이해'*

종교단체	• 주로 기독교, 불교단체 / 교육과 종교적 교리 동시 전달
	• 기독교: 「평화성결교회」의 '죽음 이후'
	  「기독교가정사역연구소」의 '천국준비교실'
	  「수서문화재단 부설 EPOL(eternal perspective of life) 연구소」의
	  '죽음세미나'*
	• 불교: '수선회', 「정토사관자재회재단」의 '정토마을'
	  「봉은사」의 '웰다잉 체험교실'

사회복지 법인 및 재단	• 「각당복지재단」: '삶과 죽음을 생각하는 회 (1991)'
	  '웰다잉 전문강사 교육과정'
	• 「조계종 사회복지재단」: '웰다잉 전문강사 교육과정'
	• 「시립노원노인종합복지관」: '아름다운 생애 마감을 위한
	  senior 「죽음준비」 (2006)'
	• 「동작노인종합복지관」: 죽음준비교육 프로그램 실시
	• 「아름다운 재단」: '아름다운 이별학교' 프로그램
	• 「서울노인복지센터」: '사(死)는 기쁨'

기타	• 코리아라이프컨설팅(KLC, Korea Life Consulting): 임종체험, 이미지를 활용한 임사체험 • 웰다잉문화연구소: '아름다운 삶, 아름다운 죽음'*
학회	• 한국싸나톨로지협회: '한국 죽음학 인증,' '죽음학 연구자 인증'*

III. 죽음에 대한 여러 이해와 죽음의 과정

1. 죽음에 대한 여러 이해

죽음에 대한 이해 가운데 먼저 "생물학적, 의학적 죽음"이 있다. 이러한 죽음 이해는 호흡과 심장 박동이라는 생명의 두 가지 표징의 중지로 이해되었다. 그리고 후에 1968년 하버드 의과대학 위원회는 뇌의 활동을 죽음과 연관시켜서 이해하였고, 1981년 미국 정부위원회는 사망진단을 위한 법률을 제정하였는데 이에 의하면 "순환기와 호흡기의 회복할 수 없는 중지" 또는 "뇌관을 비롯한 두뇌 전체의 모든 기능의 회복할 수 없는 중지"를 보이면 사망한 것이다.[26] 이에 대하여 최근에는 생물학적 죽음을 "자발적인 대뇌 기능들의 회복할 수 없는 중지"라고 좀 더 좁은 의미로 정의한다. 또한 찰스 제스트로(Charles Zastrow)는 비록 생명은 유지되고 있으나 인간으로서의 기능을 전혀 할 수 없는 상태를 "사회적 죽음"이라고 명한다. 식물인간이 대표적 예라고 할 수 있으며 의학적 법적 죽음이 전제되어야 한다. 그는 또한 "생명체의 기능이 완전히 정지된 상태에서 인간의 생명이 신에게 귀의하는 것"을 "신학적 죽음"이라고 하는데 이 경우에는 철학적 정의로는 생각의 정지이다. 그리고 "의사가 죽음을 판정한 후 이를 기초로 죽음을 법적으로 인정한 경우"를 "법적 죽음"이라고 칭한다. 우리나라의 경우 민법에서 "사람은 생존한 동안 권리와 의무의 주체가 된다(제3조)"고 규정하고 있다.

---

26 Stanley Grenz, *Theology for the Community of God*, 신옥수 역, 『조직신학: 하나님의 공동체를 위한신학』 (서울: 크리스챤 다이제스트, 2003), 814-15.

이에 따르면 자연인 사망은 권리능력의 상실을 가져온다. 따라서 사망은 자연인의 일반적 권리능력이 소멸되는 유일한 원인으로 작용한다.[27]

실존주의 철학자들은 죽음을 실존이 본래성으로 나아가는데 있어서 결정적인 계기가 된다고 주장한다. 마르틴 하이데거(Martin Heidegger)는 자신의 저서 『존재와 시간』에서 인간을 "죽음을 위한 존재" 또는 "죽음을 향하는 존재(Being-toward-death)"라고 칭한다.[28] 그는 현대 사회에서 나타나는 죽음 배제와 망각에 저항하여 죽음을 삶의 한 현상으로 해석하면서 삶은 세계-내-존재(Being-in-the-world)가 속해 있는 존재양식이라고 보았다. 그리하여 죽음을 망각하려고 하는 비본래적 실존태도와 대조적으로 죽음을 현존재의 "하나의 탁월한 가능성"으로 바라본다. 현존재인 인간이 죽음에 대하여 불안을 가지는 것은 "개인의 자의적이고 우연한 '나약한' 기분이 아니라 현존재가 내던져 있는 존재로서 그의 종말을 향해 실존하고 있다는 사실의 개시이다."[29] 즉, 죽음 현상이나 죽음에 대한 불안은 "현존재에게 본래적인 실존을 개시하는 결정적인 계기가 된다."[30] 그러나 비본래적 실존들(das Man)은 죽음을 삶의 끝이라고 간주하고 두려워하거나 망각하면서 살아간다.

2. 죽음의 과정

죽음의 과정을 단계로 구분한 고전적인 연구는 엘리자베스 퀴블

---

27 Charles Zastrow, *Introduction to Social Work and Social Welfare*, 406-11, 서혜경, 『노인죽음학 개론』, 23-24에서 재인용.
28 Martin Heidegger, *Zein und Zeit*, 이기상 역, 『존재와 시간』(서울: 까치, 1998), 336.
29 위의 책.
30 박형국, 『죽음과 고통, 그리고 생명, 신학적 이해』, 63.

러-로스(Elisabeth Kübler-Ross)의 5단계설이다. 그녀는 200명의 말기
환자들과의 면접 과정을 정리하고 분석하여 5단계설을 제안하였다. 죽
음을 앞에 둔 인간의 심리에는 본질적으로 공통된 부분이 존재한다. 그
리하여 아래와 같이 일정한 단계를 거치면서 죽음에 이르기까지 인격
적으로 성숙해져 가는 과정이 있다는 것이 5단계설의 핵심이다.[31]

제1단계: 부정(denial)과 고립의 단계이다(No, not me!). 죽음을 선고
받은 후에 자신이 죽어야 한다는 사실에 대하여 오진으로 여기며 부정
한다. 죽음에 직면하여 스스로 본능적으로 자신을 보호하기 위해 죽어
가는 과정을 받아들이지 않는다. 그리고 이 단계에서 환자는 자신만의
세계에 갇혀서 타인으로부터 고립된다.

제2단계: 분노(anger)의 단계이다(Why me?). 많은 사람 가운데 "왜 하
필 내가 이런 병에 걸렸는가?"라는 생각을 하면서 주로 자신의 주위에
있는 가족, 의사, 간호사 등에게 화를 내고 원망하는 단계이다.

제3단계: 타협(bargaining) 혹은 협상의 단계이다(Yes, me, but...). 조
금만 더 살 수 있다면 … 자기에게 남아 있는 과업을 완수할 때까지만
살 수 있게 해 달라며 의사나 하나님 또는 권위자와 협상하는 단계이
다. "이 단계는 짧지만 환자가 타인에 대하여 가장 개방적이고 협조적
인 시기이며, 이성적인 커뮤니케이션도 가능하다.[32]

---

[31] Elisabeth Kübler-Ross, *On Death and Dying*, 성염 역, 『인간의 죽음』 (서울: 분도출판사, 1979),
      57-177.
[32] Alfons Deeken, *SEITO SHI NO KYOIKU*, 전성곤 역, 『인문학으로서의 죽음교육』 (서울: 인간사
      랑, 2008), 41.

제4단계: 우울(depression)의 단계이다(Yes, me.). 먼저 병으로 인하여 상실하게 된 대상에 대하여 탄식하는 "우울반응" 현상이 일어난다. 그리고 마침내 모든 것이 사라져 버린다는 것을 자각하면서 수용의 단계를 준비하는 "준비우울" 단계로 옮겨가게 된다.[33]

제5단계: 순응 또는 수용(acceptance)의 단계이다(I have a problem, but it's all right. I can). 처음으로 죽음으로 인한 상실이 가져오는 결과를 최소화하고 자신의 삶과 함께 하고자 협력한다. 분노하거나 우울해 하지 않고 자신에게 다가오는 마지막을 관망하면서 죽음을 받아들이는 단계이다. 여전히 공포와 불안은 존재하지만 이전보다는 많이 줄어들고, 희망을 가지고 삶에 대한 어떤 것을 시작할 수 있는 준비를 하게 된다.

퀴블러-로스의 5단계설이 시한부 환자 돌봄에 큰 영향을 끼쳤지만 이에 대한 여러 비판이 제기되었다. 카스텐바움(Kastenbaum)과 같은 학자들은 5단계 이론에 대하여 다음과 같은 3가지 점에서 비판한다.[34] 1) 단계라는 용어의 사용은 부적절하다. 2) 각 질병이 나타내는 독특한 경과과정을 무시하였다. 3) 죽어가는 사람들이 나타내는 정서적 반응에서의 개인차를 무시하였다. 결론적으로 그는 "질병의 진행과정과 개인의 성격특성 혹은 대처양식을 함께 고려할 때 죽어가는 과정동안 나타

---

33 위의 책.
34 장휘숙, 『인간발달: 전생애 발달 심리학』 (서울: 박영사, 2003), 381.

나는 정서적 반응이 잘 이해될 수 있으므로 큐블러-로스가 제안한 다섯 개의 단계는 오히려 다섯 가지 종류의 반응이라고 보아야 타당하다"고 주장한다.[35]

    또한 5단계설과 같이 다섯 단계를 차례로 거치는 사람은 거의 없으며, 이 이론은 시한부 진단을 받은 사람들이 흔히 보이는 공포에 관하여는 언급하지 않고 있으며, 문화적인 맥락도 완전히 간과하고 있다는 비판을 받는다. 특히 문화적 맥락에서 볼 때 모든 문화는 특정한 종교적 신앙에 기초하는데, 이러한 종교는 대부분 내세에 대한 약속과 사후에 어떤 일이 일어나는지에 대하여 설명을 제공한다. 따라서 단순히 순응이나 수용의 차원을 죽음의 마지막 단계로 보는 것은 이러한 종교적 차원을 무시한 것이다.[36]

    이러한 맥락에서 알폰스 데켄(Alfons Deeken)은 퀴블로-로스의 5단계에 더하여 종교적인 차원에서 "기대와 희망(expectation and hope)의 단계"인 제6단계를 제안하기도 한다. 제6단계는 일종의 영적, 혹은 신앙적 단계이다. 그리스도인들처럼 사후의 영생을 믿는 경우에는 수용의 단계에 머물지 않고 천국에서 사랑하는 사람들과 다시 만나게 된다는 기대와 영원한 삶에 대한 소망의 태도를 보인다.[37] 케런 카바노프(Karan Kavanaugh) 같은 경우는 퀴블로-로스의 5단계설을 좀 더 세분하여 1) 충격, 2) 혼란, 3) 폭발직전의 감정, 4) 죄책감, 5) 상실과 외로움, 6) 경감, 7) 재정립 등 7단계의 죽음 단계를 제시하기도 한다.[38]

---

35 위의 책.

36 Jeffrey Arnett, *Human Development: A Cultural Approach*, 2ⁿᵈ ed., 정영숙 외 4인 역, 『인간발달: 문화적 접근』 제2판 (서울: 시그마프레스, 2018), 502-503.

37 Alfons Deeken, 전성곤 역, 『인문학으로서의 죽음교육』, 42.

38 서혜경, 『노인죽음학 개론』, 88-90.

인간의 죽음과정에 대한 이해와 함께 죽음교육에서는 사별 후에 남겨진 자들이 비탄을 겪는 과정도 잘 이해해야 한다. 죽음교육에 참여하는 사람은 곧 자신의 배우자나, 자녀, 형제, 친구 등의 죽음을 먼저 맞이할 수 있기 때문이다. 여기에서는 데켄 자신이 경험한 내용을 기초로 구성한 12단계를 소개한다.[39] 그가 제시한 이러한 비탄의 12단계를 잘 살펴보면 죽음을 맞이하는 단계에서 나타나는 유사한 단계들이 여럿 있음을 알 수 있다. 데켄의 12단계에는 1) 정신적인 타격과 마비상태, 2) 부인, 3) 패닉(panic), 4) 부당함에 대한 분노, 5) 적의와 원망, 6) 죄의식, 7) 공상과 환상, 8) 고독감과 억울함, 9) 정신적 혼란과 무관심, 10) 체념과 수용, 11) 새로운 희망-유머와 웃음의 재발견, 12) 회복의 단계-새로운 아이덴티티의 형성 등이 포함된다.

죽음을 맞이하는 사람이나 사별 후에 남겨진 사람들의 경우, 죽음의 단계 혹은 비탄의 단계를 이처럼 정해진 여러 단계로 일반화하기에는 어려움이 따른다. 그러나 죽음단계 이론은 죽음을 맞이하는 사람들과 사별 후에 남겨진 사람들의 반응과 경험을 기초로 이루어진 것이므로 이러한 다양한 반응이 있을 수 있음을 인지하고, 죽음교육에서 충분히 참고는 할 수 있을 것이다. 그리스도인들을 대상으로 하는 노년죽음교육에서는 신앙적 차원에서 데켄이 제안한 것처럼 "기대와 희망"의 관점에서 죽음의 과정을 바라보고 실제적인 도움을 주기위한 방안들을 개인과 공동체의 차원에서 모색해 나가야 할 것이다.

리처드 스미스(Richard Smith)는 좋은 죽음을 맞이하기 위한 조건을 다음과 같이 제시하는데, 물론 모든 사람이 이러한 조건을 충족하면

---

39 Alfons Deeken, *SI TO DOU MUKIAUKA*, 오진탁 역, 『죽음을 어떻게 맞이할 것인가』 (서울: 궁리, 2002), 32-39.

303

제6장 | 호모 헌드레드 시대의 생명교육으로서의 기독교 노년 죽음교육: Fin-Telos 모델

서 죽음을 맞이하는 것은 불가능하겠지만 기독교노년 죽음교육과 연관하여 유익한 내용이라 생각되어 소개한다.

좋은 죽음을 맞이하기 위한 조건[40]

- 죽음이 다가오고 있다는 것과 무엇을 기대할 수 있는가에 대해 알고 있어야 한다.
- 일어나는 일들을 합리적으로 통제할 수 있어야 한다.
- 존엄성과 개인성을 보장받아야 한다.
- 고통완화와 다른 여러 증상들에 대해 적절한 통제를 할 수 있어야 한다.
- 어디서 죽음을 맞이할 것인가에 대해 선택할 수 있어야 한다.
- 자신의 상태에 대한 정보나 전문가의 의견이 어떤 종류이건 접할 수 있어야 한다.
- 영적인 후원이나 정서적인 후원이 필요할 때 그것에 접근할 수 있어야 한다.
- 어디에 있든(집, 병원 등) 호스피스나 완화의료적인 돌봄(palliative care)에 접근할 수 있어야 한다.
- 내 곁에 누가 있어야 하고 마지막을 누구와 함께 하고 싶은지에 대한 발언권이 있어야 한다.
- 자신이 원하는 바가 존중된 사전의료지시서(혹은 사전 유언장)을 만들 수 있어야 한다.

---

40 서혜경, 『노인죽음학 개론』, 22.

- 마지막 작별 인사를 할 시간을 가져야 한다.
- 이 세상을 떠날 시간이 되었을 때 임종을 맞을 수 있어야 하고 삶을 공연히 연장시키지 않을 수 있어야 한다.

IV. 죽음에 대한 성서적, 신학적 이해

1. 구약에서의 죽음이해

구약에서는 죽음이 삶에 대한 자연스런 종말이면서 동시에 원수라고 하는 양면적 성격을 지닌 모호한 것으로 이해된다. 히브리인들은 삶에 대해서는 아주 강력한 긍정적인 차원을 부여했으나 죽음에 대해서는 한편으로는 노화의 결과로 인한 불가피한 결과이며, 생명과 마찬가지로 하나님으로부터 온다(삼상 3:6)고 믿었다. 따라서 천수를 누리고 죽는 것은 하나님이 의인에게 베푸는 최고의 축복 중의 하나이다. 다른 한편으로 죽음은 악 혹은 "인간이 어떻게 할 수 없는 외부의 힘"으로 인식되었다(삼하 22:6, 시 89:48).

히브리인들은 죽은 후의 상태도 모호한 것으로 보았다. 죽은 자들은 스올(Sheol)로 내려간다. 스올은 중립적인 견지에서 묘사되었으나 일반적으로 부정적인 것, 즉 하나님과 분리되는 것으로 나타난다(시 6:5, 시 115:17, 사 38:101-11). 스올은 "영속적이고 변경할 수 없는 운명"으로 묘사된다. 스올은 "궁극적으로 의인이 아닌 불의한 자들을 위한 장소"이다(시 31: 17, 시 49:13-14).

그러나 구약에서는 죽음과 스올은 하나님의 다스림하에 있기에 최종적인 상태가 아니라고 서술한다. "하나님은 의인들을 스올의 권세로부터 건져내어 자기 앞으로 데려오실 수 있다(시 49:15, 시 86:13, 호 13:14).[41] 구약에서는 스올에 내려가지 않고 육체로 승천한 엘리야의 경우에서 보듯이 "무덤 너머의 궁극적인 구원에 대한 소망을 육체적인 실존과 결코 분리하지 않았다(왕하 2:11, 욥 19:25-27)." 그리하여 포로시대에는 "하나님께서 의인들을 구원하실 것이라는 소망은 부활에 대한 기대로 이어졌다(단 12:2).

2. 신약에서의 죽음이해

신약에서는 하나님의 권능이 나사렛 예수를 죽은 자로부터 부활시키셨다는 구약과는 다른 새로운 관점을 제시한다. 신약에서는 죽음을 예수 그리스도의 부활이라는 관점에서 보았기에 구약의 히브리인들이 가지고 있던 죽음의 모호성이 사라졌다. 그러나 히브리서 저자와 바울은 구약에서 나타나는 죽음에 대한 부정적인 이미지, 즉 인간에게 두려움을 불러일으키고, 사탄의 권세하에 있는 악한 세력으로서의 죽음에 대하여 묘사하였다(히 2:14, 롬 5:12, 롬 6:23, 고전 15:56).[42]

신약성서의 기자들은 죽음에 대한 부정적 모습과 동시에 "하나님은 죽음의 권세보다 크시다"고 고백하며 예수 그리스도의 부활로 사망이

---

[41] Stanley Grenz, 신옥수 역, 『조직신학』, 816.

[42] 위의 책, 816-17.

극복되었음을 선포한다(딤후 1:10). 예수 그리스도를 믿고 그의 말씀을 지키는 자는 이미 죽음에서 생명으로 옮겨졌다(요 5:24, 요 8:51). 그러나 "영원한 생명은 우리의 현재적 소유"이지만 죽음은 여전히 우리에게 최후의 원수이며, 죽음에 대한 최종 승리는 미래에 있다(고전 15:26).[43] 또한 예수의 부활은 죽음 후의 소망으로 인하여 우리들의 죽음에 대하여 더 이상 두려움을 가지지 않도록 "죽음이라는 체험을 상대화시켰다." 죽음은 이제 더 이상 우리를 하나님으로부터 갈라놓지 못한다.[44]

> 신약성서의 좋은 소식은 한 사람이 이미 죽음에 대하여 승리를 거두었다는 주장이다. 언젠가는 이 승리는 완성될 것이고, 죽음 그 자체는 인간사로부터 제거될 것이다. 따라서 죽음은 더 이상 모호하지 않다. 죽음은 죄와 결부된 악한 대적이고, 그렇기 때문에 인류 최대의 원수이다. 그렇지만 이 원수는 원칙적으로 패배당한 적이다. 그 결과 죽음은 하나님의 사랑으로부터 우리를 분리시키기는커녕, 우리가 하나님께서 우리에게 예수 안에서 보여 주신 은혜에 대하여 죽음으로써 증언할 때에 그리스도를 영화롭게 하는 방법이 될 수 있다.[45]

3. 죽음의 신학적 의미

성서에 나타난 이상의 내용에 기초하여 죽음이 지닌 신학적 의미를 다음과 같이 정리할 수 있을 것이다. 첫째, 죽음은 부자연스런 것이다.

---

43 위의 책, 817.
44 위의 책, 818.
45 위의 책.

생물학적 차원에서 죽음이 모든 생물에게 일어난다고 한다면 이것은 지상적 실존에 대한 자연스러운 종말인가에 대한 질문이 먼저 생겨난다. 스텐리 그렌츠(Stanley Grenz)에 의하면 하나님의 종말론적인 목표라는 관점에서 본다면 죽음은 부자연스럽다는 결론을 내릴 수 있다. 죽음은 피조물에 대한 하나님의 목적에 반하는 것이며 새 창조에서는 죽음이 사라질 것이다(계 20:14). "죽음은 하나님께서 정하신 우리 인간의 운명을 거역하는 것이고 하나님의 목적은 우리가 하나님과 함께 공동체를 누리는 것이기 때문에, 궁극적으로 죽음은 부자연스런 것이다." 김균진도 이에 동의하면서 "자연적 죽음은 없고, 상대적으로 자연적인 죽음이 있을 뿐이다"라고 한다.[46]

둘째, 죽음은 공동체의 상실이다. 성경에서의 죽음은 단순한 생물학적 죽음을 넘어서서 죄로 인하여 하나님과, 인간들 사이, 우리와 환경(자연)의 교제가 깨어지는 것이고, 그로 인한 공동체의 상실이다. 죄는 관계와 교제의 상실을 가져온다. 그 결과 하나님과의 공동체, 인간 공동체, 환경(자연)과의 관계와 공동체도 깨어지는 것이다. 죽음이 관계의 상실이라면 "죽음은 급진적인 개인주의를 향한 경향의 화신이자 최종적인 표현이다."[47] 우리는 죽음을 혼자 겪을 수밖에 없는 존재라는 사실이 바로 죽음이 지닌 철저한 개인적 성격을 잘 드러내 준다고 할 수 있다.

셋째, 죽음은 궁극성을 가지고 있지 않다. 죽음은 종말론적 완성에 이를 때까지 우리와 함께 있는 최후의 원수이지만 우리들의 궁극적인

---

46 위의 책, 289.
47 위의 책, 820.

대적은 아니다. 이제 "하나님께서 우리에게 영원한 생명을 주셨기 때문에, 죽음은 공포의 대상으로서의 성격을 상실하였다."[48] 우리 안에 내주하시는 성령으로 인하여 예수 그리스도 안에 있는 하나님의 사랑에 싸여 있기에 우리는 더 이상 두려워하지 않는다.

> 죽음은 그 궁극성을 상실했기 때문에 이제 긍정적인 의미를 지닐 수 있다. 독침이 제거된, 인류의 이 마지막 원수는 이제 회심을 통하여 일어나는 변화를 나타내는 은유역할을 하고, 우리가 과거의 잘못된 삶의 방식을 버리는 것을 나타내는 상징역할을 한다.[49]

그리스도인들은 이런 죽음을 어떻게 극복할 수 있는가? 그리스도인들은 그리스도와 합하여 부활을 경험하게 되는 종말에 죽음을 극복하게 된다. 종말에 하나님은 우리를 죽음에서 일으키셔서 영원한 생명을 허락하신다.

> 우리는 하나님, 인간 상호간, 피조물과의 종말론적 공동체를 누리는 것으로 표현되는 우리의 존재의 목표에 도달할 것이다. "부활"은 이 높은 차원의 실존을 묘사하기 적합한 단어이다. 이 단어는 우리에게 우리가 언젠가는 누리게 될 창조의 목표가 우리의 현재의 실존과 연속성 및 불연속성, 양자를 모두 포함한다는 것을 일깨워준다.[50]

---

48 위의 책, 821.
49 위의 책, 822.
50 위의 책, 827.

V. 죽음교육을 위한 노인이해

1. 노년기의 인간 발달적 특징(1): 신체, 인지, 가족생활

인간의 발달은 긍정적(상승적) 차원의 변화와 부정적(하강적) 차원의 변화를 모두 포함한다. 인간의 발달에는 보통 신체적, 인지적, 심리적, 사회적, 도덕적 발달 등이 포함된다. 하지만 신앙교육에 있어서는 신앙의 발달을 잘 이해해야 하며, 전인적인 신앙발달에는 사실상 신체적, 인지적, 심리적, 사회적, 도덕적 차원의 발달이 깊이 연관되어 있다. 전통적으로 노년기를 전기(young-old, 65-74), 중기(middle-old, 75-84), 후기(old-old, 85세 이상) 등으로 구분해 왔지만 앞에서 본 것처럼 100세 시대의 도래로 인하여 각 10년간을 단위로 이해하는 경향이 강해지고 있다.[51] 인간의 발달 단계는 일반적인 사실을 알려주지만 각 개인의 차이가 아주 많이 존재한다는 사실 또한 반드시 명심해야 한다.

신체변화: 노년기의 신체는 내적, 외적으로 하강적 발달단계, 즉 퇴화의 단계를 겪는다. 외적변화 중 가장 눈에 띄는 외적 변화는 피부, 모발, 치아와 관련된 변화이다. 주름이 많이 생기고, 모발은 백발이 되면서 윤기를 잃고, 치아의 색이 탁해지고 잇몸이 수축되며 골밀도가 감소한다. 내적변화의 차원에서 볼 때 신경, 심장혈관, 호흡, 위장, 면역기관 등이 노화로 인해 쇠퇴하지만 신체가 가지고 있는 예비능력으로 인해 일상생활에서는 적절한 수준을 유지할 수 있다. 감각기관의 변화도 급

---

[51] Donald Capps, *The Decades of Life: A Guide To Human Development* (Louisville: Westminster John Knox Press, 2008).

격하게 나타난다. 노인들은 감각자극에 대해 민첩하게 반응하지 못하고 그들의 환경에서 적절한 정보를 인식해서 받아들이지 못한다. 노년기에 수면장애가 많이 나타나는데 이는 수면 중 일시 호흡정지, 간헐적인 다리 움직임, 심장통 때문에 발생할 수 있는데 약물치료를 받아야 한다.[52]

인지변화: 노년기의 다양한 인지변화 가운데 중요한 두 가지는 일반 지능과 기억력의 감퇴이다. 노년기의 지적 능력에 영향을 미치는 요인은 교육수준, 직업수준, 건강상태, 사망 직전의 지적 능력이 급강하하는 현상 등이다. 심각한 기억력 감퇴는 노인들로 하여금 자신감을 상실하게 할 수도 있다.[53]

노인들은 최근의 일보다 옛날 일을 더 잘 기억하는 경향이 있다. 그 이유는 옛날 일에 대한 강렬한 기억과 좀 더 희미하게 부호화된 최근의 일을 비교하기 때문이다. 옛날 일은 개인적으로 매우 의미 있는 일로서 마음속으로 수천 번 재현해 본 결과 매우 강렬한 기억으로 남아 있을 수 있다. 또한 많은 사람들은 나이가 들면서 점점 지혜로워진다고 믿는다. 고전적 접근법에서는 지혜를 노년기 성격발달의 한 측면으로 보는 반면, 상황적 접근법에서는 지혜를 인지능력으로 본다. 지혜를 지능과 감정의 통합으로 보는 견해도 있고, 동양철학에 뿌리를 둔 접근법에서는 영적 측면을 강조한다.[54]

가족생활: 노년기의 부부관계는 매우 중요하다. 자녀들이 독립해 나가고 친구들도 하나둘씩 세상을 떠남으로써 친밀한 감정을 나눌 수

---

52 정옥분, 『발달심리학: 전생애 인간발달』 (서울: 2005), 631-43.
53 위의 책, 643-45.
54 위의 책, 649-52.

있는 유일한 대상이 배우자로 좁혀진다. 즉, 인생의 반려자로서의 의미가 그 어느 때보다 절실해 진다. 노년기의 부모자녀관계는 어느 한쪽이 원조의 제공자 또는 수혜자라고 단정할 수 없다. 오히려 여러 가지 면에서 상호호혜적인 관계이다. 노부모와 성인자녀의 관계는 의무감에서가 아니라 애정적인 유대감에서 비롯될 때 만족스러운 것이 된다. 또한 손자녀와의 관계는 최근에 강조되고 있다. 조부모는 부모보다 자녀양육 경험이 많으므로 손자녀에게 정서적 안정감을 제공해 줄 수 있고, 손자녀에 대한 직접적인 의무감이나 책임감이 없기 때문에 순수하게 애정적인 관계에서 유대감을 형성할 수 있다.[55] 손자녀들을 대상으로 하는 이러한 격대교육에 대해서는 뒤에서 상술하기로 한다.

형제자매와의 관계는 대부분의 사람들이 살아가면서 가장 오래 지속하는 관계이며, 나이가 들수록 훨씬 더 중요해진다. 형제자매관계에서 자매사이가 접촉이 가장 빈번하고, 가장 친밀한 반면, 형제 사이는 접촉 빈도가 가장 낮다. 남매 간의 관계는 알려 진 바가 별로 없으나, 특히 여자형제들은 가족관계를 유지하는 데 중요한 역할을 한다.[56]

2. 노년기의 인간 발달적 특징(2): 성격, 사회성, 은퇴, 신앙

성격과 사회성 발달: 노년기에는 성격변화가 크게 나타나지 않고 안정성을 보인다. 만족감이 가장 안정적인 특성이며, 외향성, 활기 등의 특성은 완만한 감소를 보였고, 순응성은 오히려 증가한다. 에릭슨은 노

---

[55] 위의 책, 672-73.
[56] 위의 책, 673.

년기 성격의 변화를 통합감 대 절망감으로 설명한다. 노인들은 자신의 삶을 다시 살 수 없다는 무력한 좌절감에 빠지기보다는 자신의 삶에 대한 통합성, 일관성, 그리고 전체성을 느끼려고 노력한다. 이 단계에서 발달하는 미덕은 지혜인데, 그것은 죽음에 직면했을 때 나타나는 인생 그 자체에 대한 박식하고 초연한 관심이다.[57]

다니엘 레빈슨(Daniel Levinson)은 노년기 발달 단계를 두 단계로 구분한다. 첫째, 노년기의 전환기(60~65세)이다. 60대 초반은 중요한 전환점으로서 중년기를 끝내고 노년을 준비하는 시기이다. 갑자기 늙지는 않으나 정신적, 신체적 능력의 변화로 인해 노화와 죽음에 대한 인식이 강화된다. 둘째, 노년기(65세 이상)이다. 이제 노인들은 그들이 더 이상 무대의 중심인물이 아님을 깨닫게 된다. 그들 세대는 더 이상 지배 세대가 아니지만 가정에서는 조부모세대로서 성장한 자녀들에게 여전히 유용한 지혜, 인도, 지원의 원천으로서 도움을 줄 수 있다.[58]

직업과 은퇴: 직업세계로부터의 은퇴는 노년기에 대처해야 할 또 하나의 발달과업이다. 특정 연령에 도달했다는 것 때문에 요구되는 사회적 역할의 변화이자 공적으로 노인으로 인정받는 가시적인 증거이기도 하다. 일반적으로 은퇴는 고용에 의한 유급의 직위에서 물러나 그와 관련된 역할수행을 중단하게 되는 현상을 의미한다. 직업은 개인에게 정체감을 심어 주고, 자신에 대한 가치와 자아존중감을 형성하기 때문에 다분히 자아 실현적 의미를 지닌다. 따라서 일생을 바쳤던 직업으로부터의 이탈은 정체감 및 역할의 상실이나 전환을 초래하고 은퇴에 대

57　위의 책, 659-60.

58　Daniel Levinson, *The Season's of Man's Life*, 김애순 역, 『남자가 겪는 인생의 사계절』(서울: 이화여대출판부, 2003).

한 재사회화와 자아정체감의 재확립 등을 요구하게 된다. 즉, 은퇴는 단순히 직업 상실이라는 차원을 넘어 새로운 신체적, 심리적 적응을 필요로 하는 생애의 일대 사건으로 개인에게 다가온다.[59]

신앙적/영적 발달: 노년기의 신앙발달은 개인적으로 다양한 차이를 보이지만, 제임스 파울러(James Fowler)가 제시하는 규범적인 차원에서 노년기에 성취해 나가야 할 신앙발달적 특징은 제5단계에 속한다. 제5단계는 아주 성숙한 신앙 단계를 지칭하는데 제3단계의 청소년 시기 신앙이 지닌 종합적이고 인습적인 동조적 특성과, 제4단계의 성인초기의 신앙이 지닌 개별적이고 성찰적인 특성을 넘어서서 "결합적 신앙"(conjunctive faith)에 도달한 상태를 뜻한다.[60]

이러한 제5단계의 신앙은 신앙의 내적인 성숙 시기이며, 이분법적 태도를 극복하고, 대화적인 태도(타협 아닌 인정과 포용)를 지니는 것을 뜻한다. 이러한 신앙 단계에 도달한 사람은 자신의 분명한 신앙적 입장(정체성)을 지니지만 다른 전통과 목소리에 대하여 폐쇄적이지 않고, 자신의 내면의 소리를 듣는다. 그리고 자신이 속한 집단에 제한 받지 않고 도덕적으로 헌신할 수 있으며, 상대방의 장점을 쉽게 인정하며 자신에 대해서도 객관적으로 바라볼 수 있는 능력을 지닌 신앙을 뜻한다.

---

59 정옥분, 『발달심리학: 전생애 인간발달』, 652-57.
60 James Flower, *Stages of Faith*, 사미자 역, 『신앙의 발달단계』 (서울: 대한예수교장로회출판사, 1987).

VI. 기독교 노년교육으로서 죽음교육: *Fin-Telos* 모델

앞에서 고찰한 오늘날의 급속한 고령화 현상, 죽음과 관련된 여러 문제들, 죽음교육의 사례와 필요성, 죽음에 대한 다양한 이해, 죽음에 대한 성서적, 신학적 이해, 노년의 발달적 특징 등을 고려하면서 마지막으로 이를 종합하여 노년기 그리스도인들을 대상으로 하는 "*Fin-Telos* 죽음교육 모델"을 제안한다. *Fin-Telos* 모델은 평생교육의 한 부분으로 노년기의 그리스도인들로 하여금 통전적 신앙에 기초하여 누구도 대신해 줄 없는 자신의 생명을 마지막 순간까지 소중하고 풍성하게 이어가고 아름답고 선한 마무리를 통하여 영원한 생명으로 옮겨갈 수 있도록 돕는 삶의 교육이며 생명교육이다. 즉, 이 세상에서의 삶의 끝(*Finis*)을 정리하는 교육이며, 종말론적으로 삶의 완성(*Telos*)을 지향하는 생명교육이다.

1. 교육목표와 원리

노년기 그리스도인들을 대상으로 하는 *Fin-Telos* 죽음교육 모델의 3가지 목표는 다음과 같다. 노년기의 그리스도인들이 통전적 신앙에 기초하여 이 땅에서 종말론적인 자세로 삶을 잘 마무리하고 영원한 생명으로 옮겨 갈 수 있도록, 첫째, 죽음에 대하여 성서적, 신학적 지식을 소유하고, 둘째, 죽음에 대한 종말론적인 태도를 유지하며, 셋째, 은혜 가운데 죽음을 잘 맞이하기 위한 기술(*ars moriendi*)을 구비하는 것이다. 이처럼 올바른 지식, 태도, 기술을 구비하여 생의 마지막 순간까지 하나님 나라의 백성으로 종말론적 삶을 살도록 돕는 것이 기독교 노년 죽음 교육이다.

Fin-Telos 모델은 다음과 같은 원리하에 이루어진다. 첫째, 종말론적 원리이다. 이는 죽음교육이 단순히 피안의 내세만을 바라보고 준비하는 현실 도피적 교육이 아니라, 하나님 나라의 영원한 생명을 소망하는 삶은 오히려 이 땅에서 자아, 타자, 공동체, 역사, 세계 등에 대하여 더욱 책임적인 삶을 살아가게 하는 종말론적 비전과 신앙에 기초한다는 뜻이다. 종말론적 원리에 기초하지 않는 죽음교육은 기독교적 죽음교육이 될 수 없다.

둘째, 통전적 원리이다. 이는 개인적, 실존적 차원과 공동체적, 사회적, 공적 차원, 생태적 차원의 긴장관계에 기초한 통전적 신앙의 원리이다. 죽음교육에서는 통전적 신앙 형성에 초점을 맞추어야 한다. 개인적 차원의 행복만을 지향하는 죽음이 아니라 가족들과, 더 나아가 공동체적, 사회적, 공적, 생태적 차원에서 공공의 선과 공생공존의 상생을 지향하는 삶을 통한 죽음교육이 이루어져야 한다는 것이다. 이와 더불어 *Fin-Telos* 모델은 방법론에서도 개인 vs. 공동체, 발표 vs. 토의, 경험 vs. 연구, 성찰 vs. 대면 등을 모두 아우르는 통전적 차원을 추구한다.[61]

셋째, 평생교육적 원리이다. "인간이라는 것은 모든 생애에 있어서 평생학습자가 되는 것"이라는 말은 인간은 삶과 더불어 죽음을 평생 배워야 한다는 뜻으로 해석할 수 있을 것이다.[62] 죽음은 삶의 다른 한 부분이므로 인간발달과정에 따라서 죽음의 의미를 인식할 수 있는 유아

61　이상의 교수-학습의 8가지 범주에 대하여 다음을 참고할 것. Norma Everist, *Education Ministry in the Congregation* (Minneapolis: Augsburg Pub. House, 1983); Norma Everist, *The Church as Learning Community* (Nashville: Abingdon Press, 2002), 제3장.

62　박경호, 『기독교 평생교육론』 (서울: CLC, 2014), 15.

기부터 노년기까지 지속적으로 평생교육의 관점에서 이루어져야 한다. 이를 위하여 원칙적으로 노년 죽음교육은 아동기에서부터 이어져 온 죽음교육의 연장선상에서 이루어져야 한다.[63]

보다 전문적인 차원에서 평생교육은 1) 통합성: 학교, 사회, 가정교육 등 모든 종류의 교육 통합, 2) 탈정형성: "학습자의 나이, 교육장소, 교육시간, 교육과정, 교육방법, 교수매체, 교육평가" 등의 무 제약성, 3) 학습자의 자발적 참여와 경험의 학습자원, 4) 학습자의 삶의 질 향상 추구 등과 같은 특징을 지닌다.[64] 노년 죽음교육도 평생교육의 이러한 통합성, 탈정형성, 학습자의 자발적 참여와 경험의 학습자원, 학습자의 삶의 질 향상 추구 등의 특징을 공유한다.

넷째, 성육신적 원리이다. 죽음교육은 내용과 방법에 있어서 노인의 발달과 욕구를 잘 고려하는 눈높이 교육이 되어야 한다. 노인의 발달과 욕구를 잘 고려한다는 것은 동시에 노인들 사이에 개인적인 차이가 많이 있음을 고려하는 맞춤형 교육이 되어야 한다는 것이다. 죽음교육에서 고려해야 할 노년기의 욕구는 다음과 같다.[65]

1) 대처능력의 욕구 (coping needs): 일상생활의 곤란을 극복하고 정상적 기능을 유지하기 위한 교육을 받고자 하는 욕구

2) 표현적 욕구 (expressive needs): 활동이나 단체 활동에 참여하는 것 자체를 기본 동기로 갖는 욕구

---

63 인간발달에 따른 죽음이해와 죽음교육에 관하여 다음을 참고할 것. 서혜경, 『노인죽음학 개론』, 34-38; Alfonso Deeken, 『죽음을 어떻게 맞이할 것인가』, 제12장, 제13장.

64 박경호, 『기독교 평생교육론』, 22-23.

65 Robert Havighurst, *Developmental Tasks and Education*, 2nd ed., (New York: Longman, Green, 1972).

3) 공헌적 욕구 (contributive needs): 자신뿐 아니라 남을 위하여 헌신
   하고자하는 욕구

4) 영향력 욕구 (influence needs): 사회 전체 변화의 흐름에 적극적으
   로 영향을 주고자하는 욕구

5) 초월적 욕구 (transcendence needs): 눈앞에 다가온 죽음을 실감하
   면서 인생의 의미를 더욱 깊게 깨닫고 파악하려는 욕구

특히 죽음교육에서는 이 가운데서 초월적 욕구의 중요성을 인식하
고 학습자들이 가지고 있는 다양한 형태의 초월적 욕구들을 고려하여
교육과정을 구성할 필요가 있다.

2. 교육내용/과제

통전적 신앙에 기초한 죽음준비교육 내용에 대해서는 데켄이 제시
한 주제를 비롯하여 다양한 프로그램에 기초하여 필자가 아래와 같이
새롭게 구성하였다.[66] 아래의 주제들 외에도 필요한 경우 다양한 내용
을 추가할 수 있다. 아래의 내용을 중심으로 교육기간을 3개월, 6개월
1년 등 상황에 따라서 정할 수도 있다. 하지만 평생교육의 관점에서 노
년기 전체를 통하여 이러한 내용을 단기, 중기, 장기 노년 교육프로그램
에 직간접적으로 반영하여 체계적이며 지속적으로 또한 반복적으로 교

---

[66] Alfons Deeken, 전성곤 역, 『인문학으로서의 죽음교육』, 36-94. Deeken이 제시하는 죽음교육의
   12가지 주제는 다음과 같다. 1) 죽음에 이르는 과정에 대한 이해, 2) 인간답게 죽는 법, 3) 죽음의
   터부 없애기, 4) 죽음의 공포와 불안에 대한 대응, 5) 생명의 위협: 자살을 방지하기 위하여, 6)
   병명통지와 스피리츄얼 케어(spiritual care), 7) 호스피스(hospice) 운동이란?, 8) 안락사에 대하
   여, 9) 장기이식에 관한 생각, 10) 장례식: 어린이를 참석시키는 것의 의미, 11) 유머교육의 권장,
   12) 사후에 대한 고찰: 철학적, 종교적 입장.

육해야 한다.

〈 핵심 교육내용 〉

- 죽음학: 죽음에 관한 생물학적, 의학적, 사회적, 법적, 공적, 생태적 의미
- 성경적, 신학적, 신앙적 죽음이해: 종말론적 삶과 죽음이해
- 좋은 죽음 모델과 과정 이해: 좋은 죽음을 맞이한 사람들에 대한 사례연구, 인간답게 죽는 법, 좋은 죽음을 맞이하기 위한 조건
- 죽음의 터부, 공포, 불안에 대한 다차원적 대응
- 자의적인 생명 포기: 자살, 안락사(소극적 안락사, 적극적 안락사)란 무엇인가?
- 생명의 연장: 연명의료란?, 사전의료 의향서, 연명의료 계획서[67] 작성하기
- 죽음과 법: 유언장(유산, 연명의료계획 등) 작성과 관련된 법적 절차
- 감사, 용서, 화해: 나 자신, 가족, 타인 사이의 감사, 용서, 화해의 실천
- 신앙적 유산 남기기: 가족들에게 신앙적 가치관, 유언, 임종의 말 남기기
- 버킷리스트: 세상을 떠나기 전 꼭하고 싶은 일들에 관한 목록 작

---

[67] 우리나라의 경우 연명의료 거부는 상황에 따라서 다음과 같이 결정할 수 있다. 1) (본인의) 명시적 의사 (연명의료 계획서 / 구체적 사전의료 지시서 + 담당의사), 2) (본인의) 의사추정 (평소 사전의료 지시서 + 의사 2인 / 가족 2인 + 의사 2인), 3) (본인이 아닌) 대리결정 (가족 전원 + 의사 2인 / 적법한 대리인 + 의사 2인 / 병원 윤리위원회). 유성호, 『나는 매주 시체를 보러 간다: 서울대학교 최고의 '죽음' 강의』 (서울: 21세기북스, 2019), 229-32.

성 및 실천하기

- 호스피스란 무엇인가?
- 죽음과 나의 몸: 장기이식, 시신기증에 대한 이해와 실제
- 정의롭지 못한 죽음에 항거하기: 정의롭지 못한 죽음을 당하는 자들이 생겨나지 않도록, 또한 그러한 죽음을 당한 자들과 연대하고 불의한 죽음을 초래하는 제도, 법, 시스템, 현실에 저항하기
- 사별과 애도: 가족이 본인보다 먼저 죽음을 맞이할 경우, 상실, 비탄, 애도를 통한 회복과정[68]
- 나의 장례: 자신의 개성을 살린 신앙적 장례식 구상(작은 장례식, 생태적 장례문화)
- 죽음준비 기도: 평소 자신의 죽음을 준비하는 기도 훈련
- 영원한 생명: 부활에 대한 성서적 신학적 이해와 종말론적 부활 신앙의 양육
- 죽음과 부활의 징표인 성례전: 세례와 성만찬을 통하여 그리스도 안에서의 죽음과 부활에 대한 확고한 믿음 양육
- 봉사활동: 죽음과 생명의 주제와 관련된 복지시설, 병원, 호스피스 시설 등에서의 섬김을 통하여 죽음의 현실을 체험하고 부활의 신앙을 전하고 새롭게 하기

이상의 범주에 기초하여 앞에서 다룬 성서적, 신학적 죽음이해가

---

[68] "예일보고서"에 의하면 고인이 세상을 떠나고 넉 달째 그리움의 정서가 최고조에 도달하며 이어서 분노가 찾아온다. 사후 6개월 무렵에는 우울증이 심해지고, 대체적으로 6개월이 넘어가면서 유가족은 죽음을 수용하기 시작하면서 이전의 증상들이 상당부분 사라진다. 사별 후 6개월 동안 느끼는 충격이 가장 크기는 하지만 애도 과정 전체는 대체로 2년이 소요된다고 한다. 유가족이 새로운 일상으로 복귀했다고 느끼기까지 그 두 배의 시간이 소요되기도 한다. Rob Moll, *The Art of Dying.* 이지혜 역, 『죽음을 배우다』(서울: IVP, 2014), 185.

교육내용에서 가장 핵심을 이루어야 할 것이며, 이에 더하여 다 학제적 입장에서 죽음에 대한 다양한 내용을 지식, 태도, 기술 등의 범주로 나누어서 비판적으로 활용할 필요가 있다. 한 가지 더 기억할 사실은 이상의 교육내용과 더불어 죽음교육을 시작하기 전에 학습자들로부터 이들이 다루기를 원하는 내용들을 미리 파악하여 교육과정에 반영할 필요가 있으며, 전체 교육과정을 마친 후에는 평가과정이 반드시 진행되어야 한다.

3. 교육현장과 교사-학습자

Fin-Telos 모델은 일차적으로 교회에서 실시되는 죽음교육이지만 가정, 지역사회, 시민사회 등과의 연계를 통하여 이루어진다. 가정은 죽음교육을 위한 평생학습의 장이다. 가정에서는 가족들과의 친밀한 관계를 통하여 기독교적 삶에 대한 교육과 더불어 죽음교육이 동시에 지속적으로 이루어져야 한다. 매일 드리는 가정예배에서 뿐 아니라 가족과 친척들의 장례식과 추도행사 등을 통하여 고인을 추모하고 성경적인 죽음과 부활의 올바른 의미와 영원한 생명에 대한 소망과 확신을 소유할 수 있는 기회를 제공해야 한다. 교회는 이를 위한 다양한 자원들을 마련하여 제공해 줄 필요가 있다. 노년기의 그리스도인들은 가정에서 평소에 삶 가운데서 통전적 신앙을 통하여 진실한 그리스도인의 모습을 자녀와 손자녀들에게 보여주고 좋은 죽음의 모델이 되어야 한다. 이런 의미에서 이들은 죽음교육에서 삶과 죽음에 대하여 배우는 학습자이지만 동시에 가정에서는 이를 가르치는 교사와 모델의 역할도 담당한다.

교회에서 이루어지는 죽음교육에서는 일차적으로 목회자가 교사의 역할을 담당한다. 주제의 비중을 고려하여 중년 이상의 연령으로, 인생의 경험과 성숙한 인격을 갖춘 목회자 혹은 평신도가 교사를 담당한다. 그 가운데 성도들의 죽음을 많이 보아온 담임목회자가 주도하여 교육하는 것이 매우 효과적이다. 모든 교사들은 죽음교육에 대한 교육과정을 이수하고 다양한 관련 내용을 미리 잘 숙지하여야 한다. 그러나 죽음교육의 특성상 함께 참여하는 학습자들과 교사는 서로가 서로에게 배우는 상호 배움의 공동체를 형성해 나가야 한다. 이를 위하여 수업이나 세미나의 경우 15-20명 이내로 인원을 제한하여 소그룹의 나눔이 가능하도록 한다. 참여 인원이 20명 이상인 경우는 전체를 대상으로 하는 강의와 세미나 형식으로 진행하되 활동 및 토의는 10-15명 정도의 소그룹으로 나누어서 실시할 필요가 있다.

교회에서의 죽음교육은 지역사회의 다양한 공공기관, 복지기관, 시민사회단체 등과 밀접하게 연계하여 죽음교육과 관련된 교육을 받을 수도 있다. 특히 이러한 기관 또는 단체들과의 연계를 통하여 죽음의 의미를 개인적이고 실존적인 차원을 넘어서 사회적, 공적 차원으로 확대해 나갈 수 있는 시각을 제공해 줄 필요가 있다. 특히, 시민사회와의 연계를 통하여 죽음을 공동선과 관련하여 이해하고 실천할 수 있도록 해 주는 것도 통전적 신앙양육의 관점에서 매우 중요한 과제이다.

4. 교육방법

Fin-Telos 모델은 죽음교육의 주제에 따라서 학습자들이 죽음에 대한 올바른 지식, 태도, 기술을 구비하도록 다음과 같은 다양한 교수-학

습 방법을 활용한다. 강의, 토론, 세미나, 독서, 기도, 성경공부, 역할극, 예전/예식, 예술 활동, 영화를 활용한 토의, 영상제작, 현장봉사, 현장탐방, 개인적 성찰, 팀 프로젝트, 플립드 러닝(flipped learning, 혹은 역전학습), 소그룹 활동, 자서전 쓰기, 일기쓰기 등을 실례로 들 수 있다.

죽음교육의 특성상 개인적인 성찰과 결단을 격려하는 방법들을 많이 사용할 필요가 있으나, 동시에 종말론적 하나님 나라에 대한 소망을 공유한 공동체의식을 강화할 수 있는 방법들도 균형 있게 사용해야 한다. 주제별 교육에 있어서 위에 열거한 여러 방법 중 한 가지를 활용할 수도 있고 여러 가지를 혼합하여 사용할 수도 있다.

정보전달: 강의법, 세미나, 플립드 러닝 등

죽음교육의 다양한 주제 가운데 다 학제적 차원의 정보전달을 필요로 하는 것(죽음에 대한 다차원적 혹은 학제적 이해, 죽음의 과정에 대한 이해, 죽음과 법 등)에 대하여 강의법과 세미나를 개별적으로 혹은 두 가지를 결합한 형태로 사용할 수 있다. 그러나 플립드 러닝과 같은 방법을 사용하면 학습자들이 교육주제를 사전에 스스로 학습할 수 있으므로 일방적인 전달위주의 방법에서 벗어나서 보다 능동적인 참여를 통한 이해를 가능하게 해 준다. 강의법, 세미나, 플립드 러닝을 혼용하여 정보전달에 사용할 수도 있다.

개인적 성찰: 자서전 쓰기, 일기쓰기, 개인기도, 유서작성 등

죽음교육에서 가장 중요한 부분은 학습자들이 교육내용을 개인적으로 성찰하고 내면화하여 실천으로 옮기도록 도와주는 것이다. 이러한 맥락에서 자서전 쓰기, 일기쓰기, 개인기도, 유서작성 등의 방법은

죽음이 지닌 실존적이며 개인적 차원을 잘 고려한 교육방법이다. 이러한 것은 일방적 전달이나 일회적인 정보전달이 아니라, 학습자들로 하여금 개인적으로 일상의 삶 가운데서 충분한 시간을 가지면서 깊이 있는 성찰을 하도록 돕는 방법들이다.

소그룹 활동: 팀 프로젝트, 그룹 토론, 중보기도 등

죽음교육에는 집단적인 정보전달과 개인적 성찰의 방법과 더불어 소그룹의 공동체에 초점을 맞춘 교육방법들이 반드시 포함되어야 한다. 소그룹은 공동체의 분위기를 통하여 죽음 자체는 실존적이고 개인적 사건이지만 이를 향해서 가는 과정은 공동체적일 수 있다는 것을 상징적으로 보여줄 수 있다. 소그룹의 구성원들과 함께 그룹토론을 통하여 개방적인 자세로 서로의 견해를 수용하고, 연구·조사 프로젝트를 수행하면서 이러한 공동체적인 연대의식을 길러줄 수 있다. 더 나아가 소그룹의 친밀한 상황은 학습자들로 하여금 자신들이 가진 내면적인 상처, 문제, 고민, 소망, 확신 등을 깊이 나눌 수 있는 환경을 제공한다. 특히 서로를 향한 간절하고 뜨거운 중보기도는 죽음의 불안과 두려움을 떨쳐 버리고 영원한 소망을 향해 나가는 여정에서 가장 중요한 통로 중의 하나이다.

예전: 예배, 성례전, 통과의례

예배는 죽음과 영생에 대한 올바른 종말론적 시각을 내면화할 수 있도록 해 주는 핵심적인 통로 가운데 하나이다. 주일 예배를 비롯하여 다양한 예배는 죽음, 부활, 영생 등과 관련된 주제를 기도, 찬양, 설교, 신앙고백 등을 통하여 직간접적으로 고백하고 증언하는 장소이다. 세

례와 성만찬은 죽음교육에서 가장 중요한 주제인 예수 그리스도 안에서의 죽음과 부활에 대한 믿음을 양육하는 핵심적인 통로이다. 따라서 지역교회에서는 죽음교육에 참여하는 사람들이 정기적으로 성만찬에 참여할 수 있도록 적어도 한 달에 1회 이상 성만찬을 거행할 필요가 있다. 통과의례의 경우 장례가 가장 중요한 죽음교육의 통로가 될 수 있을 것이다. 학습자들은 입관, 발인, 하관 등 장례의 과정에 참여하면서 성경말씀에 비추어 인생의 유한성을 인식하고 동시에 부활에 대한 소망을 새롭게 하는 계기로 삼을 수 있다.

멀티미디어 활용: 영화, 다큐, 영상 감상 및 제작

여러 종류의 멀티미디어를 통하여 죽음교육 관련주제와 내용을 공부하며 또한 제작과정을 통하여 내면화하고 심화하는 방법들이다. 죽음교육 주제와 관련된 영화, 다큐, 영상 등을 시청하는 과정을 통하여 학습자들은 간접적 경험을 하게 되고, 강의에서는 제공하기 힘든 생생한 현장감을 느낄 수 있다. 더 나아가 사랑하는 가족에게 남기는 신앙적 유언이나 가족의 이야기와 역사 등을 영상으로 제작하여 남기는 과정도 매우 의미 있는 죽음교육이 될 수 있다. 이러한 영상을 장례식이나 추모예배 때 활용할 수도 있다.

예술: 예술작품 감상 및 창작

멀티미디어와 마찬가지로 죽음교육과 관련된 예술작품들을 감상하고, 더 나아가 창작하는 과정을 통하여 보다 더 창조적인 교육이 이루어질 수 있다. 예술작품을 활용하는 죽음교육은 인지적인 차원을 넘어서서 예술적 상상력을 통하여 죽음에 대하여 더욱 깊이 있고 풍부한 이

해를 가능하게 해 준다. 또한 예술 작품을 만들어서 가족들이나 사랑하는 사람들에게 선물과 유산으로 남겨주는 것도 죽음교육의 한 가지 방법이다.

현장교육: 봉사, 현장탐방, 사회적 디아코니아

죽음교육은 교실 현장 혹은 교회 현장에서 이루어지는 인지적 차원이나 정서적 차원의 교육에만 국한되어선 안될 것이다. 죽음과 연관된 호스피스 시설, 병원, 복지시설 등에서의 봉사 혹은 탐방을 통하여 죽음에 대하여 깊이 성찰하고 봉사를 통하여 타인의 죽음 과정에 간접적으로 참여하는 프락시스적인 교육이 이루어지도록 해야 할 것이다. 특히, 정의롭지 못한 죽음을 당하는 사람들과 그 유족들과 연대하여 이들을 위로하고 무너진 정의를 세우기 위한 사회적 디아코니아의 실천에 함께 참여하는 것도 매우 중요한 죽음교육이다.

이상의 교육방법들을 사용함에 있어서 온라인과 오프라인을 잘 혼용하여 교육할 필요가 있다. 온라인의 경우 시간제한상 다 다루지 못하는 내용들을 영상강의, 다큐멘터리, 영화, 동영상 등을 제공할 필요가 있다. 그리고 SNS를 활용하여 온라인상에서 교사와 학습자 그리고 학습자들이 서로 상호소통하고 연대할 수 있는 공간을 제공해 줄 필요가 있다.

참고로, 죽음교육의 방법은 이상의 분류와는 다르게, 그 형태에 따라서 1) 교사주도형, 2) 학습자 참여형, 3) 수여형 등 3가지 범주로 구분할 수도 있다.[69] 이 가운데 여러 교수-학습 현장과 학습자의 상이한 상황에 적합한 방법론을 활용하되 전체 교육과정에서는 3가지 범주가 균형을 이루어 나가도록 노력해야 할 것이다.

나가는 말

몇 해 전 가족들과 오랫동안 계획했던 성지 답사여행을 다녀왔다. 이스라엘에서의 일정을 마치고 요르단 국경을 넘어갈 때였다. 까다로운 출국수속, 입출국 수수료, 비자, 각자의 수하물 등을 걱정하면서 긴장하다 보니 어느덧 우리도 모르게 두 나라의 국경인 "요단강"을 넘어가 있었다. "요단강 건너가 만나리!" 장례예배에서 자주 불렀던 찬송가 가사가 갑자기 생각났다. 그러면서 순간 준비 없이 갑자기 다가온 죽음을 맞이하는 우리 인생의 모습이 떠올랐다.

죽음교육은 아직도 우리사회에서는 터부시되는 교육이다. 특히 죽음을 앞에 둔 노년기의 그리스도인들도 여전히 낯설어하고 어려워한다. 그러나 세계적인 추세로 볼 때 죽음교육은 점차 평생교육의 주요한 과제로 인식되고 있음을 알 수 있다. 역사적으로 고대에는 죽음교육이 죽음 이후의 심판과 이를 대비하는 교육에 초점이 맞추어져 있었고, 중세에는 주로 임종하는 사람들을 대상으로 하는 죽음교육이었다. 그러나 20세기 들어와서 죽음교육은 이를 넘어서서 건강하게 살아 있는 자들이 죽음에 잘 대처하기 위한 성인교육 또는 평생교육의 차원에서 시

---

69 안미영, "노인교육을 위한 노인통합교육과정의 재개념화," 『기독교교육정보』 11 (2005. 8), 145-69.

행되고 있다. 즉, 죽음교육의 내용과 대상이 젊어지고 있다는 것이다.[70]

본 장에서는 이러한 세계적 흐름과 맥을 같이하면서, 또한 오늘의 한국사회에서의 죽음의 질이 현저하게 낮다는 사실과 동시에 기독교 노년교육에 죽음교육이 결여되어 있음을 인식하면서 *Fin-Telos* 모델의 노년 죽음교육을 제안하였다. 통전적 신앙 형성의 통로로서 *Fin-Telos* 모델은 죽음교육이 결코 삶의 종말만을 다루는 교육이 아니라 좋은 삶을 위한 생명교육이며, 동시에 개인적-실존적 차원의 죽음이해와 사회적-공적 차원의 죽음이해가 통합되어야 함을 강조한다. 죽음교육이 아직 보편화되고 있지 못한 한국교회의 상황에서 *Fin-Telos* 모델이 노년들의 통전적 신앙 형성에 기여할 수 있기를 소망한다.

> "죽음이 우리 삶의 방식을 결정할 수밖에 없는 까닭은
> 좋은 인생을 정의하는 요소가
> 좋은 죽음을 구성하는 요소와 동일하기 때문이다."[71]

---

70 이원일, "죽음에 대한 노년기 기독교교육," 357-58.
71 Rob Moll, 이지혜 역, 『죽음을 배우다』, 244.

제7장

개인의 신앙성숙과 공공성을 아우르는
온전한 기독교교육의 모색

들어가는 말

지금까지 이 책의 제2장에서 제6장에 걸쳐서 아동, 청소년, 청년(신생성인), 중년, 노년 등 각 연령을 대상으로 하는 통전적 기독교교육을 인간발달 이해의 최근 경향과의 연관성 속에서 제안하였다. 이러한 생애주기별 교육을 기초로 본 장에서는 개인의 신앙성숙과 공공성의 통합이라는 관점에서 전 세대를 포괄하는 온전한 기독교교육의 과제를 제안하고자 한다.

개인의 신앙성숙과 더불어 공공성에 대한 관심은 근대 이후 기독교교육의 역사에 있어서 중요한 두 흐름을 형성하였다. 양자 가운데 어디에 강조점을 두느냐에 따라서 기독교교육의 방향은 경건주의와 복음주의 신학에 기초한 개인 신앙양육 중심의 교육과, 자유주의, 해방신학, 정치신학, 여성신학 등 상황신학에 근거한 시민직과 사회개혁을 지향하는 교육으로 양분되는 양상을 보여 왔다. 양자 사이의 화해를 시도하는 노력들이 지금까지 계속 진행되어 왔지만 갈등과 긴장은 여전히 존재한다고 할 수 있다. 한국의 기독교교육 역사에서도 큰 틀에서 보았을 때 이와 유사한 경향을 볼 수 있다. 그런데 우리의 경우 70, 80년대 이후 전자에 해당하는 개인 신앙양육에 강조점을 두는 기독교교육이 전반적인 흐름을 주도해 왔고, 후자에 해당하는 사회 개혁적 흐름은 소수의 제한된 교회와 그리스도인들에 머물렀다. 그 결과 한국교회의 신앙 형성에 있어서 양자는 조화를 이루지 못하고 서로 분리되고 이분화되는 경향을 많이 보이게 되었다. 최근에는 그동안 강조되어 왔던 개인 신앙양육의 차원도 예전보다 약화되는 모습을 보이고 있는 실정이다. 따라서 오늘의 한국교회가 겪고 있는 위기의 근본적인 원인을 기독교교육적 관점에서 본다면 양자의 약화 혹은 양자가 조화된 온전한 신앙 양육의 실패에서 찾을 수 있다고 할 수 있다.

이러한 맥락에서 본 장에서는 공공신학과의 대화를 통하여 개인의 신앙성숙과 공공성 혹은 공적신앙을 아우르는 온전한 기독교교육을 모색해 나가려고 한다.[1] 먼저 본 장에서는 지금까지 한국 기독교교육에 있어서 개인 신앙성숙과 공공성의 분리로 인하여 야기된 여러 문제들이 무엇인가에 대한 응답을 시도하고, 1) 자유주의 신학, 2) 신정통주의 (혹은 신종교개혁) 신학, 3) 해방신학, 4) 복음주의 신학 등 4가지의 교육 신학적 흐름에 기초하여 한국 교회에서 이루어져 온 신앙교육을 분석하고 평가한다. 이어서 신앙과 신앙성숙에 대한 성서적, 신학적 이해와 공공성에 대한 기독교적 접근으로써 공공신학과 공적신앙에 대한 이해를 시도한다. 그리고 이상의 내용에 기초하여 개인적 신앙성숙과 공공성을 아우르는 온전한 기독교교육의 과제를 1) 하나님 나라 백성의 신앙정체성 형성, 2) 하나님 나라의 복음 선포를 위한 소명의식 형성과 은사개발, 3) 삼위일체적 공동체 형성, 4) 예언자적 변혁, 5) 지혜문학적 소통, 6) 변모적 찬미 등 6가지로 나누어서 제안한다.

---

1   신학의 온전성을 추구하는 온신학에 대하여 다음을 참고할 것. 김명용, 『온신학』 (서울: 장로회신학대학교, 2015); 김명용, 『온신학의 세계』 (서울: 장로회신학대학교, 2016).

Ⅰ. 한국 기독교교육에 있어서 개인 신앙성숙과 공공성

한국교회에 속한 그리스도인들의 신앙을 개인의 신앙성숙과 공공성이라는 차원에서 바라볼 때 어떠한 문제점을 발견할 수 있는지를 먼저 살펴본다. 그리고 한국교회와 그리스도인들의 신앙교육에 영향을 끼친 교육신학을 1) 자유주의 교육신학, 2) 신정통주의(신종교개혁) 교육신학, 3) 해방신학적 교육신학, 4) 복음주의적 교육신학 등 4가지로 구분하여 고찰한다.

1. 개인의 신앙성숙과 공공성의 분리로 인한 문제들

먼저 개인의 신앙성숙과 공공성의 분리를 야기하는 왜곡된 신앙이해에는 어떠한 것이 있는지 살펴보기로 한다. 첫째는 개인주의적 신앙이해이다. 신앙이해에 있어서 하나님과의 수직적 차원의 친밀한 관계는 소중히 여기는 반면 수평적인 차원에서 타인과 자연 등과의 관계를 도외시하는 경우이다. 여기에서는 신앙이 지닌 지·정·의 차원을 모두 개인적인 면에서 자신의 개인적 관심, 표현, 이해에만 초점을 맞춘다. 한국사회에서 여러 형태의 개인주의가 강해지면서 신앙적 차원에도 큰 영향을 끼치고 있다. 개인의 존엄성, 개성, 인권 등을 존중하는 것은 당연히 필요하지만, 개인주의에 빠지게 되면 심각한 문제들이 생겨난다.

둘째, 사사화된 신앙이해이다. 사사화된 신앙이란 우리가 존재하는 사회의 공공선을 위한 결정이 이루어지는 영역에 대하여 관심을 가지지 않는 것을 뜻한다. 신앙의 영역을 개인과 교회 내적으로, 또한 내세적 영역으로 한정하고 공생과 공존을 지향하는 공공의 이슈, 결정, 그리고 가치 등에 관심을 가지지 못하는 경향을 지칭한다. 개인주의와 마찬가지로 좁은 의미의 제자직에는 관심을 가지나 시민직에 대한 관심은 결여된 신앙이해이다. 사회와 공적 차원의 실천에 대한 무관심이 심각한 문제로 나타난다.

셋째, 기복주의적 신앙이해이다. 개인의 신앙성숙과 공공성의 차원이 균형을 이루지 못할 때 흔히 나타나는 것이 기복주의적 신앙이다. 기복주의적 신앙은 개인적 차원의 물질적, 현세적 성공과 축복을 지향하는 신앙인데 공동체적 차원에 대해서는 큰 관심을 보이지 않는 왜곡된 신앙이다. 개인적 경건에는 관심을 가지지만 이는 물질적, 현세적 성공을 위한 조건적인 차원에 머무르고 사회적, 공적, 생태적 차원에 대해서는 관심을 가지지 않는다.

넷째, 이단, 사이비적 신앙이해이다. 한국 사회에서 지속적으로 부정적인 영향을 끼치고 있는 이단, 사이비 신앙도 개인의 신앙성숙과 공공성의 차원의 불균형이라는 차원에서 평가할 수도 있다. 이단, 사이비적 신앙에서는 성서적 신앙과는 동떨어진 왜곡된 개인 신앙과 반사회적 윤리(흔히 말세론적, 반사회적 종말론)와 비합리성 등이 서로 밀접하게 결합되어 있는 모습을 흔히 볼 수 있다(구원파, 신천지, 통일교 등).

다섯째, 도덕주의적 신앙이해이다. 개인의 신앙성숙과 공공성의 차원이 균형을 이루지 못하고 후자만을 강조하게 되면, 신앙은 도덕주의적 형태로 나아갈 수도 있다. 여기에서는 신앙이 지닌 실존적, 초월적, 종말론적 차원 등을 고려하지 못하고, 신앙을 전적으로 행동과 동일시하는 행동주의에 빠질 수 있다. 기독교 윤리를 하나님의 은혜에 대한 응답의 차원이 아닌 율법의 차원으로 오해하는 경우이다.

여섯째, 말세론적 혹은 내세 지향적 신앙이해이다. 하나님 나라와 구원이해에 있어서 "이미"와 "아직 아님"이라는 종말론적 긴장이 결여된 신앙이해를 뜻한다. 신앙에 의한 구원이 지닌 개인적 차원에만 집중한 결과 사회와 세계에 대한 책임성과 변혁의지가 결여되고 내세 지향적이 되는 왜곡된 신앙이해이다. 이단, 사이비적 신앙이해에서 많이 나타나는 형태이다.

2. 기독교교육신학과 한국 교회 및 그리스도인들의 신앙교육

한국 기독교교육에 있어서 신앙교육(개인적 신앙성숙차원과 공공성 차원)은 거시적으로 보았을 때 1) 자유주의적 교육신학, 2) 신정통주의 혹은 신종교개혁 교육신학, 3) 해방신학적 교육신학, 4) 복음주의적 교육신학 등 네 가지의 교육 신학적 흐름과 연관하여 구분해 볼 수 있을 것이다. 첫째, 자유주의 교육신학에 기초한 신앙교육이다. 한국교회의 교육이 자유주의 신학과 어떤 관련이 있는가? 라는 질문에 답하는 것은 쉬운 일이 아니다. 그 이유는 한국교회는 선교 초기부터 대체적으로 보수적 개신교파들 출신의 선교사들에 의한 선교가 이루어졌고 교육도 그러한 방향으로 이루어져 왔기 때문이다. 그러나 자유주의 교육신학은 부분적이지만 한국교회의 교회교육에 영향을 끼쳤다. 자유주의 교육신학은 주지하다시피 하나님의 초월성보다는 내재성을 강조하고, 인간의 자율성과 선한 가능성, 아동, 청소년에 대한 발달적 이해, 종교적 경험으로 형성되는 인격에 대한 강조, 낙관적 역사관, 윤리적 차원에 대한 강조, 경험적 차원과 과학적 차원에 대한 강조, 그리스도를 닮은 성숙한 인격에 대한 강조 등을 특징으로 한다. 이러한 경향은 조지 앨버트 코우(George A. Coe), 해리슨 엘리어트(Harrison Elliott), 윌리엄 바우워(William Bower), 소피아 파스(Sophia Fahs) 등과 같은 20세기 초반에 활동했던 미국의 종교교육학자들에게서 잘 볼 수 있다.

한국에서 자유주의 교육신학은 일제강점 시기였던 1927년 기존의 전통적인 "통일공과"와 대조되는 "부별계단공과" 출판에 있어서 이론적 기초 역할을 하였다. "부별계단공과"는 당시 미국의 종교교육협회(Religious Education Association)와 관계를 유지하면서 자유주의적 교육신학을 접한 사람들에 의하여 한국에 소개되었다. 하지만 실제로 현장에서는 과정이 복잡하다는 이유로 널리 사용되지는 못했다. 1940년대와 50년대에는 에큐메니칼 기구인 한국기독교교육협회가 미국의 종교교육협회의 자료를 들여와서 생활경험과 사회생활에 초점을 맞춘 교육과정을 소개하기도 하였다.[2] 그 이후로 한국의 신앙교육 현장에서 자유주의 교육신학은 학습자들의 신앙에 대한 발달적 이해, 신앙의 성숙으로써 인격적 신앙에 대한 강조, 신앙에 대한 학제적 접근을 통한 이해 등에서 간접적인 영향력을 인지할 수 있다.

둘째, 신정통주의 혹은 신종교개혁 교육신학에 기초한 신앙교육이다. 신정통주의(neo-orthodox) 신학 혹은 신종교개혁신학(New-Reformation Theology)은 세계 1, 2차 대전, 세계 대공황, 핵무기, 공산주의의 등장 등으로 인하여 자유주의 신학에서 강조되었던 낙관적 세계관의 붕괴와 더불어 등장하였다. 신정통주의 신학은 1950년대 미국에서 출현한 "기독교교육운동"의 교육신학적 기초를 제공해 주었다. 신정통

---

2   손승희, "한국교회 교육신학의 어제와 오늘," 『신학과 교회』 2 (2014 겨울), 151.

주의 교육신학에서는 성서의 재발견, 계시에 대한 새로운 이해, 교육 목회에 대한 개혁, 교육 공동체로서 교회의 중요성 등이 강조되었다. 기독교교육 운동은 신앙과 실천을 교육함에 있어서 세계와의 관계성 또는 문화적 상황에 따른 기독교 신앙의 재해석을 강조하였던 종교교육 운동과 대조를 이룬다. 즉, 기독교교육 운동은 성서적, 신학적 고유성 또는 지속적인 정체성 유지에 초점을 맞춘 운동으로, 특히 교육에 있어서 교회의 중요성을 강조하였다. 교회는 기독교교육의 중심으로 간주되었으며, 제임스 스마트(James Smart)의 교육사상에서 가장 잘 나타난 것처럼 교육은 교회의(of) 교육 또는 교회를 위한(for) 교육이어야 한다는 사실이 강조되었다. 따라서 교회 혹은 신앙공동체의 신앙 형성 역할이 매우 중시되었다. 또한 "기독교 신앙의 결단으로 이끄는 교육"이 강조되었는데, 신정통주의 혹은 신종교개혁 교육신학은 이에 대한 기초를 제공해 주었다. 쉘턴 스미스(Shelton Smith), 제임스 스마트, 폴 비스(Paul Vieth), 랜돌프 밀러(Randolph Miller), 루이스 쉐릴(Lewis Sherrill), 데이빗 헌터(David Hunter), 캠벨 와이코프(Campbell Wyckoff) 등이 이에 속하는 대표적인 기독교교육학자들이다.[3]

신정통주의 교육신학의 관점에서 기독교교육의 과제는 무엇보다 "교회의 새로운 세대에게 기독교 신앙공동체의 생활과 사명에 대해 소개하는 일"이다. 더 나아가 이들이 그 공동체의 구성원이 되게 하고, 또한 그 신앙공동체의 신앙을 공유하는 신앙결단을 요청하는 것이다.[4] 인간의 곤궁, 실존적 인간이해, 자신을 계시하는 인격적 하나님과 신앙적

---

[3]   Lewis Sherrill, *The Gift of Power,* 김재은 역,『만남의 기독교교육』(서울: 대한기독교출판사, 1981); James Smart, *The Teaching Ministry of The Church,* 장윤철 역,『교회의 교육적 사명』(서울: 대한기독교교육협회, 1990).

[4]   손승희, "한국교회 교육신학의 어제와 오늘," 153.

결단을 통한 만남 등이 교육에서 강조되었다. 그리고 교육내용에 있어서는 성서, 교리, 교회사, 윤리 등이 핵심적인 부분을 구성하였다. 이와 같은 신정통주의 교육신학은 신앙 중심적이고 기독교전통 전달에 강조점을 두는 1950년대 한국교회의 교육과정에 강한 영향을 끼쳤다. 미국 연합장로교회에서는 1948년 "기독교신앙과 삶"이라는 교육과정이 개발되었는데 신정통주의 교육신학에 기초한 교육과정이었다. 이러한 신정통주의 교육신학은 그 이후로도 한국교회 교회교육에 지속적인 영향력을 발휘하였다.

셋째, 해방신학적 교육신학에 기초한 신앙교육이다. 남미 해방신학의 형성에는 1960년대 유럽의 정치신학, 1970년대의 세계교회협의회(WCC)의 에큐메니컬 신학, 특히 하나님의 선교(Missio Dei) 신학 등이 직간접적으로 영향을 끼쳤으며, 유럽의 오랜 식민지배와 경제적 종속으로 인한 남미의 절대적 가난, 정치적 억압, 비인간화 등이 직접적인 요인으로 작용하였다. 해방신학은 기존의 신학과는 구별되는 패러다임을 강조한다.[5] 첫째, 신학적 작업의 장을 인간고통이 존재하는 사회적 상황에 둔다. 둘째, 이러한 신학적 성찰은 위에서부터가 아니라 억눌리고, 가난하고, 소외된 자들 곧 바닥에서부터 이루어진다고 본다. 셋째, 복음을 하나님의 통치에 대한 기쁜 소식으로 인식하고 인간화를 성취하기 위한 투쟁을 신학의 사명으로 삼는다. 넷째, 신학적 작업에 있어서 사변적인 것보다는 비판적 프락시스에 강조점을 둔다.

이러한 해방신학은 1970년대 초부터 독재정권하에 있던 한국에 소개되어 민중신학과 여성신학으로 그 전통을 이어져 오고 있다. 반독

---

[5]   위의 책, 161-62.

재, 민주, 인권운동을 지향하는 민중신학은 성서와 한국의 민중사에서 나타나는 민중의 해방 전통과의 대화를 시도한다. 민중신학에서는 민중을 인류의 구원을 감당할 선택된 백성으로 인식하며 이들을 역사의 주체로 본다. 민중이 지닌 메시아적 사명은 먼저, 민중들이 "하나님 나라의 도래에 대한 유토피아적이고 종말론적인 비전"을 지니고 있으며 동시에 기독교 복음이 지닌 예언자적 정치적 차원을 민중에게서 발견할 수 있다는 것이다.[6]

민중신학자인 문동환에 의하면 민중교육의 목적은 "오늘도 역사 속에서 민중과 더불어 하느님 나라를 이루기 위해 일하시는 하느님을 만남으로써 민중으로 하여금 새 역사 창조대업에 주체가 되도록 협조하는데 있다."[7] 그리고 민중신학에 기초한 기독교교육은 다음과 같은 과제를 수행해야 한다. 첫째, 교육의 대상을 한 맺힌 민중으로 삼는 것이다. 둘째, 민중들의 체험에서 소유하게 된 그들의 인식론적 특권을 존중하는 것이다. 셋째, 민중들의 삶을 비참하게 하는 원인을 규명하는 것이다. 넷째, 민중이 꿈꾸는 새로운 사회에 대한 청사진을 그리는 일이다.[8]

민중신학적 교육신학은 당시 보수적 신앙을 유지하고 있던 대부분의 한국교회 전반에 주도적인 영향을 미치지는 못했지만 한국교회의 현실유지적인 보수적 신앙(정교분리)과 대비되는 비판적, 프락시스적, 변혁적, 예언자적 차원의 신앙 형성에 크게 기여하였다. 1970년대부터 시작된 민중신학 운동은 그 이후로 비록 소수의 목회자, 신학자(KNCC),

---

6   위의 책, 163-64.
7   문동환, 『아리랑고개의 교육』 (서울: 한국신학연구소, 1985), 64.
8   손승희, "한국교회 교육신학의 어제와 오늘," 164.

기독 지식인, 대학생(KSCF를 중심으로 하는 기독학생운동), 운동가들이 주도했으나 불의한 한국사회의 현실 개혁을 위한 예언자적, 비판적, 변혁적 신앙의 양육과 실천에 직간접적으로 다양한 영향력을 발휘하였다. 민중신학적 교육신학은 에큐메니컬 차원에서 1972년에는 4개 교단이 정책협의회를 구성하여 "인간해방과 기독교교육의 과제"라는 주제를 중심으로 이에 기초한 선교와 교육정책을 수립하는데 방향을 제시해 주었다. 또한 보다 구체적으로 지역교회의 차원에서는 남미의 기초공동체와 유사한 민중교회에서 이루어진 신앙교육과 실천의 기본 원리를 제공하였다.

넷째, 복음주의적 교육신학에 기초한 신앙교육이다. 넓은 의미의 복음주의는 "복음을 천명하는 입장이나 운동"을 뜻하며 "그리스도를 믿음으로만 구원을 얻는 이신득의 진리를 믿으며 성경의 권위를 절대시하는 신학"이다.[9] 유럽에서는 가톨릭과 구분하여 루터의 종교개혁 입장을 따르는 개신교를 지칭하며 미국에서는 자유주의 신학과 구별하는 의미에서 사용된다. 메리 보이스(Mary Boys)에 따르면 (미국의 맥락에서) 복음주의는 원래 "부흥운동이 낳은 회심을 확장하고 심화시키는 기관들을 지원하는 '생태'(ecology)를 조성한 19세기 복음전도 활동을 가리키는 포괄적인 용어"이다.[10] 19세기 이래로 복음주의 신학은 다양한 형태로 발전되었고, 복음주의 신학 내에서도 우파, 좌파, 중도파 등 다양한 스펙트럼이 존재한다. 복음주의 신학은 기독교와 신앙의 정체성에

---

9   한춘기, 『기독교 교육신학』 I (서울: 한국기독교교육학회, 2005), 45.

10 Mary C. Boys, *Educating in Faith*, 유재덕 역, 『현대 종교교육의 지형과 전망』 (서울: 하늘기획, 2006), 51. 복음주의 신학자인 Donald Bloesch는 복음주의의 특징으로 "하나님 말씀의 최고권위," "초월적 하나님," "죄의 근본적 오염," "예수 그리스도의 유일성," "구원의 무상의 선물," "내적 종교" 등을 제시한다. Donald Bloesch, *Essentials of Evangelical Theology*, 이형기 역, 『복음주의신학의 정수』 II (서울: 한국장로교출판사, 1999), 315-46.

대한 차원이 다른 어떠한 신학보다 강력하며 복음전도를 중시하는 선교적 공동체로서의 회중 형성이라는 특징을 나타낸다. 대표적인 복음주의 기독교교육학자로는 프랑크 게벨라인(Frank Gabelein), 로이스 르바(Lois Lebar), 해롤드 메이슨(Harold Mason), 찰스 이비(Charles B. Eavey), 클라랜스 벤슨(Clarence H. Benson) 등을 들 수 있다.

그리스도의 복음 선포와 회심에 대한 강조를 특징으로 하는 복음주의 교육신학은 한국교회의 신앙교육에 가장 오랫동안 강력한 영향력을 끼쳤으며 현재도 그 영향력은 지속되고 있다. 복음주의 교육신학에서 제시하는 교육적 과제는 "그리스도를 통한 하나님의 메시지를 전하는 일"이며 동시에 "자라나는 세대에게 복음을 전승하여 그들이 교회의 대를 잇고 복음을 전파하여 교회를 확장시켜 나가는 과제이다."[11] 이처럼 복음주의 교육신학은 한국교회의 신앙교육에 있어서 복음전도를 통한 회심, 하나님의 말씀 전달, 개인적 경건 실천 등을 통한 신앙 성숙을 강조하였다. 특히 제자훈련, 제자양육 등을 통한 신앙 형성은 복음주의 교육신학에 기초한 교육에서 핵심적인 위치를 차지한다.

II. 신앙과 신앙성숙에 대한 성서적, 신학적 이해

한국 기독교교육에서 나타나는 신앙에 대한 왜곡된 이해를 바로잡기 위해서는 성숙한 신앙에 대한 성서적, 신학적 이해를 필요로 한다.

---

11   손승희, "한국교회 교육신학의 어제와 오늘," 157.

성서적, 신학적 차원에서 볼 때 신앙은 지적, 감성적 차원의 신뢰와 더불어 의지적인 실천의 차원에 이르기까지 그리고 개인적 차원뿐 아니라 사회적, 공적, 초월적 차원까지 폭넓은 의미를 지니고 있다. 성숙한 신앙이 무엇인가를 제대로 이해하기 위해서는 신앙이 지닌 이러한 다차원적이고 포괄적인 관점들을 잘 인식할 필요가 있다.

1. 신앙에 대한 성서적, 신학적 이해

성서적 의미에서 신앙에 대한 이해는 신뢰, 뒤따름, 하나님 나라에 속한 삶, 사랑, 소망 등과 깊이 연관되어 있다. 첫째, 신뢰로서의 신앙이다. 구약에서 신앙은 일차적으로 잠언 14:15, 26:25, 창세기 45:26 등에서 나타나는 것처럼 "어떠한 말씀이나 사람에 대한 인간적인 신뢰"를 지칭한다.[12] 그런데 이러한 신뢰의 자세는 아브라함 전승(창 15:6)과 이사야(7:9, 28:16)에서는 하나님에 대한 태도로 이해된다.[13] 히브리어 가운데 *hemin*이라는 동사는 신앙의 의미를 지닌 대표적인 단어로 "어떤 일이 확실하다고 여기다, 고수하다, 신뢰하다, 약속하는 바를 지키다" 등의 의미를 가지고 있다. 이것은 "하나님에게 자신을 완전히 맡기는 것, 자기 존재를 하나님께 근거시키는 것, 하나님의 약속과 이 약속을 지킬 하나님의 능력을 승인하는 것"을 지칭한다.[14]

---

12 구약에 나타나는 대표적 신앙본문은 이사야 7장의 신앙호소, 창세기 15장의 아브라함의 신앙, 모세 전통에 관한 신앙, 제2이사야(사43:10, 53:1)의 신앙인식, 요나서 3:5에 나타나는 회개의 신앙, 그리고 바울이 롬 1:17, 갈 3:11에서 칭의 사상의 증거로 사용한 하박국 2:4 등을 들 수 있다. 김광식, 『조직신학』 제IV권 (서울: 대한기독교서회, 1997), 53.

13 Gert Theissen, *Zur Bibel Motivieren*, 고원석, 손성현 역, 『성서 어떻게 가르칠 것인가?』 (서울: 동연, 2010), 204.

14 김균진, 『기독교조직신학』 III (서울: 연세대학교출판부, 1987), 155.

공관복음서에서 신앙은 치유와 이적과 관련하여 나타나는데 이는 자신의 무능력을 인정하고 예수 그리스도 안에서 나타나는 하나님의 능력을 신뢰하는 것을 뜻한다(막 9:23, 10:52). 산상수훈에서도 이러한 신뢰의 신앙이 나타난다. 동시에 신약성서에서는 신앙의 내용 또는 교리 등에 대한 인정과 고백의 차원도 나타난다. 신앙은 진리에 대한 신앙(살후 2:13), 인식(골 1:6, 고후 2:14, 빌 3:8)이다.[15] 구약성서와 신약성서에서 신뢰로서의 신앙이 모두 나타나지만 전자는 "말씀하시는 하나님에 대한 신뢰"이며 후자는 "성육신하였고 십자가에서 모든 피조물을 위한 구원을 이루었으며 성령을 통하여 현존하는 삼위일체 하나님" 특히 그리스도와 그가 전하고 실천한 하나님 나라에 대한 신뢰라는 점에서 차이를 보인다.[16]

신뢰로서의 신앙은 또한 "예수 그리스도의 구원에 대한 승인"이다. 그의 구원에 대한 승인 없는 기독교 신앙은 존재하지 않는다. 이것은 단순한 지적 행위를 넘어서서 순종의 행위이다. "기독교 신앙은 본질적으로 하나님이 그리스도 안에서 죄된 우리를 대신하여 고난당하였고 이 고난을 통하여 우리 죄를 용서하였으며, 모든 인간을 자기와 화해시킴으로써 그들에게 하나님의 자녀, 새로운 계약의 백성이 될 수 있는 길을 열어 놓았음에 대한 승인이요 인정이다."[17]

둘째, 신앙이란 또한 예수 그리스도를 주로 가진 삶, 즉 그의 뒤를 따르는 것이다. 그를 따르지 않는 신앙은 자기기만이며 그의 뒤를 따라

---

15 위의 책, 156.
16 위의 책, 157-59.
17 위의 책, 160.

가는 사람만이 참으로 신앙할 수 있다.[18] 그리스도의 뒤를 따르는 것은 주권과 소유권의 교체를 뜻하며 이는 곧 순종의 행위이다. 즉 신앙이란 나를 따르라는 주님의 명령에 대한 "순종의 행위로 일어나며, 이 순종의 행위는 곧 신앙의 행위로 일어난다."[19] 신앙은 내적 위로, 확신, 평안에 머무르지 않고 그리스도를 따르는 사건과 삶이다.

셋째, 신앙이란 하나님의 나라에 속한 삶이다. 신앙이란 감정적, 지적차원을 포함하지만 이를 넘어서서 "죄와 죽음의 세계로부터 해방되어 그리스도와 함께, 그리스도 안에서 하나님의 영원한 세계에 속하게 되는 '전체로서의 인간의 행위'이다."[20] 이는 복음에 대한 전인적인 응답이다. 신앙을 통하여 우리는 하나님의 나라에 참여하고 하나님의 삶에 참여하며 활동하게 된다. 신앙 안에서 우리는 이 세계에서 살아가지만 이곳에 속하지 않고 "하나님의 세계에 속하며, 하나님의 세계로부터, 하나님의 세계를 향하여, 하나님의 세계를 위하여"살아가게 된다.[21]

넷째, 신앙은 파송으로 나타난다. 신앙은 그리스도의 구원에 대한 인정과 내적 확신이며 동시에, 그리스도의 사역에서 나타나는 것처럼, 이 땅위에 하나님의 주권을 세우며, 이를 통하여 이 세계를 하나님의 정의와 사랑이 지배하는 하나님의 세계로 변혁시켜 나가기 위하여 하나님의 부르심을 받고 파송을 받는 사건이다.[22] 부르심은 파송을 위함이다. 종교교육 학자인 코우는 이러한 맥락에서 "예수님은 '나에게 오라'고 말씀하시나 사람들이 그에게 가면 '가라'고 말씀하신다. 이것이

---

18   위의 책, 168.
19   위의 책, 167.
20   위의 책, 174.
21   위의 책, 176.
22   위의 책, 181.

통전적 신앙과 생애주기별 기독교교육: 아동기에서 노년기까지

교화된 기독교교육의 정신이다"라고 역설하였다.[23] 그런데 하나님의 부르심과 보내심은 개인적, 사적 차원에 제한되지 않고 "물질의 영역, 세계와 역사의 영역에까지 이르는 공공적인 행위"로 확대되어야 한다.[24] "참된 구원은 보내심을 통하여 증명"되며 이를 통하여 세계는 역사화된다.[25]

다섯째, 신앙이란 사랑으로 나타난다. 신뢰로서의 신앙은 사랑으로 나타나고 이를 통하여 진실성이 증명된다. 사랑이 결여된 신앙은 기독교 신앙이 아니다. 그런데 신앙은 자신애로부터의 해방이며 이웃 사랑에의 자유이다.[26] 신앙은 그리스도 안에서 회개하고 변화된 사람의 구체적인 행위를 통하여 드러나야 한다. 가난하고 헐벗은 자에 대한 사랑의 행동이 따르지 않는 신앙은 죽은 신앙이다(약 2:14-17). 사랑의 행위 자체가 신앙은 아니지만 참된 신앙은 "사랑하는 사람으로의 변화와 이 변화에 따라 일어나는 구체적인 사랑의 행위 속에 나타난다."[27] 그리스도를 믿는 자는 오직 사랑으로 표현되는 믿음만이 중요하다(갈 5:6).

여섯째, 신앙은 기다림과 희망이다. 아브라함의 신앙에서 나타나는 것처럼 신앙은 하나님의 약속 성취에 대한 기다림과 희망이다(창 12:1-6, 롬 4:20-21). 그리스도 안에서 새로운 현실을 경험하는 신앙은 현재에 만족하지 않고 종말론적 하나님 나라, 즉 하나님이 모든 것 안에서 모든 것이 되실 구원의 미래와 그의 영광을 기다리고 희망한다. 기독교

---

23 George A. Coe, *A Social Theory of Religious Education*, 김도일 역, 『종교교육 사회론』 (서울: 그루터기하우스, 2006).

24 김균진, 『기독교조직신학』 III, 181.

25 위의 책, 182-83.

26 위의 책, 184.

27 위의 책, 188.

신앙은 "예수 그리스도 안에서 계시되었고 시작된 하나님의 미래의 세계, 곧 하나님이 인간과 세계의 현실 속에 계시고 인간과 세계의 현실이 하나님 안에 있을 세계에 대한 기다림과 희망이다(벧전 1:3)."[28] 신앙은 종말론적 실존이다. 기다림과 희망을 특징으로 하는 기독교 신앙은 주어진 현실에 만족할 수 없고 이로 인하여 고난을 당하고 이것과 대립하며 그리스도 안에서 시작된 하나님의 약속된 미래를 향하여 헌신하고 충성한다.[29]

2. 신앙성숙에 대한 성서적, 신학적 이해

이상 신앙의 여러 가지 특성에 기초한 신앙성숙이란 무엇인가를 다시 한번 정리하면 다음과 같다. 첫째, 신앙의 성숙은 신뢰 차원의 총체적 성숙을 뜻한다. 즉 성숙한 신앙이란 일차적으로 하나님의 말씀에 대한 깊은 신뢰와 자신의 무능을 고백하면서 하나님께 전적으로 자신을 맡기는 것이다. 이와 더불어 지적인 차원에서 성숙한 신앙은 삼위일체 하나님의 존재와 창조, 구원, 영화의 행위에 대한 전적인 지적 동의와 승인이다. 지적인 신뢰와 동의와 더불어 성숙한 신앙은 하나님이 존재와 행위를 가슴으로 인정하고 수용하는 것을 포함한다.

둘째, 신앙의 성숙은 의지적인 차원에서의 순종을 뜻한다. 신앙의 지적이고 감성적인 차원이 중요하지만 실천과 삶에서 나타나는 순종의 행위가 동반되지 않으면 성숙한 신앙이라 할 수 없을 것이다. 따라서

---

28 위의 책, 190.
29 위의 책, 196.

성숙한 신앙은 지적이며 감성적 차원을 비롯하여 의지적 차원까지 포괄하는 총체적인 것이어야 한다. 순종으로서의 신앙은 보다 구체적으로 그리스도의 제자로서의 성숙한 삶을 살아가는 것을 뜻한다. 성숙한 신앙인의 삶은 그의 뒤를 따르며 삶의 주권이 교체되는 것을 경험하는 삶이다. 우리가 주인이었던 삶에서 그리스도가 주인이 되는 삶을 향해 종말론적으로 살아가는 것을 뜻한다.

셋째, 신앙의 성숙은 온전히 하나님의 나라에 속하는 삶을 살아가는 것과 연관되어 있다. 신앙의 성숙은 복음에 대한 전인적인 응답이며 하나님의 나라(통치)에 참여하며 하나님의 삶에 참여하게 된다. 이 세상에 존재하지만 여기에 소속되지 않고 하나님의 나라에 속한 삶을 계속 살아가는 것이 성숙한 신앙이다. 하나님의 나라는 성숙한 신앙인이 지향해야 할 목표이다. 이들은 이 땅에 살지만 하나님의 세계를 목표로 이를 위하여 살게 된다.

넷째, 신앙의 성숙은 세상을 향한 파송으로 나타난다. 성숙한 신앙은 개인적, 교회적 차원에 머물지 않고 사회, 공적영역, 세계를 섬기고 변혁시켜 나가기 위하여 하나님의 파송을 받고 나가는 것이다. 개인적 차원을 넘어서서 공동체적, 사회적, 공적 차원까지 확대되어 나갈 때 성숙한 신앙이 된다.

다섯째, 신앙의 성숙은 성숙한 사랑으로 나타난다. 신앙이 진실한 사랑으로 나타나지 않는다면 성숙한 신앙이라 할 수 없다. 성숙한 신앙은 하나님의 사랑을 온전하게 체험하고 이를 수직적, 수평적으로 온전하게 실천해 나가는 것을 뜻한다. 사랑 없는 신앙은 죽은 신앙이다.

여섯째, 신앙의 성숙은 종말론적 소망을 지니고 살아가는 삶으로 나타난다. 성숙한 신앙을 지닌 자는 이 세상을 소위 "장망성"(장차 망할

제7장 | 개인의 신앙성숙과 공공성을 아우르는 온전한 기독교교육의 모색

성)으로 바라보거나 세계도피적인 말세론에 빠지지 않고 하나님 나라에 대한 소망을 가지고 종말론적인 삶을 살게 된다. 하나님 나라의 현재적인 차원과 미래적 차원을 동시에 인지하고 그 긴장 속에서 살아간다.

신앙과 신앙성숙에 대한 이러한 성서적, 신학적 이해의 관점에서 볼 때 개인적 차원의 신앙성숙과 공공성은 분리되지 않는다는 사실을 알 수 있다. 개인적 신앙의 성숙은 개인적으로도 드러나지만 사회적이고 공적인 관계를 통해서도 드러나야 하는 것이다. 성숙한 신앙은 결코 내세 지향적이 아니며 이 세상에 대하여 책임적인 자세를 가지도록 해 준다. 그러면서도 이 세상에 매몰되지 않고 종말론적인 소망을 품고 살아가도록 해 준다. 위르겐 몰트만(Jürgen Moltmann)은 메시아적 삶의 양식을 살아가는 그리스도인들의 거듭난 혹은 새로운 삶의 양식을 1) 기도와 땅에 대한 충실성, 2) 명상과 정치적인 투쟁, 3) 초월적인 경건과 연대적인 경건 사이의 긴장으로 제시하였다. 이는 곧 기도, 명상, 초월적인 경건 등의 개인적 차원의 신앙성숙과 땅에 대한 충실성, 정치적인 투쟁, 연대적인 경건 등의 공공성에 대한 헌신 사이의 긴장 혹은 변증법적 통일과 일맥상통 한다고 할 수 있다.[30]

---

30 Jürgen Moltmann, *Kirche in der Kraft des Geistes,* 이신건 역, 『성령의 능력 안에 있는 교회』 (서울: 대한기독교서회, 2017), 414-22.

Ⅲ. 공공성에 대한 기독교적 접근으로서의
   공공신학과 공적신앙

기독교교육에 있어서 공공성의 문제는 개인적 신앙성숙과 더불어 양대 축을 형성하는 핵심적인 요소이다. 최근 기독교교육학에서는 제자직(discipleship)과 더불어 시민직(citizenship)을 양육하는 교육에 대한 관심이 많아지고 있는데 이는 개인적 신앙성숙과 공공성이라는 두 가지 축과 상응하는 것이라 할 수 있다. 제자직이 그리스도인으로서의 정체성을 강조하는 차원이라면 시민직은 (세상과의) 관계성을 강조하는 차원이라고 할 수 있다. 이런 맥락에서 시민직과 관련된 공공신학과 공적신앙의 개념을 살펴보기로 한다.

1. 그리스도인들의 공적 책임과 공공신학[31]

신학은 그 자체로 초월적인 계시의 차원과 더불어 공적인 성격을 지니고 있기에 본질적으로 공적이라고 할 수 있지만 그 가운데서도 교회와 그리스도인들의 공적 책임을 암시적으로나 명시적으로 강하게 강조하는 경우가 있다. 이러한 형태의 신학들을 넓은 의미의 공적 책무를 지향하는 공공(공적)신학이라고 할 수 있을 것이며 시대와 맥락에 따라서 다양한 형태의 공적인 성격을 지닌 신학이 존재할 수 있는 것이다.[32] 그러나 좀 더 좁은 의미에서 1980년대 이후 신학계에서 많이 회자되고

---

31 이 부분의 내용은 다음 내용에서 가져왔다. 장신근, "기독교학교의 공공성에 대한 신학적 논의," 박상진, 장신근, 강영택, 김재웅, 『기독교학교의 공공성』 (서울: 예영커뮤니케이션, 2014), 50-55.

있는 새로운 신학적 경향으로서의 공공신학은 근대적 맥락에서 발생한 종교의 사사화(私事化) 현상에 대한 대안을 모색하는, 또한 시민사회의 맥락에서 공공의 영역에서 공공선에 기여하는 신학으로 이해할 수 있다. 여기에서는 이상의 두 가지 차원을 통합하는 정의를 시도하고자 한다. 즉, 뿌리에 있어서 성서적 신학적 전통에서 나타나는 공동체 형성적, 사회 변형적, 변증적, 대화적 차원과 동시에 오늘의 시민사회의 맥락을 구체적으로 고려하면서 공공신학을 정의하려고 한다.

> 공공신학이란 성서, 교회, 신학의 전통에 뿌리를 둔 것으로 근대 이후에 나타나는 기독교 신앙과 실천의 사사화 현상에 직면하여, 하나님 나라의 비전하에 그리스도인들의 공적신앙 양육과, 공교회 형성을 통하여 공공선을 지향하는 시민사회 맥락에서 여러 차원의 공적 삶을 형성하고 변형시켜 나가는 것을 목표로, 이와 관련된 기독교적 관점을 다른 전통이나 학문과의 대화를 통하여 제시하고 실천하도록 함으로써 여러 차원의 공적 삶에 기여하는 신학이다.

공공신학은 넓은 의미에서 성서와 신학의 역사에서 나타나는 다양한 형태의 공적인 성격을 논의하고 실천해 나가는 신학이다. 그리고 좁은 의미에서는 시민사회의 기능과 역할이 중요해지고 있는 오늘의 상황에서 기독교 신앙과 실천의 사사화에 대한 대안을 제시한다. 즉, 공공신학은 그리스도인 개개인이 하나님 나라 비전에 기초하여 공적영역

---

32 공공신학의 기원과 지형에 대한 안내로 다음을 참고할 것. 장신근, "제1장: 공공신학이란 무엇인가: 신학의 공적역할 논의에 대한 지형 연구,"『통전적 기독교교육의 이론과 실천현장』(서울: 장로회신학대학교출판부, 2017), 22-70.

또는 삶에 헌신할 수 있도록 공적신앙의 양육과 공교회의 형성을 지향한다. 이와 더불어 공공신학은 이러한 작업을 신학적인 전통뿐만 아니라 다양한 타학문과 전통들과의 대화를 통하여 수행해 나간다.

공공성에 대한 신학적 논의에 있어서 우리가 주의해야 할 것은 바로 근대성의 산물인 가치중립성에 기초한 보편주의가 아니라, 기독교적 정체성이 전제되어야 한다는 것이다. 공공신학은 공공성을 지향함에 있어서 신앙의 고백적 차원을 무시하고 보편적인 윤리적 차원만을 강조하는 시민종교(civil religion)와는 달리 기독교적인 정체성 또는 독특성을 매우 중요하게 간주한다. 즉, 공공성을 논함에 있어서 기독교적 정체성이 철저하게 기초가 되어야 한다는 것이다. 이러한 독특한 정체성이 전제되어야만 기독교 신앙은 시민종교와는 구별되게 공적영역에 제대로 공헌할 수 있다.

공공신학은 흔히 공적인 차원에만 관심을 가지는 신학으로 오해할 수 있으나 사실은 개인적, 실존적 차원과 사회적 공적 차원이 서로 긴장과 균형을 이루는 신학이다. 우리는 미로슬라프 볼프(Miroslav Volf)의 공적신앙 이해에서 이러한 사실을 잘 인식할 수 있다. 그는 신앙의 공공성을 위해서는 "상승"과 "회귀" 라는 두 가지 차원이 균형을 이루고 상호의존적인 관계 속에 존재해야 한다고 주장한다. 그는 공적신앙의 필요성을 주장하면서 유대교, 이슬람교, 기독교 등 대표적인 예언 종교들은 이 세상에서 벗어나서 신의 품으로 도피하려는 신비주의 종교와는 다르게 신의 이름으로 세상을 변화시켜 나가는 것을 목적으로 삼는다고 역설한다.[33] 이러한 예언종교들은 1) 상승(ascent)과 2) 회귀(re-

---

33 Miroslav Volf, *Public Faith*, 김명윤 역, 『광장에 선 기독교』 (서울: IVP, 2014), 30.

turn)라고 하는 두 가지 특징을 가지고 있다. 먼저, "상승"은 예언자들이 신 또는 신적 존재와의 만남을 통하여 메시지를 받고 그들의 정체성이 형성되는 시간을 뜻한다.[34] 다음으로 "회귀"는 세상과의 상호작용을 하는 가운데 예언자들에 의하여 그 메시지가 선포되고, 실천되고, 예전, 기구, 법의 형태로 만들어 지는 시간으로 창조적인(creative) 성격을 띤다.[35] 이러한 의미에서 "'수용적인 상승' 없이 신으로부터 세상을 변화시킬 메시지를 받을 수 없고, '창조적인 회귀' 없이 세상을 변화시킬 참여가 일어나지 않는다고 말할 수 있다."[36] 양자는 서로를 보완하는 가운데 같이 존재하고 동행해야 한다.

　　재일 공공철학자 김봉진은 활사개공(活私開公)과 공사공매(公私共媒)라는 개념을 통하여 사적 차원과 공적 차원의 불가분리성과 상호의존성을 역설한다. 멸사봉공(滅私奉公)이나 멸공봉사(滅共奉私)와는 달리 활사개공(活私開公)이란 사(私)의 존재, 가치, 존엄 등을 멸하지 아니하고, 즉, 이를 억제, 희생, 부정하는 것이 아니라, 살리고, 인정하고, 존중하고, 발전시킴으로써 공(公)을 공공민이나 생활자에게 여는 것을 뜻한다. 그리고 그는 공과 사는 서로 분리되지 않아야 하며, 둘 사이를 함께 매개하는 '공사공매'(公私共媒)가 필요하다고 주장한다.[37] 이러한 맥락에서 공공신학은 신앙의 사적 차원(또는 친밀성과 실존적 차원)을 배제하거나, 사적 차원과 공적 차원을 서로 배타적으로 보지 않는다. 오히려 사적 차원과 공적 차원은 상호의존적이고, 상호보완적이며, 상호상승적인 관

---

[34]　위의 책.

[35]　위의 책, 31-32.

[36]　Miroslav Volf, 김명윤 역, 『광장에 선 기독교』, 32.

[37]　김봉진, "글로벌 공공철학으로써의 한 사상," 김상일 외, 『한류와 한 사상: 한류의 세계화를 위한 한 사상의 이론과 실제』 (서울: 모시는사람들, 2009), 153.

계 속에 존재하는 것으로 간주한다. 그리하여 양자는 통전적인 관계 속에서 존재하는 것으로 인식한다.

2. 공적신앙의 여러 차원

공공성의 차원과 상응하는 공적신앙에 대한 다양한 정의들이 존재하지만 여기에서는 다음과 같이 정의한다.

> 공적신앙이란 신앙의 개인적이고, 인격적이며, 실존적인 차원과 철저하게 관련되고 여기에서 시작되며 공적인 차원에서 시험되고, 수정되고, 구체화되는 신앙이라고 할 수 있을 것이다. 전자는 후자의 모습으로 구체화되어 나타나야하고, 후자는 전자를 전제해야 한다. 따라서 양자는 서로를 필요로 하는 상호의존적 관계이며 순환적 관계 속에 존재하는 개념이다. 이러한 사실을 전제하면서 우리는 공적신앙을 "삼위일체 하나님에 대한 분명한 고백적 신앙을 소유한 그리스도인들이 국가적, 지역적, 지구적 차원의 공적 삶과 공적영역에서 제자-시민으로 살아가면서 비그리스도인들과 대화하고 연대하는 가운데 이들을 공생, 공존, 상생의 장으로 형성시켜 나가고 또한 변혁시켜 나가는데 헌신하도록 해 주는 신앙"이라고 할 수 있다.[38]

공적신앙에 대한 이러한 정의에 기초하여 우리는 공적신앙이 다음과 같은 여러 가지 공공성의 차원을 포괄하고 있음을 알 수 있다. 첫째,

---

[38] 장신근, 『공적신앙을 양육하는 교회와 가정교육』 (서울: 장로회신학대학교출판부, 2011), 머리말.

변증적, 대화적 차원이다. 공적신앙은 오늘의 교회와 그리스도인들이 세상과 소통하지 못하고 단절과 분리를 많이 경험하는 상황에서 기독교의 진리에 대한 변증과 다양한 학문들과의 대화를 통하여 기독교 신앙의 영역과 세계 사이의 소통을 중시한다. 이러한 소통은 변증적 차원과 대화적 차원을 지닌다. 전자는 시대적 흐름에 따라서 기독교의 진리를 보편적인 언어와 합리성에 기초하여 설득력 있게 전달하는 것이다. 이는 일방적으로 기독교적 언어와 개념으로 복음의 진리를 전하는 것과는 구별된다. 사도 바울이 아레오바고에서 아테네인들을 향하여 복음을 전할 때 자연신학적 전통을 사용한 것이나, 초대 교부들이 당시의 헬라 철학적 개념을 가지고 그레코-로만 세계를 향하여 복음을 변증하려고 노력했던 것을 실례로 들 수 있다.

대화적 차원은 변증적 차원보다 상호성이 더 강하며 기독교진리의 소통을 위하여 다양한 일반학문들과 학제적 대화를 시도하는 것을 뜻한다. 이러한 상호적 과정에서 기독교 진리와 일반학문들은 상호간 영향을 주고받는다. 공적신앙은 우리로 하여금 기독교 신앙을 일방적인 선포를 통해서 뿐 아니라 변증적, 대화적 과정을 통해서 세상과 소통하는 과제를 수행하도록 해 준다. 공적신앙의 변증적, 대화적 차원은 오늘의 무신론적 상황(새로운 무신론)에서 매우 중요한 위치를 차지한다.

둘째, 숙의적(deliberative) 차원이다. 오늘 한국교회와 그리스도인들에게서 많이 볼 수 있는 사사화된 신앙은 공동의 선을 추구하는 공적 영역에 대한 관심이 결여된 신앙이다. 사사화된 신앙은 사적 차원의 신앙과 실천에는 관심을 가지지만 교회의 울타리를 넘어서지 못하는 사람들이 지닌 신앙이다. 하나님의 나라를 자신의 내면, 가정, 교회 등에 한정시킴으로 그 범위를 축소시키는 왜곡된 신앙이다. 이와는 반대로 공적신앙은 실존적이고 개인적 차원의 신앙을 소유하면서도 공적영역에 공헌하는 신앙이다. 공적신앙은 공공의 선을 지향해 나갈 때 합리적인 논증을 통하여 상대를 설득하고 합의를 이끌어내는 숙의적 차원과 깊이 연관되어 있다. 오늘날 지역적, 국가적, 지구적 차원의 시민사회 영역에서 다양한 공적 이슈들(인권문제, 생태계의 파괴, 난민문제, 질병문제 등)이 제기되고 있는데, 공적신앙은 이러한 영역에서 공공의 선을 추구해 나가는 공적인 합의 과정에 기독교적 가치관과 세계관을 가지고 공헌할 수 있도록 해 준다.

셋째, 공동의 삶과 가치(ethos)형성 차원이다. 공적신앙은 오늘의 심각한 개인주의 현상에 직면하여 이에 대한 대안으로 공동의 삶과 가치 형성을 위하여 헌신하는 신앙이다. 폴란드 출신의 저명한 사회학자인 지그문트 바우만(Zygmunt Bauman)은 오늘날 우리는 인류 역사상 어느 시대에도 존재하지 않았던 개인들의 사회 즉 개인주의 사회가 되었다고 진단한다. 바우만에 의하면 오늘날 인류는 '우리'라고 하는 공동체에서 벗어나서 홀로 떠도는 유목민과 같은 삶을 살고 있다. 그 결과 공공 문제, 공적 책임, 공적 윤리는 사적인 문제로 전락하고 말았다. 이러한 현상의 배후에는 개인주의가 있는데 우리가 살아가는 오늘의 사회는 개인주의적 성향으로 인하여 "인간과 인간, 인간과 사회가 맺는 관계가 일시적, 한시적인 계약관계"로 변질되어 버렸다는 것이다.[39] 이러한 상황에서 공적신앙은 그리스도인들로 하여금 공동체에 대한 기독교적 가치를 제시하고 공생과 공존을 지향하는 공동체적 삶을 형성하는 과정에 기여하도록 해 준다.

---

[39] Zygmunt Bauman, *The Individualized Society*, 홍지수 역, 『방황하는 개인들의 사회: 우리는 각자 존재하고 나는 홀로 소멸한다』 (서울: 봄아필, 2013).

넷째, 사회 변혁적 차원이다. 공적신앙은 그리스도인들이 오늘의 사회에서 나타나는 구조적, 제도적, 기구적, 법률적 차원의 불의, 불평등, 억압, 차별, 소외 등을 변혁해 나가는데 기여하도록 하는 신앙이다. 이러한 것을 수행하는 것은 정치신학의 과제라고 할 수 있으나 공공신학적 차원에서도 여전히 요구되는 과제이다.[40] 공공의 선을 위한 숙의적 과정도 필요하지만 때로는 다양한 형태의 사회악에 대한 저항과 투쟁에 동참하며 이를 통한 대안제시를 필요로 한다. 성숙한 시민사회가 형성되어있을 경우 숙의적 과정이 필수적이지만 그렇지 않을 경우 다양한 형태의 저항과 투쟁을 통한 구조적, 제도적 차원의 변혁을 추구해 나가야 한다. 공적신앙은 그리스도인들로 하여금 이러한 차원에도 관심을 가지고 공헌할 수 있게 한다.

IV. 개인적 신앙성숙과 공공성을 아우르는 온전한 기독교교육의 과제

지금까지 우리는 개인적 신앙성숙과 공공성에 대하여 성서적, 신학적, 기독교교육적 차원에서 고찰해 보았고, 이를 통하여 양자의 관계는 불가분의 관계이며 상호의존적임을 분명히 인식하게 되었다. 양자가

---

[40] 정치신학은 주로 구조적, 제도적, 기구적 차원에서 국가 차원의 권력과 관련된 공(公)의 문제를 다루는 반면 공공신학은 시민사회 차원에서 공공(公共)의 문제를 다룬다. 야마와키 나시오, 公共哲學とは何か, 성현창 역, 『공공철학이란 무엇인가?』 (서울: 이학사, 2011), 36-37 참고.

균형을 이루지 못할 때 나타나는 부정적인 현상들에 대해서도 살펴보았다. 이제 여기에서는 양자가 균형과 긴장을 이루는 가운데 온전한 신앙을 양육하기 위한 통전적 기독교교육 과제를 1) 하나님 나라 백성의 신앙정체성 형성, 2) 하나님 나라의 복음선포를 위한 소명의식 형성과 은사개발, 3) 삼위일체론적 공동체 형성, 4) 예언자적 변혁, 5) 지혜문학적 소통, 6) 변모적 찬미 등 6가지로 제안한다.

1. 하나님 나라 백성의 신앙정체성 형성 ↔ 다원주의의 도전

개인적 신앙성숙과 공공성(공적신앙)을 아우르는 통전적 기독교교육은 신앙정체성의 형성을 위한 교육적 과제를 지닌다. 오늘의 상황에서 신앙정체성 형성의 과제가 중요한 이유는 가치, 문화, 세계관 등의 다원화 현상이 그리스도인들에게 어느 때보다 더 큰 도전으로 다가 오고 있기 때문이다. 여러 차원의 타자와의 대화와 포용도 확고한 신앙적 정체성이 확립되지 않으면 진정한 대화와 포용이 될 수 없기에 신앙정체성 형성과제는 매우 중요하다. 다음의 두 가지 차원을 반드시 염두에 두어야 한다. 첫째, 신앙정체성 형성을 위하여 볼프가 주장한 것처럼 생생한 "상승" 체험이 있어야 한다. 산위에서 하나님을 인격적으로 생생하게 만나는 체험 없이 "회귀"가 있을 수 없다. 앤드류 루트(Andrerw Root)는 이것을 "Evangelical experience"라고 표현한다. 여기에서 Evangelical(대문자)은 교파로서의 복음주의적 경험이 아니라 "복음의 경험"을 뜻한다. 이것은 구체적 삶의 현장에서 하나님께서 나를 위하여(*pro me*) 또한 우리를 위하여(*pro nobis*) 오심을 경험하고, 이러한 과정에서 그리스도를 인격적, 실존적으로 경험하는 것을 뜻한다. 이를 통하여 우리는 죄를 고백하고 살아계신 그리스도를 따르는 것을 뜻한다.[41] 물론 이러한 과정에서 복음적 경험과 그렇지 않은 왜곡된 경험을 분별하는 과정이 동반되어야 한다.

둘째, 성서의 이야기, 기독교의 전통, 예전, 삶의 스타일 등의 공유와 전달 등을 특징으로 하는 신앙공동체 내의 신앙 문화화를 통한 신앙정체성 형성교육이다. 전통적으로 구약의 오경에 나타나는 교육, 바울 서신의 카테키시스 교수사역, 오늘날 많이 시행되고 있는 제자교육(훈련) 등에서 이러한 신앙정체성 형성교육의 모델을 발견할 수 있다. 구약의 오경에 나타난 교육은 이스라엘 백성이 하나님의 언약백성으로 정체성을 지니고 살아갈 수 있도록 창조와 출애굽을 비롯한 하나님의 구원의 이야기를 다음 세대에 전달하는 것을 특징으로 한다.[42] 바울 서신의 카테키시스도 구약의 전승, 예수님의 말씀 등과 같은 내용을 회중들에게 해석의 과정을 통하여 전달하는 교수사역을 뜻한다.[43] 복음주의적 신학 기반에서 시행되는 제자교육도 기독교 신앙전통과 실천의 전수를 통한 제자의 정체성 형성을 지향한다. 그러나 이러한 신앙전통 전달의 차원도 상승의 체험과 복음의 경험 차원과 서로 상호의존적임을 인식해야 한다.

하나님 나라 백성의 신앙정체성 형성을 위한 주요 교육과제는 다음과 같다. 첫째, 개인적으로 또한 공동체적으로 살아계신 삼위일체 하나님과의 인격적, 체험적 만남과 이에 대한 분별을 가능하게 하는 다양한

---

41   Andrew Root, *Christopraxis: A Practical Theology of the Cross* (Minneapolis: Augsburg Fortress Publishers, 2014), xi.

42   Walter Brueggemann, *Creative Word*, 강성열, 김도일 역,『창조적인 말씀을 통한 기독교교육: 구약정경의 토라와 예언 지혜를 중심으로 한 신앙교육의 핵심』(서울: 한들출판사, 2011), 제2장.

43   Richard Osmer, *The Teaching Ministry of Congregations*, 장신근 역,『교육목회의 새로운 패러다임』(서울: 대한기독교서회, 2007), 제2, 9장 참고.

장을 마련하고 지원하는 것이다. 복음의 경험 혹은 상승의 경험을 생활화하고 지속성 있게 유지하기 위해서는 가정, 교회, 학교, 사회 등 다양한 교육 현장들 가운데서 이러한 기회를 지속적으로 마련해 주는 작업이 필요하다. 특히 일상의 삶이 지닌 중요성을 인식하는 가운데 하나님과의 개인적 만남이 주일에 한정되지 않고 일상적으로 이루어질 수 있도록 지원하는 교육이 필요하다. 또한 예배, 성만찬, 세례 등과 같은 전통적인 그러나 핵심적인 복음적 경험의 장을 통하여 공동체적으로 하나님을 만나고 체험할 수 있도록 세심하게 관련 교육프로그램을 마련해야 한다. 특히 하나님 만남과 체험에 있어서 가장 중요한 통로는 기도이다. 성서에 나오는 기도의 모델과 가르침들을 잘 인식하고 영성전통에서 나타나는 말씀묵상기도(Lectio Divina), 관상기도, 예수기도, 성찰기도 등과 같은 다양한 기도방법들에 익숙하도록 훈련해야 할 것이다. 이러한 과정에서 개인적으로, 공동체적으로 하나님의 뜻과 올바른 영을 분별하는 분별(식별)의 훈련도 함께 시행되어야 할 것이다.[44]

둘째, 오늘의 상황과 맥락에서 성서의 중심 주제에 대한 해석을 통한 인식과 성서의 중심 이야기에 대한 참여적 교육이다. 이야기 방법을 비롯한 여러 교수법에 기초한 연령별 성서교육 등의 방법을 사용할 수 있을 것이다. 이를 위하여 성서의 주요 주제를 이해하기 위하여 예를 들어, 게르트 타이센(Gert Theissen)이 제시하는 성서의 요체적 주제들을 사용할 수 있을 것이다. 타이센은 기독교 신앙의 두 가지 근본 원칙

---

44 성서에 나타난 기도에 대한 연구는 다음을 참고할 것. Walter Brueggemann, *Great Prayers of the Old Testament*, 전의우 역, 『구약의 위대한 기도』(서울: 성서유니온 선교회, 2012); Tom Wright, *New Testament Prayer for Everyone*, 백지윤 역, 『모든 사람을 위한 신약의 기도』(서울: IVP, 2012). 영성교육으로서의 분별은 다음을 참고할 것. 장신근, "제8장: 바울서신의 분별 교수사역과 세계화 시대의 영성교육," 『공적실천신학과 세계화 시대의 기독교교육』(서울: 장로회신학대학교출판부, 2007), 259-97.

을 "유일신 사상"과 "구원자 사상"으로 보고 성서적 신앙의 근본 모티브를 다음과 같이 제시한다.[45]

1) 창조 모티브, 2) 지혜 모티브, 3) 기적 모티브, 4) 소외 모티브, 5) 희망 모티브, 6) 회개 모티브, 7) 엑소더스 모티브, 8) 대속 모티브, 9) 거주 모티브, 10) 신앙 모티브, 11) 아가페 모티브, 12) 입장 바꾸기 모티브, 13) 심판 모티브, 14) 칭의 모티브

이상과 같은 성서의 중심적 모티브들을 중심으로 성서 전체의 내용을 균형 있게, 체계적으로 학습해 나갈 필요가 있다. 이런 주제들은 성서교육을 위한 커리큘럼을 개발해 나갈 때도 매우 중요한 지침이 될 수 있다.

또한 성서를 주제별로 이해하는 것도 중요하지만 영유아, 아동의 경우 성서 이야기를 통하여 이들이 그 이야기에 참여하여 성서의 인물과 자신을 동일시하고 하나님을 만나는 경험이 일어날 수 있도록 노력해야 할 것이다. 그러나 성서 이야기는 영유아, 아동, 청소년 등에만 국한 되는 것이 아니라 신앙공동체 안에서 전 세대가 다양한 방법을 통하여 공유함으로써 신앙적 정체성을 형성하는 통로가 되어야 한다. 성서 이야기 방법에서 한 가지 더 기억할 것은 학습자들이 성서의 창조이야기로부터 시작하여 타락, 구원, 영화의 과정에 이르는 서사의 기본 플롯을 잘 파악하여 구원의 서정(序程, Ordo Salutis)에 대한 큰 그림을 파악할 수 있도록 해 주어야 한다는 것이다. 성서에 나타나는 단편적인 이

---

45 Gert Theissen, 『성서, 어떻게 가르칠 것인가?』, 175-216.

야기들 자체로도 중요하지만, 성서의 전체 이야기를 하나님의 신적 드라마(theo-drama)라는 큰 관점으로 보면서 기-승-전-결이나 발단-전개-위기-절정-결말의 흐름으로 파악할 수 있게 해 주어야 한다. 동시에 이러한 하나님의 신적 드라마 속에서 학습자 자신은 현재 어디에 있으며, 자신의 배역은 무엇인가를 인식할 수 있도록 해 주고, 그것을 잘 수행해 나가도록 지원하는 것이 성서 이야기 방법의 궁극적인 목표이다.

셋째, 오늘의 상황과 맥락에서 기독교의 주요 교리와 신학에 대한 이해이다. 청소년들을 대상으로 하는 세례, 입교(카테키시스)교육, 청년과 성인, 특히 새신자들을 대상으로 하는 교리, 신학교육 등을 들 수 있다. 청소년과 청년의 경우 비판적 사고가 왕성한 시기이므로 일방적인 전달식의 교리공부가 아니라 신학적 주제들을 그들의 개인적 삶과 공적 이슈들과 연결시켜 나가는 교육이 요청된다. 창조, 하나님, 그리스도, 성령 하나님, 교회, 종말 등과 같은 고전적인 신학적 주제들에 대한 공부와 더불어 소명과 직업, 가족, 성정체성, 몸, 경제 등의 문제들을 삶과의 연관성 속에서 다룰 필요가 있다. 또한 지구화, 포스트모던, 인공지능 시대와 관련된 다양한 이슈들을 성서적, 신학적 입장에서 비판적으로 해석하는 작업도 요청된다. 청소년들의 경우 입교교육에서 이러한 내용들을 그들의 눈높이에 맞추어서 창의적으로 구성하여 가르칠 필요가 있다. 청소년기의 한 해 정도를 입교교육에 할애하는 서구교회의 전통을 참고하여 좀 더 체계화되고 지속성 있는 입교교육이 이루어져야 한다. 현재 한국교회의 청소년 교육에서 가장 개혁되어야 할 부분 가운데 하나가 바로 입교교육이다.

성인들의 경우도 오랫동안 신앙생활을 해 왔지만 신앙의 체계가 잡히지 않은 경우가 많으므로 이들에게 체계적이며, 쌍방형의 의사소통에 기초한 교리교육 혹은 신학교육이 필요하다.[46] 이러한 경우에도 두 번째 과제와 마찬가지로 역시 삶의 주제, 즉 생성적 주제를 통하여 다양한 신학적 주제들을 연결시켜 나가는 방법이 필요하다. 성서와 신학의 주제들이 학습자들의 삶과 동떨어진 정보가 아니라 이들이 삶에서 경험하는 다양한 갈등, 의문, 혼란 등과 밀접하게 연결이 되어야 하고 이에 대한 답을 모색하는 문제 지향적, 맥락 지향적 교육이 되어야 할 것이다.

2. 하나님 나라의 복음선포를 위한 소명의식 형성과 은사개발 ↔ 소명과 은사에 대한 오해

개인적 신앙성숙과 공공성을 아우르는 통전적 기독교교육은 하나님 나라의 복음선포를 위한 소명의식 형성과 은사개발의 교육적 과제를 지닌다. 정체성의 문제는 소명의식과 밀접하게 상호연결되어 있다. 올바른 정체성 형성이 이루어지지 못하면 올바른 소명의식을 가질 수도 없고, 또한 양자는 긍정적이든 부정적이든 서로에게 영향을 끼치기 때문이다. 신약에서는 바울의 경우 소명(calling, vocare)을 지칭하는 단어로 *klesis*를 사용하는데 이것은 "하나님의 복음전파를 통하여 믿음의 삶으로 부르심을 받는 것과 그 결과로 이루어지는 기독교 공동체 가입

---

[46] 최근 복음주의적 입장에서 아동과 청소년들을 대상으로 하는 교리교육 책들이 많이 출판되고 있다. 정 설, 『가슴 뛰는 교리교육 현장 보고서』 (서울: 지평서원, 2015); 황희상, 『지금 시작하는 교리교육』 (서울: 지평서원, 2013); Carl Trueman, *The Creedal Imperative*, 김은진 역, 『교리와 신앙: 교회에게 버림받은 성경적 신앙고백』 (서울: 지평서원, 2015). 이러한 책에서 발견되는 아쉬운 점은 교리내용을 학습자들의 삶에서 유래하는 생성적 주제들(generative themes)과의 연관성 속에서 대화적으로 소통하지 못하고 일방적으로 교리내용을 전달하는데 더 많은 무게를 두고 있다는 것이다.

과 일상의 삶에서 하나님을 섬기는 것을 지칭"하였다.[47] 이후 중세시대를 지나면서 소명은 주로 성직자나 수도자로 부름을 받은 것을 지칭했으나, 루터는 "모든 성도들의 제사장직"이라는 원리하에 이를 모든 그리스도인들의 사역으로 확대시켰다. 그러나 루터의 경우 두 왕국설에 기초하여 이미 확립된 질서와 지위 안에서 소명을 바라보는 경향이 있었다는 비판을 받았다.

리처드 오스머(Richard Osmer)는 루터의 소명이해가 지닌 이러한 약점을 지적하면서 몰트만과 미로슬라프 볼프(Miroslav Volf)의 신학에 기초하여 그리스도인들의 소명을 다음과 같이 정의한다.[48] "소명은 개인들이 하나님과의 동반자로 부르심을 받는 것을 뜻하는 데, 이 과정에서 독특한 은사들이 삶의 특정 기간 동안 하나님께서 그들로 하여금 수행하도록 주신 독특한 역할에 대한 분별과 함께 일깨워지고 개발된다."[49] 소명에 대한 이러한 이해는 소명을 직업을 넘어서서 하나님의 창조사역에 지속적으로 동참하는 것으로 그 지평을 확대시켜 준다. 따라서 소명은 흔히 직업과 동일시되는 경우가 많지만 자신의 직업과 소명이 동일하지 않은 경우도 많다.[50]

계속해서 오스머는 소명을 다음과 같은 4가지 패턴으로 분류한다.[51] 1) 직업과 분명히 구별되는 소명, 2) 자신의 직업 및 경력과 깊이 연관되어 있는 소명, 3) 회중을 넘어선 자원봉사 활동들 또는 사회운동

---

47 Richard Osmer, 장신근 역, 『교육목회의 새로운 패러다임』, 346.

48 Miroslav Volf, *Zukunft der Arbeit: Arbeit der Zukunft*, 이정배 역, 『노동의 미래, 미래의 노동』 (천안: 한국신학연구소, 1993).

49 Richard Osmer, 장신근 역, 『교육목회의 새로운 패러다임』, 350-51.

50 위의 책, 346.

51 위의 책, 353-54.

에 참여하는 것과 깊이 연관된 것으로서의 소명, 4) 여러 다양한 삶의 영역에 걸쳐서 다중적인 책임감을 균형 있게 유지하려는 노력으로서의 소명 등이다. 이러한 맥락에서 소명이란 하나님 나라의 복음 선포와 관련하여 "하나님께서 우리들의 삶의 특정한 시기에 우리들로 하여금 행하기를 원하시는 어떠한 것"인데 이것은 하나님의 계속적인 창조의 사역에 동반자로 참여하는 것이라고 할 수 있다. 따라서 소명은 미리 확립되어 있는 질서, 제도, 기구의 맥락에서 활동하는 것과 동시에 이러한 것들의 개혁까지도 포괄하는 폭넓은 의미로 사용된다. 소명과 관련하여 기독교교육의 과제는 성령의 역사 안에서 그리스도인 개인들이 하나님 나라의 복음 선포에 기초하여 "삶의 전 과정을 통해서 소명감을 선포하고 재조정하도록 지원하는 것"이라 할 수 있다.[52]

하나님 나라 백성의 소명의식 형성을 위한 주요 교육과제는 다음과 같다. 첫째, 하나님 나라의 복음 선포와 관련하여 소명에 대한 이해를 새롭게 하고 그 지평을 확대시켜 주는 과제이다. 소명은 직업과 동일시할 수도 있으나 이를 넘어서서 다양한 패턴으로 나타날 수 있다는 것과, 인간발달의 과정과 일상의 삶 가운데서 함께 변화되어 간다는 사실을 교육해야 할 것이다. 즉 소명과 은사를 자신의 직업과 지나치게 동일시하고 직업 영역에서의 세속적이며 개인주의적 성공만을 지나치게 강조하는 기복주의적 신앙에 빠지지 않도록 교육해야 한다. 그리고 소명은 성령 하나님의 계속적인 창조와 변형의 역사에 우리가 함께 동반자로 참여하는 지속적인 과정임을 잘 인식시켜야 할 것이다. 이를 위하여 발달 과정별로 소명과 관련된 성서적, 신학적 주제들에 대한 교육과

---

52 위의 책, 354.

모델이 되는 인물들을 통한 연구 등이 이루어져야 할 것이다. 한국사회의 고령화가 빠르게 진행되어 감에 따라서 평생직업에 대한 개념이 점차 약해지고 일생에 걸쳐 2-3가지의 직업을 가져야 하는 시대가 도래하고 있다. 따라서 직업과 소명의 관계에 대한 성서적, 신학적 이해가 절실하게 요청되고 있다. 위에서 살펴본 소명의 4가지 패턴을 참고로 하여 교회에서는 그리스도인들이 소명과 직업의 관계를 분명하게 인식하도록 도와주기 위하여 개인별로 그 유형에 따라서 맞춤형의 멘토링 또는 소그룹 중심의 교육을 실시할 필요가 있다.

둘째, 인간발달의 주기, 혹은 신앙의 순례의 과정에 따라서 그리스도인들이 하나님 나라의 복음선포와 관련하여 자신의 은사(charisma-ta)를 성령 안에서 분별하고, 재조정하고, 개발할 수 있도록 지원하는 것이다. 하나님께서 개인들에게 주신 천부적인 재능과, 상황과, 성령의 인도하심 사이의 역동적인 분별과정을 통하여 자신들의 독특한 은사를 삶의 단계마다 새롭게 발견하고, 재조정하고, 개발할 수 있도록 해야 한다. 이를 위하여 성서적, 신학적 관점의 분별 교육과 더불어 사회과학에서 활용되는 다양한 인성검사, 성격검사, 지능검사, MBTI, 애니어그램 등을 은사발견, 재조정, 개발을 위하여 참고자료로 활용할 수 있을 것이다. 교회 안에서의 은사뿐 아니라 세상에서 살아가면서 자신의 직업, 전공, 전문지식, 기술 등과 연관하여 은사를 개발할 수 있는 기회들을 제공해야 할 것이다.

인간발달의 주기에 기초하여 자신의 은사를 재조정하고 개발하는 과제 중에는 은퇴에 관한 내용도 반드시 포함되어야 한다. 앞에서 살펴본 것처럼 호모 헌드레드 시대를 맞이하여 은퇴 이후의 삶이 점점 길어져 가고 있다. 적어도 30-40년간의 은퇴 생활을 보내야 한다. 따라서 은퇴와 연관하여 그리스도인의 소명에 대한 분명한 성서적, 신학적 관점을 제공해 주어야 할 것이다. 격대 신앙교육과 같이 은퇴 이후의 소명을 손자녀에 대한 신앙적 돌봄과 같은 사역과 연계시켜 주는 것도 하나의 실례가 될 수 있다. 과거에 비해 오늘날에는 전문적 기술과 지식 분야에 종사하다가 은퇴한 사람들이 신앙공동체 안에 많이 있으므로 이들의 풍부한 경험과 지식을 선교활동과 연계시켜 주는 것도 은퇴자를 위한 또 다른 은사개발 방안이다.

셋째, 소명과 은사에서 가장 핵심인 하나님 나라의 복음 선포를 삶의 현장에서 명시적, 암시적으로 실천하도록 교육하는 것이다. 하나님 나라 백성의 가장 중요한 소명은 하나님 나라의 복음을 명시적 혹은 총체적 차원에서 증언하고 선포하는 사역에 부름을 받는 것이며 이를 위하여 자신의 은사를 사용하는 것이다. 선교공동체로서 교회는 명시적 차원에서 케리그마적 설교를 통하여 하나님의 복음을 다양한 기회를 통하여 교회의 전 세대에게 정기적으로 지속적으로 선포해야 할 것이다. 그리하여 개인들이 이에 응답하여 하나님 백성으로서 소금과 빛의 삶을 통하여 이웃에게 복음을 증언하고, 더욱더 명시적으로 개인적 차원의 복음전도 등을 실천해 나가도록 연령별로 다양한 교육을 해야 한다.

예를 들어 교회와 각 가정에서 교사와 부모들이 소명과 은사의 가장 핵심인 복음전도교육을 자녀들에게 실시할 경우 댄 킴볼(Dan Kimball)이 주장하는 포스트모던 시대에 존재하는 이머징 교회의 전도전략을 참고할 필요가 있다.[53]

- 근대교회: 전도는 사람들을 초청하는 행사이다.
  → 이머징 교회: 전도는 관계형성, 신뢰, 삶의 본을 통해 일어나는 과정이다.
- 근대교회: 전도의 주된 관심은 사람들이 천국에 들어가게 하는데 있다.
  → 이머징 교회: 전도의 관심은 사람들이 바로 지금 하나님 나라의 통치하에 사는 삶을 실제로 살게 하는데 있다.
- 근대교회: 전도는 메시지이다.
  → 이머징 교회: 전도는 대화이다.
- 근대교회: 전도를 뒷받침하기 위해 이성과 증거를 사용한다.
  → 이머징 교회: 전도의 주된 증거로 교회의 교회됨을 사용한다.
- 근대교회: 선교는 교회의 한 부문이다.
  → 이머징 교회: 교회가 곧 선교이다.

하나님 나라의 복음선포는 개인적인 차원의 명시적 복음전도와 동시에 하나님의 선교라는 더욱 넓은 지평에서 지속적으로 수행해 나가야 한다. 이에 대한 내용은 아래에서 다양한 공적영역과 연관하여 제시될 것이다. 통전적 기독교교육은 복음주의적 신학에서 강조되는 이러한 개인에 초점을 맞춘 명시적 복음선포와 에큐메니컬 신학에서 강조되는 사회적, 구조적, 제도적, 생태적 차원의 하나님의 선교를 분리된 과제로 보지 않고 상호 연관된 과제로 인식한다.

---

53 Dan Kimball, "제18장 전도: 천국에 들어가기 위한 기도 그 이상," *The Emerging Church*, 윤인숙 역, 『시대를 리드하는 교회: 새로운 세대를 위한 전통적 기독교』 (서울: 이레서원, 2007), 238-56.

3. 삼위일체적 공동체 형성 ↔ 개인주의와 인간중심주의의 도전

개인적 신앙성숙과 공공성을 아우르는 통전적 기독교교육은 삼위일체 하나님의 공동체에서 나타나는 공동체 형성을 위한 교육적 과제를 지닌다. 공동체 형성의 차원은 정체성 형성의 차원에서도 중요한데 그 이유는 하나님 나라 백성의 정체성은 개인적 차원과 진공의 상태에서 이루어지는 것이 아니라 관계적이고 공동체적인 차원을 통해서 이루어지기 때문이다. 양자는 철저히 상호 연관성 속에 존재한다.

통전적 기독교교육은 삼위일체 하나님의 공동체에 기초한 공동의 삶 혹은 공동체적 삶에 대한 비전을 제시하고 이에 기초한 공생, 공존의 삶을 살아갈 수 있도록 교육하는 과제를 수행한다. 오늘의 상황에서 공동체 형성이 중요한 이유는 앞에서도 살펴본 것처럼 먼저, 다양한 형태의 개인주의가 인간의 삶에 파괴적인 영향을 끼치기 때문이다. 개인주의는 특히 공공성의 후퇴를 가져오는 "타자에 대한 무관심"으로 나타나는데 이에 대한 대안으로 타자의 삶에 대한 관심의 회복을 통하여 공동체적 가치와 삶의 형성이 요구되는 것이다. 여기에서 공동체란 가정, 교회, 학교, 지역사회, 시민사회, 국가, 지구적 차원, 생태적 차원까지 다양한 범주를 지칭한다.

오늘의 상황에서 공동체 형성이 중요한 또 다른 이유는 심각한 인간중심주의(anthropocentrism) 때문이다. 인간에 의한 자연 생태계의 파괴가 묵시록적 파국(apocalyptic catastrophe)을 향해 치닫는 오늘의 상황에서 인간과 자연이 공존하는 공동체의 건설은 매우 절박한 생존의 과제이기 때문이다. 여기에서 생태적 차원의 공동체는 인간중심주의를 극복하고 인간과 자연이 공존하는 인간-자연 생태 공동체 건설을 지칭한다.

그런데 이러한 개인주의와 인간중심주의를 극복하기 위한 과정에서 급속하게 진행되고 있는 세계화의 상황을 심각하게 고려해야 한다. 오늘의 세계화 시대에는 전 지구적인 상호의존과 급속한 변화로 인하여 "지구상의 인류가 자신들의 집합적인 업무를 처리하는 모든 규범, 규칙, 정책, 제도, 실천들을 포함하려는" 글로벌 거버넌스(global governance)와 글로벌 윤리를 점점 더 필요로 하고 있다.[54] 삼위일체 하나님의 공동체를 지향하는 통전적 기독교교육은 이러한 거시적 차원의 글로벌 거버넌스, 글로벌 윤리에 대해서도 기독교적 관점(에큐메니컬 관점)을 제시함으로써 공헌할 필요가 있다.[55] 더 나아가 세계화 시대에는 자연 생태계 파괴의 문제가 지역적인 차원을 넘어서 지구적 차원으로 상호 연계되어 있기에 지역적 차원뿐 아니라 지구적 생태윤리에 대한 기독교적 관점을 또한 제시할 필요가 있다.[56]

삼위일체론적 공동체란 사회적 삼위일체론에서 나타나는 것처럼 공동체가 구성원 개개인의 특성과 독립성을 무시하는 집단이 아니라 개별성과 하나됨이 조화를 이루고 긴장을 이루는 가운데 상호의존적으로 존재해야 한다는 것을 강조한다. 위에서 살펴본 제자직과 시민직의 관점에서 본다면 지역사회, 국가적 시민사회, 지구적 시민사회, 생태 공동체는 제자직의 실현 가능성이 시험되고, 동시에 제자직의 범위를 확

---

54 Anthony Giddens and Phillip Sutton, *Sociology*, 7ᵗʰ ed., 김용학 외 6인 역, 『현대사회학』 제7판 (서울: 을유문화사, 2014), 170.

55 Miroslav Volf는 최근의 저서에서 종교와 지구화의 불가분의 관계를 강조하고, 지구화에 대한 세계종교의 책무를 진정한 번영에 대한 종교적 비전의 제시라고 강조한다. Miroslav Volf, *Flourishing*, 양혜원 역, 『인간의 번영』 (서울: IVP, 2017).

56 생태 기독교교육에 대하여 다음을 참고할 것. 이향명, 『생태 시대의 기독교교육』 (서울: 대한기독교서회, 2017).

대시켜 주는 역할을 한다. 통전적 기독교교육은 이러한 다양한 차원의 공공영역과 생태현장을 중요한 교육현장과 신앙실천의 장으로 인식하는 가운데 공공선의 추구를 통한 공적신앙의 형성을 모색한다.

공공영역과 생태영역에서의 공동체 형성을 지향하는 통전적 기독교교육의 중요한 교육적 과제는 성서적, 기독교적 차원에서 개인주의와 인간중심주의의 폐해가 심각한 오늘의 상황에서 그리스도인들로 하여금 가정에서 자연 생태공동체에 이르기까지 다양한 차원의 공동체에 대한 공존, 공생의 비전과 가치를 소유하도록 하고 이에 기초하여 교회 밖의 공공영역에서 공공선을 지향하는 공동체적, 생태적 가치 형성과 실천에 헌신하도록 하는 것이다. 이러한 과정에서 성서적, 신학적 비전과 타 학제와 서로 대화할 필요가 있다.

예를 들어 삼위일체 신학과 새로운 공동체주의적 정치철학 사이의 비판적 대화를 통하여 공동체에 대한 공동의 비전과 실천을 모색해 나갈 수 있다. 삼위일체론의 "다양성 속의 하나됨"이라는 가치와 "사회의 힘과 개인의 균형, 공동체와 자율성의 균형, 공동선과 자유의 균형, 개인의 권리와 사회 책임의 균형"을 강조하는 새로운 공동체주의적 입장이 서로 만나서 공동의 가치를 창출하고 공유해 나가도록 교육적 노력을 기울이는 것이다.[57] 보다 구체적으로, 입시, 공교육, 동성애, 인권, 복지, 탈핵, 통일 등과 같이 공적영역에서 생겨나는 다양한 공적이슈들에 대하여 성서적, 신학적 관점과 타 학제들과의 대화에 기초하여 생명, 인권, 포용, 공감, 다양성 등과 같이 공유 가능한 공동의 가치에 기초하여 대화하고, 토론하고, 협의하고, 합의할 수 있는 역량을 구비시켜 주는

---

57 김은혜, 『기독교윤리와 포스트모더니즘』(서울: 대한기독교서회, 2015), 314.

과제이다.

공동체 형성을 지향하는 통전적 기독교교육에는 다음과 같은 교육들이 포함될 필요가 있다. 첫째, 공존, 공생의 공동체의식 양육을 위한 도덕교육이다. 공동체 형성에 기여할 수 있는 지적인 차원의 도덕적 추론 교육, 제자와 시민으로서의 품성 형성교육, 인간의 자연적 감정(기쁨, 슬픔, 분노, 공감 등) 개발을 통한 도덕감성 형성교육 등을 들 수 있다.[58] 이러한 교육은 인간 공동체에만 초점을 맞추는 것이 아니라 인간-자연의 생태 공동체까지 아우르는 교육이 되어야 한다. 후자에 해당하는 기독교 생태교육에는 1) 통전적 차원의 창조질서 회복을 지향하는 교육, 2) 창조영성을 형성하는 교육, 3) 생태적 삶의 실천과 생명공동체로서의 교회 형성을 위한 교육, 4) 창조질서 회복을 위한 교회의 공적 역할에 대한 교육 등이 포함되어야 한다.[59]

공존, 공생의 공동체의식 양육을 위해서는 요즈음 많이 강조되고 있는 지역사회의 공동체 형성을 위한 "마을 공동체 운동" 등과 같은 운동에 참여하는 것도 하나의 구체적 방법이 될 수 있다.[60] "마을 공동체 운동"의 경우, 서울에 위치한 D교회에서 매년 지역의 불교사찰, 가톨릭 성당과 더불어 실시하는 종교인 바자회를 실례로 들 수 있다. 이 교회는 지역사회의 어려운 학생들을 위한 장학금을 조성하기 위하여 지역

---

58 Lawrence Kohlberg, *Psychology of Moral Development: The Nature and Validity of Moral Stages* (San Francisco: Harper & Row, 1984); Thomas Lickona, *Educating for Character* (New York: Bantam Books, 1992); William Damon, *The Moral Child*, 조강모 역, 『아동도덕 발달과 열린교육』 (서울: 문음사, 1997). Miroslav Volf도 용기, 겸손, 정의, 존중, 긍휼 등과 같은 덕목의 형성을 강조한다. Miroslav Volf and Ryan McAnnally-Linz, *Public Faith in Action*, 김명희 역, 『행동하는 기독교』 (서울: IVP, 2017).

59 장신근, "제9장: 지구생태계의 위기와 교회의 생명교육목회," 『창조적 교회교육 내비게이션』 개정증보판 (서울: 예영커뮤니케이션, 2016), 195-211.

60 기독교교육의 관점에서 마을 공동체운동을 다룬 연구는 다음을 참고할 것. 김도일, 『가정, 교회, 마을 교육공동체』 (서울: 동연, 2018).

사회의 여러 종교단체와 연합으로 바자회를 개최하여 지역사회의 공동
체의식 형성에 크게 기여하고 있다. 또한 공동체적 품성의 형성과 인간
의 자연적인 감정을 개발시켜 나가는 도덕감성 형성교육 그리고 생태
적 감수성을 양육하는 교육은 영유아 시절부터 가정, 교회, 학교, 지역
사회 등이 연계하여 실시해 나가야 장기적인 효과를 거둘 수가 있을 것
이다.

둘째, 토론과 합의를 지향하는 숙의적(deliberative) 교육이다. 공공
의 영역에서 이루어지는 토론과 합의 과정에 참여할 수 있는 의사소통
능력을 양육하는 교육이다. 우리사회가 세계에서 가장 갈등이 심한 이
유 가운데 하나가 숙의적 과정을 통한 합의도출 능력의 부족이라고 할
수 있다. 일방전달식의 의사소통에 익숙하고 토의와 토론이 생활화되
지 않음으로 인간관계에서 다양한 갈등과 마찰들이 발생하는 것이다.
숙의적 훈련을 위해서는 먼저 가정, 교회, 학교 등에서의 민주적인 회의
훈련을 실례로 들 수 있다. 토론과 합의를 지향하는 숙의적 교육은 민
주시민사회에서 살아가기 위하여 반드시 요청되는 교육이다. 이는 사
회적 갈등을 줄이고 공생 공존의 사회를 만들어 나가는 데 있어서 기초
적이며 매우 핵심적인 교육이다. 통전적 기독교교육에서는 이처럼 가
정, 교회, 학교 등 다양한 현장에서 개인의 의견을 존중하고 토의와 토
론을 통하여 합리적인 협상을 이루어나가는 숙의적 교육이 이루어 질
수 있도록 지원을 해 나가야 할 것이다.

셋째, 타자에 대한 포용성을 양육하는 다문화교육이다.[61] 다문화교

---

61 다문화교육에 대하여 다음을 참고할 것. 장신근, "제6장: 평화교육으로서의 다문화 기독교교육:
공교회적 접근을 중심으로," 『공적신앙을 양육하는 교회와 가정교육』 (서울: 장로회신학대학교
출판부, 2011), 189-232.

육은 오늘의 다원주의적 상황에서 공생, 공존의 공동체를 형성해 나가기 위해서 필수적인 교육이다. 공동체 형성에 있어서 가장 중요한 것 중의 하나는 자신이 확고한 정체성을 지닌 가운데 다양한 종류의 타자들과 대화하고 포용하는 것이다. 이를 위해서는 분명한 기독교적 정체성의 확립이 전제되어야 할 것이다. 우리 사회에서 계속 증가하고 있는 결혼이민자, 이주 노동자, 그리고 탈북 이주민들을 포용하고 더불어 살아가기 위하여 먼저 성서적, 신학적 차원에서 포용에 대한 가치를 제시하고 다른 전통들과의 대화를 통하여 다문화 의식을 형성해 나가는 데 기여해야 할 것이다. 또한 이들을 위한 구체적인 다문화 정책 및 제도 형성과 변형과정에 교회가 교단적으로 적극참여하고, 동시에 지역교회는 이들과 연대하면서 섬길 수 있는 장들을 구성원들에게 다양하게 마련해 주어 이들이 다문화적인 의식, 감수성, 창조성, 역량을 지닐 수 있도록 해야 할 것이다.[62]

4. 예언자적 변혁 ↔ 비인간화의 도전

개인적 신앙성숙과 공공성(공적신앙)을 아우르는 통전적 기독교교육은 예언자적 변혁을 위한 교육적 과제를 지닌다. 예언자적 변혁은 공동체 형성 차원과 공통점을 가지기도 하지만 구별되는 과제를 지닌다. 공동체 형성교육은 시민사회의 맥락에서 공공선을 지향하는 가운데 공감, 포용, 연대 등과 같은 시민적 덕성을 양육하고 또한 합리적인 의사소통 과정을 통한 공동의 가치 모색과 합의도출이라는 차원이 강조된

---

[62] 이에 대하여 다음을 참고할 것. 박천웅, 『다문화교육의 탄생』 (서울: 국경없는 마을 출판사, 2009).

다. 이런 차원에서의 공공성은 주로 위에서 언급한 시민사회 맥락의 공공성과 연관된다.

반면에 예언자적 변혁교육은 주로 정치, 경제, 문화, 이념 차원의 불의, 불평등, 차별, 비인간화, 압제 등을 초래하는 구조적, 제도적 측면의 변혁 및 해방을 위한 대면(confrontation) 및 저항(resist)과 연관이 된다. 최근 한국사회가 경험한 촛불혁명을 실례로 들 수 있을 것이다. 이러한 차원에서의 공공성은 국가 권력과, 동시에 오늘의 세계화의 맥락에서는 전 지구적으로 불의한 구조와 체제를 초래하는 권력 혹은 글로벌 기업과도 밀접하게 관계된다. 불의한 권력에 저항하고 투쟁하는 이러한 변혁운동은 구약의 예언자 전통에서 그 기원을 찾아볼 수 있다. 그리고 신학적으로는 1960년, 70년대 유럽의 정치신학, 남미의 해방신학, 민중신학, 에큐메니컬 신학(하나님의 신학, JPIC 등) 등에서 이러한 예언자적 전통이 이어지고 있다.

그런데 공동체 형성의 차원과 예언자적 변혁이라는 두 가지 차원의 공공성은 완전히 분리되어 있는 것이 아니라 공존한다. 한국사회의 경우 예전에 비하여 민주화가 많이 진전되고, 경제적으로 발전하고, 시민사회가 많이 형성되어 있다. 하지만 예언자적 변혁이 필요한 경제적 불평등, 법률적 차별, 비리, 정치권력의 부패, 정경유착, 빈익빈 부익부의 경제구조 등과 같은 구조적, 제도적 문제들을 여전히 안고 있기에 양자는 통전적 기독교교육에서 같이 수행해 나가야 할 교육적 과제이다. 더 나아가 지구적 차원에서도 정치, 경제, 문화의 영역에서 불의, 전쟁, 소외, 억압, 차별, 불평등, 비인간화 등의 현실이 여전히 존재하기에 통전적 기독교교육은 이러한 전 지구적 차원까지 변혁의 지평을 넓혀 나가는 노력을 기울여야 한다.

개인적 신앙성숙과 더불어 예언자적 변형을 지향하는 통전적 기독교교육의 교육적 과제는 다음과 같다. 첫째, 예언자적 변혁의식을 형성하는 교육이다. 이것은 예언자적 현실 변혁의 비전과 사회과학의 비판이론 등과의 대화에 기초하여 유토피아적(메시아적) 변혁에 대한 비전을 형성하는 교육이다. 이러한 변혁의식을 형성하는 교육에는 의심의 해석학을 통한 이데올로기 비판 교육이 포함되어야 한다. 정치, 경제, 문화, 사회 등의 각 영역에서 나타나는 지배 이데올로기를 폭로, 해체, 비신화하는 작업을 해야 한다. 예를 들어 신자유주의 사상에 기초한 오늘의 지구적 자본주의 이데올로기의 폐해에 대한 비판적 의식형성 과정이 교육에 반드시 포함되어야 한다.

이를 위하여 교회와 하나님의 백성들이 불의한 사회현실에 대한 비판적 인식을 가질 수 있도록 다양한 통로를 통하여 교육을 해야 한다. 예를 들어, 여러 예배에서 행해지는 예언적 설교와 예언자적 상상력을 양육하는 성경공부, 공공이슈와의 대화를 통한 평신도 신학공부, 공공이슈에 대한 세미나, 포럼 등을 들 수 있다.

둘째는 인간해방을 추구하는 바른실천(orthopraxis)을 수행해 나가도록 지원하는 교육이다. 인간해방을 추구하는 기독교 전통과 사회운동 사이의 대화와 연대를 통하여 인간 해방을 지향하는 바른 실천에 참여할 수 있도록 지원하는 것을 뜻한다. 위에서 제안한 첫 번째 과제가 의식의 차원과 연관되어 있다면 두 번째 차원은 실천과 연관된다. 기독교적 실천이 개인적, 교회 내적으로 축소되어가며 기복적인 차원으로 왜곡되어 가는 오늘의 현실에서 통전적 기독교교육은 더욱 확장된 실천개념을 제시하며 동시에 본래적인 해방의 차원을 회복할 수 있도록 해 준다. 그리고 이러한 바른 실천의 개념은 인간뿐 아니라 파괴되어

가는 생태계에 대한 올바른 실천이라는 차원도 포괄한다. 이를 위하여 제도적, 구조적, 법률적, 변혁을 지향하는 사회적 디아코니아교육이 요구된다. 구제와 노블레스 오블리주 차원의 현실 유지적(*status quo*) 디아코니아를 넘어서서 제도, 법률, 기구 등의 개혁을 지향하는 사회적 디아코니아 교육이 여기에 포함된다.[63]

5. 지혜문학적 소통 ↔ 사회, 문화와의 소통 부족

개인적 신앙성숙과 공공성을 아우르는 통전적 기독교교육은 교회와 하나님의 백성으로 하여금 지혜문학적 소통 능력을 구비하도록 교육한다. 지혜문학적 소통은 구약의 지혜문학에서 나타나는 유형의 기독교교육에서 뿌리를 찾을 수 있다.[64] 지혜문학의 교육은 하나님의 창조질서를 통하여 인간이 공유하는 "보편적 지혜" 또는 "가지성"(可知性, intelligibility)의 개념에 기초한 교육이다. 지혜문학에는 이러한 이유로 당시 근동의 다양한 나라로부터 수입된 지혜문학이 포함되어 있고, 이러한 근동의 다양한 지혜들과의 대화가 시도되었다.[65] 지혜는 "신앙하는 이성", "이해를 추구하는 신앙"과 관련되어 있다. 지혜문학에 의하면 창조된 질서로서 세상은 지혜를 포함하고 있으므로 지혜는 세상에 대한 경험에서 얻어진다고 본다. 지혜문학에서의 교육과제는 사람들에게

---

63 사회적 디아코니아에 대하여 다음을 참고할 것. Maria Harris, *Fashion Me a People*, 고용수 역, 『교육목회 커리큘럼』 (서울: 한국장로교출판사, 1997).

64 중세 가톨릭의 토미즘전통에서도 보편적인 자연계시의 중요성을 강조하는 교육전통을 발견 할 수 있다. 참고: Charles Melchert, *Wise Teaching*, 송남순, 김도일 역, 『지혜를 위한 교육』 (서울: 한국장로교출판사, 2002).

65 지혜문학의 저자들은 자신들의 고유한 종교전통과 문화에 관심을 가질 뿐 아니라 이집트, 그리스, 슈메르, 바벨론 등 다양한 사람들의 전통에도 관심을 가지고 이것을 수입하였다. 위의 책, 18.

분별의 방법을 가르치고 경험을 통하여 주어진 선물들과 주변세계에 관심을 기울이게 하는 것이다. 물론 지혜는 궁극적으로 하나님께 대한 송영으로 귀결되지만 "위로부터 주어진 것"이 아니라 "아래로부터 생겨나는 가르침"에 강조점을 둔다. 이러한 전통은 앞에서 본 것처럼 신약성서의 바울을 비롯하여 교회와 신학의 역사를 통하여 계속해서 이어졌다.

이러한 맥락에서 통전적 기독교교육은 인간을 이성(*ratio*), 언어소통(*oratio*), 행위(*operatio*) 등과 같은 능력을 지닌 존재로 창조되었으며 이로 인하여 교육 가능한 존재(*homo educabile*)이며 동시에 교육 필연적 존재(*homo educandus*)로 창조되었다고 본다.[66] 즉, 인간은 본래적으로 하나님에 의하여 교육적인 존재로 창조되었다고 본다. 이러한 교육적 존재라는 인간의 보편성이 지혜교육과 밀접하게 연관되어 있다.

지혜문학적 소통과 관련된 교육적 과제는 첫째, 교회와 그리스도인으로 하여금 기독교의 진리를 보편적 언어를 통해서 세상에 변증하는 이중 언어 구사 능력을 구비하는 것이다. 즉, 기독교진리를 보편적인 혹은 이성적인 용어와 개념을 통하여, 혹은 다른 문화와 학문 전통과의 학제적 대화(interdisciplinary dialogue)를 통하여 대화 상대자에게 전달하여 인식시키고 소통할 수 있는 능력, 혹은 변증의 능력을 교육하는 것이다. 월터 브루그만은 열왕기하 18-19장에 대한 주석을 통하여 이러한 이중 언어의 실례를 제시하면서 그리스도인들은 "성벽 뒤의 신앙 공동체의 언어"와 "성벽 위에서의 중재를 위한 공적 언어(public lan-

---

[66] 오인탁, 『기독교교육학 개론』 (서울: 한국기독교교육학회, 2009), 20-22.

guage)"를 모두 유창하게 구사하는 능력이 필요하다고 주장한다.[67] 이러한 이중언어 교육은 일방적으로 합리적 논리를 통하여 기독교전통만을 선포하는 것이 아니라 상호적 관계를 필요로 한다. 최근 신학에서는 예를 들어, 비판적 상관관계(critical corelation) 신학에서 기독교전통과 다른 전통 사이의 상호 비판적 대화를 시도하는 실례를 찾아볼 수 있다.

둘째, 교회와 그리스도인으로 하여금 기독교의 진리와 타학제, 문화, 예술 등과의 대화를 통하여 공공의 선에 기여하기 위한 이중 언어구사 능력을 구비하는 것이다. 공동의 선을 추구해 나가는 과정에서 기독교진리와 인문학, 자연과학, 사회과학 등과 같은 인문과학(human sciences) 사이의 다양한 대화를 시도하는 것이다. 이상의 두 가지 과제는 모국어라 할 수 있는 기독교 전통에 대한 이해와 외국어라 할 수 있는 타학제에 대한 이해를 필요로 한다. 다른 학제들과의 대화와 더불어, 오늘의 문화, 특히 대중문화와의 대화가 이중 언어 교육에 포함되어야한다.[68]

셋째, 교회와 그리스도인으로 하여금 일상의 삶을 소중하게 여기며살아가도록 돕는 것이다. 지혜교육은 현실과 유리된 전문지식에 대한대안으로 중요하다. 출생, 죽음, 성, 예절, 고통 등 지혜문학에서는 특별한 것들 뿐 아니라 "일상적인 것들도 하나님의 기적"으로 간주된다. 이들은 하나님의 현존으로서의 자연에 깊은 관심을 가진다. 그러면서 종종 "종교적인 것을 부각시키지 않으면서 독자들에게 심오한, 시대성,

67 Walter Brueggemann, "The Legitimacy of a Sectarian Hermeneutic: 2 Kings 18-19," Boys, Mary ed., *Education for Citizenship and Discipleship* (New York: The Pilgrim Press, 1989), 3-34.
68 장신근, "한류와 미래 기독교문화교육," 김도일 편, 『미래시대, 미래세대, 미래교육』 개정판 (서울: 기독한교, 2015), 94-133.

환경적인 문제, 그리고 영성까지도 보여준다."[69] 우리는 특별한 것과 일
상의 것을 지나치게 구별하고 후자를 가볍게 보는 경향이 많다. 이에
반하여 통전적 기독교교육에서는 특별한 것의 중요성을 인식하면서도
동시에 일상의 삶과 실천의 중요성이 강조된다. 주일과 대비되는 주중
의 삶과 실천 그리고 교회력의 절기와 대비되는 비절기 혹은 평상시의
교육의 중요성이 강조된다.[70]

6. 변모적 찬미 ↔ 신앙의 심미적 차원의 결여

개인적 신앙성숙과 공공성을 아우르는 통전적 기독교교육은 교회
와 하나님의 백성으로 하여금 변모적 찬미의 삶을 살아가도록 교육한
다. 신학과 기독교교육의 완성은 하나님에 대한 찬양과 경배에 있다. 이
책의 3장에서 살펴본 것처럼, 브루그만도 구약정경 속에 나타나는 3가
지 교육형태(오경, 예언서, 지혜문학)가 궁극적으로는 하나님께 대한 순
종, 찬양으로 이어진다고 본다. 누가복음 9:28-43의 변모산 사건은 예
수 그리스도의 종말론적 부활의 영광스런 모습을 예기적으로 보여주는
사건이다. 그런데 여기에서 나타나는 예수님의 영광스런 모습은 다른
말로 표현하면 아름다운 모습이다. "부활에서 나타나는 그리스도의 변
모는 그의 영광스럽게 변모된 육체의 광채와, 죽음 가운데서 파괴된

---

69 Charles Melchert, 송남순, 김도일 역, 『지혜를 위한 교육』, 18.

70 장신근, 『창조적 교회교육 내비게이션』 개정증보판, 25-26. 일상의 삶이 지닌 신앙적 중요성
과 실천에 대하여 다음을 참고할 것. Dorothy Bass ed., *Practicing Our Faith: A Way of Life for a
Searching People* (San Francisco: Jossey-Bass Publishers, 1997). 최근의 "Slow Church" 운동도 신
앙에서 일상의 삶이 지닌 의미를 매우 중요시한다. Christopher Smith and John Pattison, *Slow
Church*, 김윤희 역, 『슬로처치: 예수님을 따라 신실하게 일하는 인격적 교회론』 (서울: 새물결플
러스, 2015).

(crushed) 종의 형체로부터 영원한 생명 가운데 살아가는 존재로서의 신적인 아름다움으로 변형됨을 지칭한다."[71] 이 모습을 보고 제자들은 혼미한 지경에 빠졌다가 매우 즐거워한다. 변모산에서 "예수는 아름다움 자체인 하나님의 광채와 영광을 발한다. … [제자들이] 신적 미(하나님의 미)의 세계를 보고 듣고 느끼고 체험하는 순간이다."[72] 하나님을 향한 찬양과 기쁨을 통하여 부활하신 그리스도의 변모에 참여하는 것을 변모적 찬미(doxology)라고 할 수 있다.

하나님의 백성과 하나님의 관계는 진, 선과 더불어 미의 차원까지 나아가야 한다. 하나님과의 관계에서는 하나님에 대한 올바른 인식(진)과 이에 기초한 올바른 행위(선)가 중요하지만 미적인 아름다움의 차원이 함께 포함되어야 한다. "미는 통념과는 달리 진과 선 다음에 따르는 하위의 범주가 아니라 진과 선을 포섭하고 아울러 통합하고 형태화한다."[73] 이처럼 하나님의 아름다움(영광)의 세계를 보고, 듣고, 느끼고 체험 할 수 있는 공간을 마련하는 것이 통전적 기독교교육이 수행해야 할 중요한 과제 중의 하나이다.

변모적 찬미와 관련된 기독교교육적 과제는 첫째, 교회와 그리스도인들로 하여금 하나님의 아름다움(영광)을 예기적으로 보고, 듣고, 느끼고 체험함으로써 하나님께 찬양드리는 종말론적 예배의 현장을 제공하는 것이다. 예배를 통하여 우리는 삼위일체 하나님을 경배한다. 하나님은 구원의 계시 가운데 계시는 하나님이시며 동시에 찬미의 대상이 되시는 하나님이시다. "하나님은 단지 그가 베푼 구원 때문만이 아니라

---

71 Richard Osmer, 장신근 역, 『교육목회의 새로운 패러다임』, 439.

72 심광섭, 『예술신학』 (서울: 대한기독교서회, 2010), 385.

73 위의 책, 386.

궁극적으로 자기 자신 때문에 찬양과 사랑을 받는다."[74]

> 예배의 현장은 이러한 찬양의 대상이 되시는 하나님에 대한 찬양이 실
> 천되는 장소이다. 그리고 찬양은 신학의 완성이며 기독교교육의 완성
> 이다. 기독교교육은 삼위일체 하나님에 대한 예배를 통하여 완성된다.
> 기독교교육은 학습자들로 하여금 삼위일체 하나님의 창조, 구속, 변형
> 의 프락시스에 동반자로 참여하도록 교육하지만 궁극적으로는 이러
> 한 하나님께 피조물로써 찬양을 돌리게 하는 것에 그 목적이 있다. 예
> 배는 이러한 삼위일체 하나님의 창조, 구속, 변형의 역사를 종말론적
> 으로 소망하는 가운데 미리 맛보면서 하나님께 찬양을 드리는 현장이
> 다.[75]

예배를 통한 찬양은 하나님에 대한 영광을 위하여 우리를 창조하신
하나님의 본래적인 목적을 회복해 나가는 과정이다.

둘째, 음악, 기도, 시편, 노래, 춤, 시 등 다양한 유형의 창의적인 표
현을 통하여 하나님의 아름다움 혹은 영광을 찬양하는 개인과 공동체
를 형성하는 것이다.[76] 이는 개인과 신앙공동체가 다양한 장르와 문화
적 전통에 기초하여 창의적 방법으로 하나님께 찬양드리도록 훈련하는
과제이다. 음악의 경우 성악, 기악, 관현악, 고전음악, 현대음악, 국악,
재즈, 흑인영가 등 다양한 예술적 장르와 통로를 활용할 수 있다. 그런

---

74 Jürgen Moltmann, *Trinität und Reich Gottes*, 김균진 역, 『삼위일체와 하나님의 나라』 (서울: 대한
    기독교출판사, 1982), 187.
75 장신근, "통전적 기독교교육의 모색: 삼위일체론적 모델의 기독교교육을 중심으로," 임성빈 편,
    『통전적 신학의 모색: 제5,6,7회 춘계신학강좌』 (서울: 장로회신학대학교출판부, 2012), 230.
76 Richard Osmer, 장신근 역, 『교육목회의 새로운 패러다임』, 439.

데 여기에서 한 가지 더 기억해야 할 사실은 교회공동체 내의 찬양과 관련하여, 각 세대(연령) 간의 격차가 날로 심해지는 상황에서 "에큐메니컬 취향"(ecumenical taste)을 양육할 필요가 있다는 것이다. 이것은 그리스도인들이 자신의 미적 취향 혹은 자신이 속한 세대의 미적 취향만을 절대적인 것으로 내세우지 않고 서로 서로가 상대방의 상이한 음악적 취향을 상호존중하고 배려하는 것을 뜻한다. 특히 미적 취향이 크게 차이가 나는 청소년, 청년세대와 성인세대 사이에 이러한 것이 필요하다.[77]

셋째, 변모산에서 나타난 예수님의 아름다움(영광)을 추구하는 가운데 현실 변혁적 상상력과 능력을 양육하는 과제이다. 하나님의 아름다움에 대한 미적 상상력은 현실 변혁적인 예언적 상상력과 유비적인 관계에 있다. 하나님의 아름다움을 추구하는 자는 그것을 현실에서 실현시켜 나가는 소명을 가지게 된다. 즉, 하나님의 아름다움과 대조되는 이 세상의 여러 가지 추함을 인식하고, 이 세상을 하나님의 아름다운 모습, 혹은 하나님이 지으신 본래의 아름다운 세상으로 만들어 나가기 위한 과정에 참여하게 된다. 하나님의 미적 차원에 대한 인식은 그것으로 끝나지 않고 그분의 아름다움을 피조물 가운데 다시 회복시켜 나가려는 윤리적 노력과 통합된다. 이러한 과정에서 예술의 중요한 역할에 주목할 필요가 있다.[78]

---

77 "에큐메니컬 취향"과 이와 관련된 "기독교적 취향"에 대하여 다음을 참고할 것. 장신근, "한류와 미래 기독교문화교육," 124-26; Frank Brown, *Good Taste, Bad Taste, and Christian Taste: Aesthetics in Religious Life* (Oxford: Oxford University, 2000).

78 장신근, "제8장: 바울서신의 분별 교수사역과 세계화시대의 영성교육," 『공적실천신학과 세계화시대의 기독교교육』 (서울: 장로회신학대학교출판부, 2007), 291-92.

그리스도교의 역사에 있어서 전통적으로 예술은 교회 안에서 성가, 성상, 건축 등을 통하여 예배를 보조하거나, 신학적이고 영적인 형성의 수단으로 사용되었다. 그러나 최근에는 예술이 자연과 더불어 하나님의 미를 반영한다는 사실을 신학자들이 새롭게 인식하면서 하나님은 진리와 선의 원천이실 뿐 아니라 아름다움의 원천이라는 사실에 대한 관심이 고조되고 있다. 하나님이 진리와 선함뿐만 아니라 또한 아름다움의 원천이시며 아름다운 분이시라면, 이 세상에 나타나는 모든 불의, 차별, 폭력, 지배 등과 같은 죄악들은 하나님의 아름다우심과는 대조되는 추함(ugliness)이라고 할 수 있을 것이다. 이러한 전제하에서 예술은 하나님의 아름다움을 반영하는 매개체로서 이 세상의 현실 속에 나타난 여러 종류의 추함을 드러내고, 그것에 대하여 항거하고, 변혁시키는 데 있어서 중요한 통로의 역할을 할 수 있는 것이다. 특히 미학적 상상력은 현실속의 여러 가지 추함에 대하여 심미적으로 대안적인 비전을 가지도록 해주며, 그 비전 가운데서 현실 속에 하나님의 아름다움이 실현되도록 추구하는 여러 변혁적인 실천들의 원동력이 될 수가 있다.

나가는 말:
상황적이며 종말론적 온전성을 지향하는 기독교교육

본 장에서 제안하는 온전성을 지향하는 기독교교육은 먼저 상황적

(contextual)이다. 모든 신학이 상황적인 성격을 지니지만 온전한 기독교교육의 모색은 특히 다음과 같은 오늘의 시대적 도전과 질문에 대한 응답에서 시작된다고 할 수 있다. 즉, 본 장에서는 포스트모던적 다원주의, 소명과 은사에 대한 오해, 개인주의, 비인간화, 사회, 문화와의 소통 부족, 신앙의 심미적 차원의 결여 등을 오늘의 한국 기독교교육이 직면한 중요한 상황적 도전이라고 인식하였다. 그리고 이에 대한 대안을 하나님 나라 백성의 신앙정체성 형성, 하나님 나라의 복음선포를 위한 소명의식 형성과 은사개발, 삼위일체적 공동체 형성, 예언자적 변혁, 지혜문학적 소통, 변모적 찬미 등과 같은 교육적 과제를 통하여 모색해야 함을 제언하였다. 물론 이러한 도전과 응답이 오늘의 한국 기독교교육이 처한 상황을 완전하게 포함하고 있는 것은 아니지만 핵심적인 이슈들은 모두 들어있다고 본다.

그렇다면 위에서 제안한 여러 과제를 수행하는 기독교교육은 온전한, 통전적 기독교교육인가? 이러한 것을 어느 정도까지 수행해야 온전하고 통전적이라 할 수 있는가? 이에 대하여 우리가 먼저 인식해야 할 것은 이 땅에서 우리가 추구하는 온전성과 통전성은 상대적이며 종말론적 개념이라는 것이다. 역사상에 존재하는 어떠한 기독교교육도 자신을 100% 온전하고 통전적인 교육이라 할 수 없으며, 다만 하나님 나라의 온전성과 통전성을 종말론적으로 지향하며 나아가는 "도상의 교육"일 뿐이다. 따라서 지금 여기에서 온전성과 통전성을 부분적이지만 미리 맛보고, 선취하고, 이루어 나가는 과정 속에 있으며 동시에 역사의 종말에 하나님의 능력 안에서 완성될 소망을 가지고 나아가는 교육이다. 종말론적 통전성 혹은 온전함을 추구하는 기독교교육은 종교사회주의와 변증법신학에 막대한 영향을 끼쳤던 독일의 루터교 목사 크리스토프 블룸하르트(Christopher Blumhardt)의 말처럼 "서두름과 기다림, 기다림과 서두름" 속에 존재한다.[79] 따라서 온전한, 통전적 기독교교육은 서둘러야 할 때와 기다려야 할 때를 분별하는 지혜를 삼위일체 하나님께 계속 간구하며 삼위일체 하나님의 창조, 구속, 영화의 프락시스에 하나님의 백성들이 지속적으로 동참할 수 있도록 장을 만들고 도전을 제시하는 교육이다.

---

[79] Christopher Blumhardt, *Action in Waiting*, 전나무 역, 『행동하며 기다리는 하나님 나라』 (서울: 대장간, 2018).

에필로그

통전적 신앙양육을 위한
기독교교육의 미래 과제

2017년 한 해 동안 루터 종교개혁 500주년을 맞이하여 관련 세미나, 강연, 종교개혁 현장방문, 기념 예배, 기념 출판, 음악회, 미술전시회, 박람회 등 다양한 행사가 진행되었다. 종교개혁의 정신을 이어가는 개혁교회가 500년간 사라지지 않고 이어져 왔다는 사실 만으로도 500주년은 큰 의미를 지닌 해임이 분명하다. 그러나 오늘의 한국교회 현실은 또 다른 종교개혁을 필요로 하고 있어 500주년을 기뻐하고 경축하기보다는 답답하고 우울한 마음이 앞선다. "Reformed" Church(과거에 개혁된 교회)가 한국에서는 지속적으로 "Reforming" Church(오늘에도 계속 개혁하는 교회)로 존재하지 못한 결과인 것이다. 미국 상원의 채플 목사였던 리처드 핼버슨(Richard Halverson)은 "교회는 그리스로 이동해 철학이 되었고, 로마로 옮겨가서는 제도가 되었고, 유럽으로 가서는 문화가 되었고, 미국으로 가서는 기업이 되었다"고 하였다. 그리고 영화 쿼바디스의 김재환 감독은 이에 더하여 "교회는 마침내 한국으로 와서는 대기업이 되었다"라고 일침을 가하였다. 물론 오늘 한국의 모든 교회가 규모에 있어서 대기업과 같은 대형은 아니지만, 대부분의 한국교회를 움직여가는 심연의 동기가 대기업의 적폐라 할 수 있는 맘모니즘, 경쟁주의, 가족주의, 번영주의, 정경유착 같은 것에 의식적, 무의식적으로 깊이 뿌리내리고 있는 것이 사실이다.

이런 현실에서 우리는 어떠한 개혁을 추구해야 하는가? 여러 차원의 종교개혁이 있겠지만 한국교회의 생존을 위하여 오늘의 현실에서 우선되어야 하는 것은 바로 올바른 신앙 형성을 위한 기독교교육의 개혁일 것이다. 500년 전의 종교개혁이 바른 신앙 회복을 위한 "교육"개혁에 터하고 있었던 것처럼 오늘날도 신앙의 본질을 올바로 세워가는 교육개혁이 요청되고 있다.[1] 이러한 맥락에서 이 책에서 시도한 통전적 신앙을 양육하는 생애주기별 기독교교육은 한국교회 개혁을 위한 교육 개혁의 일부분이라 할 수 있다.

이제 한국교회가 종교개혁의 근본정신에 기초하여 새롭게 거듭나기 위하여 기독교교육이 직면한 미래 도전들이 무엇이며, 통전적 신앙 양육을 위한 과제는 또한 무엇인지를 몇 가지 생각하면서 이 책을 마무리하고자 한다. 첫째, 미래에 더욱 심화될 다원주의 혹은 상대주의 현상에 직면하여 기독교교육은 정체성과 포용성을 함께 갖춘 통전적 신앙을 양육해 나가야 한다. 오늘날의 지구적, 지역적 차원의 광범위한 다원주의 현상은 상대주의와 더불어 미래에 더욱 심화될 것이다. 따라서 미래의 기독교교육은 그리스도인들로 하여금 확고한 기독교적 정체성을 지니면서도 동시에 여러 차원의 타자를 포용할 수 있는 신앙을 지닐 수 있도록 다양한 노력을 기울여야 할 것이다. 확실한 정체성이 결여된 포

---

1   양금희는 유럽의 종교개혁이 교육개혁인 이유를 다음과 같은 6가지로 제시한다. 1) 바른 앎을 동반하는 믿음, 2) 모두가 하나님의 말씀, 성경을 읽는 사람, 3) 세상 속에서 제사장적 리더십을 수행하는 사람, 4) 부모의 가정에서의 제사장 역할, 5) 가정-교회-학교 연계, 6) 통전적 기독교교육 패러다임 등이다. 양금희, 『종교개혁과 교육개혁』(서울: 예영커뮤니케이션, 2018), 194-208.

통전적 신앙과 생애주기별 기독교교육: 아동기에서 노년기까지

용성은 자신의 경계를 상실하게 되고, 포용성이 결여된 정체성은 자기 폐쇄성 속에 갇혀버리게 된다. 다원주의 혹은 상대주의 시대의 그리스도인들은 외줄을 타고 균형을 유지하며 앞으로 나아가는 것처럼 정체성과 포용성 사이의 긴장을 유지하는 신앙을 지녀야 한다.

둘째, 미래 무종교인구의 급속한 증가현상에 직면하여 기독교교육은 소통, 초월, 성육신 등의 특징을 지닌 통전적 신앙을 양육해 나가야 한다. 최근 2015년 통계에 의하면 우리나라의 "종교없음(무종교)"에 속하는 인구가 전체 인구의 56.1%에 도달한다. 이는 10년 전과 비교하여 거의 10%가 증가한 숫자이다. 무종교인의 숫자는 앞으로 지속적으로 증가할 가능성이 매우 높다. 이러한 상황에서 미래의 기독교교육은 무종교인들과 합리적, 이성적 논리를 통한 소통을 가능케 하고, 자신들이 경험한 신앙의 초월적 차원을 신실하게 증언하고, 신앙의 앎을 삶으로 연결시켜 나갈 수 있는 성육신적 실천능력을 키워주는 교육이 되어야 할 것이다.

셋째, 미래 디지털, 과학기술의 혁명적 발전에 직면하여 기독교교육은 성서적 세계관에 기초한 생명살림과 인간성 회복에 적극 공헌하는 통전적 신앙을 양육해야 한다. 디지털 영역에서 인공지능의 혁명적 발전은 긍정적인 차원과 함께 인간의 미래에 대한 어두운 전망을 낳고 있다. 특히 인공지능(AI)의 출현과 급속한 발전으로 인간들은 현존하는 대부분의 일자리를 상실하게 되고, 더 나아가 인공지능에 의하여 인간이 통제당하고 지배를 받을 것이라는 섬뜩한 시나리오가 점점 더 힘을 얻고 있는 듯하다. 또한 과학기술의 혁명적 발전으로 인하여 인간을 기계론적으로 바라보는 신기계론적 사상과 인간의 영혼까지도 뇌 활동의 결과로만 바라보는 환원주의적 사상들이 그 목소리를 점점 더 크게 내면서 종교의 자리를 위협하고 있다.[2] 이러한 상황에서 미래의 기독교교육은 생명살림과 하나님 형상으로서의 인간의 존엄성을 지켜나가기 위하여 헌신하는 통전적 신앙 형성을 위해 전력을 기울여야 할 것이다. 인간의 한계와 존엄성, 더 나아가 생명에 대한 경외감을 상실한 과학기술의 발전은 인간과 자연에게 엄청난 종말론적 재앙이 된다는 사실을 인식시켜 주는 사명은 바로 통전적 신앙을 지닌 그리스도인들의 과제이다. 그리고 이러한 신앙을 양육하는 것은 미래 기독교교육의 몫이다.

넷째, 반(反)생태적 현상이 지속되고 광범위하게 확산될 미래의 도전에 직면하여 기독교교육은 자연과 인간, 인간과 인간, 하나님과 피조세계가 하나가 되는 생명공동체 건설에 공헌하는 통전적 신앙을 양육해야 한다. 생태계의 파괴, 착취 현상은 계속 악화일로에 있으며 우리는 종말론적 생태위기의 시대를 살아가고 있다. 특히 최근 우리가 겪었던 유래 없는 전 지구적 폭염 및 한파현상은 지구 온난화로 인한 인간의 자연 파괴의 결과이다. 인간이 파괴한 자연 생계계가 인간을 다시 공격하고 있는 것이다. 다음 세대에도 이러한 생태적 위기는 지속될 것으로 예상된다. 기독교교육은 이러한 깨어진 생명의 질서 속에서 살아가는 그리스도인들이 통전적 신앙으로서의 생태적 신앙을 소유하고 생명살

---

2   히브리대 역사학과 교수인 Yuval Harari 는 제4차 산업혁명의 결과 미래의 인간은 자신의 노화와 죽음을 극복하고 불멸, 쾌락에 기초한 행복, 신성추구라는 목표를 향해 브레이커 없는 차와 같이 질주 할 것이라고 경고한다. Yuval Harari, *Homo Deus*, 김병주 역, 『호모 데우스: 미래의 역사』 (서울: 김영사, 2017), 특히 "제3부: 호모 사피엔스 지배력을 잃다" 참고.

림에 헌신할 수 있도록, 또한 교회가 생태적 공동체로 형성되어 나갈 수 있도록 다양한 노력을 경주해야 할 것이다. 통전적 신앙으로서의 생태적 신앙은 "타자를 위해서 자신의 생명을 내어주는 생명의 섬김과 희생"을 실천하게 만드는 신앙이다.[3]

　　모든 시대의 기독교교육은 상황적이고 맥락적이다. 우리가 비록 온전한 의미의 기독교교육을 추구한다 할지라도 그것은 결코 진공에서 이루어지는 것이 아니라 그 시대가 지닌 다양한 특성과 도전들과의 대화 가운데서 이루어진다. 500년 전의 종교개혁도 당시 중세말기와 근세초기의 왜곡된 상황을 파악하고 예언자적 정신으로 치열하게 대결한 결과이다. 따라서 미래에 전개될 기독교교육 역시 종말론적 온전성을 소망하면서 시대적 과제와 지속적으로 치열하게 대화하는 가운데 자신의 소명을 신실하게 감당해 나가야 할 것이다.

3　　이향명, 『생태 시대의 기독교교육』 (서울: 대한기독교서회, 2017), 107.

참고문헌

강영택 외.『입시에 대한 기독교적 대응』. 서울: 예영커뮤니케이션, 2009.

강희천.『기독교교육사상』. 서울: 연세대학교출판부, 1991.

고미숙.『낭송의 달인 호모 큐라스』. 서울: 북드라망, 2014.

고원석 외.『변화하는 세대를 위한 기독교교육의 새 모델들』. 서울: 장로회신학대학교 기독교교육
　　연구원, 2012.

고원석.『현대 기독교교육 방법론』. 서울: 장로회신학대학교출판부, 2018.

곽금주.『흔들리는 20대: 청년기 생애설계 심리학』. 서울: 서울대학교출판문화원, 2013.

곽혜원.『존엄한 삶, 존엄한 죽음: 기독교 생사학의 의미와 과제』. 서울: 새물결플러스, 2014.

권대봉.『성인교육방법론』. 서울: 학지사, 1999.

김경집.『인문학은 밥이다: 매일 힘이 되는 진짜 공부』. 서울: 알에이치코리아, 2013.

김광식.『조직신학』IV. 서울: 대한기독교서회, 1997.

김균진.『죽음과 부활의 신학』. 서울: 새물결플러스, 2015.

_____.『기독교조직신학』III. 서울: 연세대학교출판부, 1987.

김근주.『복음의 공공성: 구약으로 읽는 복음의 본질』. 서울: 비아토르, 2017.

김도일.『가정·교회·마을 공동체』. 서울: 동연, 2018.

김동위.『성인 교육학』. 서울: 교육과학사, 1996.

김명용.『온신학의 세계』. 서울: 장로회신학대학교출판부, 2016.

_____.『온신학』. 서울: 장로회신학대학교출판부, 2014.

김무영.『인문학은 행복한 놀이다: 질문하고 상상하고 표현하라』. 서울: 사이다, 2013.

김미숙. "다양한 가족의 유형 및 특성." 김미숙 외.『가족의 사회학적 이해』. 서울: 학지사, 2002,
　　307-32.

김미영 외 7인.『노년의 풍경: 나이듦에 직면한 동양의 사유와 풍속』. 파주: 글항아리, 2014.

_____. "조손(祖孫) 관계의 전통과 격대(隔代)교육."『실천민속학연구』16 (2010. 8), 55-84.

김봉진. "글로벌 공공철학으로써의 한 사상." 김상일 외. 『한류와 한 사상: 한류의 세계화를 위한 한 사상의 이론과 실제』. 서울: 모시는사람들, 2009.

김성애. 『기독교청소년 교육』. 서울: 하교, 2008.

김수환 외. 『아직 펴보지 않은 책, 죽음』. 서울: 신앙과 지성사, 2016.

김애순. 『장·노년 심리학』. 서울: 시그마 프레스, 2012.

김영철. 『전통가정교육연구』. 교육학연구 47. 서울: 문음사, 1998.

김오남. "손자녀를 양육하는 조부모의 부담과 보상감." 『한국노년학연구』 16 (2007), 59-84.

김은주. "한국사회의 가족해체와 가족신학의 정립의 필요성." 『장신논단』 39 (2010), 223-50.

김은혜. 『기독교윤리와 포스트모더니즘』. 서울: 대한기독교서회, 2015.

김재은. 『기독교 성인교육』. 서울: 도서출판 기독한교, 2004.

김태련 외. 『발달심리학』. 서울: 학지사, 2004.

김현숙. 『탈인습성과 기독교교육』. 서울: 대한기독교서회, 2004.

김희자. 『정보화 시대의 기독교 청소년교육』. 서울: 한국기독교교육학회, 2005.

남금조. 『조부모와 손주가 함께 놀면서 배우는 로이스말씀학교』. 서울: 생명의말씀사, 2017.

대한예수교장로회 총회교육부. 『평생교육 커리큘럼의 이론과 실제』. 서울: 한국장로교출판사, 2000.

_____. 『하나님의 나라와 가정』. 서울: 한국장로교출판사, 2002.

류태영. 『천재를 만드는 유태인의 가정교육법』. 서울: 국민일보사, 2001.

목회와 신학 편집부. "특집: 차세대교육의 해법, 오렌지에서 찾다." 『목회와 신학』 259 (2011. 1), 41-78.

문동환. 『아리랑고개의 교육』. 서울: 한국신학연구소, 1985.

박경호. 『기독교 평생교육』. 서울: 기독교문서선교회, 2006.

박노권. "기독교 죽음이해에 대한 상담학적 고찰." 『기독교 상담학회지』 10 (2005. 10), 171-96.

박봉수. 『교회의 성인교육』. 서울: 한국장로교출판사, 1999.

박상진. "입시에 대한 기독교적 이해." 박상진 외. 『입시에 대한 기독교적 이해』. 서울: 예영커뮤니케이션, 2008, 13-52.

박천웅. 『다문화교육의 탄생』. 서울: 국경없는 마을 출판사, 2009.

박향숙. "신생성인기를 위한 기독교신앙교육." 『기독교교육논총』 37 (2014. 3), 295-323.

_____. "초기 성인을 위한 기독교 신앙교육: 신생성인기(Emerging Adulthood)를 중심으로." 미간행 신학박사학위논문, 서울신학대학교, 2013.

박형국. 『죽음과 고통, 그리고 생명, 신학적 이해』. 서울: 도서출판 모시는 사람, 2015.

백혜리. "묵재일기(黙齋日記)에 나타난 조선 중기 아동의 생활." 『유아교육연구』 24-5 (2004), 63-100.

부경대학교 인문사회과학연구소 노년인문학센터. 『인문학자 노년을 성찰하다』. 서울: 푸른사상, 2012.

사미자. 『인간발달과 기독교교육』. 서울: 장로교출판사, 2012.

_____. 『종교심리학』. 서울: 장로회신학대학교출판부, 2002

서문진희. "고령·초고령 교회의 사역 방향성에 대한 연구." 『한국기독교신학논총』 104 (2017), 309-31.

서혜경. 『노인죽음학 개론』. 서울: 경춘사, 2009.

설은주. 『고령화 시대의 노인목회』. 서울: 예영커뮤니케이션, 2005.

_____. 『가정사역론』 개정판. 서울: 예영커뮤니케이션, 2004.

손승희. "한국교회 교육신학의 어제와 오늘." 『신학과 교회』 2 (2014. 겨울), 151.

손원영. "기독교적 죽음교육의 연구 유형과 새 방향." 『한국문화신학회 제7집: 죽음, 삶의 현장에서 이해하기』 (2004), 233-74.

손인수. 『한국인의 가정교육』. 서울: 문음사, 1992.

송호근. 『그들은 소리 내 울지 않는다』. 고양: 도서출판 이와우, 2013.

신옥수. "평화통일신학의 형성과 과제: 하나님나라 신학의 빛에서." 『선교와 신학』 35 (2015. 봄), 13-47.

신용주. "조부모됨과 조부모역할 다시 보기." Andragogy Today. 18-4 (2015), 29-47.

심광섭. 『예술신학』. 서울: 대한기독교서회, 2010.

안미영. "노인교육을 위한 노인통합교육과정의 재 개념화." 『기독교교육정보』 11 (2005. 8), 145-69.

안병창. 『청소년부 교육과정 변천과 개발』. 서울: 요단, 2011.

야마와키 나오시. 公共哲?とは何か. 성현창 역. 『공공철학이란 무엇인가?』. 서울: 이학사, 2011.

양금희 외. 『기독교가정의 신앙의 대 잇기를 위한 매뉴얼』. 서울: 장로회신학대학교 기독교교육연구원, 2012.

양금희. 『종교개혁과 교육개혁』. 서울: 예영커뮤니케이션, 2018.

_____. 『어린이 영성교육』. 서울: 센싱더스토리, 2014.

_____. 『기독교 유아·아동교육』. 서울: 대한기독교서회, 2011.

_____. 『이야기·예술·기독교교육』. 서울: 장로회신학대학교출판부, 2010.

양진건, 김유리, 현은선. "유배양육일기 『양아록(養兒錄)』의 교육적 의미." 『교육사상연구』 27-1 (2013. 4), 147-62.

엄기호. 『이것이 왜 청춘이 아니란 말인가』. 서울: 푸른숲, 2010.

오인탁. 『기독교교육학 개론』. 서울: 한기독교교육학회, 2009.

옥장흠. 『탈무드를 보다: 21세기 교육의 대안』. 오산: 한신대학교 출판부, 2014.

유성호. 『나는 매주 시체를 보러 간다: 서울대학교최고의 '죽음' 강의』. 서울: 21세기북스, 2019.

윤갑수. "고령화 사회에서의 교회 노인교육 활성화 방안." 『기독교교육정보』 25 (2010. 4), 319-49.

윤용섭 외 6인. 『노인이 스승이다: 왜 지금 격대교육인가?』. 서울: 글항아리, 2015.

은준관. "제2장: 창조와 은총의 장으로서의 가정과 교육." 『기독교교육 현장론』. 서울: 대한기독교출판사, 1988, 66-118.

이규민. "후기 근대사회 가정을 위한 기독교교육학적 대안모델 형성." 오인탁 외. 『현대교회와 교육』. 서울: 예영커뮤니케이션, 2001, 122-65.

이동옥. 『나이듦과 죽음에 관한 여성학적 성찰』. 서울: 한국학술정보, 2012.

이석철. 『기독교 성인사역론』. 대전: 침례신학대학교출판부, 2005.

이숙진. "최근 한국기독교의 아버지 담론에 대한 비판적 성찰: '착한' 가부장주의를 중심으로." 『종교문화비평』 22 (2012. 9), 209-35.

_____. "교회남성은 어떻게 만들어져 왔는가?"『기독교사상』642 (2012. 6), 52-63.

이영숙. "청소년기 손자녀에 대한 조부모의 역할에 관한 연구."『한국생활과학회지』13-5 (2004. 10), 673-681.

이영숙. 박경란. "조부모됨에 대한 주관적 경험 연구."『주관성 연구』26 (2013. 6), 109-25.

이원일. "죽음에 대한 노년기 기독교교육."『기독교교육정보』26 (2010), 353-78.

이인철. "退溪의 子女敎育論: 寄安道孫을 중심으로."『한국교육철학회』33 (2007. 12), 167-204.

이재림. "부모는 영원한 봉인가?: 20-30대 성인자녀의 도구적 의존 재조명." 최연실 외 15인.『한국 가족을 말하다: 현상과 쟁점』. 서울: 도서출판 하우, 2015.

이학준.『한국 교회, 패러다임을 바꿔야 산다』. 서울: 새물결플러스, 2011.

이향명.『생태 시대의 기독교교육』. 서울: 대한기독교서회, 2017.

인디고 아이들. 윤한결, 이윤영 엮음.『정세청세: 청소년이 만드는 희망의 인문학』. 서울: 궁리, 2009.

임병식, 신경원.『죽음지도자를 위한 죽음 교육교본』. 서울: 가리온, 2017.

장승희. "품격 있는 사회를 위한 유교의 인성교육 담론."『동양철학연구』62 (2010. 5), 301-32.

장신근 외.『삼위일체론적 통전성을 지향하는 청소년 신앙양육시스템에 대한 연구."『제13회 소망 신학포럼(공동과제 3) 자료집』(장로회신학대학교, 2011. 4. 18), 1-105.

장신근, 김은혜, 성 현. "한국교회의 다음세대를 위한 청년사역연구: 성육신적 삶의 신학에 기초한 삶-신앙-삶 모델." 김도일 외 10인.『다음세대 신학과 목회』. 서울: 장로회신학대학교출판 부, 2016, 113-267.

장신근.『통전적 기독교교육의 이론과 실천현장』. 서울: 장로회신학대학교출판부, 2017.

_____.『창조적 교회교육 내비게이션』개정증보판. 서울: 예영커뮤니케이션, 2016.

_____.『기독교 학교교육과 신학교육: 이론과 실천』. 서울: 동연, 2013.

_____.『공적신앙을 양육하는 교회와 가정교육』. 서울: 장로회신학대학교출판부, 2011.

_____. "공감." 장신근 외.『기독교교육에 생기를 불어넣는 일곱 주제』. 서울: 장로회신학대학교 기독교교육연구원, 2009.

_____.『공적실천신학과 세계화 시대의 기독교교육』. 서울: 장로회신학대학교출판부, 2007.

장정호. "묵재(黙齋)『양아록(養兒錄)』의 교육학적 이해: 전통육아의 교육적 의미를 중심으로."『국 학연구』18 (2011), 101-28.

장휘숙.『성인발달 및 노화심리학』. 서울: 박영사, 2012.

전영철, 전샛별.『격대교육이 오바마를 만들었다』. 서울: 아름다운사람들, 2010.

정낙찬 외 편.『한국의 전통교육』. 경산: 영남대출판부, 2000.

정석규.『구약성서로 읽는 갈등과 화해』. 서울: 한들출판사, 2010.

정석환. "한국인 중년 남성을 위한 목회 상담."『한국기독교상담학회지』4 (2002), 266-316.

정 설.『가슴 뛰는 교리교육 현장 보고서』. 서울: 지평서원, 2015.

정수복.『한국인의 문화적 문법: 당연의 세계 낯설게 보기』. 서울: 생각의 나무, 2007.

정옥분.『발달심리학: 전생애 인간발달』. 서울: 학지사, 2014.

정웅섭. "교회의 성인교육목회."『현대교육목회의 전개』. 천안: 한국신학연구소, 2001, 325-40.

정재영.『한국교회, 10년의 미래: 한국교회가 주목해야 할 10가지 어젠다』. 서울: SFC, 2012.

정정숙.『인간발달과 상담』. 서울: 베다니, 2006.

조경철. "화해는 하나님의 구원사건이다: 고후 5:18-21을 중심으로 살펴 본 바울의 화해사상." 『신약논단』 13-1 (2006. 3), 111-46.

조은하. 『통전적 영성과 기독교교육』 개정판. 서울: 도서출판 동연, 2010.

차갑부. 『성인교육사회학』. 서울: 양서원, 2002.

최성훈. 『고령사회의 실버목회』. 서울: CLC, 2017.

최준식. 『죽음학개론』. 서울: 모시는사람들, 2013.

최외선. "노인의 자아통합감과 죽음불안에 대한 연구." 『한국노년학』 27-4 (2007), 755-73.

최재락. "목회상담에서 본 죽음이해." 『한국문화신학회』 7 (2004), 211-32

최재봉. 『행복한 밥벌이, 천직의 발견』. 서울: 21세기북스, 2014.

최준식. 『너무 늦기 전에 들어야 할 죽음학강의』. 서울: 김영사, 2014.

추부길. *Family Ministry*. 서울: 한국가정상담연구소, 2005.

한경혜. 이정화. 『지금 중년을 말할 때: 대한민국 중년을 치밀하게 분석한 보고서』. 서울: 교문사, 2012.

한림대학교생사학연구소 편. 『좋은 죽음을 위한 안내』. 서울: 박문사. 2018.

한미라. "체제론적 세계관과 종교교육." 『기독교교육정보』 4 (2002) 218-63.

한정란. 『노인교육의 이해』. 서울: 학지사 2005.

한준상. 『호모 에루디티오: 성인교육학의 사상적 토대』. 서울: 학지사, 1999.

한춘기. 『기독교 교육신학』 제I권. 서울: 한국기독교교육학회, 2005.

함인희. "세대갈등의 현주소와 세대통합의 전망." 『한국정책학회 기획세미나 (한국정책학회 프로시딩)』 (2013. 1), 47-69.

허기한. "크리스천 중년남성의 성숙성에 대한 연구." 『한국기독교상담학회지』 17 (2009), 285-312.

현용수. 『유대인의 인성교육 노하우』 1. 서울: 도서출판쉐마, 2005.

현은민. "노인죽음준비교육 프로그램 개발에 관한 연구." 『한국가족관계학회지』 10-2 (2005), 31-56.

홍숙자. 『노년학개론』 개정판. 서울: 도서출판 하우, 2010.

홍인종. "저출산 문제에 대한 목회(상담)적 대안." 박상진 편. 『종교개혁 500주년과 한국교회의 개혁과제: 제2회 장신신학강좌』. 서울: 장로회신학대학교출판부, 2017, 281-321.

황희상. 『지금 시작하는 교리교육』. 서울: 지평서원, 2013.

EBS 〈데스〉 제작팀. 『EBS 다큐프라임 죽음』. 서울: 책담, 2014.

EBS 〈학교란 무엇인가〉 제작팀. 『학교란 무엇인가?』. 서울: 중앙북스, 2011.

KBS 〈생로병사의 비밀〉 제작팀. 『호모 헌드레드』. 서울: 중앙북스, 2013.

SBS 스페셜 〈격대교육〉 제작팀. 『격대 육아법의 비밀』. 서울: 경향미디어, 2013.

Arber, Sara, and Virpi Timonen eds. *Contemporary Grandparenting: Changing Family Relationships in Global Contexts*. Bristol, UK: Policy Press, 2012.

Armstrong, Thomas. *Multiple Intelligences in the Classroom*. 전윤식 역. 『복합지능과 교육』. 서울: 중앙적성출판사, 1999.

Arnett, Jeffery, Marion Kloep, Leo Hendry, and Jeniffer Tanner. *Debating Emerging Adulthood: Stage or Process*. New York: Oxford University Press, 2011.

Arnett, Jeffery. *Human Development: A Cultural Approach*. 2nd ed. 정영숙 외 4인 역. 『인간발달: 문화적 접근』 제2판. 서울: 시그마프레스, 2018.

_____. *Emerging Adulthood: The Winding Road from the Late Teens Through the Twenties*. 2nd ed. New York: Oxford University Press, 2015.

Arthur, Sarah. *The God-Hungry Imagination: The Art of Storytelling for Postmodern Youth Ministry*. Nashville: Upper Room Books, 2007.

Arzola, Fernando. *Toward a Prophetic Youth Ministry: Theory and Praxis in Urban Context*. Downers Grove, IL: IVP, 2008.

Bainbridge, David. *Middle Age*. 이은주 역. 『중년의 발견』. 서울: 청림출판, 2013.

Balswick, Jack, and Judith Balswick. *Relationship Empowerment Parenting*. 박은주, 홍인종 역. 『긍정적인 관계가 자녀의 잠재력을 깨운다』. 서울: 디모데, 2005.

_____. *The Family: A Christian Perspective on the Contemporary Home*. 황성철 역. 『크리스천 가정』. 서울: 도서출판 두란노, 1995.

Bass, Dorothy, and Don Richter. *Way to Live: Christian Practice for Teens*. Nashville: Upper Room Books, 2008.

Bass, Dorothy, ed. *Practicing Our Faith: A Way of Life for a Searching People*. San Francisco: Jossey-Bass Publishers, 1997.

Bly, Stephen, and Janet Bly. *The Power of a Godly Grandparent: Leaving a Spiritual Legacy*. Kansas City, KS: Beacon Hill Press, 2003.

Braddy, Judi. *Camp Gramma: Putting Down Spiritual Stakes for Your Grandchildren*. Kansas City, KS: Beacon Hill Press, 2008

Bronfenbrenner, Urie and Ann C. Crouter. "Evolution of Environmental Models in Developmental Research." In *Handbook of Child Psychology: Formerly Carmichael's Manual of Child Psychology*. Edited by P. H. Mussen and W. Kessen. New York: Willey, 1983, 357-414.

Brown, Frank. *Good Taste, Bad Taste, and Christian Taste: Aesthetics in Religious Life*. Oxford: Oxford University, 2000.

Brueggemann, Walter. "The Legitimacy of a Sectarian Hermeneutic: 2 Kings 18-19." In *Education for Citizenship and Discipleship*. Edited by Mary C. Boys. New York: The Pilgrim Press, 1989.

Bauman, Zygmunt. *The Individualized Society*. 홍지수 역. 『방황하는 개인들의 사회: 우리는 각자 존재하고 나는 홀로 소멸한다』. 서울: 봄아필, 2013.

Berk, Laura. *Development through the Life Span*. 이옥경 외 5인 역. 『생애발달 II: 청소년기에서 후기 성인기까지』. 서울: 시그마프레스, 2009.

Biddulph, Steve. *The New Manhood*. 박미낭 역. 『남자, 다시 찾은 진실』 서울: 푸른길, 2011.

Bloesch, Donald. *Essentials of Evangelical Theology*. 이형기 역. 『복음주의신학의 정수』 II. 서울: 한국장로교출판사, 1999.

Bluedorn, Harvey, and Laurie Bluedorn. *Teaching the Trivium*. 김선화 역. 『기독교적 고전교육』. 서울: 꿈을 이루는 사람들, 2008.

Blumhardt, Christopher. *Action in Waiting*. 전나무 역. 『행동하며 기다리는 하나님 나라』. 서울: 대장간, 2018.

Boys, Mary C. *Educating in Faith*. 유재덕 역. 『현대 종교교육의 지형과 전망』. 서울: 하늘기획, 2006.

Boys, Mary, ed. *Education for Citizenship and Discipleship*. 김도일 역. 『제자직과 시민직을 위한 교육』. 서울: 장로교출판사, 1999.

Brueggemann, Walter. *Great Prayers of the Old Testament*. 전의우 역. 『구약의 위대한 기도』. 서울: 성서유니온 선교회, 2012.

_____. *The Creative Word*. 강성열, 김도일 역. 『창조적인 말씀을 통한 기독교교육: 구약정경의 토라와 예언, 지혜를 중심으로 한 신앙교육의 핵심』. 서울: 한들출판사, 2011.

Bushnell, Horace. *Nurture that is Christian*. 김도일 역. 『기독교적 양육』. 서울: 장로회신학대학교 출판부, 2004.

Callander, Joan. *Second Time Around: Help for Grandparents Who Raise Their Children's Kids*. Wilsonville, OR: Bookpartners, 1999.

Capps, Donald. *The Decades of Life: A Guide to Human Development*. Louisville: Westminster John Knox Press, 2008.

_____. *Life Cycle Theory and Pastoral Care*. 문희경 역. 『인간 발달과 목회적 돌봄』. 서울: 이레서원, 2001.

Clark, Chap, and Kara Powell. *Deep Ministry in a Shallow World*. 김창동 역. 『청소년 사역, 어떻게 디자인 할 것인가?』. 서울: 성서유니온선교회, 2010.

Coe, George A. *A Social Theory of Religious Education*. 김도일 역. 『종교교육 사회론』. 서울: 그루터기하우스, 2006.

Cohen, Patricia. *In Our Prime*. 권혁 역. 『중년이라는 상품의 역사』. 서울: 돋을새김, 2012.

Crosnoe, Robert, and Glen. Elder Jr. "Life Course Transitions, the Generational Stake, and Grandparent-Grandchild Relationships." *Journal of Marriage and Family* 64:4 (November 2002), 1089-96.

Damon, William. *The Moral Child*. 조강모 역. 『아동도덕 발달과 열린교육』. 서울: 문음사, 1997.

Dave, Ravindra. *Foundations of Lifelong Education*. Oxford: UNESCO Institute for Education, 1976.

De Gruchy, John. *Art and Transformation: Theological Aesthetics in the Struggle for Justice*. Cambridge: Cambridge University Press, 2001.

Dean, Kenda, and Andrew Root. *The Theological Turn in Youth Ministry*. Downers, Grove, IL: Inter Varsity, 2011.

Dean, Kenda, and Ron Foster. *The God Bearing Life*. 배정훈 역. 『하나님을 잉태하는 청소년 사역』. 서울: 복있는사람, 2006.

Dean, Kenda, Chap Clack, and Dave Rahn. *Starting Right: Thinking Theologically about Youth Ministry*. Grand Rapids, MI: Zondervan, 2001.

Dean, Kenda. *Almost Christian: What the Faith of Our Teenagers is Telling the American Church*. Oxford: Oxford University Press, 2010.

_____. *OMG: A Youth Ministry Handbook*. Nashville: Abingdon Press, 2010.

_____. *Practicing Passion: Youth and the Quest for a Passionate Church.* Grand Rapids, MI: Wm. B. Eerdmans Publishing, 2004.

Deeken, Alfons, and Sono Ayako. 旅立ちの朝に：愛と死を語る往復書簡. 김욱 역. 『죽음이 삶에게: 죽음의 인식으로부터 삶은 가치있게 시작된다』. 서울: 리수, 2012.

Deeken, Alfons. *SEITO SHI NO KYOIKU.* 전성곤 역. 『인문학으로서의 죽음교육』. 서울: 인간사랑, 2008.

_____. *Growing Old and How to Cope with It.* 김윤주 역. 『제삼의 인생: 당신도 노인이 된다』. 서울: 분도출판사, 2006.

_____. *SI TO DOU MUKIAUKA.* 오진탁 역. 『죽음을 어떻게 맞이할 것인가』. 서울: 궁리, 2002.

Dickerson, Ben, and Derrel R. Watkins. *Godly Grandparenting: A Christian Guide for Today's Families.* Indianapolis, IN: Power Publishing, 2008.

Doucett, Deborah, and Jeffrey LaCure. *Raising Our Children's Children.* Minneapolis: Fairview Press, 1997.

Doucette-Dudman, Deborah. *Raising our Children's Children: Room in the Heart.* Lanham: Taylor Trade Publishing, 2014.

Elder Jr., Glen and Rand Conger. "Ch. 6: Wisdom of the Ages." In *Children of the Land: Adversity and Success in Rural America.* Chicago: University of Chicago Press, 2002, 127-50.

Elkind, David. *All Grown Up & No Place To Go: Teenagers in Crisis.* 김성일 역. 『다 컸지만 갈 곳 없는 청소년: 위기 속의 10대들』. 서울: 교육과학사, 1996.

Ellingson, Dennis, and Kit Ellingson. *The Godly Grandparent: Living Faithfully and Influencing Your Grandchildren for Christ.* Greeley, CO: Cladach Publishing, 2007.

Erikson, Erik. *Childhood and Society.* 윤진, 김인경 역. 『아동기와 사회: 인간발달 8단계 이론』. 서울: 중앙적성출판사, 1988.

_____. *Life Cycle Completed.* New York: W. W. Norton, 1982.

Everist, Norma. *The Church as Learning Community.* Nashville: Abingdon Press, 2002.

_____. *Education Ministry in the Congregation.* Minneapolis: Augsburg Pub. House, 1983.

Faust, Ron. *Grand Parenting: Finding Roots and Wings for an Open Choice Generation.* Leawood, KS: Leathers Publishing, 2001.

Fay, Jim, and Foster Cline. *Grandparenting With Love and Logic: Practical Solutions to Today's Grandparenting Challenges.* Golden, CO: Love and Logic Press, 2010.

Fowler, James. *Stages of Faith.* 사미자 역. 『신앙의 발달단계』. 서울: 한국장로교출판사, 1987.

_____. *Becoming Adult, Becoming Christian: Adult Development and Christian Faith.* San Francisco: Harper & Row Publishers, 1984.

Frudenberg, Ben & Rick Lawrence. *The Family-Friendly Church.* 윤혜란 역. 『가정친화적인 목회 패러다임』. 서울: 월드미션 라이브러리, 2003.

Gallagher, Shaun. *Hermeneutics and Education.* Albany: State University of New York Press, 1992.

Gamson, William A. "Political Socialization and Grandparenting." *Sociological Forum* 22-4 (2007), 568-78.

Gardner, Howard. *Five Minds for the Future.* 김한영 역. 『미래 마인드』. 서울: 재인, 2008.

_____. *Intelligence Reframed*. 문용린 역. 『다중지능: 인간지능의 새로운 이해』. 서울: 김영사, 2001.

_____. *The Frames of Mind: The Theory of Multiple Intelligences*. 이경희 역. 『마음의 틀』. 서울: 문음사, 1993.

Gentzler, Richard. *Designing an Older Adult Ministry*. Nashville: Discipleship Resources. 1999.

Giddens, Anthony, and Phillip Sutton. *Sociology*. 7th ed. 김용학 외 6인 역. 『현대사회학』 제7판. 서울: 을유문화사, 2014.

Gilligan, Carol. *In a Different Voice*. 허란주 역. 『다른 목소리로』. 서울: 동녘, 1997.

Gore, Willma. *Long-Distance Grandparenting: Connecting with Your Grandchildren from Afar*. Sanger, CA: Quill Driver Books, 2008.

Gorman, Michael. *Apostle of the Crucified God*. 소기천 외 3인 역. 『신학적 방법을 적용한 새로운 바울 연구』. 서울: 대한기독교서회, 2014.

Grenz, Stanley. *Theology for the Community of God*. 신옥수 역. 『조직신학: 하나님의 공동체를 위한 신학』. 서울: 크리스챤 다이제스트, 2003.

Groome, Thomas. *Will There be Faith?: A New Visions for Educating and Growing Disciples*. 조영관, 김경이, 임숙희, 역, 『신앙은 지속될 수 있을까?: 그리스도교 신앙 교육의 새로운 비전』. 서울: 가톨릭출판사, 2014.

_____. *Educating for Life*. 김도일 역. 『생명을 위한 교육』. 서울: 한국장로교출판사, 2001.

Grün, Anselm and Jan-Uwe Rogge. *Kinder Fragen Nach Gott*. 장혜경 역. 『아이들이 신에 대해 묻다: 영성으로 이끄는 교육』. 서울: 로도스, 2012.

Grün, Anselm. *Leben ist Jetzt: Die Kunst des Alterwerdens*. 김진아 역. 『노년의 기술』. 파주: 오래된 미래, 2010.

Haas, Hannegret. *Den Jahren mehr Leben geben*. 홍미경 역. 『노년을 더 활기차게』. 서울: 씨뿌리는 사람, 2011.

Harari, Yuval. *Homo Deus*. 김병주 역. 『호모 데우스: 미래의 역사』. 서울: 김영사, 2017.

Harris, Godfrey. *Grandparenting: How to Meet Its Responsibilities*. Los Angeles: Americas Group, 2002.

Harris, Maria. *Fashion Me a People*. 고용수 역. 『교육목회 커리큘럼』. 서울: 한국장로교출판사, 1997.

Harris, Richard. *Art and the Beauty of God*. 김혜련 역. 『현대인을 위한 신학적 미학』. 서울: 살림, 2003.

Havighurst, Robert. *Developmental Tasks and Education*. 2nd ed. New York: Longman, Green, 1972.

Hay, David, Rebecca Nye, and Roger Murphy. "Thinking about Childhood Spirituality: Review of Research and Current Directions." In *Research in Religious Education*. Edited by L. J. Francis, W. K. Kay, and W. S. Campbell. Macon, GA: Smyth & Helwys Publishing, 1996, 47-71.

Hay, David, and Rebecca Nye. *The Spirit of the Child*. 유명복 역. 『어린이 영적세계의 탐구: 어린이의 영성에 대한 경험연구 보고서』. 서울: 대서, 2011.

Hayslip Jr., Bert, and Patricia L. Kaminski. "Grandparents Raising Their Grandchildren: A Review of the Literature and Suggestions for Practice." *Marriage & Family Review* 37:1-2

(2005), 147-69.

Heidegger, Martin. *Zein und Zeit*. 이기상 역. 『존재와 시간』. 서울: 까치, 1998.

Herbison, Priscilla, and Cynthia Tambornino. *God Knows Grandparents Make a Difference: Ways to Share Your Wisdom*. Notre Dame, IN: Ave Maria Press, 2003.

Hess, Carol. *Caretakers of Our Common House: Women's Development in Communities of Faith*. Nashville: Abingdon Press, 1997.

Hollies, James. *The Middle Passage*. 김현철 역. 『내가 누군지 모른 채 마흔이 되었다: 인생의 중간 항로에서 만나는 융 심리학』. 서울: 더퀘스트, 2018.

Hollies, Linda. *Pilgrim Prayers for Grandmothers Raising Grandchildren*. Cleveland: The Pilgrim Press, 2002.

Holmen, Mark. *Faith Begins @ Home Grandparents*. Ventura, CA: Regal, 2014.

Hyde, Kenneth, *Religion in Childhood & Adolescence*. 김국환 역. 『아동기와 청소년기의 종교교육』. 서울: 한국장로교출판사, 2004.

Jensen, David. *Parenting*. 홍병룡 역. 『자녀양육: 부모의 삶에 주어진 가장 귀한 선물』. 서울: 포이에마, 2013.

Jensen, Frances, and Amy Nutt. *The Teenage Brain*. 김성훈 역. 『10대의 뇌: 인간의 뇌는 어떻게 성장하는가?』. 서울: 웅진지식하우스, 2018.

Joiner, Reggie. *Think Orange*. 김희수 역. 『싱크 오렌지: 가정과 교회가 협력하는 새로운 교육 패러다임』. 서울: 도서출판 디모데, 2011.

Jones, Stephen. *Faith Shaping: Youth and the Experience of Faith*. Valley Forge, PA: Judson, 1987.

Kagan, Shelly. *Death*. 박세연 역. 『죽음이란 무엇인가』. 서울: 엘도라도, 2012.

Kail, Robert and John Cavanaugh. *Human Development: A Life-Span View*. 7th ed. 오상은 외 7인 역. 『인간 성장과 발달』 제7판. 서울: 정담미디어, 2017.

Katongole, Emmanuel, and Chris Rice. *Reconciling All Things: A Christian Vision for Justice Peace and Healing*. 안종희 역. 『화해의 제자도』. 서울: IVP, 2013.

Kim, Sebastian. *The Theology in the Public Sphere: Public Theology as a Catalyst for Open Debate*. London, SCM Press, 2011.

King, Valarie, and Glen Elder, Jr. "Are Religious Grandparents More Involved Grandparents?" *The Journals of Gerontology Series B: Psychological Sciences and Social Sciences* 54-6 (1999), 317-28.

_____. "Education and Grandparenting Roles." *Research on Aging* 20-4 (1998), 450-74.

_____. "Perceived Self-Efficacy and Grandparenting." *The Journals of Gerontology Series B: Psychological Sciences and Social Sciences* 53-5 (1998), 249-57.

_____. "The Legacy of Grandparenting: Childhood Experiences with Grandparents and Current Involvement with Grandchildren." *Journal of Marriage and the Family* 59-4 (1997), 848-59.

_____. "American Children View Their Grandparents: Linked Lives Across Three Rural Generations." *Journal of Marriage and the Family* 57-1 (1995), 165-78.

Kohlberg, Lawrence. *The Psychology of Moral Development*. 김민남, 진미숙 역. 『도덕발달의 심리학』. 서울: 교육과학사, 2000.

_____. *The Philosophy of Moral Development.* 이동훈, 이기문 역. 『도덕교육철학』. 서울: 대한예수교장로회 총회교육부, 1985.

Kornhaber, Mindy, and Warren Wake. *Intelligence: Multiple Perspectives.* 김정휘 역. 『지능심리학: 다양한 관점에서 지능연구하기』. 서울: 시그마프레스, 2006.

Kotre, John. *Outliving the Self: Generativity and the Interpretation of Lives.* Baltimore: The Johns Hopkins University Press, 1984.

Krych, Margaret. *Teaching the Gospel Today.* 이규민 역. 『이야기를 통한 기독교교육: 신앙공동체를 위한 기독교교육의 새 모델』. 서울: 한국장로교출판사, 2012.

Kübler-Ross, Elisabeth. *On Death and Dying.* 성염 역. 『인간의 죽음』. 서울: 분도출판사, 1979.

Lederach, Paul. *The Journey Toward Reconciliation.* 유선금 역. 『화해를 향한 여정』. 서울: 한국아나뱁티스트출판사, 2010.

Leffel, Michael. "Who Cares? Generativity and the Moral Emotions, Part 1. Advancing the 'Psychology of Ultimate Concerns.'" *Journal of Psychology and Theology* 36-3 (2008), 161-81.

Levinson, Daniel. *The Seasons of a Woman's Life.* 김애순 역. 『여자가 겪는 인생의 사계절』. 서울: 이대출판부, 2004.

_____. *The Seasons of a Man's Life.* 김애순 역. 『남자가 겪는 인생의 사계절』. 서울: 이대출판부, 1996.

Lickona, Thomas. *Educating for Character.* New York: Bantam Books, 1992.

Loder, James. *The Logic of the Spirit.* 유명복 역. 『신학적 관점에서 본 인간발달』. 서울: 기독교문서선교회, 2006.

Mahan, Brian, Michael Warren, and David White. *Awakening Youth Discipleship.* Eugene, OR: Cascade Books, 2008.

McAdams, Dan, and Ed de St. Aubin. "A Theory of Generativity and Its Assessment through Self-Report, Behavioral Acts, and Narrative Themes in Autobiography." *Journals of Personality and Social Psychology* 62 (1992), 1003-15.

McKenzie, Leon, and R. Michael Harton. *The Religious Education of Adults.* Macon, GA: Smyth & Helwys Pub. Inc. 2002.

Melchert, Charles. *Wise Teaching.* 송남순, 김도일 역. 『지혜를 위한 교육』. 서울: 한국장로교출판사, 2002.

Migliore, Daniel. *Faith Seeking Understanding.* 2nd ed. 신옥수, 백충현 역. 『기독교조직신학개론』. 개정증보판. 서울: 새물결플러스, 2012.

Miller, Craig. *iKids: Parenting in the Digital Age.* 정성묵 역. 『아이키드』. 서울: 디모데, 2015.

Miller-McLemore, Bonnie. *Also a Mather: Work and Family as Theological Dilemma.* Nashville: Abingdon Press, 1994.

Milton, Ralph & Beverley Milton. *The Spirituality of Grandparenting.* Kelowna, BC: Northstone, 2007.

Moll, Rob. *The Art of Dying.* 이지혜 역. 『죽음을 배우다』. 서울: IVP, 2014.

Moltmann, Jürgen. *Kirche in der Kraft des Geistes.* 이신건 역. 『성령의 능력 안에 있는 교회』. 서울: 대한기독교서회, 2017.

_____. *Trinität und Reich Gottes.* 김균진 역. 『삼위일체와 하나님의 나라』. 서울: 대한기독교출판사, 1982.

Moore, Mary Elizabeth, and Almeda Wright. *Children, Youth, and Spirituality in a Troubling World*. St. Louis, MO: Chalice Press, 2008.

Muhlbauer, Varda, and Joan Christler eds. *Women Over 50: Psychological Perspectives*. 김종남 역. 『심리학으로 바라본 중년 여성의 심리』. 서울: 학지사, 2011.

National Institute for Building Long Distance Relationships. *Grandparenting from a Distance: An Activities Handbook for strengthening Long Distance Relationships*. Provo, UT: A&E Family Publishers, 2000.

Nordhus, Inger Hilde et al. *Clinical Geropsychology*. 진영선, 김영경, 박선영 공역. 『임상 노년심리학』. 서울: 학지사, 2010.

Osmer, Richard, and Kenda Dean eds. *Youth, Religion, and Globalization: New Research in Practical Theology*. Zurich: LIT Verlag GmbH Co., 2007.

Osmer, Richard. *Practical Theology: An Introduction*. 김현애, 김정형 공역. 『실천신학의 네 가지 중심과제』. 서울: 예배와 설교 아카데미, 2012.

_____. *The Teaching Ministry of Congregations*. 장신근 역. 『교육목회의 새로운 패러다임』. 서울: 대한기독교서회, 2007.

Penner, Lillian Ann. *Grandparenting with a Purpose: Effective Ways to Pray for Your Grandchildren*. Bloomington, IN: Cross Books Publishing, 2010.

Piaget, Jean. *The Development of Thought: Equilibration of Cognitive Structures*. New York: Viking, 1977.

Pillemer, Karl. *30 Lessons for Living*. 박여진 역. 『내가 알고 있는 걸 당신도 알게 된다면』. 서울: 토네이도, 2012.

Rempel, Elsie HR. *Please Pass the Faith: The Art of Spiritual Grandparenting*. Harrisonburg, VA: Herald Press, 2012.

Rice, Philip, and Kim Dolgin. *The Adolescent*. 12th ed. 정영숙, 신민섭, 이승연 역. 『청소년심리학』. 제12판. 서울: 시그마프레스, 2001.

Rickona, Thomas. *Educating for Character*. 박장호, 추병완 역. 『인격교육론』. 서울: 도서출판 백의, 1998.

Rieger, Joerg. *Traveling*. 홍병룡 역. 『여행, 관광인가 순례인가?』. 서울: 포이에마, 2015.

Robinson, Edward. *The Original Vision*. New York: Seabury Press, 1983.

Root, Andrew. *Christopraxis: A Practical Theology of the Cross*. Minneapolis: Augsburg Fortress Publishers, 2014.

_____. *Revisiting Relational Youth Ministry*. Downers Grove, IL: IVP, 2007.

Rowatt Jr, Ward, and Ward Rowatt. *Pastoral Care with Adolescents in Crisis*. 신민규 역. 『사춘기 위기상담과 보살핌』. 서울: 기독교서회, 2001.

Russell, Letty. *Christian Education in Mission*. 정웅섭 역. 『기독교교육의 새 전망』. 서울: 대한기독교서회, 1972.

Schipani, Daniel. "해방신학과 종교교육." Randolph Miller ed. *Theologies of Religious Education*. 고용수, 박봉수 역. 『기독교 종교교육과 신학』. 서울: 한국장로교출판사, 1998, 469-508.

Schweitzer, Friedrich. *The Postmodern Life Cycle: Challenges for Church and Theology*. Atlanta: Chalice Press, 2012.

_____. *Lebensgeschichte und Religion.* 송순재 역. 『삶의 이야기와 종교: 아동기와 청소년기의 종교적 발달과 교육』. 서울: 한국신학연구소, 2009.

_____. *Das Recht des Kindes auf Religion.* 손성현 역. 『어린이의 다섯 가지 중대한 질문』. 서울: 샨티, 2008.

Shaffer, David, and Katherine Kipp. *Development Psychology: Childhood and Adolescence.* 송길연 외 4인 역. 『발달심리학』. 서울: 시그마프레스, 2005.

Sherill, Lewis. *The Gift of Power.* 김재은 역. 『만남의 기독교교육』. 서울: 대한기독교출판사, 1981.

Simmons, Henry. *Soulful Aging: Ministry through the Stages of Adulthood.* Macon, GA: Smyth & Helwys Publishing, Inc., 2001,

Smart, James. *The Teaching Ministry of The Church.* 장윤철 역. 『교회의 교육적 사명』. 서울: 대한기독교교육협회, 1990.

Smith, Christopher, and John Pattison. *Slow Church.* 김윤희 역. 『슬로처치: 예수님을 따라 신실하게 일하는 인격적 교회론』. 서울: 새물결플러스, 2015.

Sparks, Martha. *Raising Your Children's Children: Help for Grandparents Raising Grandkids.* Kansas City: Beacon Hill Press, 2011.

Stackhouse, Max. *Globalization and Grace.* 이상훈 역. 『세계화와 은총: 글로벌시대의 공공신학』. 서울: 북코리아, 2013.

Stanley, Andy, and Stuart Hall. *The Seven Checkpoints for Youth Leaders.* 최규택 역. 『7 체크 포인트: 십대들의 믿음을 반석에 세우기』. 서울: 그루터기하우스, 2009.

Stelle, Charlie, et al. "Grandparenting in the 21st Century: Issues of Diversity in Grandparent-Grandchild Relationships." *Journal of Gerontological Social Work* 53-8 (2010), 682-701.

Strauch, Barbara. *The Secret Life of the Grown Up Brain.* 김미선 역. 『가장 뛰어난 중년의 뇌: 뇌 과학이 밝혀낸 중년 뇌의 놀라운 능력』. 서울: 해나무, 2011.

_____. *The Primal Teen.* 강수정 역. 『십대들의 뇌에서는 무슨 일이 벌어지고 있나?』. 서울: 해나무, 2004.

Strom, Paris, and Robert. Strom. "Grandparent Education: Raising Grandchildren." *Educational Gerontology* 37-10 (2011), 910-23.

Strommen, Merton. *The Five Cries of Youth.* New York: Harper & Low, 1974.

Subrahmanyam, Kaveri, and David Smahel. *Digital Youth.* 도영임, 김지연 역. 『디지털 시대의 청소년 읽기』. 서울: 에코 리브르, 2014.

Theissen, Gert. *Zur Bibel Motivieren.* 고원석, 손성현 역. 『성서 어떻게 가르칠 것인가?』. 서울: 동연, 2010.

Thomson, Marjorie. *Family, the Forming Center: A Vision of the Role of Family in Spiritual Formation.* Revised and expanded ed. Nashville: Upper Room Books, 1996.

Timonen, Virpi and Sara Arber. "A New Look at Grandparenting." In *Contemporary Grandparenting: Changing Family Relationships in Global Context.* Edited by Sara Arber and Virpi Timonen. Bristol, UK: The Policy Press, 2012, 1-24.

Tracy, David. *The Analogical Imagination: Christian Theology and the Culture and Pluralism.* New York: Crossroad, 1981.

Trueman, Carl. *The Creedal Imperative.* 김은진 역. 『교리와 신앙: 교회에게 버림받은 성경적 신앙고백』. 서울: 지평서원, 2015.

Van Pelt, Rich. *Intensive Care: Helping Teenagers in Crisis*. 오성춘, 오규훈 공역. 『사춘기 청소년들의 위기상담』. 서울: 한국장로교출판사, 1995.

Volf, Miroslav, and Ryan McAnnally-Linz. *Public Faith in Action*. 김명희 역. 『행동하는 기독교』. 서울: IVP, 2017.

Volf, Miroslav. *Flourishing*. 양혜원 역. 『인간의 번영』. 서울: IVP, 2017.

_____. *A Public Faith*. 김명윤 역. 『광장에 선 기독교』. 서울: IVP, 2014.

_____. *Zukunft der Arbeit: Arbeit der Zukunft*. 이정배 역. 『노동의 미래, 미래의 노동』. 천안: 한국신학연구소, 1993.

Wallace, Eric. *Uniting Church and Home*. 김영실 역. 『가정과 교회가 하나 되는 꿈』. 서울: 월드미션 라이브러리, 2003.

Warren, Rick, Daniel Amen, and Mark Hyman. *Daniel Plan*. 고성삼 역. 『다니엘 플랜』. 서울: 21세기북스, 2015.

Westerhoff III, John. *Living the Faith Community*. 김일환 역. 『살아있는 신앙공동체』. 서울: 보이스사, 1992.

_____. *Bringing up Children in the Christian Faith*. 이숙종 역. 『기독교신앙과 자녀양육』. 서울: 대한기독교서회, 1991.

_____. *Will Our Children Have Faith?* 정웅섭 역. 『교회의 신앙교육』. 서울: 대한기독교교육협회, 1983.

White, David. *Practicing Discernment with Youth: A Transformative Youth Ministry Approach*. Cleveland: The Pilgrim Press, 2005.

Willhoit, James, and John Dettoni eds. *Nurture that is Christian*. 김도일, 김정훈 역. 『발달주의적 시각으로 본 기독교적 양육』. 서울: 쿰란출판사, 2005.

Williams, Molly. "The Changing Roles of Grandparents Raising Grandchildren." *Journal of Human Behavior in the Social Environment* 21-8 (2011), 948-62.

Wright, Tom. *New Testament Prayer for Everyone*. 백지윤 역. 『모든 사람을 위한 신약의 기도』. 서울: IVP, 2012.

Zuck, Roy, and Warren S. Benson. *Youth Education in the Church*. 천정웅 역. 『교회 청소년교육의 이론과 실제』. 서울: 도서출판 말씀의 집, 1987.

각 장의 출처

제2장 | "통전적 신앙양육을 위한 가정-교회연계 격대(隔代)교육: 아동기를 중심으로." 『장신논단』 50-1 (2018. 3), 291-322.

제3장 | "미래세대에 생명력을 불어넣는 청소년 교회교육." 장신근 외. 『미래세대에 생명력을 불어넣는 교회교육』. 서울: 장로회신학대학교기독교교육연구원, 2014, 233-88.

제4장 | "청년을 위한 화해교육." 대한예수교장로회총회교육자원부 편. 『주님 우리로 화해하게 하소서: 교육주제 37』. 서울: 한국장로교출판사, 2015, 305-24.

제5장 | "생산성과 공적신앙의 대화를 통한 오늘의 기독교 중년교육 과제 모색." 『신학논단』 78 (2014. 12), 223-56.

제6장 | "통전적 기독교 노년 죽음교육의 모색: Fin-Telos 모델을 중심으로." 『장신논단』 50-3 (2018. 9), 327-55.

제7장 | "개인의 신앙성숙과 공공성을 아우르는 온전한 기독교교육의 과제 연구." 박상진 책임 편집. 『제1회 장신신학강좌, 한국교회와 장신신학의 정체성』. 서울: 장로회신학대학교출판부, 2016, 585-629.

부록 1

격대 신앙교육 설문조사 결과

1. 조사 참여자

조사 참여자는 초등학생을 손자녀로 둔 조부모들로서, 한국인의 경우 서울거주 예장 통합교단 소속 교회에 출석하는 교인 72명이며, 유대인의 경우 예루살렘 거주 메시아닉 쥬 3명과 기타 유대교인 11명이다 (조사기간: 2017.04.01.~06.30).

참여자 분포 (N=86)

문항		한국인		유대인	
		빈도	퍼센트	빈도	퍼센트
출석 교회	A 교회	17	23.6	14	100.0
	B 교회	17	23.6		
	C 교회	11	15.3		
	D 교회	10	13.9		
	E 교회	17	23.6		
	소계	72	100.0	14	100.0
	합계	86 (100.0)			
성 별	남	21	30.0	5	38.5
	여	49	70.0	8	61.5
	소계	70	100.0	13	100.0
	결측	2		1	
연 령	~만 65세	15	21.7	7	50.0
	만 66~70세	24	34.8	3	21.4
	만 71~75세	21	30.4	3	21.4
	만 76~80세	9	13.0	0	.0
	만 81세 이상	0	.0	1	7.1
	소계	69	100.0	14	100.0
	결측	3			

학 력	초등학교 졸업	5	7.0	2	14.3
	중학교 졸업	5	7.0	0	.0
	고등학교 졸업	22	31.0	4	28.6
	대학교 졸업	35	49.3	2	14.3
	대학원 졸업	4	5.6	6	42.9
	계	71	100.0	14	100.0
	결측	1			
신앙생활 기간	~ 20년	9	13.0	1	7.1
	21~40년	26	37.7	1	7.1
	41~60년	16	23.2	4	28.6
	61년 이상	18	26.0	8	57.1
	계	69	100.0	14	100.0
	결측	3			
황혼 육아 경험	경험 있음	24	34.3	6	46.2
	경험 없음	46	65.7	7	53.8
	계	70	100.0	13	100.0
	결측	2		1	

2. 조사도구 및 방법

조사도구인 설문지의 항목별 문항 구성과 문항의 내적 일관성을 평가하는 신뢰도 계수(Cronbach's Alpha)는 다음과 같다.

문항 구성 및 신뢰도 계수

항목	문항	문항수	문항유형	α값
손자녀의 분포	손자녀의 성별	1	다중응답형	—
	손자녀의 학년(나이)	1(1)		—
	손자녀와의 거주 형태	1		—
손자녀와의 관계 형성	손자녀와의 만남의 형태	1	선다형	—
	손자녀와의 만남의 빈도	1		—
	손자녀와의 친밀도	5	Likert 5점 척도형	.901
격대 신앙교육을 받아본 경험		3	Likert 5점 척도형	.948
격대교육에 참여한 경험		2		.632
격대교육의 내용		1	서술형	—
격대 신앙교육의 이해도		4	Likert 5점 척도형	.850
격대 신앙교육의 중요도		5		.799
격대 신앙교육의 실행도		4		.837
격대 신앙 교육의 내용	현재 실행하는 교육내용	1	다중응답형	—
	추후 실행할 교육내용	1		—
격대 신앙 교육의 방법	현재 실행하는 교육방법	1		—
	추후 실행할 교육방법	1		—
격대 신앙교육이 유익한 점		1	서술형	—
격대 신앙교육이 어려운 점		1		—
인적 사항	성 별	1	선다형	—
	연 령	1	단답형	—
	학 력	1	선다형	—
	신앙생활 기간	1		—
	황혼육아 경험	1		—

3. 조사결과

(1) 손자녀의 인적 사항

① 손자녀의 수/성별/학년

참여자들의 손자녀의 수와 성별, 학년은 다음과 같다.

손자녀의 수와 성별, 학년

문항		한국인		유대인	
		빈도	퍼센트	빈도	퍼센트
빈도	1명	29	43.9	2	14.3
	2명	24	36.4	1	7.1
	3명	9	13.6	3	21.4
	4~5명	4	6.0	4	28.5
	6~7명	—	—	2	14.2
	8~10명	—	—	2	14.2
	소계	66	100.0	14	100.0
	결측	6			
성별	남	62	48.8	35	54.7
	여	65	51.2	29	45.3
	소계	127	100.0	64	100.0
학년	저학년	54	45.8	17	60.7
	고학년	64	54.2	11	39.3
	소계	118	100.0	28	100.0

통전적 신앙과 생애주기별 기독교교육: 아동기에서 노년기까지

② 거주 형태

거주 형태는 손자녀가 다수일 경우를 고려하여 다중응답으로 조사하였다. 각 문항을 하나의 변수로 취급하여 두 집단 간 차이를 분석하기 위해 카이제곱 검정을 실시한 결과, '같은 집에 거주'하는 비율에서 집단 간에 유의한 차이가 있는 것으로 나타났으며(x^2=4.742, $p < .05$), '타 도시에 거주'하는 비율 또한 매우 유의한 차이가 있는 것으로 나타났다(x^2=20.023, $p < .001$).

손자녀와의 거주 형태 (다중응답)

문항	빈도	퍼센트	케이스 퍼센트	빈도	퍼센트	케이스 퍼센트
같은 집에 거주	19	25.7	26.4	—	—	—
같은 도시에 거주	37	50.0	51.4	6	35.3	42.9
타 도시에 거주	11	14.9	15.3	10	58.8	71.4
타국에 거주	7	9.5	9.7	1	5.9	7.1
소계	74	100.0	102.8	17	100.0	121.4

(2) 손자녀와의 만남의 형태 및 빈도

① 만남의 형태

손자녀와의 만남의 형태는 한국인의 경우 '면대면 만남'이 많았으며, 유대인의 경우는 SNS를 제외하고 '고르게 분포'되어 있는 것으로 나타났다.

손자녀와의 만남의 형태 1 (다중응답)

	한국인			유대인		
	빈도	퍼센트	케이스 퍼센트	빈도	퍼센트	케이스 퍼센트
면대면 만남	59	75.6	81.9	4	25.0	28.6
전화통화	10	12.8	13.9	4	25.0	28.6
문자메시지	2	2.6	2.8	5	31.3	35.7
SNS(카카오톡 등)	6	7.7	8.3	—	—	—
기타	1	1.3	1.4	3	18.8	21.4
소계	78	100.0	108.3	16	100.0	114.3

이를 면대면 만남과 비면대면 만남으로 구분하여 분석하면, '한국인은 면대면 만남'과 '유대인의 비면대면 만남'의 비율은 거의 유사한 것으로 나타났다.

손자녀와의 만남의 형태 2 (다중응답)

	한국인			유대인		
	빈도	퍼센트	케이스 퍼센트	빈도	퍼센트	케이스 퍼센트
면대면 만남	59	75.6	81.9	4	25.0	28.6
비면대면 만남	19	24.4	26.4	12	75.1	85.7
소계	78	100.0	108.3	16	100.0	114.3

② 만남의 빈도

손자녀와의 만남의 빈도는 한국인은 '주 1~2회'가 가장 많았으며, 유대인은 '주 3회 이상'이 가장 많은 것으로 나타났다. 즉, 한국인은 주

통전적 신앙과 생애주기별 기독교교육: 아동기에서 노년기까지

1~2회 면대면 만남을 통해 손자녀들을 만나는 경향이 있으며, 유대인
은 주 3회 이상 비면대면 만남의 시간을 가지는 것으로 볼 수 있다.

손자녀와의 만남의 빈도 (다중응답)

	한국인			유대인		
	빈도	퍼센트	케이스 퍼센트	빈도	퍼센트	케이스 퍼센트
주 3회 이상	22	30.1	31.4	10	55.6	71.4
주 1~2회	25	34.2	35.7	4	22.2	28.6
월 1회	8	11.0	11.4	2	11.1	14.3
명절만	11	15.1	15.7	1	5.6	7.1
기타	7	9.6	10.0	1	5.6	7.1
소계	73	100.0	104.3	18	100.0	128.6

(3) 손자녀와의 친밀도

국가 간 손자녀와의 친밀도를 비교한 결과, 유대인의 평균(M=4.06,
SD=.79)이 더 높게 나타났다. 두 집단 간에 통계적으로 유의한 차이가
있는지를 살펴보기 위해 t검정을 실시한 결과는 유의한 차이가 없는 것
으로 나타났다($p < .05$).

손자녀와의 친밀도의 문항별 평균 및 표준편차

문항	한국인			유대인		
	빈도 (n)	평균 (M)	표준편차 (SD)	빈도 (n)	평균 (M)	표준편차 (SD)
손자녀의 관심사, 고민, 흥미, 특기, 기질 등을 알고 있음	70	3.76	1.00	13	4.31	.75
손자녀의 신앙 상태에 대해 알고 있음	71	3.64	1.04	14	4.00	.78
손자녀와의 관계가 친밀함	71	3.92	.97	14	4.00	1.30
손자녀와의 만남이 즐거움	72	4.32	.82	14	4.71	.61
손자녀와 만나는 시간이 충분함	72	3.56	1.14	14	3.36	1.60
계	72	3.84	.84	14	4.06	.79

① 한국인에 대한 분석 결과

한국인의 경우, 성별에 따른 손자녀와의 친밀도는 '여성'(M=4.02, SD=.79)의 평균이 더 높았으며, 성별 간에 매우 유의한 차이가 있는 것으로 나타났다($p < .01$).

성별에 따른 친밀도의 독립표본 t검정 결과

성별	n	M	SD	t	df	p
남	21	3.43	.86	-2.794	68	.007**
여	49	4.02	.79			

연령에 따른 집단 간 평균은 '만 65세 이하'(M=4.17, SD=.61)이 가

통전적 신앙과 생애주기별 기독교교육: 아동기에서 노년기까지

장 높았으나 집단 간에 차이가 없는 것으로 나타났고($p > .05$), 학력에 따른 집단 간 평균은 '대졸'(M=4.07, SD=.69)이 가장 높았으나 집단 간에 차이가 없는 것으로 나타났다($p > .05$).

신앙생활 기간에 따른 집단 간 평균은 '61년 이상'이 가장 높은 것으로 나타났으며, 일원배치분산분석 결과는 '20년 미만 vs. 61년 이상' 집단 간에 유의한 차이가 있는 것으로 나타났다($p < .05$).

신앙생활 기간에 따른 친밀도의 일원배치분산분석 결과

신앙생활 기간	n	M	SD	F	p
20년 미만	9	3.29	1.07		
21~40년	26	3.68	.75	3.283	.026*
41~60년	16	3.93	.82		
61년 이상	18	4.24	.73		

한편, 황혼육아 경험에 따른 집단 간 평균은 '육아경험이 있는 집단'(M=3.96, SD=.81)이 더 높았으나 집단 간에 차이가 없는 것으로 나타났으며($p > .05$), 손자녀와의 거주 형태는 '같은 집'(M=3.99, SD=.96)에 거주하는 경우가 가장 높았으나 집단 간에 차이가 없는 것으로 나타났다($p > .05$). 또한 손자녀와의 만남 형태는 '면대면'(M=3.92, SD=.84)이 친밀도가 더 높았으나 집단 간에 차이는 없는 것으로 나타났다($p > .05$).

② 유대인에 대한 분석 결과

유대인의 경우, 성별에 따른 손자녀와의 친밀도는 '여성'(M=4.09, SD=.73)이 더 높았으나 성별 간에 차이가 없는 것으로 나타났다($p >$

.05). 연령에 따른 집단 간 평균은 '만 65세 이하'(M=4.31, SD=.89)가 가장 높았으나 집단 간에 차이가 없는 것으로 나타났다(p 〉.05). 학력에 따른 집단 간 평균은 '고졸'(M=4.23, SD=.87)이 가장 높았으나 집단 간에 차이가 없는 것으로 나타났으며(p 〉.05), 신앙생활 기간에 따른 집단 간 평균은 '만 20년 미만'(n=1, M=4.80)이 가장 높았으나 집단 간에 차이가 없는 것으로 나타났다(p 〉.05).

한편, 황혼육아 경험에 따른 집단 간 평균은 '육아경험이 있는 집단'(M=4.23, SD=.79)이 더 높았으나 집단 간에 차이가 없는 것으로 나타났고(p 〉.05), 손자녀와의 거주 형태는 '타 도시'(M=4.19, SD=.67)에 거주하는 경우가 가장 높았으나 집단 간에 차이가 없는 것으로 나타났다(p 〉.05). 또한 손자녀와의 만남 형태는 '면대면'이 더 높았으며, 집단 간에 유의한 차이가 있는 것으로 나타났다(p 〈.05).

만남 형태에 따른 친밀도의 독립표본 t검정 결과

	n	M	SD	t	df	p
면대면	10	4.38	.66	3.022	12	.011**
비 면대면	4	3.28	46			

(4) 격대 신앙교육을 받아본 경험

조부모로부터 격대 신앙교육을 받아본 경험을 비교한 결과, 유대인의 평균(M=3.50, SD=1.23)이 더 높게 나타 났다. 문항별 평균은 다음과 같다.

격대 신앙교육 경험의 문항별 평균 및 표준편차

문항	한국인			유대인		
	n	M	SD	n	M	SD
조부모님으로부터 신앙교육을 받음	71	2.15	1.51	14	3.50	1.40
조부모님의 신앙은 나의 신앙 형성에 긍정적 영향을 미침	70	2.51	1.66	13	3.85	.90
조부모님의 삶을 통해 하나님을 더 깊이 알게 됨	69	2.30	1.55	13	3.54	1.27
계	71	2.32	1.50	14	3.50	1.23

두 집단 간에 통계적으로 유의한 차이가 있는지를 살펴보기 위해 t 검정을 실시한 결과, 매우 유의한 차이가 있는 것으로 나타났다(p > .01).

격대 신앙교육 경험의 독립표본 t검정 결과

	n	M	SD	t	df	p
한국인	71	2.32	1.50	-2.769	83	.007**
유대인	14	3.50	1.23			

① 한국인에 대한 분석 결과

성별에 따른 집단 간 평균은 '여성'(M=2.39, SD=1.53)이 더 높았으나 성별 간에 차이가 없는 것으로 나타났고(p > .05), 연령에 따른 집단 간 평균은 '만 76~80세'(M=2.56, SD=1.52)가 가장 높았으나 집단 간에 차이가 없는 것으로 나타났다(p > .05). 또한 학력은 '대졸'(M=2.81, SD=1.63)이 가장 높았으며 집단 간에 차이는 없는 것으로 나타났다(p > .05).

신앙생활 기간에 따른 집단 간 평균은 '61년 이상'이 가장 높은 것으로 나타났다. 집단 간 평균의 차이를 검증한 결과, '20년 미만 vs. 61년 이상', '21~40년 vs. 61년 이상' 집단 간($p < .001$), '41~60년-61년 이상' 집단 간에 매우 유의한 차이가 있는 것으로 나타났다($p < .01$).

신앙생활 기간에 따른 격대 신앙교육 경험의 일원배치분산분석 결과

신앙생활 기간	n	M	SD	F	p
20년까지	9	1.44	.69		
21-40년	25	1.75	1.13	11.177	.000***
41-60년	16	2.17	1.18		
61년 이상	18	3.74	1.60		

한편, 황혼육아 경험에 따른 집단 간 평균은 '육아경험이 있는 집단'이 더 높았으며, 두 집단 간에 매우 유의한 차이가 있는 것으로 나타났다($p < .01$).

황혼육아 경험에 따른 격대 신앙교육 경험의 독립표본 t검정 결과

황혼육아 경험	n	M	SD	t	df	p
경험 있음	46	2.62	1.56			
경험 없음	24	1.67	1.16	-2.902	59.597	.005**

손자녀와의 거주 형태는 '같은 도시'(M=2.51, SD=1.57)에 거주하는 경우가 가장 높았으나 집단 간에 차이가 없는 것으로 나타났으며($p > .05$), 손자녀와의 만남 형태는 '면대면' (M=2.37, SD=1.48)으로 만나는

경우가 더 높았으나 집단 간에 차이는 없는 것으로 나타났다($p \rangle$ .05).

② 유대인에 대한 분석 결과

성별에 따른 집단 간 평균은 '여성'(M=4.09, SD=.73)이 더 높았으나 성별 간에 차이가 없는 것으로 나타났고($p \rangle$ .05), 연령에 따른 집단 간 평균은 '만 65세 이하'(M=4.05, SD=1.04)가 가장 높았으나 집단 간에 차이가 없는 것으로 나타났다($p \rangle$ .05). 또한 학력은 '대졸'(M=4.84, SD=.23)이 가장 높았으나 집단 간에 차이가 없는 것으로 나타났고($p \rangle$ .05), 신앙생활 기간에 따른 집단 간 평균은 '만 20년 미만'(n=1, M=4.67)이 가장 높았으나 집단 간에 차이가 없는 것으로 나타났다($p \rangle$ .05).

한편, 황혼육아 경험에 따른 집단 간 평균은 '육아경험이 있는 집단'이 더 높았으며, 두 집단 간에 유의한 차이가 있는 것으로 나타났다($p \langle$ .05).

황혼육아 경험에 따른 격대 신앙교육 경험의 독립표본 t검정 결과

	n	M	SD	t	df	p
경험 있음	6	4.39	.71	2.843	11	.016*
경험 없음	7	3.10	.90			

손자녀와의 거주 형태는 '타 도시'(M=3.75, SD=.94)에 거주하는 경우가 가장 높았으나 집단 간에 차이는 없었으며($p \rangle$ .05), 손자녀와의 만남 형태는 '면대면'(M=3.77, SD=1.33)으로 만나는 경우가 더 높았으나 집단 간에 차이가 없는 것으로 나타났다($p \rangle$ .05).

③ 조부모 역할에 대해 교육받은 내용 혹은 교육받고 싶은 내용

한국인	인원수
세대이해 및 세대 간 친밀한 대화나 소통	7명
신앙전수 및 신앙의 대잇기(신앙의 명문가)	6명
인성교육 및 성품교육(정직, 검소, 윤리의식, 배려)	
눈높이 신앙교육	5명
가정예배	4명
주일예배의 중요성 및 주일성수	3명
하나님 사랑 및 말씀 순종	
신앙생활의 모범 및 관찰학습 기회 제공	
예절교육	2명
하나님의 일하심에 대한 믿음 혹은 오직 믿음	
손자녀들의 흥미를 끌 수 있는 교수법(예: 마술 등)	
기도후원자	
전 인격교육(생활전반에 관한 교육)	
성경교육 / 십일조생활 / 진로교육 / 축복기도 / 칭찬과 격려의 중요성 / 봉사 /	각 1명
손자녀를 잘 기르기 위해 유아교육 전문기관에서 1년간 공부하고 자격증 취득, 신앙교육은 평소의 신앙이 그대로 전달된다고 믿는다.	1명
우리의 교육이 일관성이 없으므로, 일주일이나 불특정 시간에 한 번씩 주기적으로 교육을 받는다면, 그 교육받은 부분을 손자들에게 지도해 보고 싶습니다.	
부모들의 맞벌이로 부모와의 상면부족, 사랑부족으로 인성교육이 어렵습니다. 아이들의 마음에 상처가 많습니다. 치유하지 못하고 계속 덮어가고 있어서 안쓰러운 마음입니다. 아이들 마음을 알아주고 들어줄 수 있는 그런 무엇이 있으면 합니다.	
주일학교에서 잘 받았으면 좋겠는데, 교회 선생님이 중요하다	
(지금 손자녀가 고등학교 및 대학생이 되었으므로) 요즈음은 지도하지 않으며, 손자녀가 초등학생 때의 기억에 대한 응답임	
유대인	인원수
[교육받은 내용] 유대인이 되는 것(1명), 조부모로부터 배운 것은 내게 좋은 삶의 방식이 됨(1명), 조부모가 종교적인 면에서 많은 기여를 할 수 있다는 것을 배움(1명)	각 1명

통전적 신앙과 생애주기별 기독교교육: 아동기에서 노년기까지

	각 1명
[교육받고 싶은 내용] 손자녀세대의 전혀 다른 교육과 성장방식에 대한 이해(1명), 손자녀가 조금 더 흥미로워하는 게임이나 이야기와 같은 재미있는 방법으로 이끌어 줄 수 있는 것(1명)	각 1명
[교육받고 싶은 내용] 유아교육분야의 자료를 많이 읽고 적용하려고 함	1명

(5) 격대교육에 참여한 경험

격대교육에 참여한 경험은 대체로 낮은 편이었으며, 두 집단의 평균을 비교한 결과는 한국인의 평균(M=2.03, SD=.79)이 더 높게 나타났다. 독립표본 t검정을 실시한 결과, 두 집단 간에 유의한 차이가 없는 것으로 나타났다($p < .05$).

격대교육 참여 경험의 문항별 평균 및 표준편차

문항	한국인			유대인		
	n	M	SD	n	M	SD
교회에서 조부모 역할(격대교육)에 대한 '교육'을 받은 적이 있음	71	2.21	1.15	13	2.00	1.47
교회 외 기관(시민단체, 공공기관 등)에서 조부모 역할에 대한 '교육'을 받은 적이 있음	70	1.80	.99	14	1.64	1.45
계	72	2.03	.95	14	1.93	1.45

① 한국인에 대한 분석 결과

성별에 따른 집단 간 평균은 '여성'(M=2.02, SD=.99)이 더 높았으나 집단 간에 차이가 없는 것으로 나타났으며($p > .05$), 연령은 '만 66~70

427

세'(M=2.08, SD=.97)가 가장 높았으나 집단 간에 차이가 없는 것으로 나타났다(p > .05). 학력에 따른 집단 간 평균은 '중졸'(M=2.50, SD=1.27)이 가장 높았으나 집단 간에 차이가 없는 것으로 나타났고(p > .05), 신앙생활 기간에 따른 집단 간 평균은 '41년~60년'(M=2.19, SD=.93)이 가장 높았으나 집단 간에 차이가 없는 것으로 나타났다(p > .05).

황혼육아 경험에 따른 집단 간 평균은 '육아경험이 있는 집단'이 더 높았으며, 두 집단 간에 매우 유의한 차이가 있는 것으로 나타났다(p < .01).

황혼육아 경험에 따른 격대교육 참여 경험의 독립표본 t검정 결과

	n	M	SD	t	df	p
경험 있음	46	2.21	.98	-2.847	60.512	.006**
경험 없음	24	1.63	.71			

손자녀와의 거주 형태는 '같은 집'(M=2.16, SD=.99)에 거주하는 경우가 가장 높았으나 집단 간에 차이가 없는 것으로 나타났고(p > .05), 손자녀와의 만남 형태는 '면대면'(M=2.10, SD=.96)으로 만나는 경우가 더 높았으나 집단 간에 차이는 없는 것으로 나타났다(p > .05).

② 유대인에 대한 분석 결과

성별에 따른 집단 간 평균은 '남성'(M=2.30, SD=1.64)이 더 높았으나 성별 간에 차이가 없었으며(p > .05), 연령은 '만 81세 이하'(M=2.50)가 가장 높았으나 집단 간에 차이가 없는 것으로 나타났다(p > .05). 학력의 경우 '대졸'(M=3.00, SD=2.83)이 가장 높았으나 집단 간에 차이가 없는 것으로 나타났고(p > .05), 신앙생활 기간에 따른 집단 간 평균은

'만 20년 미만'(n=1, M=5.00)이 가장 높았으나 집단 간에 차이가 없는 것으로 나타났다($p > .05$).

한편, 황혼육아 경험에 따른 집단 간 평균은 '육아경험이 있는 집단'(M=2.92, SD=1.80)이 더 높았으나 집단 간에 차이가 없는 것으로 나타났고($p > .05$), 손자녀와의 거주 형태는 '같은 도시'(M=2.00, SD=1.73)와 '타 도시'(M=2.00, SD=1.44)에 거주하는 경우가 가장 높았으나 집단 간에 차이는 없는 것으로 나타났다($p > .05$). 또한 손자녀와의 만남 형태는 '면대면'(M=1.95, SD=1.67)으로 만나는 경우가 더 높았으나 집단 간에 차이가 없는 것으로 나타났다($p > .05$).

(6) 격대 신앙교육의 이해도

격대 신앙교육의 이해도를 비교한 결과, 한국인의 평균(M=3.17, SD=.98)이 더 높게 나타났다. t검정을 실시한 결과, 두 집단 간에 유의한 차이가 없는 것으로 나타났다($p < .05$).

격대 신앙교육 이해도의 문항별 평균 및 표준편차

문항	한국인			유대인		
	n	M	SD	n	M	SD
격대 신앙교육에 대해 들어본 적이 있음	71	2.82	1.38	14	1.79	1.31
격대 신앙교육이라는 말을 들어본 적은 없으나 무엇인지 알 것 같음	70	3.60	1.22	13	3.08	1.44
격대 신앙교육이 어떤 내용으로 이루어지면 적절한지를 알고 있음	69	3.14	1.00	13	2.77	1.54

격대 신앙교육이 어떤 방법으로 이루어지면 적절한지를 알고 있음	70	3.16	1.07	14	3.14	1.51
계	71	3.17	.98	14	2.72	1.17

① 한국인에 대한 분석 결과

성별에 따른 집단 간 평균은 '여성'(M=3.37, SD=1.04)이 더 높았으며, 성별 간에 매우 유의한 차이가 있는 것으로 나타났다($p < .01$).

성별에 따른 격대 신앙교육 이해도의 독립표본 t검정 결과

성별	n	M	SD	t	df	p
남	21	2.69	.64	-3.354	59.607	.001**
여	49	3.37	1.04			

연령은 '만 65세 미만'(M=3.45, SD=.97)이 가장 높았으나 집단 간에 차이가 없는 것으로 나타났고($p > .05$), 학력은 '고졸'(M=3.40, SD=.92)이 가장 높았으나 집단 간에 실제적인 차이가 없는 것으로 나타났다($p > .05$). 신앙생활 기간에 따른 집단 간 평균은 '61년 이상'이 가장 높은 것으로 나타났으며, 집단 간 평균의 차이를 검증한 결과는 '20년 미만 vs. 61년 이상' 집단 간에 유의한 차이가 있는 것으로 나타났다($p < .05$).

신앙생활 기간에 따른 격대 신앙교육 이해도의 일원배치분산분석 결과

신앙생활 기간	n	M	SD	F	p
20년까지	9	2.47	.96		
21-40년	26	2.96	.87	4.451	.007**
41-60년	16	3.33	1.05		
61년 이상	18	3.69	.73		

한편, 황혼육아 경험에 따른 집단 간 평균은 '육아경험이 있는 집단'이 더 높았으며, 두 집단 간에 매우 유의한 차이가 있는 것으로 나타났다($p < .05$).

황혼육아 경험에 따른 격대 신앙교육 이해도의 독립표본 t검정 결과

	n	M	SD	t	df	p
경험 있음	46	3.35	1.04	-2.110	68	.039*
경험 없음	24	2.84	.79			

손자녀와의 거주 형태는 '같은 집'(M=3.28, SD=1.23)에 거주하는 경우가 가장 높았으나 집단 간에 차이가 없는 것으로 나타났고($p > .05$), 손자녀와의 만남 형태는 '면대면'(M=3.26, SD=.97)으로 만나는 경우가 더 높았으나 집단 간에 차이는 없는 것으로 나타났다($p > .05$).

② 유대인에 대한 분석 결과

성별에 따른 집단 간 평균은 '남성'(M=2.75, SD=1.36)이 더 높았으나 성별 간에 차이가 없는 것으로 나타났다($p > .05$). 연령에 따른 집단 간 평균은 '만 65세 이하'(M=2.96, SD=1.13)가 가장 높았으나 집단 간에 차이가 없는 것으로 나타났고(*p* 〉 .05), 학력은 '대졸'(M=4.29, SD=.06)이 가장 높았으나 집단 간에 차이가 없는 것으로 나타났다(*p* 〉 .05).

신앙생활 기간에 따른 집단 간 평균은 '만 20년 미만'(n=1, M=4.25)이 가장 높았으나 집단 간에 차이가 없는 것으로 나타났고(*p* 〉 .05), 황혼육아 경험에 따른 집단 간 평균은 '육아경험이 있는 집단'이 더 높았으며, 두 집단 간에 유의한 차이가 있는 것으로 나타났다(*p* 〈 .05).

황혼육아 경험에 따른 격대 신앙교육 이해도의 독립표본 t검정 결과

	n	M	SD	t	df	p
경험 있음	6	3.39	1.01	2.766	11	.018*
경험 없음	7	1.96	0.85			

한편, 손자녀와의 거주 형태는 '같은 도시'(M=3.57, SD=.91)에 거주하는 경우가 가장 높았으나 집단 간에 차이가 없는 것으로 나타났고(*p* 〉 .05), 손자녀와의 만남 형태는 '면대면'(M=3.90, SD=1.01)으로 만나는 경우가 더 높았으나 집단 간에 차이는 없는 것으로 나타났다(*p* 〉 .05).

(7) 격대 신앙교육의 중요도

격대 신앙교육의 중요도를 비교한 결과, 한국인의 평균(M=4.05, SD=.73)이 더 높게 나타났다. t검정을 실시한 결과, 두 집단 간에 유의한 차이가 없는 것으로 나타났다(*p* 〈 .05).

격대 신앙교육 중요도의 문항별 평균 및 표준편차

문항	한국인			유대인		
	n	M	SD	n	M	SD
격대 신앙교육을 중요하게 생각함	72	4.42	.76	14	4.07	1.00
나의 자녀들은 격대 신앙교육을 중요하게 생각함	72	4.07	.88	14	3.79	1.19
나의 손자녀들은 격대 신앙교육을 중요하게 생각함	71	3.83	1.06	13	3.15	1.41
타인의 손자녀들에 대한 신앙교육을 중요하게 생각함	72	3.93	1.09	14	3.79	1.37
격대 신앙교육은 나의 신앙성숙에 긍정적 영향을 미친다고 생각함	70	3.99	1.04	14	3.21	1.31
계	72	4.05	.73	14	3.60	1.00

① 한국인에 대한 분석 결과

성별에 따른 집단 간 평균은 '여성'(M=4.21, SD=.72)이 더 높았으며, 성별 간에 매우 유의한 차이가 있는 것으로 나타났다($p < .01$).

성별에 따른 격대 신앙교육 중요도의 독립표본 t검정 결과

성별	n	M	SD	t	df	p
남	21	3.68	.65	-2.952	68	.004**
여	49	4.21	.72			

연령은 '만 65세 미만'(M=4.32, SD=.63)이 가장 높았으나 집단 간에 차이가 없는 것으로 나타났으며($p > .05$), 학력은 '대졸'(M=4.23, SD=.66)이 가장 높았으나 집단 간에 차이가 없는 것으로 나타났다($p > .05$). 신

앙생활 기간에 따른 집단 간 평균은 '61년 이상'(M=4.44, SD=.45) 신앙
생활한 분들이 가장 높은 것으로 나타났으며, 집단 간 평균의 차이를
검증한 결과 실제적 차이는 없는 것으로 나타났다(p > .05).

신앙생활 기간에 따른 격대 신앙교육 중요도의 일원배치분산분석 결과

신앙생활 기간	n	M	SD	F	p
20년까지	9	3.64	.99		
21-40년	26	3.88	.71	3.442	.022*
41-60년	16	4.05	.73		
61년 이상	18	4.44	.45		

황혼육아 경험에 따른 집단 간 평균은 '육아경험이 있는 집단'이 더
높았으며, 두 집단 간에 유의한 차이가 있는 것으로 나타났다(p < .05).

황혼육아 경험에 따른 격대 신앙교육 중요도의 독립표본 t검정 결과

	n	M	SD	t	df	p
경험 있음	46	4.17	.78	-2.161	58.290	.035*
경험 없음	24	3.81	.60			

손자녀와의 거주 형태는 '같은 도시'(M=4.11, SD=.69)에 거주하는
경우가 가장 높았으나 집단 간에 차이가 없는 것으로 나타났으며(p >
.05), 손자녀와의 만남 형태는 '면대면' (M=4.15, SD=.69)이 더 높게 나타
났으며, 집단 간에 유의한 차이가 있는 것으로 나타났다(p < .05).

만남 형태에 따른 격대 신앙교육 중요도의 독립표본 t검정 결과

	n	M	SD	t	df	p
면대면	59	4.15	.69	2.385	70	.020*
비면대면	13	3.63	.79			

② 유대인에 대한 분석 결과

성별에 따른 집단 간 평균은 '남성'(M=3.64, SD=1.08)이 더 높았으나 두 집단 간에 유의한 차이는 없는 것으로 나타났으며($p > .05$), 연령은 '만 81세 이상'(M=3.80)이 가장 높았으나 집단 간에 차이가 없는 것으로 나타났다($p > .05$). 학력에 따른 집단 간 평균은 '대졸'(M=4.80, SD=.00)이 가장 높았으나 집단 간에 차이가 없는 것으로 나타났고($p > .05$), 신앙생활 기간은 '만 20년 미만'(n=1, M=4.80)이 가장 높았으나 집단 간에 차이가 없는 것으로 나타났다($p > .05$).

황혼육아 경험에 따른 집단 간 평균은 '육아경험이 있는 집단'이 더 높았으며, 두 집단 간에 매우 유의한 차이가 있는 것으로 나타났다($p < .001$).

황혼육아 경험에 따른 격대 신앙교육 중요도의 독립표본 t검정 결과

	n	M	SD	t	df	p
경험 있음	6	4.43	.75	4.947	11	.000***
경험 없음	7	2.80	.42			

손자녀와의 거주 형태는 '같은 도시'(M=4.00, SD=.96)에 거주하는 경우가 가장 높았으나 집단 간에 차이가 없는 것으로 나타났고($p > .05$),

손자녀와의 만남 형태는 '면대면'(M=3.90, SD=1.01)으로 만나는 경우가 더 높았으며, 집단 간에 유의한 차이가 있는 것으로 나타났다(p < .05).

만남 형태에 따른 격대 신앙교육 중요도의 독립표본 t검정 결과

	n	M	SD	t	df	p
면대면	10	3.90	1.01	2.705	11.639	.020*
비면대면	4	2.85	0.44			

(8) 격대 신앙교육의 실행도

격대 신앙교육의 실행도를 비교한 결과, 한국인의 평균(M=3.07, SD=.88)이 더 높게 나타났다. 독립표본 t검정을 실시한 결과, 두 집단 간에 유의한 차이가 없는 것으로 나타났다(p < .05).

격대 신앙교육 실행도의 문항별 평균 및 표준편차

문항	한국인			유대인		
	n	M	SD	n	M	SD
격대 신앙교육을 하고 있음	71	3.23	1.08	14	3.14	1.66
앞으로 격대 신앙교육을 실행할 의향이 있음	67	3.75	1.12	14	2.71	1.54
타인의 손자녀들에 대한 신앙교육을 하고 있음	69	2.32	1.08	14	2.43	1.65
타인의 손자녀들에 대한 신앙교육을 할 의향이 있음	67	2.96	1.12	14	2.29	1.64
계	71	3.07	.88	14	2.64	1.40

① 한국인에 대한 분석 결과

성별에 따른 집단 간 평균은 '여성'(M=3.27, SD=.87)이 더 높았으며, 성별 간에 매우 유의한 차이가 있는 것으로 나타났다(p 〈 .01).

성별에 따른 격대 신앙교육 실행도의 독립표본 t검정 결과

성별	n	M	SD	t	df	p
남	21	2.59	.73	-3.127	68	.003**
여	49	3.27	.87			

연령은 '만 65세 미만'(M=3.35, SD=1.13)이 가장 높았으나 집단 간에 차이가 없는 것으로 나타났고(p 〉 .05), 학력에 따른 집단 간 평균은 '대졸'(M=3.22, SD=.81)이 가장 높았으나 집단 간에 차이가 없는 것으로 나타났다(p 〉 .05). 또한 신앙생활 기간에 따른 집단 간 평균은 '41년 ~60년'(M=3.34, SD=1.13)이 가장 높았으나 집단 간에 차이가 없는 것으로 나타났고(p 〉 .05), 황혼육아 경험은 '육아경험이 있는 집단'이 더 높았으며, 두 집단 간에 매우 유의한 차이가 있는 것으로 나타났다(p 〈 .05).

황혼육아 경험에 따른 격대 신앙교육 실행도의 독립표본 t검정 결과

	n	M	SD	t	df	p
경험 있음	46	3.21	.93	-2.000	68	.049*
경험 없음	24	2.78	.71			

손자녀와의 거주 형태는 '같은 집'(M=3.25, SD=.90)에 거주하는 경우가 가장 높았으나 집단 간에 차이가 없는 것으로 나타났고(p 〉 .05),

손자녀와의 만남 형태는 '면대면'(M=3.14, SD=.87)으로 만나는 경우가 더 높았으나 집단 간 차이가 없는 것으로 나타났다(p > .05).

② 유대인에 대한 분석 결과

성별에 따른 집단 간 평균은 '남성'(M=2.65, SD=1.47)이 더 높았으나 두 집단 간에 유의한 차이는 없는 것으로 나타났고(p > .05), 연령에서 '만 65세 이하'(M=3.04, SD=1.91)가 가장 높았으나 집단 간에 차이는 없는 것으로 나타났다(p > .05). 학력은 '대졸'(M=4.00, SD=1.41)이 가장 높았으나 집단 간에 차이는 없는 것으로 나타났고(p > .05), 신앙생활 기간에 따른 집단 간 평균은 '만 20년 미만'(n=1, M=5.00)이 가장 높았으나 집단 간에 차이가 없는 것으로 나타났다(p > .05).

한편, 황혼육아 경험에 따른 집단 간 평균은 '육아경험이 있는 집단'이 더 높았으며, 두 집단 간에 매우 유의한 차이가 있는 것으로 나타났다(p < .01).

황혼육아 경험에 따른 격대 신앙교육 실행도의 독립표본 t검정 결과

	n	M	SD	t	df	p
경험 있음	6	3.88	1.24	4.258	6.024	.005**
경험 없음	7	1.61	.43			

손자녀와의 거주 형태는 '같은 도시'(M=2.85, SD=1.29)에 거주하는 경우가 가장 높았으나 집단 간에 차이가 없는 것으로 나타났고(p > .05), 손자녀와의 만남 형태는 '면대면'(M=2.95, SD=1.53)으로 만나는 경우가 더 높았으나 집단 간에 차이가 없는 것으로 나타났다(p > .05).

(9) 격대 신앙교육의 내용

지금까지 실행해 온 격대 신앙교육의 내용과 추후 실행할 내용에 대해 다중응답으로 조사하였다. 한국인의 경우, 지금까지의 신앙교육은 '주일성수의 중요성'과 '건강한 인성과 관련된 생활교육'을 위주로 해 왔으며, 이는 앞으로도 중요한 교육내용이 될 것이라고 응답하였다.

한국인의 격대 신앙교육 내용 (다중응답)

현재 실행하는 내용				내용	추후 실행할 내용			
순위	빈도	퍼센트	케이스 퍼센트		순위	빈도	퍼센트	케이스 퍼센트
5	31	11.2	44.9	성서내용에 대한 교육	8	30	8.4	41.7
6	26	9.4	37.7	신앙인으로서의 소명	4	38	10.6	52.8
3	32	11.6	46.4	규칙적인 기도 및 말씀읽기	5	37	10.3	51.4
1	50	18.1	72.5	주일성수의 중요성	2	42	11.7	58.3
7	21	7.6	30.4	가정예배의 습관 형성	6	35	9.8	48.6
2	43	15.5	62.3	건강한 인성과 관련된 생활교육	1	46	12.8	63.9
3	32	11.6	46.4	기초 질서를 지키는 생활인으로서의 교육	3	40	11.2	55.6
10	9	3.2	13.0	직업인으로서의 기독교인의 역할	9	27	7.5	37.5
8	18	6.5	26.1	한국인으로서의 민족·역사의식교육	7	34	9.5	47.2
9	14	5.1	20.3	민주시민의식교육	10	25	7.0	34.7
11	1	.4	1.4	기타 (시편외우기/ 교회에 충성하는 교인)	11	4	1.1	5.6
	277	100.0	401.4	계		358	100.0	497.2

유대인의 경우, 지금까지의 신앙교육은 '건강한 인성과 관련된 생활교육'과 '민족 및 역사의식교육'을 주로 해왔으며, '가정예배의 습관형성'과 '기초 질서를 지키는 생활인으로서의 교육', '민족 및 역사의식교육' 등을 희망하는 것으로 나타났다.

유대인의 격대 신앙교육 내용 (다중응답)

현재 실행하는 내용				내용	추후 실행할 내용			
순위	빈도	퍼센트	케이스 퍼센트		순위	빈도	퍼센트	케이스 퍼센트
10	2	3.6	14.3	성서내용에 대한 교육	8	3	5.5	23.1
8	4	7.3	28.6	신앙인으로서의 소명	6	4	7.3	30.8
9	3	5.5	21.4	규칙적인 기도 및 말씀읽기	6	4	7.3	30.8
5	5	9.1	35.7	주일성수의 중요성	5	5	9.1	38.5
4	6	10.9	42.9	가정예배의 습관 형성	1	9	16.4	69.2
1	9	16.4	64.3	건강한 인성과 관련된 생활교육	4	8	14.5	61.5
3	7	12.7	50.0	기초 질서를 지키는 생활인으로서의 교육	1	9	16.4	69.2
10	1	1.8	7.1	직업인으로서의 신앙인의 역할	-	0	.0	.0
2	8	14.5	57.1	민족 및 역사의식교육	1	9	16.4	69.2
5	5	9.1	35.7	민주시민의식교육	8	3	5.5	23.1
5	5	9.1	35.7	기타	10	1	1.8	7.7
-	55	100.0	392.9	계	-	55	100.0	423.1

(10) 격대 신앙교육의 방법

지금까지 실행해 온 격대 신앙교육의 방법과 추후 실행할 방법에 대해 다중응답으로 조사하였다. 한국인의 경우, 지금까지의 격대 신앙교육 방법은 '중요한 순간에 축복기도하기'와 '개입이 필요한 순간에 삶의 이야기 나누기'로 주로 이루어졌으며, '가정예배 드리기'와 '본을 보이기' 등의 방법을 희망하는 것으로 나타났다.

한국인의 격대 신앙교육 방법 (다중응답)

현재 실행하는 방법				방법	추후 실행할 방법			
순위	빈도	퍼센트	케이스 퍼센트		순위	빈도	퍼센트	케이스 퍼센트
6	22	10.3	31.4	가정예배 드리기	1	38	16.7	55.1
6	22	10.3	31.4	함께 놀이에 참여하기	7	19	8.3	27.5
3	30	14.0	42.9	밥상에서 가르치기	6	26	11.4	37.7
5	26	12.1	37.1	함께 여행가기	5	30	13.2	43.5
1	35	16.4	50.0	중요한 순간에 축복기도하기	3	35	15.4	50.7
8	16	7.5	22.9	함께 TV나 영화보며 대화하기	8	10	4.4	14.5
2	31	14.5	44.3	개입이 필요한 순간에 삶의 이야기 나누기	4	31	13.6	44.9
3	30	14.0	42.9	본을 보이기	1	38	16.7	55.1
9	2	.9	2.9	기타 (잠잘 때 말씀 이야기를 들려줌)	9	1	.4	1.4
	214	100.0	305.7	계		228	100.0	330.4

유대인의 경우, 지금까지의 격대 신앙교육 방법은 '가정예배 드리기', '함께 놀이에 참여하기', '밥상에서 가르치기', '개입이 필요한 순간에 삶의 이야기 나누기', '본을 보이기'로 주로 이루어졌으며, '개입이 필요한 순간에 삶의 이야기 나누기'와 '가정예배 드리기', '밥상에서 가르치기', '중요한 순간에 축복기도하기' 등을 희망하는 것으로 나타났다.

유대인의 격대 신앙교육 방법 (다중응답)

현재 실행하는 방법				방법	추후 실행할 방법			
순위	빈도	퍼센트	케이스 퍼센트		순위	빈도	퍼센트	케이스 퍼센트
1	10	15.2	71.4	가정예배 드리기	2	9	15.0	64.3
1	10	15.2	71.4	함께 놀이에 참여하기	5	8	13.3	57.1
1	10	15.2	71.4	밥상에서 가르치기	2	9	15.0	64.3
8	3	4.5	21.4	함께 여행가기	7	4	6.7	28.6
6	9	13.6	64.3	중요한 순간에 축복기도하기	2	9	15.0	64.3
7	4	6.1	28.6	함께 TV나 영화보며 대화하기	8	2	3.3	14.3
1	10	15.2	71.4	개입이 필요한 순간에 삶의 이야기 나누기	1	11	18.3	78.6
1	10	15.2	71.4	본을 보이기	6	7	11.7	50.0
-	0	.0	.0	기타	9	1	1.7	7.1
-	66	100.0	471.4	계		60	100.0	428.6

(11) 격대 신앙교육이 유익한 점

격대 신앙교육의 유익에 대해 한국인과 유대인이 응답한 결과는 다음과 같다.

① 한국인에 대한 분석 결과

조부모로서의 역할(신앙전수) 및 사명(신앙의 대잇기), 보람	15명
편안하고 자연스러운 분위기에서의 교육	13명
장기적이고 지속적, 미래지향적인 신앙교육	10명
가족관계의 회복, 가족의 화목 및 친밀, 행복	9명
생활 속에서 가르치며, 본을 보이고 본받는 삶	7명
나 자신 혹은 세대 간 신앙성숙	5명
함께 주일성수 등 손자녀들을 비롯한 가족 간의 정기적인 만남	4명
상대에 대한 이해와 배려 및 사랑의 표현	3명
(시공간적 제약 없는 수시의) 눈높이 신앙교육	2명
손자녀들을 위한 축복기도 혹은 함께 기도	
손자녀들과의 격의 없는 대화	
공경	
교회의 일꾼양성	1명
신앙과 삶을 바르게 교육하며 사회에 적응하며 바른 삶을 살도록	
나의 체험적 신앙을 말씀과 함께 교육할 수 있음	
신앙이탈 방지	
어렸을 적에는 성경에 나오는 인물을 동화처럼 이야기하며 믿음으로 승리하는 이야기를 해줌	

② 유대인에 대한 분석 결과

편안한 환경에서 가르침	2명
지속적이고 장기적인 신앙교육	
함께 있는 것/손자녀들과 함께 표현하며 시간을 보내는 것	
조금 더 많은 여가시간을 함께 할 수 있음	1명
지리적으로 가까이 있는 것(나는 아님)	
모든 상황에서 하나님에 관해 말하는 '쉐마'를 실천하는 것	
사례를 통한 가르침	
개인적 만남	

(12) 격대 신앙교육이 어려운 점

격대 신앙교육이 어려운 이유에 대해 한국인과 유대인이 응답한 결과는 다음과 같다.

① 한국인에 대한 분석 결과

바쁜 일상 및 만남의 기회 부족	30명
(손자녀들이 느끼는) 세대차이 및 세대이해의 부족	19명
자녀의 비협조적 태도 및 나약한 신앙	6명
손자녀의 비협조적, 산만(스마트폰, 인터넷 게임 등)한 태도	5명
대화의 어려움	
사춘기 손자녀와 관계 형성의 어려움	4명
가르칠 교재의 부족 및 성경이해의 부족	3명
모범을 보이는 점이 부족	2명
부모(자녀)와의 교육방법의 차이	

항상 사랑으로 교감하여 자연스러운 교제가 전혀 어색하지 않은 분위기에서의 성경교육	1명
어린 손자녀가 다수여서 생기는 어려움	
가정예배시간에 가족들이 참여하기가 어려움	
인성과 예절교육	
격대교육을 위한 동기부여	
주일성수	
예의나 기본 교육에 등한시 하는 부모를 못마땅하게 여기고, 조부모가 잔소리를 하게 되는 경향이 있어서 절제를 하려고노력	
참으로 어려운 일	
참고 기다린다	

② 유대인에 대한 분석 결과

만남의 기회 부족	4명
바쁜 생활	2명
손자녀 부모들의 태도 및 이견	
손자녀들의 비협조적 태도	
다른 것에 집중하는 손자녀들의 태도	1명
사이버세상의 침입	
세대차이	
손자녀들을 양육하기 위한 다른 방법들	
결정적 장애요인은 나이이며, 기력이 쇠하여 빨리 지침	
신체적 학대	

(13) 변수 간 상관분석

① 한국인에 대한 분석 결과

'격대 신앙교육의 실행도'는 손자녀와의 친밀도(r=.598), 격대교육 경험(r=.441), 격대 신앙교육의 이해도(r=.624) 및 중요도(r=.609)와 매우 정적인 상관관계가 있는 것으로 나타났다($p < .01$). 이는 손자녀와의 친밀도가 높아질수록, 격대교육 경험이 있을수록, 격대 신앙교육을 이해할수록, 격대 신앙교육의 중요성을 인식할수록 격대 신앙교육을 더 적극적으로 실행하는 경향이 있음을 보여주는 결과다.

반면, 격대 신앙교육을 받아본 경험(사전경험) vs. 격대 신앙교육의 실행도 간에는 상관관계가 없는 것으로 나타났다($p > .05$). 이는 격대 신앙교육을 받았다고 해서 격대 신앙교육을 실행하는 것은 아님을 보여주는 결과다.

변수 간 상관분석

	친밀도	사전경험	교육경험	이해도	중요도
사전경험	.289*				
교육경험	.333**	.449**			
이해도	.647**	.396**	.559**		
중요도	.797**	.354**	.341**	.705**	
실행도	.598**		.441**	.624**	.609**

② 유대인에 대한 분석 결과

'격대 신앙교육의 실행도'는 격대교육 경험(r=.672), 격대 신앙교육의 이해도(r=.649) 및 중요도(r=.903)와 매우 정적인 상관관계가 있는 것으로 나타났다($p < .01$). 이는 격대교육 경험이 있을수록, 격대 신앙교육을 이해할수록, 격대 신앙교육의 중요성을 인식할수록 격대 신앙교육을 더 적극적으로 실행하는 경향이 있음을 보여주는 결과다.

변수 간 상관분석

	친밀도	교육경험	이해도	중요도
중요도	.539*		.771**	
실행도		.672**	.649*	.903**

부록 1 | 격대 신앙교육 설문조사 결과

부록 2

격대 신앙교육 설문지(국내용)

본 설문지는 한국연구재단 중견연구자지원 연구과제인 통전적 신앙을 양육하는 기독교 격대교육 모델을 개발하기 위한 기초 자료 수집을 위해 마련하였습니다. 개인정보는 암호화하여 처리되며, 응답하신 내용은 본 연구 자료로만 사용될 것입니다. 바쁘시더라도 성실하게 응답해 주시면 본 연구에 큰 도움이 될 것입니다. 감사합니다.

장로회신학대학교 장신근 교수(기독교교육)

2017년 4월 일

※ 다음의 문항을 읽고 해당되는 곳에 O 표를 하거나 의견을 적어주시기 바랍니다.

A. 일반적인 사항

1. 초등학교 재학 중인 손자녀의 성별과 학년, 나이

초등학생	성별	학년	나이	초등학생	성별	학년	나이
손자녀 1	남 · 여			손자녀 6	남 · 여		
손자녀 2	남 · 여			손자녀 7	남 · 여		
손자녀 3	남 · 여			손자녀 8	남 · 여		
손자녀 4	남 · 여			손자녀 9	남 · 여		
손자녀 5	남 · 여			손자녀 10	남 · 여		

2. 손자녀와의 거주 형태

　　① 같은 집에 거주　　② 같은 동네에 거주　③ 같은 구에 거주　　④ 같은 도시에 거주

　　⑤ 타 도시에 거주　　⑥ 타국에 거주　　　⑦ 기타 (　　)

3. 손자녀와 주로 만남이 이루어지는 형태

    ① 면대면 만남   ② 전화통화   ③ 문자메시지   ④ SNS(카카오톡 등)

    ⑤ 기타 (　　)

4. 손자녀와의 만남의 빈도

    ① 주 3회 이상   ② 주 1회   ③ 월 1회   ④ 명절+가족행사일

    ⑤ 명절만   ⑥ 기타 (　　)

5. 응답자의 성별　① 남　② 여

6. 응답자의 출생년도 19____ 년

7. 응답자의 학력

    ① 초등학교 졸업   ② 중학교 졸업   ③ 고등학교 졸업   ④ 대학교 졸업

    ⑤ 대학원 졸업   ⑥ 기타 (　)

8. 응답자의 신앙생활 기간

    ① ~ 10년   ② 11년 ~ 20년   ③ 21년 ~ 30년   ④ 31년 ~ 40년

    ⑤ 41년 ~ 50년   ⑥ 51년 ~ 60년   ⑦ 61년 ~ 70년   ⑧ 71년 ~

B. 격대교육 및 격대 신앙교육에 대한 경험 및 이해

	문항	전혀그렇지않다	그렇지않다	보통이다	그렇다	매우그렇다
		1	2	3	4	5
사전경험	나는 조부모님으로부터 기독교 신앙교육을 받아본 경험이 있다.	1	2	3	4	5
	조부모님의 신앙은 나의 신앙 형성에 긍정적인 영향을 미쳤다.	1	2	3	4	5
	나는 조부모님의 삶을 통해 하나님을 더 깊이 알게 되었다.	1	2	3	4	5
	나는 황혼육아(조부모 육아, 학령기 이전 손자녀 돌봄) 경험이 있다.	1	2	3	4	5
교육경험	나는 교회에서 조부모 역할(격대교육)에 대한 '교육'을 받은 적이 있다.	1	2	3	4	5
	나는 교회 외 기관(시민단체, 공공기관 등)에서 조부모 역할에 대한 '교육'을 받은 적이 있다.	1	2	3	4	5
이해도	나는 격대 신앙교육(손자녀에 대한 신앙교육)에 대해 들어본 적이 있다.	1	2	3	4	5
	나는 격대 신앙교육이라는 말을 들어본 적은 없으나 무엇인지 알 것 같다.	1	2	3	4	5
	나는 격대 신앙교육이 어떤 내용으로 이루어지면 적절한지를 알고 있다.	1	2	3	4	5
	나는 격대 신앙교육이 어떤 방법으로 이루어지면 적절한지를 알고 있다.	1	2	3	4	5
중요도	나는 격대 신앙교육이 중요하다고 생각한다.	1	2	3	4	5
	나의 자녀들은 격대 신앙교육을 중요하게 생각한다.	1	2	3	4	5
	나의 손자녀들은 격대 신앙교육을 중요하게 생각한다.	1	2	3	4	5
	나는 타인의 손자녀들에 대한 신앙교육도 중요하다고 생각한다.	1	2	3	4	5

	나는 격대 신앙교육을 하고 있다.	1	2	3	4	5
	나는 앞으로 격대 신앙교육을 할 의향이 있다.	1	2	3	4	5
실 행 도	나는 타인의 손자녀들에 대한 신앙교육을 하고 있다.	1	2	3	4	5
	나는 타인의 손자녀들에 대한 신앙교육을 할 의향이 있다.	1	2	3	4	5
	격대 신앙교육을 하는 것은 나의 신앙성숙에도 긍정적 영향을 미칠 거라고 생각한다.	1	2	3	4	5
	나는 손자녀들의 관심사, 고민, 흥미, 특기, 기질 등을 알고 있다.	1	2	3	4	5
친 밀 도	나는 손자녀들의 신앙 상태에 대해 알고 있다.	1	2	3	4	5
	나는 손자녀들과의 관계가 친밀하다.	1	2	3	4	5
	나는 손자녀들과의 만남이 즐겁다.	1	2	3	4	5
	나는 손자녀들과 만나는 시간이 충분하다고 생각한다.	1	2	3	4	5

1. 조부모 역할에 대한 교육을 받은 경험이 있다면, 어떤 주제로 교육을 받았습니까? 만일 교육을 받은 경험이 없다면, 어떤 내용의 교육을 받고 싶습니까? 자유롭게 써 주세요.

_____

_____

_____

_____

2. 지금까지 손자녀 신앙교육을 위해서 어떤 내용을 교육했습니까? 해당되는 내용을 모두 표시 해 주세요.

① 성서내용에 대한 교육 　　　　　② 기독교인으로서의 소명

③ 규칙적인 기도 및 말씀읽기 　　　④ 주일성수의 중요성

⑤ 가정예배의 습관 형성 　　　　　⑥ 건강한 인성과 관련된 생활교육

⑦ 기초 질서를 지키는 생활인으로서의 교육 ⑧ 직업인으로서의 기독교인의 역할

⑨ 한국인으로서의 민족, 역사의식교육 　⑩ 민주시민의식교육

⑪ 기타 (　　　　　　　　　)

3. 앞으로 손자녀들의 신앙교육을 위하여 필요한 내용은 어떤 것이라고 생각합니까? 해당되는 내용을 모두 표시해 주세요.

① 성서내용에 대한 교육   ② 기독교인으로서의 소명

③ 규칙적인 기도 및 말씀읽기   ④ 주일성수의 중요성

⑤ 가정예배의 습관 형성   ⑥ 건강한 인성과 관련된 생활교육

⑦ 기초 질서를 지키는 생활인으로서의 교육   ⑧ 직업인으로서의 기독교인의 역할

⑨ 한국인으로서의 민족, 역사의식교육   ⑩ 민주시민의식교육

⑪ 기타 (   )

4. 지금까지 손자녀들의 신앙교육을 위하여 어떤 방법을 사용했습니까? 해당되는 내용을 모두 표시해 주세요.

① 가정예배 드리기   ② 함께 놀이에 참여하기

③ 밥상에서 가르치기   ④ 함께 여행가기

⑤ 중요한 순간에 축복기도하기   ⑥ 함께 TV나 영화보며 대화하기

⑦ 개입이 필요한 순간에 삶의 이야기 나누기   ⑧ 본을 보이기

⑨ 기타 (   )

5. 앞으로 손자녀들의 신앙교육을 위하여 사용하고 싶은 방법은 어떤 것입니까? 해당되는 내용을 모두 표시해 주세요.

① 가정예배 드리기   ② 함께 놀이에 참여하기

③ 밥상에서 가르치기   ④ 함께 여행가기

⑤ 중요한 순간에 축복기도하기   ⑥ 함께 TV나 영화보며 대화하기

⑦ 개입이 필요한 순간에 삶의 이야기 나누기   ⑧ 본을 보이기

⑨ 기타 (   )

6. 격대 신앙교육 시 가장 유익한 점은 무엇이라고 생각(예상)하십니까?

(예: 편안한 분위기에서의 가르침, 장기적이고 지속적인 신앙교육, 나 자신의 신앙성숙 등)

_____

_____

_____

_____

7. 격대 신앙교육 시 가장 어려운 점은 무엇이라고 생각(예상)하십니까?

(예: 만남의 기회 부족, 손자녀를 대하는 방식의 차이, 손자녀가 느끼는 세대차이, 자녀의 비협조적 태도 등)

_____

_____

_____

_____

"수고하셨습니다"